房地产法律概论

FANG DI CHAN FA LÜ GAI LUN

邹永丽　伍军　褚中喜◎著

中国政法大学出版社

2015・北京

图书在版编目（C I P）数据

房地产法律概论 / 邹永丽，伍军，褚中喜著. —北京：中国政法大学出版社， 2015.11
ISBN 978-7-5620-6453-4

Ⅰ. ①房… Ⅱ. ①邹… ②伍… ③褚… Ⅲ. ①房地产法—中国 Ⅳ. ①D922.181
中国版本图书馆CIP数据核字(2015)第263597号

出 版 者　中国政法大学出版社
地　　址　北京市海淀区西土城路 25 号
邮　　箱　fadapress@163.com
网　　址　http://www.cuplpress.com (网络实名：中国政法大学出版社)
电　　话　010-58908435(第一编辑部) 58908334(邮购部)
承　　印　固安华明印业有限公司
开　　本　720mm×960mm　1/16
印　　张　20.5
字　　数　368 千字
版　　次　2015 年 11 月第 1 版
印　　次　2015 年 11 月第 1 次印刷
印　　数　1～3000 册
定　　价　46.00 元

作者简介

邹永丽 律师，中南财经政法大学法学硕士，曾供职于武汉海天集团，历任集团法务专员、法务主管、法务经理等职。全程主导了该集团开发建设的海天汽配城、红星美凯龙正达家居建材中心、海天欢乐购（海天广场）、海天幸福小城等大型房地产开发项目中的法律设计、构建和策划工作；代理了该集团因开发建设所引起的全部诉讼及仲裁案件；处理了该集团大量其他法律事务。

从事房地产法律实务工作十余年，擅长处理房地产开发企业的公司治理、项目运作、资产重组和并购中的法律事务。长期为大量房地产开发企业、工程建设施工企业提供专项法律服务，并担任董事或监事。法律服务涉及房地产项目开发的全过程，包括获取土地、立项、规划设计、工程建设、营销策划、物业管理、商业经营等，代理了大量与房地产开发相关的诉讼仲裁案件，处理了众多非诉讼法律事务以及涉及香港等地的法律事务。

电话：13886105208；邮箱：13886105208@126.com。

伍军 律师，司法鉴定人，大学教师。曾作为职业经理人全程操作房地产开发项目；曾为十余个房地产开发项目提供全程法律服务；任多家房地产开发公司董事或监事；参与过房地产开发公司的破产重整及破产清算；参加过武汉最负盛名的烂尾楼的重启；代理过大量与房地产开发相关的诉讼及仲裁。

电话：13907126148；邮箱：13907126148@139. com。

褚中喜　北京市万博律师事务所主任，中华全国律师协会行政法专业委员会副秘书长，AAA 信用律师，房地产纠纷及房屋拆迁领域实战型律师，先后被评为“中国十大最具影响力律师”、“和谐中国·2010 年度十大杰出人物”等荣誉称号。曾代理佘祥林杀妻冤案、山西黑砖窑案、三鹿毒奶粉案、熊猫烧香计算机病毒案、新疆亿元天价行政处罚案、张绍友奸杀亲侄女特大冤案等全国著名案件，四起案例入选全国年度十大案件。著有《信仰的力量》、《公平礼赞》、《交通事故受害人索赔指南》，并合编了中国人民大学法律硕士统编教材《行政诉讼律师基础实务》。曾应全国人大邀请参加过法律的修改，应最高人民法院邀请参加过多部司法解释的起草论证，办理过十余起最高人民法院直接审理的重大疑难案件。个人经历和办理的案件曾被中央电视台、凤凰卫视、新华社等近百家媒体专题报道。

电话：13901145334；邮箱：13901145334@ qq. com。

序　言

随着20世纪80年代初期住房制度改革和土地使用制度改革的启动与推进，“房屋和土地既是产品和资源又是商品和资产”的认识逐渐深入社会生活。与之相伴，我国房地产业也从试点起步发展到繁荣兴盛。时至今日，房地产业已发展成为我国国民经济的支柱产业之一。房地产业持续健康的发展，离不开房地产法律法规的有力保障。房地产领域社会关系复杂、利益重大、影响面广，再加上我国特有的社会主义特色房屋和土地制度，世界上无先例可循，历史上无规律可找，国家也是在不断的摸索中出台或修改相关的法律法规。当前，房地产领域的法律法规已形成了较为完备的法律体系，但是，仍有许多实践和理论问题需要进一步研究和探讨。

作者致力于房地产领域的法律实务操作已有多年，并一直在实务中不断地学习、思考。在执业过程中，作者对房地产方面的法律理论和实践感受颇多，遂萌发了将多年来的所思所行进行一次全面的整理，编著本书的想法。

本书共分九编：第一编总论；第二编房地产权属；第三编房地产开发用地；第四编房地产开发；第五编建设工程；第六编房地产交易；第七编物业管理；第八编房地产金融；第九编房地产市场管理。本书的特色在于，系统全面地对房地产领域的法律构架进行了梳理，基本上每个编章在对房地产法律理论和实践问题进行剖析时，都融入了该编章内容所涉及的主要房地产法律法规。

作者编著本书，一方面期望通过本书提高作者以及作者所在房地产法律服务团队的房地产法律素养，给客户提供更优质、更专业的法律服务；另一方面也期望本书的问世能对律师同仁、房地产企业内部法律人士以及对房地产法律业务感兴趣的人士有所裨益。然而，受作者水平所限，本书难免有疏漏偏颇之处，恳请学界实务同仁和读者对本书提出宝贵的批评与建议。最后，对为本书的面世给予帮助的所有单位和个人表示衷心的感谢。

邹永丽　伍　军　褚中喜

2015 年 8 月 8 日

目 录

第一编 总 论

第二编 房地产权属

第三编 房地产开发用地

第四编　房地产开发

第五编　建设工程

第七编　物业管理

第八编 房地产金融

第九编 房地产市场管理

第一编 总 论

第一章 房地产与房地产业

第一节 房地产及房地产业概述

一、房地产

房地产是地产、房产及其衍生利益的集合体。[1]房地产因其具有位置的固定性和不可移动性，或移动后会减损其价值或使用价值的特征，又被称为"不动产"。房地产虽然是我国法律的专门用语，但是现行的法律法规并没有对其进行定义。

房地产是由土地和房屋两个因素所构成的统一体。在这个统一体中，土地是主物，是房屋存在的基础和依托；房屋是从物，依附于土地，二者密不可分。房地产有三种存在形态，即土地、房屋、房地合一状态下的物质实体及其权益。由于房地产的不可移动性，因此在房地产交易中，流转的不是土地和房屋，而是房地产的有关权利和"证书"。

土地是最基本的不动产。我国现行法律法规对"土地"一词的含义未作明确规定。土地所有权人和使用权人取得土地，不仅仅是为了土地的本身(地表)，更重要的是为了利用土地种植作物、建造房屋、挖掘地下通道等。因此，对"土地"一词应从立体角度来把握其含义，土地并不是平面的，而是三维立体的。土地应包括地球表面及地表之下和之上延伸的一定空间。

房屋必须依附于土地而存在。现行《中华人民共和国城市房地产管理

〔1〕 邢万兵：《房地产法律实务》，法律出版社2012年版，第1页。

法》[1]（本书简称为《城市房地产管理法》）第2条第2款将“房屋”定义为：“土地上的房屋等建筑物及构筑物。”建筑物是指土地上建设的供人们居住、生产或进行其他活动的空间。构筑物是指人们不直接在内进行生产或活动的场所，如道路、桥梁、水井等。

在我国，土地由国家所有或集体所有，即土地分为城市土地和农村土地；而房屋依据其所依附土地的性质不同，也分为城市房屋和农村房屋。由于农村的房地产目前还存在诸多限制，因此本书主要研究的是城市的房地产。

二、房地产业

房地产业是指以土地和房屋为经营客体，从事房地产开发、建设、经营、管理、维修、装饰和服务等集多种经济活动为一体的综合性产业。根据国家质量监督检验检疫总局、国家标准化管理委员会联合颁布的《国民经济行业分类》（GB/T 4754－2011）[2]的划分，房地产业包括房地产开发经营、物业管理、房地产中介服务、自有房地产经营活动等以及由此而形成的房地产市场。为了行文方便，本书将同义使用房地产业和房地产市场两个概念。

房地产业与建筑业有着千丝万缕的联系，但房地产业绝不等同于建筑业。根据2012年12月国家统计局颁布的《三次产业划分规定》[3]，房地产业属于第三产业服务业，而与房地产业紧密相关的建筑业属于第二产业。虽然房地产业与建筑业都含有房屋建造，且具有兼容性，但两者还是有着本质的区别，房地产业是有别于建筑业的一个独立行业。

房地产业是国民经济发展的基础性产业，其运行包括生产、流通、消费三个环节，即在土地上投入劳动和资本进行房屋建造，建好房屋或在建房屋进入市场，以买卖、租赁、抵押等方式进行流通，最终转移至消费者手中进行消费。房地产业是各种经济活动必不可少的依托，所提供的房地产商品是工商业活动和人民生活最基本的物质基础，其将土地、资金、劳动力和各种社会资源及物质材料通过市场机制聚集起来，对整个市场体系的完善具有不可替代的重要作用。

---

〔1〕《中华人民共和国城市房地产管理法》：1994年7月5日主席令第29号公布，自1995年1月1日起施行；根据2007年8月30日《全国人民代表大会常务委员会关于修改〈中华人民共和国城市房地产管理法〉的决定》（主席令第72号）第一次修正；根据2009年8月27日《全国人民代表大会常务委员会关于修改部分法律的决定》（主席令第18号）第二次修正。

〔2〕《国民经济行业分类》（GB/T 4754－2011）：2011年4月29日国家标准公告2011年第5号［总第170号］公布，自2011年11月1日起实施。

〔3〕《三次产业划分规定》：2003年5月14日《国家统计局关于印发〈三次产业划分规定〉的通知》（国统字［2003］14号）发布，自发布之日起执行；根据2012年12月17日《国家统计局关于印发三次产业划分规定的通知》（国统字［2012］108号）修订。

第二节　我国房地产市场的发展历史

1978 年之前，我国只有建筑业，几乎没有房地产市场。自 1978 年改革开放以来，随着住房制度改革（俗称“房改”）和土地使用制度改革的启动与推进，房屋和土地既是产品和资源，又是商品和资产的认识由浅入深，房地产价值逐渐显化，房地产市场初步形成。我国房地产市场发展至今已有 30 多年，其形成和发展的历程大致分为四个阶段。

一、第一阶段：试点起步阶段（1978～1990 年）

1978 年 9 月和 1980 年 4 月，邓小平同志在对建筑业发展和住宅问题的两次谈话中提出了出售公房，调整公房租金，提倡个人建房买房的住房制度改革总体设想。1980 年 6 月，中共中央、国务院转批的《全国基本建设工作会议汇报提纲》实质性地拉开了住房制度改革的序幕。1982 年国务院在四个城市进行售房试点。1988 年 2 月 25 日，国务院发布国务院住房制度改革领导小组的《关于在全国城镇分期分批推行住房制度改革的实施方案》[1]。

1979 年颁布的《中华人民共和国中外合资经营企业法》[2]（本书简称为《中外合资经营企业法》）首开国有土地有偿使用之先河。1982 年深圳经济特区将国有土地分为不同等级，向土地使用者收取不同标准的使用费。1988 年 9 月国务院发布《中华人民共和国城镇土地使用税暂行条例》[3]（本书简称为《城镇土地使用税暂行条例》）开征城镇土地使用税。1987 年 11 月 26 日，深圳市政府首次公开招标出让住房用地。1988 年 4 月 12 日，《中华人民共和国

---

〔1〕《国务院关于印发在全国城镇分期分批推行住房制度改革实施方案的通知》：1988 年 2 月 25 日国发［1988］11 号发布。

〔2〕《中华人民共和国中外合资经营企业法》：1979 年 7 月 8 日全国人民代表大会常务委员会委员长令第 7 号公布，自公布之日起生效；根据 1990 年 4 月 4 日《全国人民代表大会关于修改〈中华人民共和国中外合资经营企业法〉的决定》（主席令第 27 号）第一次修正；根据 2001 年 3 月 15 日《全国人民代表大会关于修改〈中华人民共和国中外合资经营企业法〉的决定》（主席令第 48 号）第二次修正。

〔3〕《中华人民共和国城镇土地使用税暂行条例》：1988 年 9 月 27 日国务院令第 17 号发布，自 1988 年 11 月 1 日起施行；根据 2006 年 12 月 31 日《国务院关于修改〈中华人民共和国城镇土地使用税暂行条例〉的决定》（国务院令第 483 号）第一次修正；根据 2011 年 1 月 8 日《国务院关于废止和修改部分行政法规的决定》（国务院令第 588 号）第二次修正；根据 2013 年 12 月 7 日《国务院关于修改部分行政法规的决定》（国务院令第 645 号）第三次修正。

宪法》[1]（本书简称为《宪法》）作出修正，土地出租开禁，土地使用权依法转让获得许可。至此，土地撤除了樊篱，作为一种特殊而重要的商品，开始大摇大摆地进入市场。

二、第二阶段：非理性炒作与调整推进阶段（1991～1996年）

1991年6月，国务院发布《关于继续积极稳妥地进行城镇住房制度改革的通知》[2]。同年11月，国务院办公厅转发国务院住房制度改革领导小组起草的《关于全面推进城镇住房制度改革的意见》[3]。1991年，国务院先后批复了24个省市的房改总体方案。1992年住房制度改革全面启动。此后，房地产业急剧快速增长，月投资最高增幅曾高达146.9%。房地产市场在局部地区一度混乱，在个别地区出现较为明显的房地产泡沫。

针对房地产市场的乱象和非理性炒作，我国首次对房地产进行调控：1993年6月，中共中央、国务院出台《关于当前经济情况和加强宏观调控的意见》[4]；1994年7月5日《城市房地产管理法》出台；1994年7月18日国务院发布《关于深化城镇住房制度改革的决定》[5]。随着各项政策的落实，房地产业投资增长率普遍大幅回落，经过3年的努力，经济成功软着陆，房地产市场在经历一段时间的低迷之后开始复苏。

三、第三阶段：相对稳定协调发展阶段（1997～2003年）

1997年亚洲金融危机爆发，我国经济陷入空前的内需不足的困境，中央不得不采取一系列可以刺激内需的政策，以维持必要的经济增长速度。1998

---

〔1〕《中华人民共和国宪法》：1954年《宪法》，1954年9月20日第一届全国人民代表大会第一次会议通过，现已失效。1975年《宪法》，1975年1月17日第四届全国人民代表大会第一次会议通过，现已失效。1978年《宪法》，1978年3月5日第五届全国人民代表大会第一次会议通过，现已失效。1982年《宪法》，1982年12月4日第五届全国人民代表大会第五次会议通过，1982年12月4日全国人民代表大会公告公布施行；根据1988年4月12日《中华人民共和国宪法修正案》（第七届全国人民代表大会第一次会议通过）第一次修正；根据1993年3月29日《中华人民共和国宪法修正案》（第八届全国人民代表大会第一次会议通过，公告第8号发布）第二次修正；根据1999年3月15日《中华人民共和国宪法修正案》第三次修正（第九届全国人民代表大会第二次会议通过）；根据2004年3月14日《中华人民共和国宪法修正案》（第十届全国人民代表大会第二次会议通过）第四次修正。

〔2〕《国务院关于继续积极稳妥地进行城镇住房制度改革的通知》：1991年6月7日国发［1991］30号发布。

〔3〕《国务院办公厅转发国务院住房制度改革领导小组关于全面推进城镇住房制度改革意见的通知》：1991年11月23日国办发［1991］73号发布。

〔4〕《中共中央、国务院关于当前经济情况和加强宏观调控的意见》：1993年6月24日中发［1993］6号发布。

〔5〕《国务院关于深化城镇住房制度改革的决定》：1994年7月18日国发［1994］43号发布。

年7月国务院下发《关于进一步深化城镇住房制度改革加快住房建设的通知》[1]，提出“促使住宅业成为新的经济增长点”以及“停止住房实物分配”。以后，随着住房实物分配制度的取消和按揭制度的实施，房地产投资进入平稳快速发展时期。2003年8月，国务院出台《关于促进房地产市场持续健康发展的通知》[2]，将房地产业升级为“国民经济的支柱产业”。自此，我国房地产业进入快速发展阶段。

四、第四阶段：价格持续上扬，多项调控措施出台的新阶段（2004年以来）

2004年以来，住房价格持续上扬，大部分城市房屋销售价格上涨明显。为此，国家持续出台了多项针对房地产行业的调控政策。关于国家房地产调控的详细历史在本书第九编“房地产市场管理”第三十一章“房地产市场的政策调控”中有详述。

---

〔1〕《国务院关于进一步深化城镇住房制度改革加快住房建设的通知》：1998年7月3日国发［1998］23号发布，自发布之日起实行。

〔2〕《国务院关于促进房地产市场持续健康发展的通知》：2003年8月12日国发［2003］18号发布。

第二章　房地产法律体系

房地产法有广义和狭义之分。狭义的房地产法是指1994年7月5日经第八届全国人民代表大会常务委员会第八次会议通过并以主席令第29号公布的《城市房地产管理法》，该法自1995年1月1日起施行，在2007年8月30日和2009年8月27日修订了两次。广义的房地产法是指调整房地产关系的法律规范的总称，其包括调整有关房地产关系的宪法、法律、行政法规、部门规章、地方性法规、司法解释等。本书所述的房地产法是广义的房地产法。

第一节　房地产法律关系

一、房地产法律关系的概念及特征

法律关系是一种社会关系，它是指法律在调整人们行为的过程中形成的权利、义务关系。[1] 房地产法律关系是房地产社会关系在法律上的反映，其是指房地产法律规范在调整房地产开发、交易、管理等关系的过程中发生的房地产主体之间的权利义务关系。房地产法律关系的产生是市场经济的必然产物，法律规范对房地产社会关系进行正确有效的调整，是房地产业健康发展的有力保障。

房地产法律关系具有如下一些特征：①性质的多重性。房地产法律关系既包括平等主体之间因房地产而发生的民事法律关系，又包括因实施房地产管理而在房地产管理机关和房地产开发企业等主体之间所发生的行政法律关系。②主体的广泛性。房地产法律关系涉及房地产开发、交易、中介服务、管理等活动中的各种主体，包括房地产管理机关、房地产开发企业、房地产交易所、房地产评估机构、公民个人等。③客体的特殊性。房地产法律关系的主要客体为房地产，其具有位置的固定性和不可移动性以及兼具投资和消费的二重性。④产生、变更、消灭的程序性。为了房地产市场的稳定安全，房地产开发、交易和管理都需要按照法律法规规定的程序和具体的行为规则进行。

---

〔1〕 张文显：《法理学》，法律出版社1997年版，第158页。

二、房地法律关系的构成

同其他法律关系一样，房地产法律关系也是由主体、内容、客体三要素构成。

1. 房地产法律关系的主体。是指参加房地产法律关系，依法享有权利和承担义务的当事人。主要有以下几类：房地产管理主体、房地产开发主体（亦称建设单位，以房地产开发企业为主，房地产开发企业又俗称“开发商”，为便于叙述，本书将同义使用房地产开发企业和开发商两个概念）、房地产交易主体、房地产服务主体。

2. 房地产法律关系的内容。是指房地产法律关系主体享有的权利和承担的义务。它是房地产法律关系的最基本的要素，也可说是主体之间关系的落脚点。

3. 房地产法律关系的客体。是指房地产法律关系主体之权利义务所共同指向的对象。一般说来，客体主要有房地产和房地产经济行为。

第二节　房地产法的渊源

房地产法的渊源是指房地产法律规范的表现形式，其包括从宪法、法律到行政法规、部门规章、地方性法规和地方政府规章、司法解释以及其他规范性文件多种表现形式。

一、宪法

《宪法》由全国人民代表大会制定，是国家的根本大法，具有最高法律效力。《宪法》规定了国家的根本任务和根本制度，是房地产立法和司法必须遵守的基本依据。《宪法》中有关土地所有权、土地使用权、土地和房屋的征收征用、公民住宅权利保障等的原则性规定，是房地产法最重要的表现形式。

二、法律

法律由全国人民代表大会及其常务委员会制定，其效力仅次于宪法。有关房地产的法律是房地产法的主要表现形式，其包括：①调整房地产法律关系的专门法律。目前主要有《中华人民共和国土地管理法》[1]（本书简称为《土地

---

〔1〕《中华人民共和国土地管理法》：1986 年 6 月 25 日第六届全国人民代表大会常务委员会第十六次会议通过，自 1987 年 1 月 1 日起施行；根据 1988 年 12 月 29 日《全国人民代表大会常务委员会关于修改〈中华人民共和国土地管理法〉的决定》（主席令第 12 号）第一次修正。1998 年 8 月 29 日主席令第 8 号公布修订后的版本，自 1999 年 1 月 1 日起施行；根据 2004 年 8 月 28 日《全国人民代表大会常务委员会关于修改〈中华人民共和国土地管理法〉的决定》（主席令第 28 号）第二次修正。

管理法》)、《城市房地产管理法》、《中华人民共和国城乡规划法》[1]（本书简称为《城乡规划法》）、《中华人民共和国建筑法》[2]（本书简称为《建筑法》）等。②调整房地产法律关系的相关性法律。例如，《中华人民共和国物权法》[3]（本书简称为《物权法》）、《中华人民共和国民法通则》[4]（本书简称为《民法通则》）、《中华人民共和国合同法》[5]（本书简称为《合同法》）、《中华人民共和国担保法》[6]（本书简称为《担保法》）等。

三、行政法规及部门规章

行政法规由国务院根据宪法和法律的授权制定，其效力低于宪法和法律，范围及于全国。目前，我国的房地产行政法规主要有《中华人民共和国土地管理法实施条例》[7]（本书简称为《土地管理法实施条例》）、《中华人民共和国土地增值税暂行条例》[8]（本书简称为《土地增值税暂行条例》）、《城市房地产开发经营管理条例》[9]、《城镇土地使用税暂行条例》等。

国务院各部、各委员会、中国人民银行、审计署和具有行政管理职能的直属机构，可以根据法律和国务院的行政法规、决定、命令，在本部门的权限范围内制定规章。部门规章规定的事项应当属于执行法律或者国务院的行政法

---

〔1〕《中华人民共和国城乡规划法》：2007 年 10 月 28 日主席令第 74 号公布，自 2008 年 1 月 1 日起施行；根据 2015 年 4 月 24 日《全国人民代表大会常务委员会关于修改〈中华人民共和国港口法〉等七部法律的决定》（主席令第 23 号）修正。

〔2〕《中华人民共和国建筑法》：1997 年 11 月 1 日主席令第 91 号公布，自 1998 年 3 月 1 日起施行；根据 2011 年 4 月 22 日《全国人民代表大会常务委员会关于修改〈中华人民共和国建筑法〉的决定》（主席令第 46 号）修正。

〔3〕《中华人民共和国物权法》：2007 年 3 月 16 日主席令第 62 号公布，自 2007 年 10 月 1 日起施行。

〔4〕《中华人民共和国民法通则》：1986 年 4 月 12 日主席令第 37 号公布，自 1987 年 1 月 1 日起施行；根据 2009 年 8 月 27 日《全国人民代表大会常务委员会关于修改部分法律的决定》（主席令第 18 号）修正。

〔5〕《中华人民共和国合同法》：1999 年 3 月 15 日主席令第 15 号公布，自 1999 年 10 月 1 日起施行。

〔6〕《中华人民共和国担保法》：1995 年 6 月 30 日主席令第 50 号公布，自 1995 年 10 月 1 日起施行。

〔7〕《中华人民共和国土地管理法实施条例》：1991 年 1 月 4 日国务院令第 73 号发布，自 1991 年 2 月 1 日起施行；已被 1998 年 12 月 27 日《中华人民共和国土地管理法实施条例》（国务院令第 256 号）废止。1998 年 12 月 27 日国务院令第 256 号发布新版本，自 1999 年 1 月 1 日起施行；根据 2011 年 1 月 8 日《国务院关于废止和修改部分行政法规的决定》（国务院令第 588 号）第一次修正；根据 2014 年 7 月 29 日《国务院关于修改部分行政法规的决定》（国务院令第 653 号）第二次修正。

〔8〕《中华人民共和国土地增值税暂行条例》：1993 年 12 月 13 日国务院令第 138 号发布，自 1994 年 1 月 1 日起执行；根据 2011 年 1 月 8 日《国务院关于废止和修改部分行政法规的决定》（国务院令第 588 号）修正。

〔9〕《城市房地产开发经营管理条例》：1998 年 7 月 20 日国务院令第 248 号发布，自发布之日起施行；根据 2011 年 1 月 8 日《国务院关于废止和修改部分行政法规的决定》（国务院令第 588 号）修正。

规、决定、命令的事项。有关房地产的部门规章也是房地产法的表现形式。

四、地方性法规和地方政府规章

地方性法规是由省、自治区、直辖市的人民代表大会及其常务委员会根据本行政区域的具体情况和实际需要，在不与宪法、法律、行政法规相抵触的前提下制定的。较大的市的人民代表大会及其常务委员会根据本市的具体情况和实际需要，在不与宪法、法律、行政法规和本省、自治区的地方性法规相抵触的前提下，也可以制定地方性法规。地方政府规章是由省、自治区、直辖市和较大的市的人民政府，根据法律、行政法规和本省、自治区、直辖市的地方性法规制定的。有关房地产的地方性法规和地方政府规章只在本行政区内发生法律效力，是房地产法的渊源中数量最多的一种表现形式。

五、司法解释

法律解释是指一定的解释主体根据法定权限和程序，按照一定的标准和原则，对法律的含义以及法律所使用的概念、术语等进行进一步说明的活动。根据作出解释的机关不同，法律解释可以分为立法解释、司法解释和行政解释三大类。其中，司法解释是国家最高司法机关对司法工作中具体应用法律问题所作的解释。司法解释分为最高人民法院的审判解释、最高人民检察院的检察解释和这两个机关联合作出的解释。审判解释和检察解释有原则性分歧时，应报请全国人民代表大会常务委员会解释或决定。有关房地产的司法解释，也是房地产法的重要表现形式，对指导司法实践具有重要意义。

六、其他规范性文件

在房地产实践中，国务院发布过很多具有重大指导意义和现实针对性的政策文件，省、自治区、直辖市所属部门以及市、县人民政府也可以在法定权限内制定适用于本区域的规范性文件。这些有关房地产的规范性文件具有适应性和针对性强的特点，在促进房地产市场稳定健康发展等方面发挥了积极作用。而且这些有关房地产的规范性文件中的很多内容已被法律法规所吸收，或者转化为合同范本条款。今后相当长的一段时间内，这些有关房地产的规范性文件仍将发挥独特的市场调控作用。

第二编　房地产权属

第三章　房地产权属概述

房地产权属，即房地产产权归属，是指房地产产权在主体上的归属状态。“产权”实质上就是财产权，根据我国法律规定，财产权可划分为物权、知识产权和债权。房地产产权包括土地所有权、土地使用权、房屋所有权、房屋使用权、房地产抵押权等。在房地产产权中，“所有权”作为所有权人对物依法享有的占有、使用、收益和处分的权利，是最基本、最完整充分的一种权利形态，其他权利形态都是由“所有权”派生出来的。[1]房地产产权与一定的权利主体相联系时，就形成了房地产权属。房地产权属制度是房地产开发和房地产交易的起点和归宿，在房地产领域中占有重要地位。[2]

第一节　土地权属

一、土地权属制度的发展

1947 年 9 月，中国共产党在河北省石家庄市西柏坡村举行全国土地会议，通过了《中国土地法大纲》，同年 10 月 10 日中共中央公布了该大纲。《中国土地法大纲》是一部在全国彻底消灭封建剥削制度的纲领性文件，其规定“废除封建性及半封建性剥削的土地制度，实行耕者有其田的土地制度”。《中国土地法大纲》体现了土地改革的总路线，调动了农民革命与生产的积极性，对保障战争胜利起了决定性的作用。

新中国成立后，1949 年 9 月具有临时宪法作用的《中国人民政治协商会

〔1〕王利明主编：《民法学》，复旦大学出版社 2004 年版，第 249 页。
〔2〕孙文桢主编：《房地产法律实务》，武汉大学出版社 2010 年版，第 24 页。

议共同纲领》[1]规定“有步骤地将封建半封建的土地所有制改变为农民的土地所有制”。1949 年后，我国确立了土地的国家所有和农民所有的制度，国有土地划拨使用，并且 1982 年的《宪法》明确规定“ 任何组织或者个人不得侵占、买卖、出租或者以其他形式非法转让土地”。

1979 年颁布的《中外合资经营企业法》首开国有土地有偿使用之先河。该法规定中国合营者可以场地使用权作为投资，若场地使用权未作为投资的，中国政府可以征收土地使用费。1988 年 9 月国务院发布《城镇土地使用税暂行条例》开征城镇土地使用税。

1987 年 11 月深圳经济特区率先试行土地使用权有偿出让，引发了全国范围内土地制度深层次的改革。1988 年 4 月第七届全国人民代表大会第一次会议修正了 1982 年的《宪法》，规定“土地的使用权可以依照法律的规定转让”。同年，全国各城市开始建立房地产交易所，各专业银行成立房地产信贷部。改革至今，土地通过市场配置的范围不断扩大，土地有偿有期限使用的制度已扩展到全国各地。

二、土地所有权

土地所有权，即土地所有权人对自己的土地依法所享有的占有、使用、收益和处分的权利。依据《土地管理法》以及《土地管理法实施条例》，土地所有权分为国有土地所有权和农民集体土地所有权。但国有土地使用权与集体土地所有权在权能上有很大的区别：国有土地所有权更具有所有权的绝对性特征；而集体土地所有权则受到更多的限制，不具有绝对性，也可以说，它不是一项真正的“所有权”。

（一）国有土地所有权

国家所有的土地包括：①城市市区的土地；②农村和城市郊区中已经依法没收、征收、征购为国有的土地；③国家依法征收的土地；④依法不属于集体所有的林地、草地、荒地、滩涂及其他土地；⑤农村集体经济组织全部成员转为城镇居民的，原属于其成员集体所有的土地；⑥因国家组织移民、自然灾害等原因，农民成建制地集体迁移后不再使用的原属于迁移农民集体所有的土地。

国家所有的土地，由国务院代表国家行使所有权。国家是国有土地绝对的、唯一的所有权主体，国务院是国家土地所有权的唯一代表。

---

〔1〕《中国人民政治协商会议共同纲领》：1949 年 9 月 29 日中国人民政治协商会议第一届全体会议通过并发布，现已失效。

（二）集体土地所有权

集体所有的土地包括：①农村和城市郊区的土地，除法律规定属于国家所有的以外；②宅基地和自留地、自留山。

集体所有的土地，相关集体依照下列规定行使所有权：①属于村农民集体所有的，由村集体经济组织或者村民委员会代表集体行使所有权；②分别属于村内两个以上农民集体所有的，由村内各集体经济组织或者村民小组代表集体行使所有权；③属于乡镇农民集体所有的，由乡镇集体经济组织代表集体行使所有权。

（三）土地所有权的流转

现行《宪法》第10条第4款规定："任何组织或者个人不得侵占、买卖或者以其他形式非法转让土地。"在我国，不论是两种所有制的不同主体之间，还是集体所有制不同主体之间，均不得以买卖、赠与、互易等任何形式进行土地所有权的交易；如果土地发生主体的变更，只能是国家对集体土地征收征用，或者经政府有关部门审批在不同的集体经济组织之间进行有限的土地边界调整。

三、土地使用权

土地使用权，是指单位或者个人依法或依约定，对国有土地或集体土地所享有的占有、使用、收益和有限处分的权利。《土地管理法》第4条将土地按照用途划分为"农用地"、"建设用地"和"未利用地"。农用地是指直接用于农业生产的土地，包括耕地、林地、草地、农田水利用地、养殖水面等；建设用地是指建造建筑物、构筑物的土地，包括城乡住宅和公共设施用地、工矿用地、交通水利设施用地、旅游用地、军事设施用地等。

（一）农用地使用权

"农用地使用权"亦称"土地承包经营权"。《物权法》第124条第2款规定："农民集体所有和国家所有由农民集体使用的耕地、林地、草地以及其他用于农业的土地，依法实行土地承包经营制度。"第125条规定："土地承包经营权人依法对其承包经营的耕地、林地、草地等享有占有、使用和收益的权利，有权从事种植业、林业、畜牧业等农业生产。"

关于土地承包经营权的设立和登记，《物权法》第127条规定："土地承包经营权自土地承包经营权合同生效时设立。县级以上地方人民政府应当向土地承包经营权人发放土地承包经营权证、林权证、草原使用权证，并登记造册，确认土地承包经营权。"

（二）建设用地使用权

《土地管理法》第43条和第44条规定，任何单位和个人进行建设，需要使用土地的，必须依法申请使用国有土地；但是，兴办乡镇企业和村民建设住宅经依法批准使用本集体经济组织农民集体所有的土地的，或者乡（镇）村公共设施和公益事业建设经依法批准使用农民集体所有的土地的除外；建设占用土地，涉及农用地转为建设用地的，应当办理农用地转用审批手续。

1. 国家建设用地使用权。《物权法》第 135 条首次对“国家建设用地使用权”进行了规定：“建设用地使用权人依法对国家所有的土地享有占有、使用和收益的权利，有权利用该土地建造建筑物、构筑物及其附属设施。”面对土地利用“上天入地”的现象，《物权法》也作出了相应回应，该法第 136 条规定：“建设用地使用权可以在土地的地表、地上或者地下分别设立。”

国家建设用地使用权具有较高的流通性。除法律另有规定外，国家建设用地使用权可以自由转让、互换、出资、赠与或者抵押。可以说，我国现阶段的土地交易主要就是国家建设用地使用权的交易，现阶段的土地市场主要是国家建设用地使用权市场。[1]

2. 集体建设用地使用权。乡镇企业、乡（镇）村公共设施和公益事业或者村民住宅等乡（镇）村建设，应当按照村庄和集镇规划，合理布局，综合开发，配套建设。

集体经济组织对于本集体所有的土地，不得以出让、转让或者出租等方式供其他集体经济组织、企业或者个人等用于非农业建设；但是，符合土地利用总体规划并依法取得建设用地的企业，因破产、兼并等情形致使土地使用权依法发生转移的除外。

为了保障农民在集体所有的土地上建造房屋的权利，《物权法》专门设置了宅基地使用权一章，并且《物权法》第 152 条对宅基地使用权进行了明确规定：“宅基地使用权人依法对集体所有的土地享有占有和使用的权利，有权依法利用该土地建造住宅及其附属设施。”

农村村民一户只能拥有一处宅基地，其宅基地的面积不得超过省、自治区、直辖市规定的标准。农村村民出卖、出租住房后，再申请宅基地的，不予批准；但是对于因自然灾害等原因失去宅基地的村民，应当重新分配宅基地。

（三）土地使用权的流转

虽然在我国土地所有权的流转是被禁止的，但是，土地的使用权却是可以依法转让的。国家机关、企事业单位、农民集体、公民个人、外资企业等凡具备法定条件者，均可依照法定程序取得土地使用权，成为土地使用权的主体。土地使用权可以出让、转让、买卖、出租、抵押。

---

〔1〕 温世扬：《物权法要义》，法律出版社 2007 年版，第 178～180 页。

第二节　房屋权属

一、房屋权属制度的发展

新中国成立后的计划经济时期，我国实行的是“统一管理、统一分配、以租养房”的住房实物分配制度。那一时期的住房被称为公有住房（简称“公房”），其是由国家和企业“统包”建设、维修和分配，因此公房的所有权是归属于国家或集体组织的。职工对公房的居住使用是基于租赁法律关系，公房租赁期限在法律上没有限制，承租人可一直居住直至其死亡且其同住家庭成员还可继续租赁，并且公房租赁实行近乎无偿使用的低租金制度。

在“只有投入没有产出”的住房建设、国家和企业“统包”住房供给的住房实物分配制度下，一方面，城镇居民完全依赖政府和单位解决住房问题，导致家庭消费结构严重扭曲，住房分配的等级制和苦乐不均的现象也严重影响了社会稳定；另一方面，住房建设与经济发展严重脱节，住房实物分配的福利化使政府和企业背上了沉重的包袱。

实行市场经济后，住房制度以盘活公房为起点开始了漫长而艰难的改革。盘活公房是以公房出售和已购公房的上市交易为核心的改革活动。但是由于历史经济条件的限制，职工对其购得的公房并不一定享有完全的产权，已购公房的上市交易也受到一定的约束。1994 年 7 月 18 日国务院发布的《关于深化城镇住房制度改革的决定》第 4 条第 21 项规定，职工以市场价购买的住房，产权归个人所有，可以依法进入市场，按规定交纳有关税费后，收入归个人所有。职工以成本价购买的住房，产权归个人所有，一般住用 5 年后可以依法进入市场，在补交土地使用权出让金或所含土地收益和按规定交纳有关税费后，收入归个人所有。职工以标准价购买的住房，拥有部分产权，即占有权、使用权、有限的收益权和处分权，可以继承。产权比例按售房当年标准价占成本价的比重确定。职工以标准价购买的住房，一般住用 5 年后方可依法进入市场。在同等条件下，原售房单位有优先购买、租用权，原售房单位已撤销的，当地人民政府房产管理部门有优先购买、租用权。售、租房收入在补交土地使用权出让金或所含土地收益并按规定交纳有关税费后，单位和个人按各自的产权比例进行分配。

随着住房制度改革的推进，单一的住房实物分配福利体系逐步终止，货币化、市场化、社会化和多层次化的住房供给体系逐步形成。在大力发展商品房供应体系的同时，国家还提出要建立具有社会保障性质的经济适用住房供应体系：1994 年国务院的《关于深化城镇住房制度改革的决定》即提出“加快经济适用住房的建设”。2006 年国务院办公厅转发的建设部等九部委《关于调整住房供应结构稳定住房价格的意见》[1]针对既不符合购买经济适用住房的资格，也不具备购买商品房能力的中等收入阶层，首度提出了“限套型”、“限房价”的普通商品住房，即“限价商品房”的供应。但是购买经济适用房和限价商品房的业主，其产权都受到一定的限制：购买经济适用住房满 5 年，方可上市交易，并需向政府交纳一定的土地收益，此外政府可优先回购；购买限价商品房 5 年期满后方可上市出售，届时按同地段普通商品房与限价商品房差价的一定比例向政府缴纳转让收益。

二、房屋所有权

房屋所有权，即房屋所有权人对房屋依法所享有的占有、使用、收益和处分的权利。国家机关、企事业单位、公民个人等凡具备法定条件者，均可依照法定程序取得房屋所有权。

（一）房屋所有权与土地使用权的联系

房屋系土地之定作物，它一方面紧密地、持续地附着于土地，但另一方面又是土地之外独立的不动产，具有明显的经济关系上的独立性。

对于房屋与土地的关系，我国采取的是“房地一体主义”的处理原则，即不论房屋和土地是否同属一个主体所有，房屋所有权和该房屋占有范围内的土地使用权必须同时转让、抵押，俗称“房随地走，地随房走”。

（二）房屋所有权的类别

依房屋所处的土地性质和位置的差异，我国房屋所有权大体分为城市房屋所有权和农村房屋所有权。

1. 城市房屋所有权。城市房屋，系指坐落于国有土地上的房屋。根据房屋所有权人类型的不同，城市房屋所有权还可以进一步分为：国有房屋所有权、法人房屋所有权、公民房屋所有权。

2. 农村房屋所有权。农村房屋，系指坐落于集体土地上的房屋。一般为农村集体经济组织、乡镇企业、农民个人和家庭所有。按我国现行法律，由于集体土地使用权的流通有诸多限制，因此农村房屋所有权的主体资格亦受到严格限制，一般不允许城市企业或公民到集体土地上建房或购房。

三、房屋使用权

我国现行法律并没有房屋使用权的概念。与土地使用权不同，房屋使用权

---

〔1〕《国务院办公厅转发建设部等部门关于调整住房供应结构稳定住房价格意见的通知》：2006 年 5 月 24 日国办发［2006］37 号发布。

并不是一项独立的用益物权，而是房屋所有权的一项权能。但是在房屋所有权人将房屋以出租、出借等形式交由他人占有、使用的情况下，他人所享有的房屋使用权具有债权的性质，如租赁权。出于对承租人的保护，立法中确立了“买卖不破租赁”、“抵押不破租赁”的原则，使得租赁权具有一定的对抗效力，这种对抗效力被称为“租赁权的物权化”。

第三节　房地产权属登记

我国对房地产的所有权、使用权以及权利派生的抵押权、典当权等权属状况采取登记制度，即只有经过依法登记，并由政府相关机构核发权属证书之后的房地产，权利人才享有相应的权利。我国房地产登记实行土地权属和房屋权属分别登记制度。

一、房地产权属登记概述

（一）房地产权属登记的功能

房地产权属的登记功能主要体现在下面四个方面：

1. 公示功能。房地产权属登记，不仅登记权利的静态状况，而且也登记权利动态过程，使第三人可以就登记情况推知该房地产权利状态，以厘清权属，避免和减少权属纠纷。

2. 公信功能。登记记载的权利人在法律上推定其为真正权利人，如果以后事实证明登记的物权不存在或存在瑕疵，对于信赖该物权的存在并已从事了物权交易的人，法律仍然承认其具有与真实的物权相同的法律效果。

3. 管理功能。国家通过房地产权属登记对房地产市场进行监督管理，实现国家对房地产的宏观调控、税收监管等。

4. 效率功能。经过登记的房地产权利受法律确认，由国家强制力予以保护，当事人可以充分信赖登记的内容，在交易之前不必投入过多的精力和费用去调查、了解，从而节省交易费用，提高交易效率。

（二）房地产权属登记的效力

对于房地产权属登记的效力，我国《物权法》采用的是“登记要件主义”的基本立场，将“登记”作为房地产物权变动的生效要件，但也设有若干例外。

1. 登记作为生效要件。《物权法》第 9 条规定：“不动产物权的设立、变更、转让和消灭，经依法登记，发生效力；未经登记，不发生效力，但法律另有规定的除外。”因此，房地产物权的变动以登记为生效要件，即未经登记，不发生物权变动的效果，更不能对抗第三人。

2. 登记作为对抗要件。《物权法》主要对“准不动产”（船舶、航空器和机动车）物权、土地承包经营权和地役权采取的“登记对抗主义”。即房地产权属的变更、他项权利的设定，在当事人签订合约时就已生效，登记仅仅是作为对抗第三人的要件；未经登记，只能在当事人之间产生效力，不能对抗第三人。

3. 登记作为处分要件。《物权法》第28～31条规定，因人民法院、仲裁委员会或者人民政府等公权力行为、继承或者遗赠、事实行为导致物权设立、变更、转让或者消灭的，登记并非物权变动的生效要件，但未经登记不得处分该物权。

（三）房地产权属登记的类型

房地产权属登记的类型主要包括：初始登记、变更登记、注销登记、预告登记、异议登记、更正登记、他项权利登记等。

二、土地登记

（一）土地登记概述

《土地登记办法》[1]第2条规定：“本办法所称土地登记，是指将国有土地使用权、集体土地所有权、集体土地使用权和土地抵押权、地役权以及依照法律法规规定需要登记的其他土地权利记载于土地登记簿公示的行为。前款规定的国有土地使用权，包括国有建设用地使用权和国有农用地使用权；集体土地使用权，包括集体建设用地使用权、宅基地使用权和集体农用地使用权（不含土地承包经营权）。”

依据《土地登记办法》第15条，土地登记簿是土地权利归属和内容的根据。土地登记簿应当载明下列内容：①土地权利人的姓名或者名称、地址。②土地的权属性质、使用权类型、取得时间和使用期限、权利以及内容变化情况。③土地的坐落、界址、面积、宗地号、用途和取得价格。④地上附着物情况。

（二）土地登记的程序

1. 申请。申请人向土地所在地的县级以上人民政府国土资源行政主管部门提出土地登记申请。

2. 受理。申请材料齐全、符合法定形式，或者申请人按照要求提交全部补正申请材料的，应当受理土地登记申请。

3. 审核。对于当事人提出的土地登记申请，国土资源行政管理部门应当对申请材料进行实质审查。必要时，可以就有关登记事项向申请人询问，也可

〔1〕《土地登记办法》：2007年12月30日国土资源部令第40号公布，自2008年2月1日起施行。

以对申请登记的土地进行实地查看。

4. 记载于登记簿。国土资源行政管理部门应该根据对土地登记申请的审核结果，以宗地为单位填写土地登记簿。

5. 发证。对于审查通过的土地登记申请，由县级以上人民政府登记造册，核发土地权利证书。

三、房屋登记

（一）房屋登记概述

《房屋登记办法》[1]第2条规定："本办法所称房屋登记，是指房屋登记机构依法将房屋权利和其他应当记载的事项在房屋登记簿上予以记载的行为。"

房屋登记实行属地登记原则。国务院建设行政主管部门负责指导、监督全国的房屋登记工作。省、自治区、直辖市人民政府建设（房地产）行政主管部门负责指导、监督本行政区域内的房屋登记工作。

办理房屋登记，应当遵循房屋所有权和房屋占用范围内的土地使用权权利主体一致的原则。房屋登记簿应当记载房屋自然状况、权利状况以及其他依法应当登记的事项。

（二）房屋登记的程序

1. 申请。申请人向房屋所在地的房屋登记机构提出房屋登记申请。

2. 受理。申请人提交的申请登记材料齐全且符合法定形式的，房屋登记机构应当予以受理，并出具书面凭证。

3. 审核。房屋登记机构应当查验申请登记材料，并可以询问申请人或进行实地查看。

4. 记载于登记簿。对于符合法律规定的登记申请，房屋登记机构应当予以登记，将申请登记事项记载于房屋登记簿。

5. 发证。房屋登记机构应当根据房屋登记簿的记载，缮写并向权利人发放《房屋所有权证》、《房屋他项权证》等房屋权属证书。

---

〔1〕《房屋登记办法》：2008年2月15日建设部令第168号发布，自2008年7月1日起施行。

第四章　建筑物区分所有权

第一节　建筑物区分所有权概述

一、建筑物区分所有权的概念及特征

（一）建筑物区分所有权的概念

建筑物区分所有权是随着现代城市的兴起以及房地产业的发展而产生的一种较为特殊的房屋所有权形态。自19世纪初至20世纪中叶，建筑物区分所有权制度已为英美法系与大陆法系的各国民事立法所普遍确立，其渊源可谓久远。迄今，这项所有权制度在促使人类最大限度地利用有限的土地资源，解决人类自身的居住、生活、生产等问题上发挥了重大功用。〔1〕

我国《物权法》第六章专门规定了“业主的建筑物区分所有权”制度，其第70条规定：“业主对建筑物内的住宅、经营性用房等专有部分享有所有权，对专有部分以外的共有部分享有共有和共同管理的权利。”需要注意的是，为了明确权利主体，《物权法》在“建筑物区分所有权”前加上了“业主的”三个字。《最高人民法院关于审理建筑物区分所有权纠纷案件具体应用法律若干问题的解释》〔2〕（本书简称为《建筑物区分所有权司法解释》）对业主进行了扩大解释，即业主包括依法登记取得或者根据《物权法》第二章第三节规定取得建筑物专有部分所有权的人，以及基于与建设单位之间的商品房买卖民事法律行为，已经合法占有建筑物专有部分，但尚未依法办理所有权登记的人。

在建筑物区分所有权这种特殊的所有权中，标的物是建筑物，但该建筑物各个独立部分效能的发挥，离不开楼梯、供水、供电、供气等设施设备这些共同部分的共同使用，即该建筑物中各个具有独立用途和功能的部分，虽然可以成立所有权，但该所有权的行使，是以整个建筑物共用部分的用益权为前提的，否则不能成立完全独立的所有权。这种单独所有与共有以及共同关系成员权的结合，便构成了一种新的所有权类型——建筑物区分所有权。

---

〔1〕 江平主编：《民法学》，中国政法大学出版社2000年版，第363页。

〔2〕《最高人民法院关于审理建筑物区分所有权纠纷案件具体应用法律若干问题的解释》：2009年5月14日法释［2009］7号公布，自2009年10月1日起施行。

（二）建筑物区分所有权的特征

与通常意义的不动产所有权相比，建筑物区分所有权具有下列特征：

1. 权利形态的复合性。建筑物区分所有权并非对某栋建筑物的单独所有权，而是权利人对一栋楼房中其专有部分的单独所有权（本书简称为“专有权”）、对共有部分的共有权（本书简称为“共有权”）以及基于共有关系而产生的社员权（本书简称为“社员权”）三种权利的结合形态。[1]

2. 权利形态的一体性。建筑物区分所有权包含的专有权、共有权及社员权，是相对独立而又不可分割的整体，业主不能保留其中的某一项权利而转让或者抛弃其他权利。

3. 专有权的主导性。在建筑物区分所有权所包含的专有权、共有权及社员权中，专有权占据主导地位，决定了后两项权利的产生、转移及消灭。业主取得专有权就意味着取得了共有权与社员权，反之，丧失专有权就意味着丧失了共有权及社员权；专有权之大小或价值，将决定共有权比例及社员权的大小；专有权变动的效力及于共有权和社员权，处分专有权，也就同时处分了共有权和社员权。

二、建筑物区分所有权的权利形态

（一）对专有部分的单独所有权（专有权）

业主对建筑物专有部分享有的单独所有权是建筑物区分所有权的“单独性灵魂”，其与普通所有权没有本质的区别，都包含了占有、使用、收益、处分等权能，在产权登记时可分别进行登记。业主的所有权只能及于其所有部分，而不能及于建筑物的全部，在这点上与共有不同。

业主的专有部分主要是指业主独立的空间以及有独立的出入门户的住房，在法律上表现为房屋权属证书登记的面积范围。依据《建筑物区分所有权司法解释》第2条的规定，建筑区划内符合下列条件的房屋（包括整栋建筑物），以及车位、摊位等特定空间，应当认定为建筑物的专有部分：①具有构造上的独立性，能够明确区分；②具有利用上的独立性，可以排他使用；③能够登记成为特定业主所有权的客体。此外，规划上专属于特定房屋，且建设单位销售时已经根据规划列入该特定房屋买卖合同中的露台等，应认定为专有部分的组成部分。

（二）对共有部分的共有权（共有权）

业主对建筑物专有部分以外的共有部分，享有权利，承担义务。共有部分

---

[1] 王利明主编：《民法学》，复旦大学出版社2004年版，第297页。

既包括供全体业主使用的全体共有部分，也包括仅供部分业主使用的部分共有部分。没有共有权也就不会存在建筑物区分所有权。对于房屋的共有部分，如楼梯、走廊等，在法律上推定为各业主共有，但不允许共有人请求分割，转化为个人所有。任何一个业主通过购买等方式取得对建筑物某一部分的专有权，那么自然享有对共有部分的权利。业主只有在转让专有部分的时候，才能将共有部分随同转让。

依据《建筑物区分所有权司法解释》第 3 条的规定，除法律、行政法规规定的共有部分外，建筑区划内的以下部分，也应当认定为建筑物的共有部分：①建筑物的基础、承重结构、外墙、屋顶等基本结构部分，通道、楼梯、大堂等公共通行部分，消防、公共照明等附属设施、设备，避难层、设备层或者设备间等结构部分；②其他不属于业主专有部分，也不属于市政公用部分或者其他权利人所有的场所及设施等。此外，建筑区划内的土地，依法由业主共同享有建设用地使用权，但属于业主专有的整栋建筑物的规划占地或者城镇公共道路、绿地占地除外。

因此业主的共有部分可以说包括三个方面，即法定共有部分、天然共有部分和约定共有部分。法定共有部分是指建筑区划内的道路、绿地、其他公共场所、物业服务用房、共有道路或车位、电梯、水箱等设施。天然共有部分是指基本结构部分、公共通行部分及消防、公共照明灯附属设施、设备、避难层、设备层或设备间等结构部分。约定共有部分是指除法定共有部分、天然共有部分外，“非特定权利人所有”即为业主共有。

（三）基于共有关系而产生的社员权（社员权）

业主的社员权是基于其对建筑物专有部分以外的共有部分的共有权而产生的，其是指业主基于同一栋建筑物的构造、权利归属及使用上的密切关系而形成的，作为建筑物自治管理组织成员的权利。与专有权及共有权明显不同的是，专有权与共有权是财产权，而社员权是业主们基于共同的财产利益而形成的身份权，是各业主就共同关系事务如何作出决定，以及该决定应如何被执行而享有的权利。业主通过业主大会行使社员权，并且业主可以自行管理或者委托物业服务企业管理共有部分。

第二节　建筑物区分所有权热点分析

一、小区停车位的权属认定

目前住宅小区内供业主停车的地方主要有两种：一种是封闭型的车库，以地下车库居多；一种是地面非封闭型停车场，以露天的居多，也有搭建简易篷顶的。虽然车库和停车场都会被划分为一个个的车位来使用，但是两者在物理性质、法律属性等方面有着显著区别：①车库是四周封闭的空间，具有建筑物的特征；地面停车场不具备建筑物的特征，多数都是小区整体场所的一部分，甚至是小区公共道路的一部分。②车库的开发成本相对较高，建造成本不一定分摊到整个小区的建造成本中；而地面停车场的开发几乎不需要成本，其占用的土地使用费已经分摊在小区建造的整体成本中。

很长时间以来，因小区停车位权属引发的纠纷一直困扰着人们的日常生活和司法实践。2007 年 10 月 1 日生效的《物权法》弥补了这一立法空白，为解决小区停车位纠纷提供了“定纷止争”的规范。

《物权法》第 74 条规定：“建筑区划内，规划用于停放汽车的车位、车库应当首先满足业主的需要。建筑区划内，规划用于停放汽车的车位、车库的归属，由当事人通过出售、附赠或者出租等方式约定。占用业主共有的道路或者其他场地用于停放汽车的车位，属于业主共有。”该条款从以下三个方面对小区停车位的归属及使用进行了规范：

1. 首先满足业主的需要。《物权法》第 74 条第 1 款规定：“建筑区划内，规划用于停放汽车的车位、车库应当首先满足业主的需要。”小区作为都市人的主要栖息地，其功能不再局限于居住，停车也是一项重要需求。这里的“首先”不同于“优先”。“首先”不区分条件，更有助于保障业主利益，是对处于相对弱势地位的业主的特殊保护。这实际上是对小区车位、车库的出售或出租进行了必要的限制。

2. 当事人约定权属。《物权法》第 74 条第 2 款规定：“建筑区划内，规划用于停放汽车的车位、车库的归属，由当事人通过出售、附赠或者出租等方式约定。”该条款给了开发商或业主通过约定保留或取得规划范围内车位、车库所有权的可能性。在市场经济条件下，这有利于更大地发挥市场的调节作用：如果开发商认为房屋销售获利更大，则可以放弃车库的所有权，将其出售、附赠给业主；反之则可以保留车库的所有权，将车库出租给业主使用。从这里可以看出，《物权法》承认了开发商的天然优势地位，以保障他们开发车库的积极性，缓解车库紧缺的状况。

3. 归属业主共有的车位。《物权法》第 74 条第 3 款规定：“占用业主共有的道路或者其他场地用于停放汽车的车位，属于业主共有。”并且《建筑物区分所有权司法解释》第 6 条对业主共有的车位进行了进一步界定：“建筑区划内在规划用于停放汽车的车位之外，占用业主共有道路或者其他场地增设的车位，应当认定为物权法第 74 条第 3 款所称的车位。”规划范围外的地面停车场，多占用小区道路，几乎不需要花费建设成本。作为小区配套设施占用的土地已经属于业主共有财产范围，开发商没有理由主张地面停车场的所有权，《物权法》将之归属于业主共有是合理的。

二、小区人民防空工程的权属及使用

（一）小区人民防空工程的权属认定

依据《中华人民共和国人民防空法》[1]（本书简称为《人民防空法》）第2条第1款“人民防空是国防的组成部分”、《物权法》第52条第1款“国防资产属于国家所有”等有关法律法规的规定，小区人民防空工程作为国防资产的组成部分，其产权应属国家所有。

依据《人民防空法》第22条“城市新建民用建筑，按照国家有关规定修建战时可用于防空的地下室”以及《国务院、中央军委关于进一步推进人民防空事业发展的若干意见》[2]第3条第9项“城市新建民用建筑要依法修建防空地下室，确因地质等原因难以修建的要按规定缴纳易地建设费”等法律政策规定，城市新建民用建筑修建防空地下室，属于国家在城市建设中，出于维护公共利益考虑，对开发商附加的住宅开发中必须承担的法定强制性、公益性义务。因此，虽然小区人民防空工程是由开发商投资建设的，但与国家直接用财政资金修建具有相同意义，国家是否出资不影响产权归国家所有。

人民防空工程属于与国防安全、群众生命安全等公共利益高度密切相关的财产。因此，对其权属的界定，在遵循民事基本原则和精神的同时，也应遵循“公共利益优先”、“国家利益保护”等公法优先原则，而不应仅从一般追逐短期经济利益的纯私法视角进行考量。确定人民防空工程的所有权由国家予以保留，则人民防空工程在战争危险时期就能够由国家直接以所有人的地位进行管理使用，而无需通过任何征收或征用的繁琐途径，无疑将最有利于实现保障国防安全这一目的。

（二）小区人民防空工程的使用

尽管人民防空工程产权归国家所有，但并不影响投资人的使用收益权的行使，并不违背市场经济中“谁投资、谁受益”的损益相抵私法精神。《人民防空法》第5条规定：“人民防空工程平时由投资者使用管理，收益归投资者所

---

〔1〕《中华人民共和国人民防空法》：1996年10月29日主席令第78号公布，自1997年1月1日起施行；根据2009年8月27日《全国人民代表大会常务委员会关于修改部分法律的决定》（主席令第18号）修正。

〔2〕《国务院、中央军委关于进一步推进人民防空事业发展的若干意见》：2008年1月8日国发［2008］4号发布。

有。”依据《城市居住区规划设计规范》（GB 50180－93）[1]第6.0.3.7条“凡国家确定的一、二类人防重点城市均应按国家人防部门的有关规定配建防空地下室，并应遵循平战结合的原则，与城市地下空间规划相结合，统筹安排。将居住区使用部分的面积，按其使用性质纳入配套公建”的规定，人民防空工程作为配套公建，经人民防空主管部门批准，可作为地下车库（地下人防车库）使用。

地下人防车库收益实际归属方面，因其开始是由开发商投资建设，相应的经营管理及收益应归开发商享有，但小区商品房售完后，管理及收益权是否还属开发商需要具体分析，关键是看修建地下人防车库的投资是否已摊入出卖的房价之中而随房屋转移：如果地下人防车库作为小区的配套公建，其建设费已经纳入到住宅销售价格之中，随着房屋产权的转移，投资者也就随之变成了购买房屋的业主，则地下人防车库的收益权依法转由作为实际投资人的小区全体业主享有；反之，如果房屋销售价格没有将地下人防车库开发成本纳入，则地下人防车库的收益权仍归开发商所有。因此，除非开发商在商品房销售合同中明确载明地下人防车库建设成本没有纳入住宅销售价格，一般情况下，地下人防车库作为小区的配套公建，其建设费被认为已经纳入到住宅销售价格之中。

三、建筑物屋顶的权属及使用

（一）建筑物屋顶的权属认定

建筑物屋顶属于共有部分，从以下三个方面分析，其应归该栋建筑物的全体业主共有：①从计算房屋建筑面积的有关规定看，屋顶不属于建筑面积的范围，因此无法在相关的房地产管理部门办理“小产权”；②从计算商品房价格的有关规定看，商品房价格由成本、利润、税金和地段差价四个项目构成，购房者已经分摊了作为共有部分屋顶的建筑成本；③从结构功能上看，屋顶属于建筑物总体的一部分，作为建筑物最上层的外围护构件。

在现实生活中有开发商将建筑物的屋顶建设为停车场，并以“谁投资、谁受益”为理由，坚称屋顶停车场应归属于开发商。但法律学术界以及实务界倾向性意见认为该屋顶停车场（包括配套设施，例如汽车升降梯）归该栋建筑物的全体业主共有。因为，停车场建造在归业主共有的、本属于建筑物基本结构部分的屋顶之上，其与屋顶直接紧密地结合为一体，无法脱离屋顶单独

[1]《城市居住区规划设计规范》（GB 50180－93）：1993年7月16日《关于发布国家标准〈城市居住区规划设计规范〉的通知》（建标［1993］542号）发布，自1994年2月1日起施行；根据2002年3月11日《建设部关于国家标准〈城市居住区规划设计规范〉局部修订的公告》（建设部公告第31号）修正。

存在，此是该停车场特殊性的重要表现。由于停车场不可能和屋顶分开，所以屋顶停车场不符合专有部分的标准，不属于专有部分。

实际生活中经常有开发商出售、附赠、出租建筑物屋顶，那么开发商是否有权处置建筑物屋顶？建筑物屋顶属于该栋建筑物全体业主共有，只有该栋建筑物全体业主（非开发商）才有权按照《物权法》规定的程序协商同意归某一业主所有或者使用。因此开发商出售屋顶或者附赠屋顶均属无效行为；开发商擅自出租屋顶做广告牌、建设通信设施等行为属于侵权行为；开发商收取的屋顶购房款、租金等收益应当返还给该栋建筑物全体业主，并承担因此给业主造成的经济损失。

（二）建筑物屋顶的使用

建筑物屋顶的使用权由该栋建筑物全体业主共同行使。建筑物屋顶的使用方式、使用费用等应由该栋建筑物全体业主共同约定。如果没征求其他业主同意而擅自使用屋顶平台，就侵犯了其他业主的共有权。业主基于对住宅、经营性用房等专有部分特定使用功能的合理需要，无偿利用屋顶的，不应认定为侵权。但违反法律、法规、管理规约，损害他人合法权益的除外。

现实中开发商为了促进顶层房屋的销售，往往为顶层房屋设计阁楼或露台，这阁楼或露台只有从顶层住户家中才能上去，顶层住户“独占”了屋顶的通行权，事实上拥有单独的屋顶“使用权”。这种情况从表面上看，似乎是顶层住户侵犯了该栋建筑物其他业主的屋顶使用权，但从法律的角度看并非如此。因为该栋建筑物其他业主在购买房屋时选择了非顶层，同时也意味着承诺同意按照开发商的设计，由顶层个别住房使用阁楼或露台。但即便如此，顶层住户亦不能阻止该栋建筑物全体业主通过决议方式在屋顶设立太阳能、广告牌等集体行为。

建筑物内有通往屋顶的公共通道，顶层住户不得妨碍该栋建筑物内其他业主经过公共通道通往屋顶。但是，如果没有公共通道，则其他业主欲从顶层住户室内通往屋顶须经顶层住户同意，因为专有的权利大于共有的权利。

此外，依据《建筑物区分所有权司法解释》第 4 条，屋顶和外墙面的合理使用是有区别的：对于屋顶的合理使用没有限制，即同一栋建筑物的任何业主都可以合理使用该栋建筑物屋顶的任一某处；而对于外墙面的合理使用是有严格限制的，即仅限于业主合理利用自身专有部分相对应的外墙面。

第三编 房地产开发用地

第五章 建设用地

第一节 建设用地概述

一、建设用地的涵义

土地是房地产开发项目的载体。《土地管理法》将土地按照用途划分为“农用地”、“建设用地”和“未利用地”，并定义建设用地是建造建筑物、构筑物的土地，包括城乡住宅和公共设施用地、工矿用地、交通水利设施用地、旅游用地、军事设施用地等。而用于房地产开发的建设用地通常是指一宗（片）位于城市规划区的，适合房地产开发主体进行基础设施和房屋建设使用的国有土地。开发商只有取得建设用地、办理开发前期手续、完成施工图设计后才可实施房地产开发项目的建设。

用于房地产开发的建设用地具有如下特点：①不直接利用土壤。建设用地是生活场所、操作空间和工程的载体，不是直接利用土壤，与土壤肥力没有关系。②可逆性差。农用地要变为建设用地较为容易，但是建设用地要转变为农用地却较为困难。③土地利用价值高。某一块土地，相较于作为农用地产生的经济效益，其作为建设用地进行房地产开发可以产生更高的经济效益。④区域选择性强。房地产开发项目的定位和功能与其周围的环境、交通、基础设施等有着密切的关系，因此开发商在启动房地产项目时会谨慎进行选址。

二、建设用地的类型

1. 按照土地区位划分。城市土地区位是指城市中不同地段上的土地，长期受自然、经济、社会、文化等因素的影响而形成的特殊地域、地段环境。大、中城市一般根据城市土地区位确定土地等级。

2. 按照土地利用的性质和功能划分。2012 年 1 月 1 日起实施的《城市用地分类与规划建设用地标准》（GB 50137－2011）[1]采用的就是此划分标准，该国家标准将建设用地划分为居住用地、公共管理与公共服务用地、商业服务业设施用地、工业用地、物流仓储用地、道路和交通设施用地、公用设施用地、绿地与广场用地。

3. 按照建设用地的来源划分。建设用地可分为存量国有土地和增量国有土地。存量国有土地是指城市规划区内原有的国有土地。增量国有土地是指城市规划区内被政府征收的原集体所有制土地。

4. 按照对建设用地人为投入的形式及程度的不同划分。建设用地可分为生地、熟地、毛地和净地。生地是指已完成土地使用权批准手续，没进行或只部分进行基础设施配套开发和土地平整而未形成建设用地条件的土地。熟地是指具备完善的城市基础设施、土地平整，形成建设用地条件能直接用于建设的土地。毛地是指城市基础设施不完善、地上有房屋需要拆迁的土地。净地是指已完成城市基础设施开发、地上房屋拆迁完毕、土地平整、土地权利单一的土地。一般而言，“生地”、“熟地”重点着眼于建设，而“毛地”、“净地”更多着眼于出让。

第二节　建设用地的开发

建设用地的开发分为土地前期开发和取得土地后的开发。土地从生地变为适宜房地产开发的熟地需要经过土地前期开发。《城市房地产管理法》所指的房地产开发仅指取得国有土地之后的开发。业界通常将土地前期开发称为“土地一级开发”，将取得土地后的开发称为“土地二级开发”。本节将重点阐述土地一级开发，土地二级开发将在本书第四编房地产开发中进行详述。

土地一级开发，是指对一定区域范围内的城市国有土地、乡村集体土地进行统一的征收、拆迁、安置、补偿，并进行适当的市政配套设施建设，使该区域范围内的土地达到建设用地条件（熟地）的过程。

我国的土地一级开发大体经历了两个阶段：第一个阶段，1996 年以前，毛地批租、开发商拆迁的阶段；第二个阶段，1996 年以后，土地储备、政府拆迁、净地出让的阶段。

---

[1] 《城市用地分类与规划建设用地标准》（GB 50137－2011）：2010 年 12 月 24 日《关于发布国家标准〈城市用地分类与规划建设用地标准〉的公告》（住房和城乡建设部公告第 880 号）发布，自 2012 年 1 月 1 日起实施。

一、1996 年以前，毛地批租、开发商拆迁阶段

在这个阶段，建设用地的供应，遵循先立项后规划和用地审批的程序，简单地说就是“现用现拆”。在当时条件下，市场对土地需求旺盛，政府缺少土地前期开发费用，遂直接与开发商达成出让协议，开发商自筹资金或向银行贷款，购得建设用地使用权并承担建设用地的拆迁工作。

在开发商拆迁的年代，由于开发商带入大量资金，并借助金融市场融资，其不仅减轻了政府的财政负担，同时也加快了房地产业的发展和旧城区改造的速度，中心城区土地级差地租不断释放，利益不断创造，不断分配，地方政府也通过土地出让为城市建设筹集了巨额资金。但这种模式也产生了新的问题，主要是土地囤积和闲置问题无法解决。虽然《城市房地产管理法》第 26 条规定，政府有权收回未按期开发土地的使用权，但是开发商通常以政府未完成动工开发必需的前期工作为抗辩理由，由此规避政府处罚，造成大量土地闲置、土地开发周期延长、开发成本的不断升高以及对房地产的旺盛需求，这就必然造成后期房价上涨，反过来房价上涨又抬高被拆迁人的心理价位，于是某些拆迁基地不得不陷入僵局，导致政府只能采取行政裁决及行政强制拆迁手段予以“拔点”，而产生因拆迁引起的新社会矛盾：全国范围内征地拆迁纠纷的上访案件数量不断增加，一些老百姓认为“政府成了开发商的帮凶”。于是，政府痛定思痛，坚定改革，进入第二阶段。

二、1996 年以后，土地储备、政府拆迁、净地出让阶段

1996 年上海市成立我国第一家土地储备中心，从而拉开土地储备制度的序幕。随着土地储备制度在全国范围内的推广以及国家对土地储备制度的认可，各地政府纷纷建立了土地储备机构。这一时期，最明显的改变莫过于拆迁人从“开发商”转变为“市、区土地储备中心、土地发展中心”：新供应的建设用地，由土地储备机构承担拆迁工作，开发商退出拆迁历史舞台，开发商从此不再介入前期的拆迁工作；土地储备机构通过银行融资等途径筹集拆迁资金，并委托专业单位具体实施拆迁；土地储备机构完成土地收购和土地前期开发后，以净地条件出让建设用地给开发商。

基于国家法律赋予的土地一级开发的权力，再加上土地财政收入的诱惑，各地土地储备机构从事土地一级开发的热情度颇高。有些土地储备机构直接从事土地一级开发；有些土地储备机构成立“城市建设开发投资公司”进行土地一级开发。究其实质，土地储备机构基本都是采用这种“政府行为，公司运作”的方式从事土地一级开发。但是土地储备机构同时进行土地开发和土地收储，在利益输送上如同“左手倒右手”，容易留下权力寻租和腐败空间。

2010 年 9 月国土资源部发布《中共国土资源部党组关于国土资源系统开

展“两整治一改革”专项行动的通知》[1]，该通知明确要求在2011年3月底前，土地储备机构必须与其下设或挂靠的从事土地开发相关业务的机构彻底脱钩，各地国土资源部门及所属企事业单位都不得直接从事土地一级市场开发。但该通知是强调国土资源部门“不得直接从事”土地一级市场开发，而非完全退出。

土地一级开发最困难的环节在于拆迁：拆迁成本占据了土地一级开发成本的主要部分，拆迁补偿款是最难达成一致的地方；在拆迁过程中，企业经常会面对一些“有政府背景的建筑”；等等。在这个过程中，政府机构的作用十分“微妙”，政府的效率也显然高过企业。如果政府完全退出，企业将面临开发成本和开发进度的风险；如果政府直接操作，则不利于市场公平竞争。因此，鉴于土地一级开发的特殊性，目前各地政府并没有完全退出，而是采取“政府主导开发”的模式，即政府向银行争取授信，获得的贷款用作拆迁补偿款，此后，受到委托的企业进行土地整理，并根据区域规划和经济发展确定土地用途，通过市场公开出让。

第三节 建设用地的取得

随着土地费用在房地产项目投资中比例的增大，合法、科学、经济地取得土地使用权，是开发商必须正视的问题。

一、土地使用权划拨

新中国成立后近30年的时间里，我国实行的是计划经济体制，国有土地资源也是按计划进行配置。即在当时计划经济的历史背景下，我国实行单一的无偿、无期限、禁止转让的国有土地划拨使用制度。国有土地实行单一的划拨使用在改革开放之前计划经济的历史条件下曾经发挥过积极的作用，但是随着农村人民公社的建立和城市经济和人口规模的扩大，这种土地制度的弊病日益显现：不利于土地资源的合理配置和高效使用，大量的土地资源出现浪费和资产价值的流失；大量单位无法获得土地资源，对城市的经济社会发展、功能分布和合理布局形成体制障碍；企业成本失准，难以准确衡量经济效益；城市的房地产业无法进入良性循环，连简单再生产也无法维持。

时至如今，经过30多年的改革创新实践，国有土地基本实现了有偿、有限期、有流转的使用制度，但是国有土地划拨使用制度仍然在一定的范围内存

---

[1] 《中共国土资源部党组关于国土资源系统开展“两整治一改革”专项行动的通知》：2010年9月3日国土资党发［2010］45号发布。

在。国有土地供应市场并存政府无偿划拨和市场化有偿转让两种国有土地使用制度的现象，俗称“国有土地供应双轨制”。

依据《土地管理法》、《城市房地产管理法》、《中华人民共和国城镇国有土地使用权出让和转让暂行条例》[1]（本书简称为《城镇国有土地使用权出让和转让暂行条例》）、《划拨土地使用权管理暂行办法》[2]，土地使用权划拨是指县级以上人民政府依法批准，在土地使用者缴纳补偿、安置等费用后将该副土地交付其使用，或者将土地使用权无偿交付给土地使用者使用的行为。下列建设用地的土地使用权，确属必需的，可以由县级以上人民政府依法批准划拨：①国家机关用地和军事用地；②城市基础设施用地和公益事业用地；③国家重点扶持的能源、交通、水利等基础设施用地；④法律、行政法规规定的其他用地。国有土地划拨使用制度具有如下特征：①除出让土地使用权以外的国有土地，均按划拨土地进行管理；②必须经有批准权的人民政府核准并按法定程序办理手续；③土地使用者均无需缴纳土地使用权出让金；④除法律法规另有规定外，没有使用期限的限制；⑤未经人民政府批准并办理相关手续，交付土地使用权出让金的，不得进行转让、出租、抵押等经营活动。

我国虽然在加快从计划经济向市场经济的转变，但国有土地资产通过市场配置的比例仍不高，划拨土地大量非法入市，随意减免地价，挤占国有土地收益。这不仅严重影响了对土地的保护和合理开发、利用，而且易滋生腐败现象。划拨供应土地是块香饽饽，谁都想咬一口。既然有两种供地政策、两种供地价格，在市场条件下，人们趋利偏爱划拨地，便是很自然的了。[3]2011 年 9 月，国土资源部透露，随着市场经济在我国的不断深入，我国将按照土地资源市场配置的基本原则，缩小划拨使用国有土地范围，扩大有偿使用国有土地覆盖面，最终取消国有土地供应双轨制，提高国有土地供应和调控能力。除军事、保障性住房、特殊用地可以继续划拨使用国有土地外，其他用地实行有偿使用。也就是说，未来政府行政办公用地，能源、电力等行业用地，学校、医院、博物馆等使用国有土地也要通过招拍挂形式有偿出让。

二、开征土地使用税费

计划经济体制下的单一国有土地划拨使用制度严重制约了我国的经济发

---

〔1〕《中华人民共和国城镇国有土地使用权出让和转让暂行条例》：1990 年 5 月 19 日国务院令第 55 号发布，自发布之日起施行。

〔2〕《划拨土地使用权管理暂行办法》：1992 年 3 月 8 日国家土地管理局令［1992］第 1 号发布，自发布之日起施行。

〔3〕刘田：“将供地革命进行到底——中国土地市场建设的历史趋势与理念”，载《新闻月评》2001 年第 10 期。

展。党中央决定实行对内改革对外开放的发展战略后，土地制度改革成为改革开放的先声和贯穿整个过程的主要内容。我国对国有土地使用制度的改革，主要是在不改变国家对土地享有所用权的前提下，变无偿使用为有偿使用，变无限期使用为有限期使用，变无流动使用为流动使用，沿着土地市场化的道路摸索前进。

1979 年颁布的《中外合资经营企业法》首开国有土地有偿使用之先河，以法律的形式首次打破延续了将近 30 年的国有土地划拨使用制度。该法第 5 条第 3 款规定："中国合营者的投资可包括为合营企业经营期间提供的场地使用权。如果场地使用权未作为中国合营者投资的一部分，合营企业应向中国政府缴纳使用费。"

从那以后，为了解决城市基础设施建设资金长期短缺问题，1982 年深圳经济特区将国有土地分为不同等级向土地使用者收取不同标准的使用费；1984 年广州和抚顺对部分国有土地（经济技术开发区、新建项目、涉外项目）进行了按土地等级开征土地使用费的试点工作；1986 年上海对三资企业使用的国有土地收取土地使用费；1988 年 9 月国务院发布《城镇土地使用税暂行条例》开征城镇土地使用税。这些尝试虽然对旧的国有土地使用制度触动不大，但却是国有土地使用制度改革的重要步骤。

三、土地使用权出让

进入 20 世纪 80 年代，当绝大多数社会产品业已商品化时，土地这种极为重要的生产要素却仍然因循无偿划拨的计划经济模式，显得如此格格不入，土地制度的改革势在必行。在商品经济大潮的荡涤之下，土地终于闪露出金子样的光芒，显示出资产的属性。1987 年深圳经济特区率先试行土地使用权有偿出让，出让了一块五千多平方米的土地使用权，限期 50 年，揭开了国有土地使用制度改革的序幕。当年 12 月深圳市又采用公开拍卖的形式出让国有土地使用权。尽管深圳市的做法，当时还被视为违反宪法之举，但不到半年时间，《宪法》便作了修改，土地出租开禁，土地使用权依法转让获得许可。就这样，土地撤除了樊篱，作为一种特殊而重要的商品，开始大摇大摆地进入市场。至此，国有土地使用制度冲破了单纯采用行政划拨的旧土地使用制度的束缚，创立了以市场手段配置土地的新制度，这是国有土地使用制度带有根本性的改革。

目前，国有土地使用权出让方式主要有招标拍卖挂牌出让（本节简称为"招拍挂出让"）和协议出让两种方式。20 世纪 90 年代早期兴起的开发区热，大量工业用地投入市场，当时工业用地基本都是采用协议出让的方式。进入 21 世纪后，随着土地储备制度在全国范围内的大力推广，国有土地使用权的招标、拍卖、挂牌等市场化运作得到了极大地推进。国有土地使用权实行招拍挂出让是具有里程碑意义的土地政策。它将土地供应通过公开市场释放出来，力求土地出让的公开、公平和公正，遏制腐败寻租行为，净化土地市场。

（一）招拍挂出让

2001 年 4 月国务院颁发的《关于加强国有土地资产管理的通知》[1]提出，商业性房地产开发用地必须以招标、拍卖方式提供。自此，经营性国有土地使用权采用招标拍卖供地作为一种市场配置方式被正式确立。2002 年 5 月国土资源部发布《招标拍卖挂牌出让国有土地使用权规定》[2]，其第 4 条明确规定："工业、商业、旅游、娱乐和商品住宅等经营性用地，应当以招标、拍卖或者挂牌方式出让。" 2004 年 3 月国土资源部、监察部联合下发《关于继续开展经营性土地使用权招标拍卖挂牌出让情况执法监察工作的通知》[3]，严令要求 2004 年 8 月 31 日以后，所有经营性用地出让全部实行招拍挂制度。至此，以前盛行的协议出让经营性用地的做法被叫停。

2006 年 8 月 1 日起试行的《招标拍卖挂牌出让国有土地使用权规范（试行）》[4]规定六类国有土地使用权必须招拍挂出让：①供应商业、旅游、娱乐和商品住宅等各类经营性用地以及有竞争要求的工业用地；②其他土地供地计划公布后同一宗地有两个或者两个以上意向用地者；③划拨土地使用权改变用途，《国有土地划拨决定书》或法律、法规、行政规定等明确应当收回土地使用权，实行招标拍卖挂牌出让的；④划拨土地使用权转让，《国有土地划拨决定书》或法律、法规、行政规定等明确应当收回土地使用权，实行招标拍卖挂牌出让的；⑤出让土地使用权改变用途，《国有土地使用权出让合同》约定或法律、法规、行政规定等明确应当收回土地使用权，实行招标拍卖挂牌出让的；⑥法律、法规、行政规定明确应当招标拍卖挂牌出让的其他情形。

2006 年 8 月 31 日，国务院发布《关于加强土地调控有关问题的通知》[5]，该通知明确要求"工业用地必须采用招标拍卖挂牌方式出让"。随后国土资源

---

[1] 《国务院关于加强国有土地资产管理的通知》：2001 年 4 月 30 日国发［2001］15 号发布。

[2] 《招标拍卖挂牌出让国有土地使用权规定》：2002 年 5 月 9 日国土资源部令第 11 号发布，自 2002 年 7 月 1 日起施行；2007 年 9 月 28 日国土资源部令第 39 号公布修订后的版本《招标拍卖挂牌出让国有建设用地使用权规定》，自 2007 年 11 月 1 日起施行。

[3] 《国土资源部、监察部关于继续开展经营性土地使用权招标拍卖挂牌出让情况执法监察工作的通知》：2004 年 3 月 31 日国土资发［2004］71 号发布。

[4] 《国土资源部关于印发〈招标拍卖挂牌出让国有土地使用权规范（试行）〉和〈协议出让国有土地使用权规范（试行）〉的通知》：2006 年 5 月 31 日国土资发［2006］114 号发布，自 2006 年 8 月 1 日起试行。

[5] 《国务院关于加强土地调控有关问题的通知》：2006 年 8 月 31 日国发［2006］31 号发布。

部对《招标拍卖挂牌出让国有土地使用权规定》进行了修订，公布的新规范《招标拍卖挂牌出让国有建设用地使用权规定》[1]贯彻了上述国务院31号文件关于工业用地必须招拍挂出让的精神。

（二）协议出让

依据《协议出让国有土地使用权规定》[2]第2条的规定，协议出让国有土地使用权，是指国家以协议方式将国有土地使用权在一定年限内出让给土地使用者，由土地使用者向国家支付土地使用权出让金的行为。

在土地储备制度实行之前，国有土地使用权的出让，基本都是采用协议出让的方式，但这种方式操作过程不透明，产生了一定的腐败现象和寻租空间，使得大量国有土地被贱卖，导致国有土地收益的流失。实行土地储备制度后，通过公开市场进行国有土地使用权的招标、拍卖、挂牌已经成为主流，通过协议方式出让国有土地使用权受到了严格的限制。目前，依据2006年8月1日起试行的《协议出让国有土地使用权规范（试行）》[3]，可采取协议方式出让国有土地使用权的情形主要有：①供应商业、旅游、娱乐和商品住宅等各类经营性用地以外用途的土地，其供地计划公布后同一宗地只有一个意向用地者的；②原划拨、承租土地使用权人申请办理协议出让，经依法批准，可以采取协议方式，但《国有土地划拨决定书》、《国有土地租赁合同》、法律、法规、行政规定等明确应当收回土地使用权重新公开出让的除外；③划拨土地使用权转让申请办理协议出让，经依法批准，可以采取协议方式，但《国有土地划拨决定书》、法律、法规、行政规定等明确应当收回土地使用权重新公开出让的除外；④出让土地使用权人申请续期，经审查准予续期的，可以采用协议方式；⑤法律、法规、行政规定明确可以协议出让的其他情形。

四、土地使用权转让

我国交易国有土地使用权的土地市场包括土地一级市场和土地二级市场，其中土地一级市场是由国家垄断的市场，主要是建设用地使用权划拨和出让，还包括以租赁、作价出资或入股等有偿方式从政府取得国有建设用地使用权的市场；土地二级市场是土地使用者将达到规定可以转让的土地，进入流通领域

---

〔1〕《招标拍卖挂牌出让国有建设用地使用权规定》：2007年9月28日国土资源部令第39号公布，自2007年11月1日起施行。

〔2〕《协议出让国有土地使用权规定》：2003年6月11日国土资源部令第21号发布，自2003年8月1日起施行。

〔3〕《国土资源部关于印发〈招标拍卖挂牌出让国有土地使用权规范（试行）〉和〈协议出让国有土地使用权规范（试行）〉的通知》：2006年5月31日国土资发［2006］114号发布，自2006年8月1日起试行。

进行交易的市场，主要是建设用地使用权的转让、出租和抵押市场。

开发商除了可以在土地一级市场取得国有土地使用权外，还可以在土地二级市场购得国有土地使用权，即通过土地使用权转让的方式取得国有土地使用权。依据《城镇国有土地使用权出让和转让暂行条例》，土地使用权转让是指土地使用者将土地使用权再转移的行为，包括出售、交换和赠与。未按土地使用权出让合同规定的期限和条件投资开发、利用土地的，土地使用权不得转让。土地使用权转让应当签订转让合同。土地使用权转让时，土地使用权出让合同和登记文件中所载明的权利、义务随之转移。土地使用者通过转让方式取得的土地使用权，其使用年限为土地使用权出让合同规定的使用年限减去原土地使用者已使用年限后的剩余年限。土地使用者转让土地使用权时，其地上建筑物、其他附着物所有权随之转让；转让地上建筑物、其他附着物所有权时，其使用范围内的土地使用权随之转让，但地上建筑物、其他附着物作为动产转让的除外。

第六章　土地储备

第一节　土地储备制度概述

一、土地储备的概念

土地储备是指城市政府依法运用市场机制，通过收购土地，并按照土地利用总体规划和城市规划，对土地进行前期开发整理与储备，以供应或者调控城市建设用地需求的城市土地管理制度和运行机制。它是随着我国土地使用制度改革的不断深入，以及城市土地市场的发育而产生和发展的。自1996年上海市成立我国第一家土地储备中心拉开土地储备制度的序幕时起，历时十余年后，“土地储备”终于在2007年11月19日生效的《土地储备管理办法》[1]上有了立法层面上的权威定义：市、县人民政府国土资源管理部门为实现调控土地市场、促进土地资源合理利用目标，依法取得土地，进行前期开发、储存以备供应土地的行为。

土地储备法律制度的构建须符合如下原则：①合法运作原则，指土地储备制度的运作必须在实质上和形式上都符合法律法规的规定，不得在法律法规之外运行；②资源的优化配置原则，指土地资源在生产和再生产过程中各个环节上的合理、有效的流动和配备；③可持续发展原则，在土地储备过程中，应当充分考虑土地资源的长远规划与短期利用的矛盾，考虑基于土地的社会经济长远发展与资源消耗的协调，避免盲目放地等政府短期行为；④社会效益优先原则，指在土地储备制度的整个运作流程及其价值取向上，当出现政府利益、个人利益与社会公共利益不一致的情形时，应当优先考虑社会效益。

二、土地储备制度的运作模式

（一）土地储备的具体实施者

《土地储备管理办法》第2条第2款规定，土地储备工作的具体实施，由土地储备机构承担。在《土地储备管理办法》出台之前，自上海市于1996年

[1]《土地储备管理办法》：2007年11月19日国土资发［2007］277号发布，自发布之日起实施。

成立我国第一家土地储备机构时起，各地就陆续建立了土地储备机构，形成了隶属国土资源管理部门、隶属市县政府或企业性质的三类土地储备机构。《土地储备管理办法》出台后，国土资源部对土地储备机构的性质进行了统一界定：土地储备机构是由地方政府成立的具有独立法人资格的事业单位，其隶属于国土资源管理部门，统一承担本行政辖区内土地储备工作。

（二）可纳入储备范围的土地

《土地储备管理办法》第10条规定，下列土地可以纳入土地储备范围：①依法收回的国有土地；②收购的土地；③行使优先购买权取得的土地；④已办理农用地转用、土地征收批准手续的土地；⑤其他依法取得的土地。

（三）土地储备的实施程序

土地储备的实施一般包括土地收储、前期开发、净地供应这三个环节：①土地收储是实施土地储备的第一步，收储的方式包括收回、收购、征收或者围垦等。②前期开发是对依法收储的土地，实施征地补偿安置、房屋拆迁补偿安置或者必要的基础性建设等。③净地供应是国有土地使用权价值的实现环节，即地方政府根据土地利用总体规划和城市规划及城市发展需要和土地市场的需求，将储备土地的使用权有计划地投入市场，出让给用地单位，从而获取土地使用权出让金或者土地收益的环节。

第二节　土地储备制度的由来和发展

一、土地储备制度的由来

（一）土地储备制度建立的前奏

20世纪80年代末期国有土地供应制度的市场化革命，带来了其后90年代的开发区热、国有企业土地资产的盘活、以地生财而兴城兴镇等房地产市场的繁荣景象。但由于土地利用和管理的失控，土地市场暴露出诸多问题，其中一个突出的问题就是土地供应秩序混乱，其突出表现为多头供地、炒风炽烈。90年代前5年土地资产价值的释放、以地生财兴起的房地产热，促使政府、企业、事业单位等握有土地的主体将大量土地投放市场。多头分散供地，使得土地炒作频频发生：政府放出去的大量土地，成了“炒家”投机牟利的筹码，少数地方的土地投机炒作，一时成了暴发户的博彩乐园。“八五”期间（1991～1995年）国有土地供应改革的缺憾，催生了“九五”（1996～2000年）土地管理实践与理论的大变革。

基层的实践与创造，成为带动供地革命的原动力：在珠海创造土地管理“五统一”经验的基础上，上海率先开始土地收购储备制度的探索，在1996

年11月成立了我国第一家土地收购储备机构——上海市土地发展中心；继而杭州丰富发展了上海经验，形成了“一个管道进水，一个龙头放水”的土地收购、储备、市场化供应的模式；仿佛星星之火，上海、杭州经验带来了城市土地收购储备制度大面积推广的燎原之势。

实践先行，理论跟进：1998年全面修订后的《土地管理法》出台，新的《土地管理法》以用途管制为核心，从机制、法制、体制上牵动了土地管理制度的全面改革。在新的制度框架中，供地作为政府行为，逐渐体现出高度集中、符合规划、立足市场、控制总量、依法进行、优质服务等本质性内容、理念和要求。

基层的供地实践以及新的土地管理制度，大大扭转了国有土地供应市场多头分散供地的局面，使许多地方政府收复“失地”，开拓出政府集中统一供地、市场化运作的新天地。

（二）土地储备制度的立法进程

地方政府创新的土地储备制度，逐渐得到了国务院的首肯，并由国土资源部在全国推行。

2001年4月30日，国务院在《关于加强国有土地资产管理的通知》中提出“有条件的地方政府要对建设用地试行收购储备制度”。同时，该通知指出推行土地收购储备的目的是“为增强政府对土地市场的调控能力”，“坚持土地集中统一管理，确保城市政府对建设用地的集中统一供应”。国务院通过该通知确认了各地自行进行的土地储备制度。从此以后，全国各地纷纷建立土地储备机构。

2007年11月19日，国土资源部、财政部、中国人民银行联合颁布了《土地储备管理办法》，以部门规范性文件的形式正式在全国确立了土地储备制度，这也是目前仅有的一个全国性的有关土地储备的行政规章。

二、土地储备制度的现状

综观我国2007年的《土地储备管理办法》以及各地方政府关于土地储备管理办法的规章制度，无论是全国性的规定，还是地方性的规定，一般都将实行土地储备制度的目标定位于加强政府对土地市场的调控以及强化政府对土地供应的控制权方面。

我国在地方政府经验的基础上，大规模推广土地储备制度，其初衷也就是希望能够通过这一制度的运行，使国有土地的招标、拍卖、挂牌等市场化运作方式成为主流，实现“一个渠道进水，一个池子蓄水，一个龙头放水 ”的土地供应统一机制，不仅使政府成为土地供应的唯一主体，也进一步强化土地供应的市场化机制，使政府“经营城市”的理念得到具体的体现[1]。

实事求是地说，我国土地储备制度的实行有其积极的一面。土地储备制度建立之前，土地供应市场多头供地、炒风炽烈、协议出让方式盛行。这些做法诱发了开发商囤积土地、损害原土地使用人的利益、带来灰色交易和寻租空间，并且不利于政府的宏观调控。土地储备制度建立之后，政府将生地开发为熟地，开发商只能通过招拍挂的方式拿地。理论上，政府可以有效控制土地供应量，强化政府对土地市场的调控能力。

但是在实际工作中，土地储备制度的运行却出现了偏差：土地储备中心的土地市场宏观调控职能逐渐向土地一级开发经营者和利益分配者转变[2]；土地从“因建而征”到“为卖而储”。依据土地储备制度，我国土地储备中心所承担的功能有三个：土地市场宏观调控、土地市场微观管制、城市土地资产经营。随着经营城市理念的推广，国有土地作为地方政府最重要的国有资产，便成了地方政府经营城市活动中最重要的一项非经营性国有资产[3]。由于地方政府可以从经营土地资产中得到巨大收益，所以在宏观调控、微观管制、经营城市三个功能之间，地方政府更倾向于经营功能而变相执行土地调控政策。在土地储备过程中，地方政府往往突破宏观调控和微观管制职能，而直接表现出控量竞价的企业逐利行为：为片面追求经济效益而随意修改规划或不按规划的要求盲目进行土地储备，热衷于收购增值潜力大的城市存量土地，土地供应也以追求增值为目的，将土地收益作为增加财政收入的重要手段。伴随着以上制度异化特征出现的是地价和房价飙涨、暴力拆迁、强制征地、土地闲置、土地腐败等一系列经济、社会问题。

土地储备制度在实际操作中所产生的巨大负面作用引起了社会广泛的争议。2009 年 8 月，中国社会科学院《2009 年城市蓝皮书》认为，作为政府宏观调控重要手段的土地储备制度，在实践中暴露出一些缺陷，直接影响社会经济目标的实现。2010 年 4 月，北京律师张兴奎在总结其所代理的 470 多件土地案件之后，致函全国人大和国务院，要求对我国土地储备制度进行合法性审查。与此同时，《法制日报》也以“审视现行土地储备制度”为题连续发表多篇系列报道，对我国土地储备制度的运行情况进行分析，分别从土地储备收益

---

[1] 沈福俊：“我国土地储备范围的法学透视——以我国土地储备的制度与实践为分析对象”，载《政治与法律》2010 年第 12 期。

[2] 熊晖：“异化与回归：我国城市土地储备制度的正当性考辨”，载《现代法学》2006 年第 4 期。

[3] 曹飞：“土地储备制度中买方与卖方垄断的联动市场模型研究——兼对耕地保护和征地补偿问题的思考”，载《中国人口·资源与环境》2013 年第 6 期。

空间、土地储备的宏观调控目标、土地储备中政府公信力、土地储备机构的法律地位和土地储备制度模式等方面进行了探讨。这说明，以地方政府为主体实施的土地储备制度，无论是在制度层面，还是在具体运作层面，都受到了广泛的质疑。究其原因，是土地储备制度使得地方政府从公共社会管理者异化为部门利益经营者。给予政府部门经济利益从而刺激其执行制度的积极性，这样的积极性很快就会走向制度设计的反面。地方政府打着公共利益需要的口号低价征地，举着维护国有资产的大旗高价出让，成为目前土地储备制度的一大特色。地方政府以“土地储备”的名义进行大规模的拆迁、征地，大肆侵犯公民、组织的土地权益、房屋权益，引发了诸多社会矛盾。

三、土地储备制度的发展

起源于1896年的荷兰的土地储备制度，其目的是在土地私有的条件下，通过对土地的事先收购储备，抑制土地投机与地价增长，促进城市有计划均衡地发展，为城市居民提供廉价住宅，由此而提高整个社会的福利水平[1]。总体来说，土地储备制度在国外的产生与发展，其基本目标都是基于公共利益的需要。

然而，由于我国城市土地所有权属于国家，所以我国的土地储备制度同国外的土地储备制度相比更有其特殊性。我国的土地储备机构不仅收储用于公益性建设项目的土地，而且还收储用于经营性建设项目的土地。并且在政绩和利益的驱动下，地方政府难掩盈利的冲动，大肆以土地储备之名进行商业牟利，以储备经营性用地为主要内容。我国土地储备制度在实践中很大程度上背离了公共利益的要求。

2011年1月，《国有土地上房屋征收与补偿条例》[2]的颁布，对土地储备制度提出了挑战。土地储备中最重要的环节就是拆迁，在现行制度下政府不仅参与公益拆迁，还参与商业拆迁。涉及公共利益的拆迁，政府固然是要主导，以保证效率；但是政府若参与商业拆迁，会给百姓很大的压力，不利于百姓争取、维护自身的利益。《国有土地上房屋征收与补偿条例》摒弃了《城市房屋拆迁管理条例》[3]将为了公共利益的征收和通过谈判定价的商业拆迁混为一体的制度安排，将征收房屋的情形限定为符合公共利益的需要。商业开发是市场

---

〔1〕 卢新海：《中国城市土地储备制度研究》，科学出版社2008年版，前言第1页。

〔2〕《国有土地上房屋征收与补偿条例》：2011年1月21日国务院令第590号公布，自公布之日起施行。

〔3〕《城市房屋拆迁管理条例》：1991年3月22日国务院令第78号公布，自1991年6月1日起施行；已被2001年6月13日《城市房屋拆迁管理条例》（国务院令第305号）废止。2001年6月13日国务院令第305号发布新版本，自2001年11月1日起施行；已被2011年1月21日《国有土地上房屋征收与补偿条例》（国务院令第590号）废止。

行为，就应该让开发拆迁企业跟住户去谈，双方谈妥了就行。土地储备制度也需要实时调整，将以“经营性储备”为主逐步调整为以“公益性储备”为主，最大限度地弱化政府在土地储备中的经营者角色，彰显土地储备的公益性职能。

2012 年 11 月 5 日，国土资源部、财政部、中国人民银行、中国银行业监督管理委员会联合发布《关于加强土地储备与融资管理的通知》[1]，其中明确规定，土地储备机构应组织开展对储备土地的前期开发，为政府供应“净地”提供有效保障；优先收购储备空闲、低效利用及其他现有建设用地，积极开展工业用地储备；储备土地应优先用于保障性安居工程及其他公益性事业。这为公益性收储指明了方向。

〔1〕《国土资源部、财政部、中国人民银行、中国银行业监督管理委员会关于加强土地储备与融资管理的通知》：2012 年 11 月 5 日国土资发［2012］162 号发布。

第七章　房屋征收与拆迁

第一节　房屋征收与拆迁概述

改革开放以来，我国经济快速发展，城镇化速度不断加快，大量国有土地和集体土地被纳入城市建设用地，大批城市房屋和农民私有房屋被夷为平地。作为城市建设的重要环节，房屋的征收与拆迁是对土地和房屋资源进行再调节的必要手段，对实现城市长远发展和整体利益具有重大意义。在房屋征收与拆迁中，土地和房屋问题事关广大群众的根本利益。为了妥善处理好利益分配，既能推进城市建设发展，又能维护好社会稳定，我国通过《宪法》、《物权法》、《城市房地产管理法》等一系列的法律法规调整房屋征收与拆迁中的各种行为。

房屋征收与拆迁按房屋所占土地的权属性质，可以分为国有土地上房屋征收与拆迁和集体土地上房屋征收与拆迁。国有土地上房屋征收与拆迁按行为目的的不同可以分为公益性房屋征收和商业性房屋拆迁。国家出于公共利益的需要，将集体土地征收变更为国有土地的过程中会一并征收集体土地上的房屋。集体经济组织或者村民委员会等集体也可以依据法定程序拆迁集体土地上的房屋。为公共利益征收国有土地上房屋将是本章重点阐述的内容，故而以下先简要介绍下集体土地上房屋的国家征收和国有土地上的商业性房屋拆迁。

对于集体土地上房屋的国家征收，现行法律法规对农民房屋的私有财产权一直采取忽略或放任态度，甚至根本就没有独立的房屋概念，农民私有房屋仅包含在“附着物”之中。因此，在集体土地上房屋被国家征收时，农民得到的补偿相对于目前居高不下的房价和不断攀升的生活成本来说，就显得很微薄了。农民房屋被国家征收，不但意味着其原有生活方式的改变，更意味着其利益的实际受损，因此保障被征收房屋农民的利益，不仅是关系到农村社会及周边地区政治稳定的大事，而且在当前土地资源日趋稀少宝贵的大背景下，对农村集体土地依法进行合理适度开发利用具有重大意义。虽然《土地管理法》对征收集体土地的土地补偿费和安置补助费作了规定，但它不是征收农民房屋的补偿标准。目前集体土地上房屋的国家征收适用的主要是各地方人民代表大会、地方政府发布的地方性法规、政府规章及政府部门的文件。这些法规规章不仅内容简单，而且对很多问题的处理还是空白，此外这些法规规章有的本身与我国的《中华人民共和国立法法》[1]（本书简称为《立法法》）也是矛盾的。

国有土地上的商业性房屋拆迁，其法律实质是具有平等民事法律地位的市场经济主体（拆迁人与被拆迁人）通过充分协商所为的一种自愿交易的民事行为，实际上就是拆迁人出资购买被拆迁人的土地使用权和房屋所有权（或房屋使用权）。由此可见，商业性房屋拆迁应当适用私法，尤其应遵循《合同法》的调整。在商业性房屋拆迁中，开发商等资本所有者作为拆迁人积极推进拆迁，实际上是为了实现资本增值的本性；而被拆迁人接受拆迁或不接受拆迁是其作为市场交易中的“理性人”对自己利益判断后的结果。因此在商业性房屋拆迁中，当事双方具有自由缔约的权利。这一权利中包括选择相对人的自由，商定合同内容的自由，约定解决争议方法的自由等；当事双方可以自由协商，以实现各自利益的最大化。

第二节　国有土地上房屋征收与拆迁立法概况

随着20世纪80年代初住房制度改革拉开大幕，我国开始系统性的探索研究国有土地上房屋征收与拆迁法律制度，并根据时代情事的变化先后颁布了多项专门性的法规。

一、1991年6月1日起施行的《城市房屋拆迁管理条例》

1991年6月1日，新中国成立以来第一部系统规范城市房屋拆迁行为的行政法规《城市房屋拆迁管理条例》（本章简称为《旧拆迁条例》）开始实施，以配套1990年4月1日起施行的《中华人民共和国城市规划法》[2]。它的颁布实施使得各地拆迁工作有法可依，拆迁工作从而走向规范化、法制化。

为了加强对全国城市房屋拆迁的管理，保障拆迁活动的顺利实施，建设部在《旧拆迁条例》发布之后，及时制定了《城市房屋拆迁单位管理规定》[3]、

---

〔1〕《中华人民共和国立法法》：2000年3月15日主席令第31号公布，自2000年7月1日施行；根据2015年3月15日《全国人民代表大会关于修改〈中华人民共和国立法法〉的决定》（主席令第20号）修正。

〔2〕《中华人民共和国城市规划法》：1989年12月26日主席令第23号公布，自1990年4月1日起施行；已被2007年10月28日《中华人民共和国城乡规划法》（主席令第74号）废止。

〔3〕《城市房屋拆迁单位管理规定》：1991年7月8日建设部令第12号发布，自1991年8月1日起施行；已被2011年1月26日《住房和城乡建设部关于废止和修改部分规章的决定》（住房和城乡建设部令第9号）废止。

《关于在房屋拆迁中涉及代管房产处理的几点意见》〔1〕，制定了房屋拆迁的规范格式文本《房屋拆迁许可证》，并会同原国家物价局、财政部下发了《关于发布城市房屋拆迁管理费的通知》〔2〕，会同国家宗教事务管理局下发了《关于城市建设中拆迁教堂、寺庙等房屋问题处理意见的通知》〔3〕。经协调，司法部下发了《房屋拆迁证据保全公证细则》〔4〕，最高人民法院下发了《关于受理房屋拆迁、补偿、安置等案件问题的批复》〔5〕，对法院受理有关拆迁诉讼等问题作出了明确的规定。全国大部分省、市也制定了有关城市房屋拆迁管理的地方性法规、政府规章及配套性政策文件。

《旧拆迁条例》以及上述法规、规章和司法解释的出台，对于规范城市房屋拆迁行为，加强对城市房屋拆迁活动的管理，维护拆迁当事人的合法权益，保障城市规划建设项目的顺利进行，发挥了积极作用。

但是，由于《旧拆迁条例》产生于计划经济体制向市场经济体制过渡转轨时期，难免在诸多方面带有计划经济的痕迹〔6〕，随着我国市场经济的发展和住房制度改革的逐步深化，《旧拆迁条例》中的许多规定已不能适应新形势的需要，有些规定甚至与现行情况相冲突，主要表现在以下几个方面：

（一）被拆迁人没有对拆迁补偿方式的选择权

《旧拆迁条例》第3条第2款规定，被拆迁人是指被拆除房屋及其附属物的所有人（包括代管人、国家授权的国有房屋及其附属物的管理人）和被拆除房屋及其附属物的使用人。

拆迁人对房屋所有人的拆迁补偿方式，《旧拆迁条例》第20条虽然规定了“产权调换”和“作价补偿”两种方式，但是并没有赋予房屋所有人对于拆迁补偿方式的选择权，而对房屋使用人仅仅适用产权调换的安置方式。

实践中，基本是由拆迁人对拆迁补偿方式作出选择，即拆迁人同意产权调

〔1〕《关于在房屋拆迁中涉及代管房产处理的几点意见》：1994年6月13日建房产字［1994］31号发布。

〔2〕《国家物价局、财政部关于发布城市房屋拆迁管理费的通知》：1993年1月18日价费字［1993］13号发布，自1993年3月1日起执行。

〔3〕《国务院宗教事务局、建设部关于城市建设中拆迁教堂、寺庙等房屋问题处理意见的通知》：1993年1月20日国宗发［1993］21号发布。

〔4〕《房屋拆迁证据保全公证细则》：1993年12月1日司法部第29号令发布，自1994年2月1日起施行。

〔5〕《最高人民法院关于受理房屋拆迁、补偿、安置等案件问题的批复》：1996年7月24日法复［1996］12号发布。

〔6〕沈晖：“我国城市房屋拆迁制度的法律透视”，载《上海市政法管理干部学院学报》2000年第3期。

换的，才能产权调换，拆迁人不同意产权调换的，不能进行产权调换，只能作价补偿。由于缺乏选择的余地，导致被拆迁人因对拆迁补偿方式不满，迟迟不搬迁，影响拆迁进度。

（二）对房屋所有人的补偿标准过低

《旧拆迁条例》第20条、第22条、第23条规定，产权调换的面积按照所拆房屋的建筑面积计算。以产权调换形式偿还的非住宅房屋，偿还建筑面积与原建筑面积相等的部分，按照重置价格结算结构差价；偿还建筑面积超过原建筑面积的部分，按照商品房价格结算；偿还建筑面积不足原建筑面积的部分，按照重置价格结合成新结算。以产权调换形式偿还的住宅房屋，偿还住宅房屋与被拆除住宅房屋之间的差价结算及超过或者不足所拆住宅房屋的原建筑面积部分的价格结算办法，由省、自治区、直辖市人民政府规定。

《旧拆迁条例》第20条规定，作价补偿的金额，按照所拆房屋建筑面积的重置价格结合成新结算。

上述两种补偿方式，无论是产权调换，还是作价补偿，对于房屋所有人来说都标准过低。在产权调换的情况下，房屋所有人很可能还需要再出资购置产权调换后的房屋；在作价补偿的情况下，房屋所有人得到的补偿金额往往不足以让其在市场上购买相应的房屋。

（三）偏重对房屋使用人的保护

基于当时住房实物分配体制的历史背景，《旧拆迁条例》更偏重对房屋使用人的保护。例如《旧拆迁条例》第24条规定："拆除出租住宅房屋，应当实行产权调换，原租赁关系继续保护，因拆迁而引起变动原租赁合同条款的，应当作相应修改。"依此规定，房屋所有人很可能需要出资购置产权调换后的房屋供房屋使用人租住，并且租金还需要执行国家规定的租金标准。在这种制度下，房屋所有人得到的补偿大大低于房屋使用人，导致所有人对拆迁的积极性不高，甚至产生抵触情绪。

在实际拆迁中还大量存在拆迁人将大部分补偿金给了房屋使用人，房屋所有人得到的却很少；甚至一些拆迁人不征求房屋所有人的意见，直接与房屋使用人达成拆迁补偿协议等侵害房屋所有人利益的行为。但是在《旧拆迁条例》实施后的十年中，我国城镇住房制度改革取得了很大进展，住房实物分配体制已经基本被住房货币化分配体制所取代，城市住房的产权结构从原来公房为主体转变为个人拥有住房为主体，偏失对房屋所有人的保护不利于城市房屋拆迁的开展。

（四）拆迁安置对象及方式已不合时宜

《旧拆迁条例》第27条，将拆迁安置对象限定为"被拆迁房屋使用人”，并且还规定“被拆除房屋使用人是指在拆迁范围内具有正式户口的公民和在拆迁范围内具有营业执照或者作为正式办公地的机关、团体、企业、事业单位”。《旧拆迁条例》第28～30条则对拆迁安置地点、面积等作出了基本规定。

上述规定不仅将“被拆除房屋所有人”排除在拆迁安置对象之外，在实务中不利于对“被拆除房屋所有人”权益的保护；并且还将户口等因素作为拆迁安置的要件，在实践中引发许多难以处理的问题：当时我国城市人口流动频繁，户口变动情况复杂，按户口安置，容易导致一些居民为拆迁时多得房屋，想方设法地在冻结户口前迁入户口或分户，而拆迁人往往囿于核实居民户口和实际居住情况的大工作量，或苦于进户、分室等政策因素的复杂或操作困难，以致影响正常的拆迁进度。

此外，《旧拆迁条例》对拆迁人的拆迁补偿安置资金运用缺乏有效的监管，拆迁人取得拆迁许可证后抽逃资金，导致安置房不能及时建设、补偿资金不能及时到位的情况时有发生。进而造成被拆迁人逾期回迁，或新建的安置用房因质量、环境与被拆迁人期望值不一，引发拆迁纠纷。

二、2001年11月1日起施行的《城市房屋拆迁管理条例》

为了适应城市房屋拆迁的新形势、新情况。2001年6月6日，国务院召开的关于城市房屋拆迁的第40次常务会议通过了新的《城市房屋拆迁管理条例》（本章简称为《拆迁条例》），《拆迁条例》自2001年11月1日起施行。

但是自1994年出台《城市房地产管理法》和1998年修订《土地管理法》后，我国形成了一个具有强大经济实力的新兴群体——房地产开发企业，并由此形成了地方政府垄断土地市场、开发商垄断住房建设与销售市场、部分地方政府与开发商构成利益联合体共同扰民强拆的格局。

因此，《拆迁条例》自实施以来并没有改变城市房屋拆迁中矛盾频发、民怨沸腾的局面，并且不断发生如“2003年南京市民翁彪自焚以及安徽农民朱正亮天安门自焚事件”、“2004年湖南嘉禾事件”、“2009年四川成都唐福珍自焚事件”等众多人民群众以生命和鲜血反抗政府和开发商强制拆迁及对其财产剥夺的恶性事件。《拆迁条例》被推到舆论的风口浪尖、备受责难，无不反映出《拆迁条例》存在重大瑕疵，主要表现在：

（一）公共利益与商业利益不分

城市房屋拆迁可分为基于公共利益所进行的公益性拆迁和基于商业利益的商业性拆迁两大类。公益性拆迁是政府为了公共利益对被拆迁人的私有财产依法进行征收的具体行政行为，政府应按照有关征收的法律规定进行，并对被征收对象给予经济补偿。公益性拆迁中政府是拆迁人，拆迁资金由财政支出，建设项目是城市公益设施。而商业性拆迁是拆迁人与被拆迁人作为平等的民事主体之间的民事合同行为，拆迁人与被拆迁人之间的拆迁活动应遵循“自愿、平等、公平、等价有偿”的民事法律原则，其行为应受民事法律规范调整，而不能通过行政法律法规来规范。商业性拆迁中拆迁人是开发商，拆迁资金由拆迁人自筹，建设项目是商品房或自用设施。

《宪法》、《物权法》、《土地管理法》、《城市房地产管理法》等一致贯彻国家征收土地房屋的前提条件——“公共利益”这一立法宗旨。但是，《拆迁条例》却未区分为公共利益或为商业利益的房屋拆迁，完全省略掉了“公共利益”这一立法宗旨。根据《拆迁条例》的规定，地方政府在实施房屋拆迁过程中，既不需要考虑到“公共利益需要”，也不必事先与被拆迁人协商或告知。在这种立法之下，被拆迁人作为合法的房屋所有权人和国有土地使用权人，甚至连最基本的知情权也被剥夺了。这种带有明显的计划经济成分的强制行政行为，显然与《拆迁条例》的规定一直处于公共利益标准缺失的状态有直接的关联。[1]

《拆迁条例》实施期间，在开发商利润追求和地方政府城市发展经营双重驱动下，地方政府不适当地介入商业性拆迁活动，甚至大包大揽，运用“公权”干预“私权”，过分干涉拆迁人与被拆迁人之间的民事活动，大量侵犯人权、财产权的行为层出不穷，被拆迁人的合法权益得不到应有的保护。

（二）拆迁补偿偏低

《拆迁条例》规定拆迁房屋时，应根据被拆迁房屋的区位、用途、建筑面积等因素，以房地产市场评估价格确定被拆迁房屋的价值，进行货币补偿或者结清产权调换的差价。对房屋进行价格评估，涉及评估时间节点的选择、评估的基准价的确定、评估机构委托人的安排等关键因素。自《拆迁条例》颁布以来，我国各地房地产市场一路高涨，商品房价格每月都在上升，因此通过影响房屋评估价格关键因素而控制拆迁成本就显得至关重要。而《拆迁条例》却将上述直接关系到被拆迁人切身利益的重要立法权限授予了地方政府，地方政府出于减少拆迁成本的动机，基本上制定的规则都是最大限度地使被拆迁房屋的评估价格最低，例如将评估时间节点选择在“拆迁许可证核发之日”[2]，评估基准价确定为“上一年度同类地段、同类用途新建房

---

〔1〕 张东伟：“房屋拆迁制度的主要设计缺陷分析”，载 http：//www. docin. com/p－101612487. html.

〔2〕《武汉市城市房屋拆迁管理实施办法》（2002 年 2 月 8 日武汉市人民政府令第 130 号公布，自 2002 年 3 月 1 日起施行，现已被废止）第 30 条规定，拆迁范围公布后，由拆迁人委托评估机构对被拆除房屋进行评估，评估时点以房屋拆迁许可证核发之日为准。

屋的市场平均价格"[1]，拆迁评估机构由"拆迁人委托"[2]等。

此外，《拆迁条例》还将搬迁补助费、临时安置补助费、非住宅房屋停产停业损失的标准制定权限也授予了地方政府。地方政府也同样会出于减少拆迁成本的动机，最大限度地缩减上述补偿款。

（三）房屋拆迁许可证不合法，未尊重被拆迁人意愿，补拆程序颠倒

《拆迁条例》规定的房屋拆迁许可证颁发程序是：第一步，拆迁人向房屋拆迁管理部门提出申请，并提交建设项目批准文件、建设用地规划许可证、国有土地使用权批准文件、拆迁计划和拆迁方案、办理存款业务的金融机构出具的拆迁补偿安置资金证明；第二步，房屋拆迁管理部门对拆迁人的申请事项进行审查，经审查，对符合条件的，颁发房屋拆迁许可证；第三步，房屋拆迁管理部门发放房屋拆迁许可证的同时，公布房屋拆迁公告，和拆迁人一起向被拆迁人做宣传、解释工作；第四步，拆迁人领取拆迁许可证后，即可实施拆迁。上述规定不仅剥夺了被拆迁人对拆迁活动的知情权和参与权，而且使得被拆迁人的私有财产权利处于被侵犯的境地。

房屋拆迁许可证的颁发和房屋拆迁公告的公布，只强调了程序的强制性和效率性，基本上都是政府和拆迁人说了算，完全忽视了与上述程序有着紧密的利害关系的被拆迁人的知情权和参与权，被拆迁人完全处于被动状况和不平等地位。这种做法违背了《宪法》、《物权法》奠定的"公民的合法的私有财产不受侵犯"的法律原则，必然会造成公权力对私权利的侵犯。

依据《土地管理法》、《土地登记办法》等法律法规，县级以上人民政府为公共利益需要使用土地的，或为实施城市规划进行旧城区改建，需要调整使用土地的，在收回土地使用权的同时，应办理国有土地使用权注销登记。依法收回的国有土地使用权，只有在注销原土地证书后，方可批准新的土地使用者使用该宗土地。即应按照"先征收、再补偿、然后拆迁"的程序进行房屋的征收和拆迁。但《拆迁条例》却认可政府在没有依法征收房屋、撤销原来已经发放给被拆迁人的权属证书的情况下，就发放给拆迁人国有土地使用权批准文件，并以此授权房屋拆迁管理部门给予拆迁人拆迁许可证，拆迁人只要拿到房屋拆迁

---

〔1〕《浙江省人民政府办公厅关于严格城市房屋拆迁管理有关问题的通知》（2003 年 9 月 4 日浙政办发［2003］63 号发布，现已被废止）规定，要严格按照当地上一年度同类地段、同类用途新建房屋的市场平均价格，确定被拆迁房屋的货币补偿基准价。

〔2〕《湖北省城市房屋拆迁管理实施办法》（2004 年 7 月 16 日湖北省人民政府令第 267 号公布，自 2004 年 9 月 1 日起施行，现已被废止）第 16 条第 2 款规定，拆迁估价机构的确定应当公开、透明，采取被拆迁人投票或拆迁当事人抽签等方式进行。拆迁估价机构确定后，一般由拆迁人委托。委托人应当与估价机构签订书面拆迁估价委托合同。

许可证，就可以边谈判、边补偿、边拆迁。《拆迁条例》对补、拆程序颠倒的设计，不仅致使同一不动产上存在两种物权，违背了《物权法》规定的“一物一权”的原则，并且直接造成了拆迁人对被拆迁人私有财产权利的侵犯。

（四）行政强制拆迁制度极不公平

《拆迁条例》第16条、第17条规定的行政强制拆迁制度，使得被拆迁人如果对补偿不满，即使选择了行政诉讼也无法改变被强制拆迁的命运。这是表面公平但实质上隐含着巨大不公平的条款，当强制拆迁权力直接掌握在政府（政府的另一个身份是土地使用权一级市场的垄断者）手中时，开发商利用和勾结这种强制力的机会更高，且成本极小。在拆迁问题上，政府既是拆迁许可者，又是争议裁决者，无形中充当了强制拆迁的支持者，为“官商合谋”提供了现实的便利，这也逐渐发展成为拆迁矛盾的根源。

有人认为政府拥有强制拆迁权力会更好地提高效率，而诉诸司法的成本可能太高，万一被拆迁人漫天要价怎么办呢。此起彼伏的拆迁纷争和惨绝人寰的自焚事件已使这一观点不攻自破。这些人对司法强制力存在一种误解。套用斯密的一句名言，“用得最少的强制才是最好的强制”，强制力的最大效用是构成一种“压力阴影”，一种法律所预设的潜在的惩罚结果，会对当事人双方构成一种必须达成妥协的成本衡量的压力。潜在的而非现实的强制，才会最有效率地迫使双方找到双赢的解决之道。打个比方，强制力绝不是某一方当事人可以带进场去的刀子，而是谈判现场被供起来的“关二爷”。请出这种强制力的成本、风险和结果，促使拆迁人和被拆迁人进行理性的妥协。

1996年7月24日，最高人民法院《关于受理房屋拆迁，补偿，安置等案件问题的批复》中第2条规定：“拆迁人与被拆迁人因房屋补偿、安置等问题发生争议，或者双方当事人达成协议后，一方或者双方当事人反悔，未经行政机关裁决，仅就房屋补偿、安置等问题，依法向人民法院提起诉讼的，人民法院应当作为民事案件受理。”该批复事实上已经对《拆迁条例》进行了修正性诠释。但这种连法律从业者们都未必知晓的司法解释性文件，根本无法奢望普通人群能够明白和理解。

三、2011年1月21日起施行的《国有土地上房屋征收与补偿条例》

在全国各地拆迁血案频频发生，《拆迁条例》备受责难，且要求废止《拆迁条例》的呼声一浪高过一浪，社会矛盾日益激化，严重影响社会稳定的时代背景下[1]，值2007年3月16日《物权法》被第十届全国人民代表大会第

〔1〕 凌玉成：“浅论新旧房屋征收条例的区别与亮点”，载 http://www.lawtime.cn/article/lll96144599619553oo101606.

五次会议通过之际，2007 年 8 月 24 日，建设部原部长汪光焘代表国务院向全国人民代表大会报告，因《物权法》将从 10 月 1 日起执行，而《拆迁条例》与《物权法》相抵触，将停止执行，为此要求修改 1995 年 1 月 1 日起施行的《城市房地产管理法》，并通过该法授权国务院就征收国有土地上房屋与拆迁补偿制定行政法规。这是我国负责拆迁管理的最高官员首次公开承认《拆迁条例》与《物权法》相抵触，承认《拆迁条例》违反《立法法》第 8 条“对非国有财产的征收只能制定法律”的规定。

历时三年半，召开四十五次座谈会，三次国务院常务会议，两次公开向社会征求意见，《国有土地上房屋征收与补偿条例》（本章简称为《征收条例》）终于在 2011 年 1 月 21 日出台了。这部千呼万唤始出来，受到万众瞩目和期待的《征收条例》呈现出统筹兼顾、阳光征收、公平补偿的鲜明特征，并体现出立法者力图找准公益维护和私权捍卫契合点的努力，表现出如下几个亮点：

（一）明确只有为了公共利益的需要才能征收

《征收条例》第 8 条规定，为了保障公共利益的需要，确需征收房屋的，由市、县级人民政府作出房屋征收决定。《征收条例》对“公共利益”的范围进行了界定，包括六个方面：①国防和外交的需要；②由政府组织实施的能源、交通、水利等基础设施建设的需要；③由政府组织实施的科技、教育、文化、卫生、体育、环境和资源保护、防灾减灾、文物保护、社会福利、市政公用等公共事业的需要；④由政府组织实施的保障性安居工程建设的需要；⑤由政府依照城乡规划法有关规定组织实施的对危房集中、基础设施落后等地段进行旧城区改建的需要；⑥法律、行政法规规定的其他公共利益的需要。

对“公共利益”的界定是《征收条例》在中国法制史上最具有意义的改变。长期以来在拆迁活动中频频暴露的部分地方政府介入开发商的经营活动中将被封杀，而且将公共利益征收与商业利益征收混为一谈的拆迁模式将彻底退出历史舞台。

（二）明确了征收主体必须是政府，取消了拆迁许可证和拆迁单位制度

《征收条例》第 4 条规定：“市、县级人民政府负责本行政区域的房屋征收与补偿工作。”这就是说，实施公益性征收、补偿的主体只有一个，那就是政府。《征收条例》的实施使政府由过去在拆迁法律关系中的居中管理裁决的角色，转变为了征收补偿法律关系中的当事人。

明确政府是征收补偿的主体，是对过去拆迁操作模式的彻底颠覆。以开发商为主导的拆迁彻底退出历史舞台，同时因拆迁人制度而生的拆迁许可证和拆迁单位制度也成为历史。过去开发商作为拆迁主体时，开发商为了追求利润，政府为了提升政绩，联合起来压缩拆迁补偿标准，实施强制拆迁，由此导致拆

迁矛盾愈演愈烈，不断升级。《征收条例》的出台，不再为商业利益拆迁提供保护伞，政府只能为了公共利益而进行征收补偿，没有了商业利润的驱动，征收补偿过程中的分歧对抗也就更可能以平稳的方式解决。

（三）以市场价格作为补偿标准

《征收条例》第19条和第20条规定，对被征收房屋价值的补偿，不得低于房屋征收决定公告之日被征收房屋类似房地产的市场价格；房地产价格评估机构由被征收人协商选定。

《征收条例》的上述规定，将影响被征收房屋价格评估的关键因素，如评估时间节点的选择、评估的基准价的确定、评估机构委托人的安排等的立法权限从地方政府收回来，杜绝了地方政府利用权力对被征收房屋的评估价格进行操作的可能性。并且《征收条例》的上述规定，使被征收房屋的评估价格更接近于征收时的市场价格，强调了房地产价格评估机构的中立性，更好地保护了被征收人的合法权益，具体表现在《征收条例》将被征收房屋价格评估时间节点的选择由过去的“拆迁许可证核发之日”改变为“房屋征收决定公告之日”；将被征收房屋价格评估的基准确定为“类似房地产的市场价格”；将房地产价格评估机构委托人由过去的“拆迁人”改变为“被征收人”；等等。

（四）征收过程程序化，强调尊重被征收人意愿，先补偿后搬迁

《征收条例》在征收和补偿涉及的诸多环节中，对例如是否征收、如果征收怎么补偿、依什么标准补偿等，都规定了应履行公示程序，征求公众的意见。这样的规定虽然放慢了房屋征收的步伐，但是提高了被征收人的参与程度，保障了被征收人的知情权。

《征收条例》第27条明确提出“实施房屋征收应当先补偿、后搬迁”。过去在被拆迁人仍拥有被拆迁房屋的产权，政府还没有收回国有土地使用权的情况下，实施拆迁，是一种侵权的法律行为。现在，只有在房屋征收补偿工作完成后，才能要求被征收人搬迁，对被征收房屋的拆除，就只是一种事实行为。

（五）取消行政强制拆迁制度，强调司法监督

《征收条例》第27条、第28条和第35条规定，任何单位和个人不得采取暴力、威胁或者违反规定中断供水、供热、供气、供电和道路通行等非法方式迫使被征收人搬迁。禁止建设单位参与搬迁活动。被征收人在法定期限内不申请行政复议或者不提起行政诉讼，在补偿决定规定的期限内又不搬迁的，由作出房屋征收决定的市、县级人民政府依法申请人民法院强制执行。政府不得责成有关部门强制拆迁。

过去政府在强制拆迁时，既当裁判员，又当运动员，对被拆迁人缺乏有效的救济途径。导致在行政强制拆迁时，出现大量被拆迁人誓死对抗的情况。现

取消行政强制拆迁制度，禁止建设单位参与搬迁，就可以斩断政绩和利润的动机与拆迁工作之间的联系。

同时，《征收条例》第14条、第26条和第28条建立了司法对行政一定程度上的审查和制约机制，可以防止政府自己想干什么就干什么。在被征收人对征收决定、补偿决定不服时，可以请求法院进行裁决，非常重要的一点是政府必须在法庭上举证证明自己的征收行为的合法性。而在政府向法院申请强制执行时，法院也必须对申请内容进行审查，如果存在明显违法，法院要裁定不予执行。

第三节　国有土地上房屋的征收补偿程序

对国有土地房屋进行征收补偿的行为，其法律实质是国有土地所有权人——国家，基于公共利益的需要将授予单位、个人的国有土地使用权予以回收的法律行为。因“房随地走”的原则，该法律行为的效力自然及于国有土地上房屋和其他固定设施。在国有土地房屋征收补偿法律关系中，双方当事人一方是市、县级人民政府，一方是被征收人。该种征收补偿具有强制性，通常可能损害被征收人的利益，所以其唯一理由是“公共利益”。由于双方当事人地位的不平等性，该种征收补偿应适用公法予以调整。

国有土地上房屋征收补偿目前适用的公法是2011年1月21日颁布实施的《征收条例》。《征收条例》虽然规定的是对国有土地上房屋的征收补偿，其实也包括对国有土地使用权的征收补偿，即征收补偿的对象不仅包括房屋，还包括房屋所占的国有土地使用权。这点可以从《征收条例》第13条“房屋被依法征收的，国有土地使用权同时收回”和第19条“对被征收房屋价值的补偿，不得低于房屋征收决定公告之日被征收房屋类似房地产的市场价格”的规定得以印证。

《征收条例》规定了征收国有土地房屋的六大要素和三大环节。六大要素是：①只有“为了公共利益的需要”，才能征收；②必须依照法律规定的权限和程序进行征收；③征收的主体只能是市、县级人民政府；④应当依法给予被征收人补偿；⑤被征收人的居住条件依法受保障；⑥征收补偿费用应当足额到位、专户存储、专款专用。三大环节是：①征收决定；②补偿；③搬迁。以下就征收国有土地房屋的六大要素和三大环节进行详细论述。

一、征收决定

（一）征收前提——“公共利益”

市、县级人民政府是否作出房屋征收决定的一个非常重要的前提就是

“是否因公共利益的需要”。因为“公共利益”是市、县级人民政府可以征收国有土地房屋的唯一理由。《征收条例》第8条采用列举加概括的方式对“公共利益”进行了阐明。

“公共利益”是一个抽象概念，具体操作中很难界定，是一个世界性的难题。在《征收条例》施行前由于没有严格区分公共利益和商业利益，特别是为房地产开发也可以进行拆迁，由此产生了很多社会矛盾。《征收条例》以列举加概括的方式对“公共利益”进行了界定，排除了一些显然处于商业目的、与公共利益无关的用途。

并且《征收条例》第9条进一步提出：符合“公共利益”的建设活动，还应当符合国民经济和社会发展规划、土地利用总体规划、城乡规划和专项规划。保障性安居工程建设、旧城区改建，应当纳入市、县级国民经济和社会发展年度计划。制定国民经济和社会发展规划、土地利用总体规划、城乡规划和专项规划，应当广泛征求社会公众意见，经过科学论证。

（二）征收决定的作出过程

房屋征收部门拟定征收补偿方案后，要经历论证会、听证会、公布以征求公众意见等一系列程序，市、县级人民政府才能作出征收决定并进行公告。《征收条例》对这些程序性事项的规定改变了过去“政府说了算”的局面，政府需要更多地倾听民意，并且在必要的时候根据民意修改原有的方案。市、县级人民政府作出征收决定并进行公告之前，经历的环节具体为：

1. 建设项目立项。既然征收单位、个人的房屋是为了用地，所以用地项目立项是第一关。在用地项目报请立项前还需要进行可行性研究。

2. 拟定征收补偿方案。房屋征收部门拟定征收补偿方案，报市、县级人民政府。征收补偿方案应当包括征收方案和补偿方案两方面，具体内容应当有征收的详细理由、如何补偿、补偿的落实等诸多方面。

3. 论证征收补偿方案。市、县级人民政府应当组织有关部门对征收补偿方案进行论证。有关部门，广义的理解是与实现公共利益有关系的部门，比如一个教育项目，那么教育部门就应当参加；狭义的理解，则至少有立项、土地、规划等部门。既然是论证，那么在形式上论证会应当形成论证报告供市、县级人民政府参考。

4. 征收公众意见。除了论证，市、县级人民政府还应当就征收补偿方案征收公众意见。为征收公众意见，市、县级人民政府则需公布征收补偿方案，这里的公布从理论上讲，除了布告、网络、媒体等形式外，还应当书面通知被征收人及相关当事人。征求意见的期限不得少于30日。

5. 修改征收补偿方案。修改征收补偿方案有两种情况。一是在一般情况下，市、县级人民政府对征收补偿方案征求公众意见后，应结合公众意见对征收补偿方案进行修改。二是在旧城区改建需征收房屋中如果多数被征收人认为征收补偿方案不符合《征收条例》的规定，市、县级人民政府应当组织由被征收人和公众代表参加的听证会，并根据听证会情况修改征收补偿方案。

征收补偿方案修改完成后，市、县级人民政府应当将征求意见的情况和征收补偿方案的修改情况及时公布。公布的内容应当能全面反映征求意见的内容、意见是否采纳、采纳的理由、修改的原因等方面。

6. 社会稳定风险评估。市、县级人民政府作出房屋征收决定前，应当按照有关规定进行社会稳定风险评估。社会稳定风险评估报告应当从项目概况、项目合法性、合理性、风险性、安全性、可行性六个方面对征收过程中可能诱发的诸多社会风险作出评估，并提出相应的解决措施，为即将开始的征收工作做好充分的准备。当前实务中一般是政府信访局、维稳办等机关来写。有的地方政府请律师来写，是值得提倡的。因为不论是律师来写还是中介机构来写，肯定比政府机关写要好。

7. 讨论决定。房屋征收决定涉及被征收人数量较多的，应当经政府常务会议讨论决定。即如果房屋征收决定涉及的被征收人数量较多，而作出征收决定前没有经过政府常务会议讨论则是违法的。但是，“数量较多”如何把握又是一个需要明确的问题。此外，仅以被征收人人数的多少作为是否需要经过政府常务会议讨论是不够的，比如对于一个企业厂房的征收中被征收人仅有一个，但其影响的自然人可能很多。公民的利益要慎重对待，法人、其他组织的利益同样应当慎重对待。

8. 落实征收补偿费用。作出房屋征收决定前，市、县级人民政府对于征收补偿费用应当有所研究，在讨论决定征收时该费用应当足额到位、专户存储、专款专用。专户存储中的“专户”，是指建设单位的专户。达成补偿协议后，经房屋征收部门、建设单位和被征收人三方签字后，银行将房屋补偿费用划转到被征收人名下。

9. 公告与宣传解释。市、县级人民政府作出房屋征收决定后应当及时公告。公告应当载明征收补偿方案和行政复议、行政诉讼权利等事项。市、县级人民政府及房屋征收部门还应当做好房屋征收与补偿的宣传、解释工作。

（三）房屋状况调查以及不予补偿情形

《征收条例》第 15 条规定：“房屋征收部门应当对房屋征收范围内房屋的权属、区位、用途、建筑面积等情况组织调查登记，被征收人应当予以配合。调查结果应当在房屋征收范围内向被征收人公布。”就该条规定，需要强调的是，调查结果应公示，保障被征收人的知情权。同时，房屋征收部门进行房屋状况调查时，需要被征收人的配合，但是若被征收人不予配合怎么办？《征收条例》没有明确规定，但依据《征收条例》保障人权的法理精神，政府是不能强制要求被征收人配合的，因此政府只能想尽千方百计、费尽千言万语、不畏千难万险尽量让被征收人配合。

此外，依据《征收条例》第16条的规定，房屋征收范围确定后，被征收人不得对被征收房屋实施新建、扩建、改建和改变房屋用途等不当增加补偿费用的行为，违反规定实施的，不予补偿；并且房屋征收部门应当书面通知有关部门暂停办理被征收房屋上述事项的相关手续，暂停办理相关手续的书面通知应当载明暂停期限，暂停期限最长不得超过1年。

《征收条例》第24条规定，市、县级人民政府作出房屋征收决定前，应当组织有关部门依法对征收范围内未经登记的建筑进行调查、认定和处理。对认定为合法建筑和未超过批准期限的临时建筑的，应当给予补偿；对认定为违法建筑和超过批准期限的临时建筑的，不予补偿。

二、补偿和搬迁

（一）补偿方式

补偿方式包括货币补偿和房屋产权调换，《征收条例》第21条赋予了被征收人选择补偿方式的权利。被征收人选择房屋产权调换的，市、县级人民政府应当提供用于产权调换的房屋，并与被征收人计算、结清被征收房屋价值与用于产权调换房屋价值的差价。因旧城区改建征收个人住宅，被征收人选择在改建地段进行房屋产权调换的，市、县级人民政府应当提供改建地段或者就近地段的房屋。

（二）补偿内容

依据《征收条例》第17条、第18条，市、县级人民政府对被征收人的补偿包括：

1. 被征收房屋价值的补偿。《征收条例》第19条、第20条规定，对被征收房屋价值的补偿，不得低于房屋征收决定公告之日被征收房屋类似房地产的市场价格。被征收房屋的价值，由具有相应资质的房地产价格评估机构按照房屋征收评估办法评估确定。对评估确定的被征收房屋价值有异议的，可以向房地产价格评估机构申请复核评估。对复核结果有异议的，可以向房地产价格评估专家委员会申请鉴定。房地产价格评估机构由被征收人协商选定；协商不成的，通过多数决定、随机选定等方式确定，具体办法由省、自治区、直辖市制定。

2. 因征收房屋造成的搬迁、临时安置的补偿。《征收条例》第22条规定，因征收房屋造成搬迁的，房屋征收部门应当向被征收人支付搬迁费；选择房屋产权调换的，产权调换房屋交付前，房屋征收部门应当向被征收人支付临时安置费或者提供周转用房。

3. 因征收房屋造成的停产停业损失的补偿。《征收条例》第 23 条规定，对因征收房屋造成停产停业损失的补偿，根据房屋被征收前的效益、停产停业期限等因素确定。在被征收人选择产权调换的情况下，才会有停产停业损失的补偿。停产停业损失只限于非住宅因被征收不能用于生产、经营所造成的损失，主要是直接经济损失。停产停业期限是指从"用于经营的非住宅被拆除后"到"用于产权调换的非住宅交付前"的期限。

4. 对被征收人给予补助和奖励。补助主要针对特殊困难群体，目前主要是指《征收条例》第 18 条所规定的"住房保障"。奖励主要针对配合政府搬迁的被征收人，例如财务部、国家税务总局《关于城镇房屋拆迁有关税收政策的通知》[1]、《关于企业以售后回租方式进行融资等有关契税政策的通知》[2]规定，在货币补偿款的范围内，免征契税。

（三）补偿协议与补偿决定

《征收条例》第 25 条规定，房屋征收部门与被征收人应就补偿方式、补偿金额和支付期限、用于产权调换房屋的地点和面积、搬迁费、临时安置费或者周转用房、停产停业损失、搬迁期限、过渡方式和过渡期限等事项，订立补偿协议。补偿协议订立后，一方当事人不履行补偿协议约定的义务的，另一方当事人可以依法提起诉讼。

《征收条例》第 26 条规定，房屋征收部门与被征收人在征收补偿方案确定的签约期限内达不成补偿协议，或者被征收房屋所有权人不明确的，由房屋征收部门报请作出房屋征收决定的市、县级人民政府，按照征收补偿方案作出补偿决定，并在房屋征收范围内予以公告。补偿决定应当公平，且包括补偿协议需约定的各事项。

（四）搬迁

《征收条例》第 27 条明确规定了实施房屋征收应当先补偿、后搬迁。同时，该条也对被征收人的搬迁义务和暴力搬迁进行了规定：被征收人在收到补偿后，应当在补偿协议约定或者补偿决定确定的搬迁期限内完成搬迁。任何单

---

〔1〕《财政部、国家税务总局关于城镇房屋拆迁有关税收政策的通知》：2005 年 3 月 22 日财税［2005］45 号发布；该法规中的"第 2 条"已被 2012 年 12 月 6 日《财政部、国家税务总局关于企业以售后回租方式进行融资等有关契税政策的通知》（财税［2012］82 号）废止。

〔2〕《财政部、国家税务总局关于企业以售后回租方式进行融资等有关契税政策的通知》：2012 年 12 月 6 日财税［2012］82 号发布。

位和个人不得采取暴力、威胁或者违反规定中断供水、供热、供气、供电和道路通行等非法方式迫使被征收人搬迁。禁止建设单位参与搬迁活动。

但在被征收人法定期限内不申请行政复议或者不提起行政诉讼，在补偿决定规定的期限内又不搬迁的情况下，《征收条例》第 28 条赋予了作出房屋征收决定的市、县级人民政府申请人民法院强制执行的权利。但强制执行申请书应当附具补偿金额和专户存储账号、产权调换房屋和周转用房的地点和面积等材料。

值得注意的是，《征收条例》第 28 条规定的“强制搬迁”是不包括“房屋拆除行为”的，因为“强制搬迁”的执行对象是违法占有，即居留在已被依法征收房屋内的人，而不是被征收的房屋本身。而房屋的拆除，是一种施工行为，应由具有资质的施工单位来进行。

（五）补偿情况公告和审计

《征收条例》第 29 条规定，房屋征收部门应当依法建立房屋征收补偿档案，并将分户补偿情况在房屋征收范围内向被征收人公布。审计机关应当加强对征收补偿费用管理和使用情况的监督，并公布审计结果。

三、征收补偿的行政救济

作为依法征收补偿的保障，行政救济对于保护公民、法人和其他组织的合法权益、维护和监督政府依法行使职权具有重要的意义。行政救济并非法定用语，行政救济的定义、范围目前学术上也并无定论。但是从行政救济的功能看，行政救济必须具备两种基本的功能：一是权利救济功能，即能够排除不法行政行为侵害，恢复或弥补行政相对人遭受损害的合法权益；二是监督制约功能，即能够对行政行为是否合法及是否适当进行审查，对违法行政行为予以排除，解决行政争议。依此理解，行政救济应当是指公民、法人或其他组织的合法权益受到行政机关违法或不适当的具体行政行为侵害时或可能受到侵害时的防卫手段和申诉途径，包括行政复议、行政诉讼等。

在国有土地房屋征收补偿中，征收决定和补偿决定对公民、法人或其他组织的权益具有重大影响，因此《征收条例》第 14 条规定“被征收人对市、县级人民政府作出的房屋征收决定不服的，可以依法申请行政复议，也可以依法提起行政诉讼”；第 26 条第 3 款规定“被征收人对补偿决定不服的，可以依法申请行政复议，也可以依法提起行政诉讼”。

将征收决定和补偿决定列为行政救济的范围，主要基于以下几点：其一，从职权上看，征收决定和补偿决定是一种由政府依法行使的行政权力，具有不平等性和强制性；其二，从行为性质上看，征收决定和补偿决定是政府单方意思行为，不需行政相对人的合意；其三，从调整的对象来看，征收决定和补偿决定针对特定的被征收人，不可以反复适用；其四，从效力上看，征收决定和补偿决定针对现实存在的对象。

因此，如果被征收人认为征收决定或补偿决定侵犯或可能侵犯其合法权益的，则可以申请行政复议或提起行政诉讼。

第四编　房地产开发

第八章　房地产开发概述

第一节　房地产开发的含义与特征

一、房地产开发的含义

房地产开发是房地产业中最基本、最主要的经济活动内容，是城市开发建设的主要内容。依据现行《城市房地产管理法》第2条第3款的规定，房地产开发是指在依法取得国有土地使用权的土地上进行基础设施、房屋建设的行为。

简要地说，房地产开发是一种使土地开发和房屋建设相结合的生产经营活动。具体地说，房地产开发是指房地产开发主体根据城市建设总体规划和经济社会发展计划的要求，选择一定区域内的建设用地，按照使用性质，实行“全面规划、合理布局、综合开发、配套建设”的方针，有计划有步骤地进行开发建设，以取得良好的经济、社会和环境效益为目的的综合性生产经营活动。[1]

在这里，需要特别提到“房地产开发”与“房地产开发经营”之间的区别。依据《城市房地产开发经营管理条例》第2条，房地产开发经营，是指房地产开发企业在城市规划区内国有土地上进行基础设施建设、房屋建设，并转让房地产开发项目或者销售、出租商品房的行为。由“房地产开发”与“房地产开发经营”的定义可以看出，两者对主体的资格要求是不同的。“房地产开发”不一定要求主体具备房地产开发经营资格，如企业自建自用房屋；而“房地产开发经营”则要求主体具备房地产开发经营资格，即主体须为房

〔1〕 石海均、王宏主编：《房地产开发》，北京大学出版社2010年版，第1页。

地产开发企业。

二、房地产开发的特征

作为房地产业中最基本、最主要的物质生产活动，房地产开发具有如下特征：

（一）房地产开发活动的综合性

第一，综合性是房地产开发的重要要求。现代城市建设中的房地产开发要求在开发过程中必须坚持“全面规划、合理布局、综合开发、配套建设”的方针。也就是说在开发过程中，不仅仅是对建设用地或房屋建筑进行有目的建设，而且要对被开发地区的一些必要的公共设施、公共建筑进行全面规划、协调建设。尤其是住宅开发，更要体现以人为本，以综合的思想来对居住用房、服务用房、文教卫生用房、福利娱乐用房等实行配套建设，并且注意生态环境的营造。缺乏“综合性”与“配套性”的开发活动是不符合现代城市建设要求的，随着时代的变化也很容易过时、落伍，相应地房地产商品也会遭受巨大原价值贬损。

第二，综合性还表现为开发过程工作关系众多，不仅涉及规划、设计、施工、供电、供水、电讯、交通、教育、卫生、消防、环境和园林等部门，而且还通过征地、拆迁、安置等工作与城市居民的生活密切联系。同时每一个开发项目所涉及的土地条件、融资方式、建筑设计和施工技术的要求、市场竞争情况等都不一样，需要开发主体认真进行综合分析，统筹安排，制定最佳开发方案。

第三，房地产开发的综合性还体现在它作为一个基本的物质生产部门，必须与本国、本地区各生产部门的发展相协调，并起到一定的先导作用。脱离国情、区情，发展速度过快或过缓，规模过大或过小都会给经济社会发展带来不良影响。

（二）房地产开发周期的长期性

房地产开发从投资到资本回收，从破土动工到形成产品，需要经过几个阶段的工作，如准备阶段、施工阶段、销售阶段等，尤其是施工阶段，需要集中大量的劳动力，通过一砖一石、一管一线的建造才能最终形成产品，并且这一过程与资金是否及时到位关系很大，因此整个过程往往需要较长的时间。一般来说，普通的开发项目需要2～3年的时间，规模稍大的综合性项目需要4～5年的时间，而一些成片开发的项目需要的时间更长。

（三）房地产开发过程的时序性

尽管房地产开发是一项涉及面广、比较复杂的经济活动，但从事务上来讲具有很强的操作时序性。从项目的可行性分析到土地的获取，从资金的融通到项目的实施，乃至后期的房屋出售、出租、委托管理等，虽然头绪繁多，但先后有序。这不仅是由于政府的土地、规划、建设等部门的行政管理，使房地产开发的很多工作受到审批时序的限制，而且是由于房地产开发的规划、设计、施工、建设、交易等过程的自然属性也有时序性的特点。因此房地产开发必须要有周密的计划，使各个环节紧密衔接，协调进行，以缩短周期，降低风险。

（四）房地产开发的强地域性

房地产是不动产，由此而使房地产的使用、价值、市场等带有强烈的地域性特征，并且使房地产开发投资更为地域所限制。从微观上看，开发项目受区位或者说是地段的影响很大，因为这里牵扯到诸如交通、购物、环境、升值潜力等很多与项目有关的因素，因此开发主体对项目的选址须谨慎。从宏观上看，房地产开发的地域性主要表现在投资地区的社会经济特征对项目的影响。每一个地区的投资开发政策、市场需求状况、消费者的支付能力都可能不一样。这就需要开发主体认真研究当地市场，制定相应的开发方案。

（五）房地产开发经营的高风险性

房地产开发的高风险性来自于投资大、周期长、竞争强以及经济形势、国家政策等多方面因素。房地产开发需要巨额资金，在市场经济条件下，筹集巨额资金是有风险的。房地产开发周期长，很多因素有可能变化，这会给开发主体带来一定的风险。房地产开发出来的商品是供人们居住或从事商业经营、工业生产的建筑物，具有很强的竞争性，也就是说进行开发的每一个环节都充满竞争，如土地使用权的竞争、规划设计上的竞争、营销过程中的竞争等。是否具有竞争直接关系到开发出来的房地产商品是否具有较高的市场占有率，是否具有较好的经济效益、社会效益和环境效益。这种激烈的竞争增加了房地产开发风险。此外，房地产开发受宏观经济形势和有关国家政策的影响也较大，亦是房地产开发的风险所在。虽然房地产开发是一项高风险的投资行为，然而风险与收益同在，房地产开发也是一种高收益的经济活动。

第二节 房地产开发的分类

根据不同的标准和角度，房地产开发被划分为不同的类型：

一、按开发的区域性划分

根据被开发区域的性质，可将房地产开发划分为新城区开发和旧城区开发。

新城区开发主要是通过对城市郊区的农地和荒地的改造，使之变成建设用地，并进行一系列的房屋、道路、公用设施等方面的建设和铺设，使之成为新的城区。新城区开发的主要特点是从“生地”开始，严格按照城市规划各项开发区的功能进行建设。新城区开发尽管用地位置比较偏远，但由于是第一次开发，因此配套设施能够尽可能达到完善的地步。

旧城区开发也被称为旧城区改造，是指在原有的城市建成区内，对某些区段的建筑和各项配套设施进行性质和功能的再开发。旧城区开发在城市建设中具有重要意义：一方面，可以满足城市社会经济发展的需要，保护城市优秀的历史文化遗产和传统风貌，充分利用并发挥现有各项设施的潜力；另一方面，也可以调整城市的用地，节约土地资源，提高土地效益，增强城市活力。与新城区开发相比，旧城区开发具有地价高、拆迁量大、开发难度大等特点。旧城区开发标志着城市功能和性质的变化。

二、按开发的规模划分

根据房地产开发的规模，可划分为单项开发、小区开发和成片开发三类。

单项开发是指规模小、占地不大、功能单一、配套设施简单的开发形式。这种开发形式往往在新城区总体开发和旧城区总体改造中形成一个相对独立的项目，例如单独建造几栋住宅、一座商场、一条道路等，但其外貌、风格、设施等要求与总体开发项目相协调，并在较短时间内完成这类开发。

小区开发是指新城区开发中一个独立小区的综合开发或旧城区改造中一个相对独立的局部区域的更新改建，即等于相对独立街坊的更新改造。这类开发形式要求在开发区域范围内做到基础设施完善，配套项目齐全。与单项开发相比，小区开发的规模较大、占地较大、投资较多、建设周期较长，一般分期、分批开发。

成片开发是指范围广阔（其范围大到可以相近于开辟一个新的城区）、投入资金巨大、项目类型众多、建设周期长的综合性开发。如上海浦东开发区、武汉经济开发区等诸如此类的著名的成片开发项目。在成片开发中，房地产开发往往成为基础产业和先行项目，发挥其启动和引导作用。

三、按开发的对象划分

按照房地产开发的对象，可划分为土地开发、房屋开发、土地房屋的一体化开发等三大类。

土地开发是指以获得使用权的土地为对象，通过征地、拆迁、安置、规划设计、基础设施建设等，将土地开发成具备建设条件的建设用地，然后将土地使用权有偿转让给房地产开发企业或其他土地使用单位的一种经营方式。土地开发的结果就是使“生地”成为“熟地”，达到出让的标准。根据各地的实际情况，“熟地”要求亦不同，例如有的地方要求土地开发达到“三通一平”（即通电、通水、通道路、土地平整），而有的地方要求土地开发达到“七通一平”（即通电、通给水、通排水、通道路、通燃气、通热力、通邮电通讯、土地平整）。

房屋开发是指开发主体在具备建设条件的土地上，按照城市规划的要求，组织房屋设计、施工建设、竣工验收、出售租赁等活动的一种开发经营方式。需要指出的是，为了提高现有房屋的使用功能和利用效益，在不拆除现有房屋的前提下，对现有房屋进行扩建和改建的，达到一定程度和规模，就属于房屋开发的范畴；而对现有房屋进行一般性的修缮和装修，则属于物业服务的范畴，而不是房屋开发。

土地房屋一体化开发是指将土地开发和房屋开发合二为一，从规划设计、征地拆迁、房屋建设、竣工验收，直到建成商品房进行经营、交付使用等，均由一个企业统一负责的生产经营活动。我国目前的房地产开发此类形式居多。

四、按开发的目的划分

根据房地产开发的目的，可划分为经营性房地产开发和自用性房地产开发。

经营性房地产开发是指由专业化的房地产开发企业进行，通过房地产的投资开发活动将开发产品（房屋、基础设施、土地使用权）作为商品进行交易，以追求利润回报的开发活动。从事经营性房地产开发的企业需要房地产开发经营资格，即须为房地产开发企业。

自用性房地产开发是指为自用而进行的房地产开发活动，开发者即使用者，开发的房地产产品不进行流通领域，只是满足开发者自己进行生产、经营或消费的需要，开发环节本身不追求营利。从事自用性房地产开发的企业则无须具备房地产开发经营资格。

我国目前经营性的房地产开发和自用性的房地产开发都占有一定的比例，随着我国市场经济的不断发展和社会分工的细致深化，房地产商品化的程度将不断提高。单位、个人必将更多地通过房地产交易市场获取房地产，自建自用式的房地产开发将逐渐减少，而经营性的房地产开发将日益增多。

第三节　房地产开发的原则和作用

一、房地产开发的原则

房地产开发是一项系统性的工程，涉及多个领域的协调关系，因此要遵循一定的原则，统一协调土地、规划、交通、行政管理等方面的关系。具体来说，房地产开发必须遵循以下几项原则：

（一）与政府产业政策相协调的原则

政府产业政策是指导国民经济相关产业发展的基本原则和总的战略方针，房地产业作为第三产业是国民经济中具有基础性、先导性和支柱性特征的产业，其发展速度、发展规模和组织结构应与国家产业政策相适应，否则会阻碍社会、经济的发展。如果房地产开发偏离了政府产业政策，那么这些政策会对房地产开发造成重大的限制和阻碍，例如提高房地产开发投资的成本，或者减少房地产企业的利润，而房地产开发投资一旦开始就很难在短期内调整，房地产企业就会面临重大的风险。

（二）与城市规划相统一的原则

城市规划是政府对建设进行宏观调控和微观管理的重要措施，是城市发展的纲领，也是对房地产开发进行合理控制，实现土地资源合理配置的有效手段。科学制定和执行城市规划，是合理利用城市土地，合理安排各项建设，指导城市有序、协调发展的保证。因此，在房地产开发过程中要强调城市规划的权威性，积极实现城市规划的目标。

（三）在国有土地上开发的原则

在我国，通过出让或划拨方式依法取得国有土地的使用权是房地产开发的前提条件，房地产开发必须是在国有土地上进行。我国另一类型的土地即集体土地不能直接用于房地产开发，集体土地必须经依法征收转为国有土地后，才能成为房地产开发用地。

（四）经济、社会、环境效益相统一的原则

房地产开发应按照经济效益、社会效益、环境效益相统一的原则。经济效益是房地产所产生的经济利益的大小，是房地产开发主体赖以生存和发展的必要条件。社会效益指房地产开发给社会带来的效果和利益。环境效益是指房地产开发对城市自然环境和人文环境所产生的积极影响。以上三方面是矛盾统一的辩证关系，既有联系，又有区别，还会产生冲突，因此需要政府站在国家和社会整体利益的高度上，进行综合整合和管理。

（五）综合开发原则

综合开发原则是指房地产开发应实行“全面规划、合理布局、综合开发、配套建设”的方针。综合开发较之以前的分散建设，具有不可比拟的优越性。综合开发有利于实现城市总体规划，加快改变城市的面貌；有利于城市各项建设的协调发展，促进生产，方便生活，有利于缩短建设周期、提高经济效益和社会效益。

二、房地产开发的作用

城市建设在没有实行房地产开发之前，城镇土地实行无偿无期的行政划拨管理方式，造成土地资源浪费、城市总体规划难以实现、国家土地收益大量流失等；城镇居民住房实行低租金福利分配制度，存在城市用房严重短缺、住宅的正常使用维修费用大量缺口等弊端。实行房地产开发后，对发展国民经济及在解决人民群众生活问题方面起到了积极的作用。具体来说，房地产开发的作用主要表现在以下几个方面：

（一）有利于城市综合功能的发挥

实行房地产开发之前，各单位见缝插针分散建设，而市政工程、附属工程及配套工程无人负责，造成城市布局混乱、景观单调、房屋与基础设施的容量不协调，建设项目不能发挥应有的功能，严重影响了城市综合功能的发挥。实行房地产开发后，从征地拆迁到规划设计、施工建设和经营管理都要在城市总体规划的部署下作统筹安排，使各个环节得到合理衔接并协调进行，这对于城市综合功能的发挥大有裨益。

（二）有利于改善城市生产和生活环境

房屋是人类社会生产和发展必不可少的生产和生活资料，同时也是城市正常运行的载体。房地产开发为城市提供了大量的住宅、基础设施及服务设施，做到交流畅通、信息迅捷、保证供给、方便生活，使人们的生产、生活得到保障。

（三）有利于城市土地的合理使用

通过综合开发建设，可从全局和城市整体利益的高度上规划城市土地，合理组合建筑群体，从而可大大节约用地数量及占地面积，使有限的城市土地资源得到合理配置，提高城市土地资源的利用率。

（四）有利于加速经济发展

房地产业与大量其他产业部门有着极强的关联性，其发展可以带动很大一部分相关产业发展。与此同时，房地产开发还可以为城建、工商业、服务业的发展提供以房为主的生产资料，可以带动自来水、交通运输、邮电通讯等基础行业的发展。各行各业的发展可以给人民带来更多的就业机会。

第九章　房地产开发主体及相关者

房地产开发是房地产业中最基本、最主要的物质生产活动，同时又在城市建设中担当着重要角色，在市场经济条件下，房地产开发有着综合性、长期性、时序性、地域性以及高风险性的特征。因此，房地产开发往往组成一个开发团队来分担风险，共享收益。

在房地产开发团队中，房地产开发主体在房地产开发中起着组织者、协调者的作用。房地产开发主体包括为自建自用而进行房地产开发的单位和以营利为目的房地产开发企业。依据现行的法律规定，个人不可以从事房地产开发。

在房地产开发过程中，每个阶段的每一项工作或活动，都是由一系列不同的参与者来分别完成的，这些参与者包括土地所有者、政府及政府管理部门、金融机构、勘察单位、设计单位、施工单位、监理单位、评估机构、投资咨询机构、销售招商代理单位、物业服务单位、消费者等。

第一节　房地产开发企业

房地产开发主体中最为常见的是以营利为目的房地产开发企业，因而本书所谈及的房地产开发，其开发主体一般都设定为房地产开发企业。依据现行《城市房地产管理法》第 30 条的规定，房地产开发企业是以营利为目的，从事房地产开发和经营的企业。任何企业的设立均应满足一定的条件，房地产开发企业也不例外。并且房地产开发企业还需要核定资质等级，在其资质等级的范围内承担相应的房地产开发项目。

一、房地产开发企业的分类

（一）按企业经营性质划分

房地产开发企业根据其经营性质可以划分为房地产开发专营企业、房地产开发兼营企业、房地产开发项目公司。[1]

房地产开发专营企业是指以房地产开发经营为主要业务的企业。目前从事

---

〔1〕 房地产开发企业的此种划分，最早出现于 1992 年 7 月 28 日发布的《建设部、国家工商行政管理局关于房地产开发企业管理的通知》（建房［1992］500 号，现已被废止）。

房地产开发的多为房地产开发专营企业。房地产开发专营企业由于长期专门从事房地产开发经营活动，技术力量强大，资金雄厚，管理水平较高，在房地产市场上竞争能力强。在房地产市场处于繁荣时期，房地产开发专营企业可进行大量开发建设，充分发挥企业优势。但是房地产开发专营企业也有缺点，就是在房地产市场处于萧条时期，由于房地产开发经营不能保证盈利，很可能亏本。

房地产开发兼营企业是指以其他经营项目为主，兼营房地产开发业务的企业。由于近十几年来房地产业的飞速发展，一些资金实力雄厚的企业为优化其投资结构，纷纷投资到收益较高的房地产业中，成为房地产开发兼营企业。房地产开发兼营企业虽然有利于发挥企业投资自主权，利于优化企业投资结构，利于提高企业适用能力，但是却会对房地产市场的忽冷忽热起推波助澜的作用。

房地产开发项目公司是指以开发某个项目为目的，从事单项房地产开发经营的企业。房地产开发项目公司一般在项目立项时成立，项目开发经营完成后解散。房地产开发项目公司经营对象只限于已批准的项目，项目开发、经营完毕后，应向工商行政管理机关办理核减经营范围的变更登记。房地产开发项目公司的股东（即投资人）利用项目公司制度可以合理地规避法律风险，投资人往往开发一个项目即设立一个项目公司，各项目之间互不影响，即使某一项目投资失败，开发商在足额缴付出资的条件下对项目公司所负债务仅以出资额为限承担责任。因此房地产开发项目公司对所开发项目的把握性强、风险性小，随开发项目的运作而成立与解算，适应性和灵活性强；但是有经验性差、投资浪费、临时观念强、不利于组织管理等缺点。

（二）按所有制形式划分

房地产开发企业按照所有制形式可以划分为国有房地产开发企业、股份制房地产开发企业、私营房地产开发企业、外资房地产开发企业等。

国有房地产开发企业是指国有资产投资或持股超过50%的房地产开发企业。国家依照所有权和经营权分离的原则授予企业经营管理权。

股份制房地产开发企业是指通过公开市场发行股份，募集资金而设立的房地产开发企业。出资者通过投资取得相应的股份，并按所持股份享有权利并承担有限责任。

私营房地产开发企业是指由自然人投资设立或由自然人控股的房地产开发企业。随着改革开放以来私有制经济的蓬勃发展，私营房地产开发企业的数量亦大幅增加。

外资房地产开发企业是指外国公司、企业和其他经济组织或个人，按照平等互利的原则，经中国政府批准，在中国境内投资设立的房地产开发企业。外资房地产开发企业包括中外合资、中外合作和外商独资房地产开发企业。

二、房地产开发企业的设立

（一）设立条件

除了《中华人民共和国公司法》[1]（本书简称为《公司法》）等企业法人相关法律法规规定的公司等企业的设立条件外，依据《城市房地产管理法》和《城市房地产开发经营管理条例》，设立房地产开发企业，应当具备下列条件：

1. 有自己的名称和组织机构。与设立一般公司一样，设立房地产开发企业应首先确定公司名称，公司名称要符合国家法律法规的规定，公司名称确定后即需要向工商行政管理部门申请名称预先核准，工商行政管理部门核准的公司名称受法律保护。

房地产开发企业的组织机构是对内管理企业事务，对外代表企业从事民事活动的机构的总称。房地产开发企业应依据《公司法》设置组织机构，如股东会、董事会、监事会、总经理等。

2. 有固定的经营场所。经营场所指企业法人主要业务活动、经营活动的处所，包括自有或租赁的办公用房和生产经营场所。需要指出的是，房地产开发企业设立时会在工商行政管理部门登记住所，在实际情况中，企业法人的住所和经营场所往往是同一地址。

3. 有符合国务院规定的注册资本。房地产开发企业是资金密集型企业，投资量大、资金占用周期长等特点决定了其注册资金比一般的流通服务企业法人要高。为保证投资开发房地产的能力，《城市房地产开发经营管理条例》规定，房地产开发企业应有100万元以上的注册资本。

4. 有足够的专业技术人员。房地产开发企业不仅是资金密集型企业，而且还是技术密集型企业。因此，房地产开发公司必须有足够的，具有相当水平的会计、统计、财务、营销等方面的经济管理人员和规划、设计、施工等方面的工程技术人员。《城市房地产开发经营管理条例》规定，房地产开发企业应有4名以上持有资格证书的房地产专业、建筑工程专业的专职技术人员，2名

---

[1] 《中华人民共和国公司法》：1993年12月29日主席令第16号公布，自1994年7月1日起施行；根据1999年12月25日《全国人民代表大会常务委员会关于修改〈中华人民共和国公司法〉的决定》（主席令第29号）第一次修正；根据2004年8月28日《全国人民代表大会常务委员会关于修改〈中华人民共和国公司法〉的决定》（主席令第20号）第二次修正。2005年10月27日主席令第42号公布修订后的版本，自2006年1月1日起施行；根据2013年12月28日《全国人民代表大会常务委员会关于修改〈中华人民共和国海洋环境保护法〉等七部法律的决定》（主席令第8号）第三次修正。

以上持有资格证书的专职会计人员。

（二）设立程序

设立房地产开发企业，应当向县级以上人民政府工商行政管理部门申请设立登记。工商行政管理部门对符合法律法规规定条件的，应当自收到申请之日起 30 日内予以登记，发给营业执照；对不符合法律法规规定条件的，不予登记，但应当说明理由。

工商行政管理部门在对设立房地产开发企业申请登记进行审查时，应当听取同级房地产开发主管部门的意见。

房地产开发企业在领取营业执照后的 1 个月内，应当到登记机关所在地的县级以上地方人民政府规定的部门备案。

三、房地产开发企业的资质管理

为了加强对房地产开发的风险管理，国家设置了房地产开发企业的资质管理制度。1989 年 9 月 23 日，国家颁布了《城市综合开发公司资质等级标准》[1]，后又于 1993 年 11 月 16 日出台了《房地产开发企业资质管理规定》[2]，并于 2000 年 3 月 29 日进行了全面修订，并重新整理后颁布。本书将以 2000 年修订版本的《房地产开发企业资质管理规定》为依据介绍房地产开发企业的资质管理制度。

（一）资质等级

房地产开发企业应当按照法律规定申请核定企业资质等级。未取得房地产开发资质等级证书（本章简称为“资质证书”）的企业，不得从事房地产开发经营业务。各资质等级企业应当在规定的业务范围内从事房地产开发经营业务，不得越级承担任务。

房地产开发企业按照企业条件分为一、二、三、四四个资质等级。各资质等级企业应具备的条件见下页表。

一级资质的房地产开发企业承担房地产项目的建设规模不受限制，可以在全国范围承揽房地产开发项目。

二级资质及二级资质以下的房地产开发企业可以承担建筑面积 25 万平方米以下的开发建设项目，承担业务的具体范围由省、自治区、直辖市人民政府建设行政主管部门确定。

---

〔1〕《建设部关于颁布城市综合开发公司资质等级标准的通知》：1989 年 9 月 23 日建房字［1989］408 号发布；已被 1993 年 11 月 16 日《房地产开发企业资质管理规定》（建设部令第 28 号）废止。

〔2〕《房地产开发企业资质管理规定》：1993 年 11 月 16 日建设部令第 28 号发布，自 1993 年 12 月 1 日起施行；已被 2000 年 3 月 29 日《房地产开发企业资质管理规定》（建设部令第 77 号）废止。2000 年 3 月 29 日建设部令第 77 号发布修订后的版本，自发布之日起施行。

资质条件	资质等级				备注
	四级	三级	二级	一级	
注册资本（万元）	≥100	≥800	≥2000	≥5000	
从事房地产开发经营年限（年）	≥1	≥2	≥3	≥5	
房屋建筑面积累计竣工量（万 m^2）	/	≥5	近 3 年，≥15	近 3 年，≥30	或者累计完成与此相当的房地产开发投资额
建筑工程质量合格率达到 100% 的要求	已竣工的	连续 2 年	连续 3 年	连续 5 年	
上一年房屋建筑施工面积（万 m^2）	/	/	≥10	≥15	或者完成与此相当的房地产开发投资额
专业管理人员	（1）总数：有职称的建筑、结构、财务、房地产及有关经济类的专业管理人员不少于 5 人； （2）其中：持有资格证书的专职会计人员不少于 2 人。	（1）总数：有职称的建筑、结构、财务、房地产及有关经济类的专业管理人员不少于 10 人； （2）其中：具有中级以上职称的管理人员不少于 5 人；	（1）总数：有职称的建筑、结构、财务、房地产及有关经济类的专业管理人员不少于 20 人； （2）其中：具有中级以上职称的管理人员不少于 10 人；	（1）总数：有职称的建筑、结构、财务、房地产及有关经济类的专业管理人员不少于 40 人； （2）其中：具有中级以上职称的管理人员不少于 20 人；	

续表

资质条件	资质等级				备注
	四级	三级	二级	一级	
		(3) 其中：持有资格证书的专职会计人员不少于2人。	(3) 其中：持有资格证书的专职会计人员不少于3人。	(3) 其中：持有资格证书的专职会计人员不少于4人。	
工程技术、财务、统计等业务负责人职称要求	(1) 工程技术负责人具有相应专业中级以上职称； (2) 财务负责人具有相应专业初级以上职称； (3) 配有专业统计人员。	(1) 工程技术、财务等业务负责人具有相应专业中级以上职称； (2) 统计等其他业务负责人具有相应专业初级以上职称。	全部具有相应专业中级以上职称。		
质量管理要求	商品住宅销售实行了《住宅质量保证书》和《住宅使用说明书》制度。	具有完善的质量保证体系，商品住宅销售中实行了《住宅质量保证书》和《住宅使用说明书》制度。			
质量事故控制	未发生过重大工程质量事故。				

（二）申领暂定资质证书

新设立的房地产开发企业应当自领取营业执照之日起30日内，持营业执照复印件、企业章程、验资证明、企业法定代表人的身份证明、专业技术人员的资格证书和劳动合同、房地产开发主管部门认为需要出示的其他文件到登记机关所在地的房地产开发主管部门备案。

房地产开发主管部门应当在收到备案申请后30日内向符合条件的企业核发“暂定资质证书”。暂定资质证书有效期1年。房地产开发主管部门可以视企业经营情况延长暂定资质证书有效期，但延长期限不得超过2年。自领取暂定资质证书之日起1年内无开发项目的，《暂定资质证书》有效期不得延长。申请暂定资质证书的条件不得低于四级资质企业的条件。临时聘用或者兼职的管理、技术人员不得计入企业管理、技术人员总数。

（三）申领资质证书

房地产开发企业应当在暂定资质证书有效期满前1个月内向房地产开发主管部门申请核定资质等级，并提交下列证明文件：①企业资质等级申报表；②房地产开发企业资质证书（正、副本）；③企业资产负债表和验资报告；④企业法定代表人和经济、技术、财务负责人的职称证件；⑤已开发经营项目的有关证明材料；⑥房地产开发项目手册及《住宅质量保证书》、《住宅使用说明书》执行情况报告；⑦其他有关文件、证明。

房地产开发企业资质等级实行分级审批。一级资质由省、自治区、直辖市人民政府建设行政主管部门初审，报国务院建设行政主管部门审批。二级资质及二级资质以下企业的审批办法由省、自治区、直辖市人民政府建设行政主管部门制定。

房地产开发主管部门应当根据企业的开发经营业绩核定相应的资质等级。经资质审查合格的企业，由资质审批部门发给相应等级的资质证书。

资质证书由国务院建设行政主管部门统一制作。资质证书分为正本和副本，资质审批部门可以根据需要核发资质证书副本若干份。

（四）资质证书的年检

房地产开发企业的资质实行年检制度。对于不符合原定资质条件或者有不良经营行为的企业，由原资质审批部门予以降级或者注销资质证书。

一级资质房地产开发企业的资质年检由国务院建设行政主管部门或者其委托的机构负责。

二级资质及二级资质以下房地产开发企业的资质年检由省、自治区、直辖市人民政府建设行政主管部门制定办法。

房地产开发企业无正当理由不参加资质年检的，视为年检不合格，由原资质审批部门注销资质证书。

房地产开发主管部门应当将房地产开发企业资质年检结果向社会公布。

（五）资质证书的管理

任何单位和个人不得涂改、出租、出借、转让、出卖资质证书。企业遗失资质证书，必须在新闻媒体上声明作废后，方可补领。

企业变更名称、法定代表人和主要管理、技术负责人，应当在变更30日内，向原资质审批部门办理变更手续。

企业发生分立、合并的，应当在向工商行政管理部门办理变更手续后的30日内，到原资质审批部门申请办理资质证书注销手续，并重新申请资质等级。

企业破产、歇业或者因其他原因终止业务时，应当在向工商行政管理部门办理注销营业执照后的15日内，到原资质审批部门注销资质证书。

第二节 房地产开发相关者

一、土地所有者或使用者

房地产开发必须要有开发用地。房地产开发企业不论是通过出让、转让方式，还是通过划拨方式取得开发用地，都需要面对土地所有者或使用者。并且由于近年来土地费用在房地产开发项目投资中比例的增大，为了合法、科学、经济地取得土地使用权，房地产开发企业必然会花费大量精力与土地所有者或使用者进行博弈。

二、政府及政府管理部门

政府及政府管理部门在房地产市场体系中，既有制定规则的权力，又有监督、管理和服务的职能。房地产开发企业从取得土地使用权开始就不断地与土地管理部门、城市规划管理部门、建设行政主管部门、房地产管理部门等政府管理部门打交道，以获取国有土地使用证、建设用地规划许可证、建设工程规划许可证、建设工程施工许可证、商品房预售许可证、房屋所有权证等。

目前，我国政府为房地产业设置了两条管理主线：一是国土资源部系统的土地管理部门，二是建设部系统的城市规划、房地产开发、房地产市场及城市建设管理部门。地方政府同样是土地和房产两条主线，土地管理部门负责城市土地市场的管理，房产管理部门负责城市房地产市场的管理。

三、金融机构

房地产开发的生产过程和消费过程均需大量资金，没有金融机构的参与，房地产市场就会很难正常运转。

我国房地产金融机构数量众多，大体上可分为两种类型，一是银行型的房地产金融机构，二是非银行型的房地产金融机构。

非银行型的房地产金融机构是指除银行以外的开展房地产融资业务的组织机构。根据其经营的业务范围不同，可以分为专门从事房地产融资业务的机构与非专职型机构。前者包括住房合作社、住房公积金管理中心、房地产金融公司等；后者包括保险公司、信托投资公司。

四、工程建设相关单位

在房地产开发过程中涉及的工程建设相关单位主要有以下四大类：①勘察设计单位；②建设施工承包商；③工程咨询企业；④材料设备供应商。

五、房地产策划营销单位

房地产开发项目在开始之初就需要进行策划，房地产开发企业通过对项目的基本情况进行研究来判断项目盈利能力和风险系数，并据此制定价格策略、广告策略、销售策略。在项目实际运作时，根据市场的变化，随时调整原来的策划方案。因此，房地产策划贯穿于房地产开发的整个过程，房地产营销只是策划的一个延伸，营销方案的制定需要依据策划方案。事实上，房地产策划与营销是密不可分的，很多房地产策划机构同时也是营销代理机构。

六、物业服务企业

在房地产开发项目建设完成并经竣工验收后，就由物业服务企业对共用部位、共用设施设备、相关场地、绿化等提供维修、养护和管理，对车辆停放、公共秩序进行维护、管理。

在业主、业主大会选聘物业服务企业之前（目前基本在房地产开发项目办理商品房预售许可证之时），房地产开发企业即应选聘物业服务企业，并与其签订书面的前期物业服务合同。在业主、业主大会与选聘的物业服务企业订立的物业服务合同生效后，前期物业服务合同即终止。

七、房地产中介单位

由于房地产开发投资及交易过程相当复杂，房地产开发企业及相关者不可能有全部的经验和技能来处理房地产开发、交易、使用过程中遇到的各种各样的问题。因此就出现了众多的房地产中介单位，例如房地产造价咨询机构、房地产招标代理公司、房地产评估咨询公司、会计师事务所、律师事务所等。

八、购房者

没有需要，就不会有供给。正是购房者的存在，才使得房地产开发具有现实存在的意义。房地产开发项目从可行性研究报告开始并终其整个开发过程都是需要了解、预测和满足潜在购房者的需要。

第十章　房地产开发项目

房地产开发项目是指对土地和地上建筑物进行投资开发的建设项目。房地产开发项目按照物业的使用用途可划分为住宅地产开发项目、写字楼地产开发项目、零售商业地产开发项目、工业地产开发项目、旅游地产开发项目等。现代房地产开发项目已经由过去的单一模式向多种功能为一体的综合开发模式转变，是融合了住宅地产、商业地产、工业地产、旅游地产等复合式地产，包括购物中心、商业街、写字楼、酒店、住宅、会展中心、娱乐中心、体育馆、休闲公园等。

第一节　住宅地产开发项目

一、住宅地产开发项目概述

《住宅设计规范》（GB 50096－2011）[1]将住宅定义为“供家庭居住使用的建筑”。在我国房地产业蓬勃发展的头二十年，住宅地产开发都是处于主流地位，因而住宅地产及其开发等内容在本书多处章节都是重点阐述对象。

住宅地产开发项目具有如下特点：①市场潜力巨大。随着城市居民住房条件的改善和城市化水平的提高，会产生更高层次的住房需求，所以，住宅市场是房地产市场中最具潜力的子市场。②开发投资风险相对较小。规划设计和建造技术日趋成熟，市场需求广泛强劲，且符合国家住房政策、产业政策和金融政策引导的方向。③多元化的市场需求。主要是因为购房者的支付能力有很大差异，需要满足不同层次的购房者的需求。④对开发商投资能力要求较低。由于住宅开发项目以出售为主，且可以利用预售和分期滚动开发等操作模式，资金回笼速度快，对开发商自有资金投资能力要求较低。

二、住宅地产开发项目的类型

住宅按性能可以划分为单元式住宅、公寓式住宅、花园式住宅。

1. 单元式住宅，又叫梯间式住宅，是以一个楼梯为几户服务的单元组合体，一般为多层、高层住宅所采用。单元式住宅的基本特点有：①每层以楼梯

---

[1] 《住宅设计规范》（GB 50096－2011）：2011 年 7 月 26 日《关于发布国家标准〈住宅设计规范〉的公告》（住房和城乡建设部公告第 1093 号）发布，自 2012 年 8 月 1 日起实施。

为中心，每层安排户数较少，一般为 2 ~ 4 户，大进深的每层可服务于 5 ~ 8 户，住户由楼梯平台进入分户门，各户自成一体；②户内生活设施完善，既减少了住户之间的相互干扰，又能适应多种气候条件；③建筑面积较小，可以标准化生产，造价经济合理；④仍保留一定的公共使用面积，如楼梯、走道、垃圾道，保持一定的邻里交往，有助于改善人际关系。单元式住宅一经建造使用，便被社会所接受，并推广到世界绝大多数国家和地区。

2. 公寓式住宅是相对于独院独户的西式别墅住宅而言的。公寓式住宅一般建在大城市，大多数是高层大楼，标准较高，每一层内有若干单独使用的套房，包括卧室、起居室、客厅、浴室、厕所、厨房、阳台等，还有一部分附设于旅馆酒店之内，供一些常常往来的客商及其家眷中短期租用。

3. 花园式住宅也叫西式洋房或小洋楼，即花园别墅。一般都是带有花园草坪和车库的独院式平房或二、三层小楼，多建在风景区或郊外，建筑密度很低，内部居住功能完备，装修豪华，并富有变化，住宅水、电、暖供给一应俱全，户外道路、通讯、购物、绿化等环境也都有较高的标准，一般为高收入者购买。

第二节　写字楼地产开发项目

一、写字楼地产开发项目概述

写字楼，是指为商务、办公活动提供空间的建筑及附属设施、设备和场地。“写字楼”一词是由境外传入的，按照我国过去的习惯，通常称为“办公楼”。有学者曾提出，写字楼的作用是集中进行信息的收集、决策的制定、文书工作的处理和其他形式的经济活动管理。由于城市土地紧俏，特别是城市中心区地价猛涨，建筑物逐步向高层发展，使许多中小企事业单位难以独立修建办公楼，因此，房地产开发企业修建办公楼、分层出售、出租的业务迅速兴起。

写字楼地产开发项目具有如下特点：①投资回报较高。在当下的房地产市场常态下，写字楼是能产生较高回报的业态。住宅禁商等规定的出台以及住宅市场的持续受限，使得写字楼等商用物业的投资市场一片火热，市场成交出现量价齐升的好行情，“商务公寓”等小型写字楼产品更是受到市场的青睐。②收益稳定。由于写字楼被散卖后，会对后期的物业管理、业态、交通、环境等产生一定的破坏，因此一些资金雄厚的开发商会选择自持物业，进行出租。由于写字楼一般处于核心区域的核心地段，租赁需求和租金收益都比较稳定。③对区位要求高。开发商开发写字楼项目，要高度重视写字楼区位的选择，不仅要综合考虑城市景观、道路交通条件、市政设施条件，还要为未来的使用者提供便利的接近其客户的条件。因而写字楼多建设在中央商务区（Central Business District，简称 CBD），作为区域发展核动力的中央商务区，因为资金流和人流的汇聚，而成为一座城市中最为庞大的资金聚集池，因此才能带来居高不下的商务租金和售价。④设计潮流趋向“高大全”。因写字楼一般处于核心区域的核心地段，高地价必然助推写字楼向空间发展。“高”成为当下市场上写字楼的重要特征之一，写字楼也凭借高度抢占市场眼球。伴随着写字楼的高度，是超大的公共空间，例如写字楼的大堂一般会在 5～10 米之间。为满足商务办公的需求，写字楼应有齐全的综合配套，如电梯、车库、空调、网络等硬件设施以及物业服务公司、银行、邮局、餐饮等软件服务。

二、写字楼地产开发项目的等级

我国现行的建筑设计规范中无成文的写字楼等级分类标准，但市场上通行按照写字楼综合素质的不同，划分为甲级写字楼、乙级写字楼、丙级写字楼等。写字楼等级分类考虑的综合素质主要包括楼宇品牌、地理位置、客户层次、软件服务、硬件设施等。以下分述之。

1. 楼宇品牌。写字楼是一个城市创造文化与财富的特定空间，写字楼的品牌形成，需要产品的差异化特征、商务文化特征、服务经营理念、地域标志性物业和城市历史记忆。从一定意义上说，处于“生产链条最高级”的写字楼的发展脉络，折射出了一个城市的发展历程和特性。品牌与城市有极大的关联性，对城市的未来发展具有重要价值，才能成为城市商务区地标性建筑的写字楼。

2. 地理位置。地理位置是投资和购买写字楼的关键要素之一。只有区位在城市现有或潜在商务区、地段良好、具有较高投资价值的写字楼才能获得投资人和承租人的青睐。

3. 客户层次。客户层次指的是入驻写字楼的业主或租户层次。大多数写字楼客户都有择邻而居的心理，因此一个写字楼的客户层次通常是趋同的。同时，客户层次的高低也直接影响了新的业主或租户的投资决策，因为较高的客户层次对他们的公司形象有较好的提升作用。

4. 软件服务。软件服务一方面体现在高效的物业管理上，例如实现全天候空调、节假日无休；另一方面体现在对入驻企业的专业化商务服务上，例如提供卫星会议、活动策划、会展中心等服务。

5. 硬件设施。写字楼硬件设施最大的追求是科技与创新，主要体现在写字楼的智能化水平、建筑设计和建筑功能的创新上。除此之外，其所用的建筑技术、标准层高、标准承重、弱电系统、新风系统，以及电梯、智能等，都较酒店更先进。

第三节　零售商业地产开发项目

一、零售商业地产开发项目概述

零售商业地产，顾名思义，是指作为零售商业用途的地产。零售商业地产和写字楼地产都属于广义的商业地产的范畴，以区别于以居住功能为主的住宅地产，以工业生产功能为主的工业地产等。零售商业地产曾经是一个受关注热度并不高的地产业态。2010 年开始，房地产紧缩型调控拉开大幕，新政主要针对住宅地产市场，商业地产成为楼市调控新政的受益者。在近年住宅地产市场被强力打压，写字楼开发又面临市场趋于饱和的形势下，人们开始关注零售商业地产，转投零售商业地产成了许多开发商的选择。

零售商业开发项目要经历选址、规划、设计、招商、运营、融资等阶段。其中规划是重要的前提，招商是关键，运营是核心和保障。以下分述之。

1. 规划是重要的前提。规划时要做到对项目准确定位，包括定地址、定客户、定规模、定业态。具体阐述如下：①定地址。商场上有句名言“一步差三成”，还有句话叫“隔街死”。所以商业选址绝不能心血来潮就作决定，一定要反复研讨，要看政府长期规划，多方面综合评估。②定客户。要选好目标客户。目标客户是招商工作的前端，只有确立了消费群体中的某类目标客户，才能展开有效且有针对性的招商事务。③定规模。例如购物中心规模，不是越大越好，也不是越小越好。商业地产有两个最核心的指标，一是业主的平方米租金收入，二是经营者的平方米销售收入。④定业态。一个商业项目的成与败，可以说在业态定位的时候就已经决定了 80%，剩下的 20%，就取决于操作团队的实力了。业态定位就好比一个军团的作战计划，在总方针的指导下，迂回机动作战。业态的定位首先就决定了整个商业项目的功能布局、建筑结构布局等多方面的因素，好的定位能最大程度地节约项目的建设成本。

2. 招商是关键。按项目定位和规划目标实施招商是零售商业地产项目成功的关键。成功实施招商取决于项目的位置和商业环境条件，准确的项目定位与商业规划，具有专业素质和租户资源的实力团队，有效的招商策略、推广活动以及宣传支持。相当部分零售商业地产项目的开发商是先开工后招商，建到一半再招商。但是若规划时未考虑主力店、次主力店的要求，盲目建设，后期改动不仅损失很大，并且很可能面临无法改动。开发商将面临欲罢不能，想干不行的困境。所以，招商在前非常重要。

招商主要解决两个问题：确立主力店和选择次主力店。①确立主力店。主力店的确定是有学问的，不是多多益善，一个项目，3~5个主力店足以。最好是不同业态的主力店配合，如百货、超市、数码城、电影城每类一个，搭配在一起，吸引不同层次的消费者，增加主力店的比较效益。②选择次主力店。在英国、美国等发达国家，有30万种商品可以选择。在中国，只有10万种商品。中国最缺的不是主力店，也不是小店铺，而是有特色经营的500~1000平方米的次主力店。

3. 运营是核心和保障。运营是零售商业地产项目能否保值升值的核心和保障。运营包括三个方面：一是营运，负责环境的整洁，监管员工的服务品质，是衔接顾客与商家的桥梁；二是招商，负责各品类各品牌的引进，维护整体的经营档次，确保优秀的商家资源和商场的盈利目标；三是推广，负责形象推广，开展定期活动吸引顾客前来，培养顾客的消费习惯。

为了便于统一经营定位和管理，较好地控制商业业态和档次，降低经营风险，零售商业地产项目适于长期投资，不是做住宅销售。这种性质决定需要较长的市场培育期，来获得长期稳定的现金流，不能搞短平快，不能简单以实现短期现金流平衡为目的。

二、零售商业地产开发项目的类型

零售商业地产开发项目按照不同标准有不同的分类，例如按照开发形式可划分为购物中心、商业街、写字楼商铺、住宅底层商铺、社区商业、专业市场；按照消费者的消费行为可划分为物品业态、服务业态和体验业态。

（一）购物中心（Shopping Center/Shopping Mall）

购物中心是零售商业地产的核心形态。根据商务部的相关文件，购物中心是指多种零售店铺、服务设施集中在由开发商有计划地开发、管理、运营的一个建筑物内或一个区域内，向消费者提供综合性服务的商业集合体。这种商业集合体内通常包含数十个甚至数百个服务场所，业态涵盖大型综合超市、专业店、专卖店、饮食店、杂品店以及娱乐健身休闲等。

购物中心规模有大有小，规模大的购物中心，可以达到几十万、上百万平方米，规模小的购物中心仅几万平方米，甚至更小。购物中心是现代集中式商业，是一项需要进行整体统一经营运作的特殊商业资产。所以从战略上讲，购物中心应该是持有型资产，使其具有较高的可持续经营价值。其核心价值回报方式包括：稳定的现金流、经营租金收益回报、物业价值增值。

（二）商业街（Business Street/Commercial Street）

要了解“商业街”，首先要了解“街”的含义。街是随着人们交换产生与贸易发展而逐渐生长的，它是由人们的生活需要而产生的一种商业形态，是人们行走、徜徉、休息、交流的开放空间。商业街是由众多商店、餐饮店、服务店共同组成，按一定结构比例规律排列的商业繁华街道，是城市商业的缩影和精华，是一种多功能、多业种、多业态的商业集合体。

从设计的角度讲，商业街是以平面形式按照街的形式布置的单层或多层商业房地产形式。沿街两侧布置商铺，单层建筑居多；商业街可以是一条街，也可以是一条主街，多条副街。商业街的尺度应该以行人的活动为基准，而不是以高速过往机动车为参照。购物行人所关注的纵向范围主要集中在建筑一层，对一层以上的范围几乎是“视而不见”；横向关注范围一般也就在 10 ~ 20 米之间，而超过 20 米宽的商业街，行人很可能只关注街道一侧的店铺，不会在超 20 米宽的范围内“之”字前行。商业街的长度不能太长，超过 600 米，行人就可能产生疲劳、厌倦的感觉。一个商业街项目到底如何进行规划设计，如何把握规划设计准则，对于开发商来讲是一个重要的问题。

（三）写字楼商铺

写字楼商铺是指写字楼里用于商业用途的商业空间。随着中国经济的高速发展，一个个中央商务区陆续在各大城市建成，这些地方集中了大批有良好消费能力的白领阶层，从而形成无数规模不等的商业环境，商业环境的形成吸引很多商家在此类区域进行经营，有效推动了写字楼商铺的发展。

写字楼商铺可按规模分为两大类：整体商铺和零散商铺。前者，开发商是将底层或个别楼层或多个楼层整体作为商业用途出租，比如出租给一些大型饭店和百货；而后者，开发商只是将底层或各楼层中部分面积以商业用途出租。虽然写字楼商铺适合经营的业态不少，但因为白领来此更多是工作，大多数情况下没时间逛街购物，因此在写字楼商业没有辐射到更多人群之前，经营品牌服装、精品店是需要冒大风险的，而便利店、餐饮、商业出行服务等都是很适合的业态，比如：超市、便利店、咖啡店、特色餐饮、银行、美容美发店、旅行社、机票代理、干洗店、彩扩店、国际诊所、娱乐项目等。

（四）住宅底层商铺

住宅底层商铺是指位于住宅底层的商用铺位。住宅底层商铺和写字楼商铺有明显的共同点，即都是以上面住户、租户为目标客户群，不同点在于，写字楼商铺的定位基本都高于住宅底层商铺的定位。住宅底层商铺是市场极为关注、投资者热衷的商铺投资形式，很多开发商也充分认可住宅底层商铺的巨大价值，不仅避免了过去住宅底层不好卖的尴尬局面，而且获得了更大的投资收益。住宅底层商铺上面住宅带来稳定客户流，未来客户基础相对可靠，换言之投资者的投资风险相对较小。

住宅底层商铺建筑形式上表现为依附于住宅楼的特点，整个楼的一层、二层或（和）地下层的用途为商业，楼上建筑的用途为居住。为了确保居住、商业运营两种功能的有效性，开发商会通过合理规划设计对居民和底层商铺的消费者和经营者进行独立引导，出入口独立开来，以保证楼上居民的生活尽可能少受到底层商铺的影响。需要指出的是，如果规划设计不够合理，住宅底层商铺会一定程度影响住宅的销售。另外，住宅底层商铺的规模要恰当控制，当规模超过2万平方米以后，开发商必须对该商业房地产项目的市场环境做必要的调查和研究，不能一概用底层商铺的简单概念去确定项目定位、规模、市场策略等，否则项目会面临开发困境。

（五）社区商业

社区商业是以一定地域的居住区为载体，以便民利民为宗旨，以提高居民生活质量、满足居民综合消费为目标，提供日常生活需要的商品和服务的属地型商业。社区商业所提供的服务主要是社区居民需要的日常生活服务，这些服务具有经常性、便利性，但不一定价格低廉的特点。因此社区商业具有稳定的市场基础，并将随着居民收入水平的提高得到更大的发展。提供怎样的社区商业服务是开发商需要研究的重要课题。

2012年8月3日国务院出台的《关于深化流通体制改革加快流通产业发展的意见》[1]中指出："完善社区商业网点配置，新建社区（含廉租房、公租房等保障性住房小区、棚户区改造和旧城改造安置住房小区）商业和综合服务设施面积占社区总建筑面积的比例不得低于10%。地方政府应出资购买一部分商业用房，用于支持社区菜店、菜市场、农副产品平价商店、便利店、早餐店、家政服务点等居民生活必备的商业网点建设。严格社区商业网点用途监管，不得随意改变必备商业网点的用途和性质，拆迁改建时应保证其基本服务功能不缺失。"

与写字楼商铺和住宅底层商铺不同的是：写字楼商铺和住宅底层商铺都属于"公共建筑"，而社区商业配套设施属于"配套公共建筑"，二者的税费、经营运作模式完全不同。

（六）专业市场

专业市场是一种以现货批发为主，集中交易某一类商品或者若干类具有较强互补性或替代性商品的场所，是一种大规模集中交易的坐商式的市场制度安排。专业市场是商品流通的集中经营形式的一个流通环节。专业市场一般都是经过长时间逐步发展起来的，从最初个体的分散式经营，发展到软件硬件都比较好的升级后的室内店铺型专业市场。

---

〔1〕《国务院关于深化流通体制改革加快流通产业发展的意见》：2012年8月3日国发［2012］39号发布。

完善的专业市场配套是专业市场经营的基本保证。一个完整的专业市场，不仅涉及仓储、货运代理、分装配送、长短途交通、停车场、展览中心等基本环节，而且还需要银行、酒店、餐饮、行业协会、工商税务、报关、网上交易平台等相关配套服务。这就要求一个好的专业市场必须为经营者和消费者创造一个良好的商业环境，同时也为项目后期经营管理打下坚实基础。

三、零售商业地产开发项目的投资及运营

（一）零售商业地产开发项目的投资

由于国内零售商业地产起步较晚，其发展规模没有得到过多的关注和研究，以至于当许多开发商寻求转投零售商业地产之时，纷纷遇到各种难题。而开发商投资零售商业地产必须突破的两个瓶颈是资金实力和操盘能力，或者说是资本运作能力和零售商业地产项目运营能力。

相比住宅地产，零售商业地产需要大规模资金沉淀，仅从单纯的租金收益来讲，资金的回收周期较长，强大的资金支持必不可少。为了解决资金问题，越来越多的开发商开始尝试、成立各类地产基金，引入战略合作伙伴。

相比资金投入，如何进行合理的定位策划、有针对性地落实招商、运营和推广工作，直接考验开发商的操盘能力和专业度，更直接反映资产的升值能力。从现在的情况看，对于转型零售商业地产的开发商而言，许多开发商都不缺钱，主要瓶颈出现在专业的操盘能力上，也是许多谋求转型的开发商，在转投后迟迟未见成效的根本原因。

那么，如何来突破操盘能力这个瓶颈？解决这个问题无外乎以下两种方式：第一种，就是自己建设、培养专业的运营管理队伍，这种方式则需要企业耗费大量的人力、财力、时间，但是一旦企业自身拥有这种专业能力，对于资产的有效控制和提升有极大的好处，也为企业进一步扩张奠定坚实的基础。另一种，就是委托专业的商业运营管理公司进行托管。但是这样一来，就在经营理念和文化的贯彻上有所弱化，对于资产的后期提升存在一定的问题。

从2010年的情况来看，零售商业地产虽然吸引了大批企业进入，但其中相当一部分企业，在尚未具备相应的资本运作能力及操盘能力的前提下，就开始转型、扩张。这样盲目投资的情况使得一些企业在转型过程中，遭遇了许多困境。如何转型成功还需要开发商的智慧和本事，对于刚刚转型零售商业地产的开发商们，这注定是一个长期的过程。

（二）零售商业地产开发项目的运营

零售商业地产的运营主要有三种模式：全部出售、租售结合、只租不售。对于规模庞大的零售商业地产，其经营多采用开发商整体开发，主要以收取租金为投资回报形式的模式；对于规模较小的零售商业地产而言，例如国内很多

住宅、公寓、写字楼等项目的底层和各类商业街、商品市场则采用商铺出售，零散经营的模式，这个模式存在后期经营管理的很大问题。

1. 全部出售的经营模式。这种模式是零售商业地产最原始的模式，这种模式的优点在于可以快速地回收投资，进而实现短期收益。缺点在于无法满足企业长期持续发展的需要。随着零售商业地产逐渐的火爆，单纯的出售不再适应零售商业地产的发展。这种模式又可细分为两种情况：①只销售、不经营，即在销售后就基本上撒手不管了，仅限于物业管理部门日常的统一物业管理；②销售后统一经营管理。这种模式少之又少，因为房地产开发企业普遍缺乏零售商业地产的经营管理专业素质。

2. 租售结合的经营模式。这种模式通常是开发商把其中的部分物业出租、部分物业出售。为什么租售结合呢？大多数是迫于资金的压力，通过卖掉一部分后套现，租的部分也为后期的资本融资留下后路，这是住宅地产的开发模式和零售商业地产开发模式的区别。出租的部分，即直接经营的部分一般都是代表项目形象、收益高、较集中、便于统一经营管理的部分物业。

3. “只租不售”的统一经营管理模式。这种模式通常是把项目建成以后形成独立的产权，通过招商合作，以租金作为主要的收入来源。受实力及专业素质的限制，采用此模式的房地产开发企业并不多。

第四节　工业地产开发项目

一、工业地产开发项目概述

工业地产是指工业类使用性质的土地，以及在该类土地上的建筑物和附属物。工业类使用性质土地上的可建建筑物用途有较大的范围，其中包括工业制造厂房、物流仓库及工业研发楼宇等。在我国，工业类使用性质的土地批租年限为50年。工业地产可划分为重工业房地产、轻工业房地产、仓储物流房地产、自由贸易区房地产（指带有特殊政策的贸易加工型通用型工业地产）。

20世纪80年代以来，战后第三次全球产业结构调整进入高潮。世界范围内产业结构变迁出现了一些新的特征，不仅包括需要适应高技术产业发展及产业升级的要求，劳动密集型产业和一般加工制造业大量向发展中国家转移，也包括资本密集型和技术密集型等产业环节的全球战略调整。由于我国经济发展采取了较为开放的模式，加之我国在劳动力资源、工业配套能力、国内市场规模等方面的优势，成为承接国际产业转移最重要的区位之一。全球产业升级和国际产业转移的不断深化促进了我国制造业的迅速发展。同时，给我国工业开发区的发展提供了新的历史性机遇，其间也蕴藏着新的商机。

二、工业地产开发项目的开发模式

工业地产开发项目的开发模式包括工业园区开发模式、主体企业引导模式、工业地产商模式和综合运作模式。就我国目前来说，工业地产开发项目的开发模式主要以工业园区开发模式和工业地产商模式为主，特别是工业园区开发模式，在我国工业及工业地产的发展过程中起到了积极的作用。

（一）工业园区开发模式

工业园区开发模式，是目前我国各级地方政府最常使用的工业地产开发模式，同样也是我国目前工业地产市场的主要载体。工业园区开发并不属于简单意义上的工业地产开发，更多的是基于区域经济建设、社会发展、百姓就业等各种综合因素考虑而设置的。其主要特性表现为：是在政府主导的前提下进行，通过创造相关产业政策支持、税收优惠等条件营造园区与其他工业地产项目所具备的独特优势，然后通过招商引资、土地出让等方式引进符合相关条件的工业发展项目。

工业园区开发模式中管理体制主要有：①以政府为损益主体的管理模式。政府作为土地开发的主体，并承担最终的损益；②以开发商为损益主体的管理模式。政府委托或者授权开发商从事开发区内的土地开发和市政道路建设业务，开发商作为土地开发的主体，并由开发商承担最终的损益。目前，省级和国家级开发区一般采用以开发商为损益主体的管理模式。出于开发区总体规划和环境等因素的考虑，开发区或者新区管理委员会通常与区域内一家开发商签订长期合作协议，该协议虽然不一定具有排他性，但至少园区开发商在土地开发和市政道路建设业务方面具有一定的优先权。因此，园区开发业务具有一定区域性，进入壁垒相对比较高。

（二）主体企业引导模式

主体企业引导模式，一般是指在某个产业领域具有强大的综合实力的企业，为实现企业自身更好的发展与获取更大的利益价值，通过获取大量的工业土地，以营建一个相对独立的工业园区；在自身企业入驻且占主导的前提下，借助企业在产业中的强大的凝聚力与号召力，通过土地出让、项目租售等方式引进其他同类企业的聚集，实现整个产业链的打造及完善。当然很多时候，此类主体企业为所在地政府的引导与支撑从而进行相应的工业地产开发。

（三）工业地产商模式

工业地产商模式是指开发商在工业园区内或其他地方获取工业地产开发项目，再进行项目的道路、绿化等基础设施建设乃至厂房、仓库、研发等房产项目的营建，然后以租赁、转让或合资、合作经营的方式进行项目相关设施的经营、管理，最后获取合理的地产开发利润。

（四）综合运作模式

综合运作模式是指将工业园区开发模式、主体企业引导模式和工业地产商模式进行混合运用的工业地产开发模式。由于工业地产项目一般具有较大的建设规模和涉及经营范围较广的特点，既要求在土地、税收等政策上的有力支持，也需要在投资方面能跟上开发建设的步伐，还要求具备工业项目的经营运作能力的保证。因此，单纯采用一种开发模式，往往很难达到使工业项目建设能顺利推进的目的，必须对工业园区开发模式、主体企业引导模式、工业地产商模式等进行综合使用。

三、工业地产开发项目的特点

工业地产开发项目具有“投资规模大、快速启动、提供增值服务、追求长期稳定回报”的四大特性：

（一）投资规模大

工业地产的开发区别于传统的以政府导向为主要方式的开发区建设过程，一个重要特点就是对工业地产开发商的资金实力要求较高，这样才能保证前期开发区所需的资金投入。

工业地产资金占用周期较长，投资回收期限大于住宅地产与商业地产，这一特点成为资金不足的中小开发企业的进入门槛。工业地产的投资规模，前期投入范围从十几个亿到几十个亿，招商、管理运营等方面的投入也高得惊人，而投资回收期有的则长达十几年，资金实力稍有不足，就会出现资金断裂的情况。因此工业地产的运作需要一定实力的开发商参与，这是工业地产投资规模大的特点所决定的。

（二）快速启动

基础设施建设是工业园区快速启动、形成雏形的基础。基础设施是指交通、通讯、能源供应、水电管道等基础硬件。在投资者对投资地进行考察时，基础设施通常是最先引起注意的因素。只有过硬的基础设施，才能达到吸引优秀项目（企业）的入驻。供水、供电、通讯、道路、环保、治安等方面有力的保障，是投资者入驻项目得以如期开工的必要条件，自然也是其关注的重点。另外，近年来许多国外投资者不仅注重生产设施的完备，更将注意力放在投资地是否可以为其提供高品质的生活、娱乐和休闲设施。

（三）提供增值服务

目前我国大部分经济技术开发区发展的一个重要制约因素是“人气不足”、“商气不旺”，政策优惠对投资者吸引力不断减弱。分析其原因，与配套环境发展滞后有很大关系。针对这种情况，开发区应主动出击，从建设完善生产生活配套、搭建物流仓储服务体系、为投资者提供良好的投资软环境、协助园区企业解决融资渠道问题等方面着力改善，同时加强园区内教育、医疗卫生、文化、科技和体育等行业的发展。

（四）追求长期稳定回报

开发商投资工业地产，由于投资金额巨大，因而属于重大商业举措，是至关重要的战略行为。投资行为一旦发生，通常需要考虑10年甚至更长时间的经营。因此，投资者考察并评价一个开发区，从视野上，应考察整个投资环境；从纵深上，需要在空间和时间上都进行全面的评价，而不是仅仅局限于短期的投资回报。

因此，工业地产的另一个特点就是开发商追求投资回报的稳定性与长期性，而不是追求短期内的投资收益。工业地产的长期回报是建立在开发商大规模资金投入、提供附加服务的基础上的。因此对于工业地产的开发商来讲，投资工业地产除了考虑地理因素，更多的是考虑政策因素和回报率。

第五节　旅游地产开发项目

一、旅游地产开发项目概述

旅游地产是指所有依托周边丰富的旅游资源而建的、有别于传统住宅地产项目的融旅游、休闲、度假、居住为一体的置业项目，包括休闲度假村、旅游景区、主题休闲公园、分时度假酒店、海景住宅、景区住宅等。

旅游地产是目前较热的话题，一方面作为国民经济战略性支柱产业的旅游业在我国已遍地开花，受到各界各行的关注；另一方面，房地产业更是我国经济发展的主要支柱之一，两者的结合形成新的业态——旅游地产业。

旅游地产依托周围的旅游资源而开发建成，并把某种特色的资源作为核心驱动力，把旅游、休闲、度假、娱乐、居住等功能融为一体，具有最好的自然景观、建筑景观，同时拥有完善的配套功能和极高的投资价值。旅游地产的开发模式是先培育核心旅游产品，即形成核心的吸引力，顺理成章地将生地做成熟地，然后再开发地产。因此旅游地产的特点和优势就在于它是旅游业和房地产业的无缝嫁接。旅游地产的这一特点和优势，也决定了旅游地产是以低成本为基础，以高人气为根本的产业。

一般旅游项目的投资收益期都超过15年，但可持续回报时间可以达到50年以上。而旅游地产2～3年就全部收回投资，且可获取150%～400%的盈利，可谓暴利项目。但旅游地产以低成本为基础，关键问题是必须有人气。没人去的地方什么房子也很难卖。

一方面，旅游开发商是以旅游地产投资的收益来补充旅游投资的长期性；

另一面，旅游的人气效应又有力的构成了旅游地产的价值，形成可持续升值效应。而从投资的层面来说，因为旅游地产的操作倚重于经营，投资周期长而被称为难度最大的房地产开发形态。需要操作团队具有极高的专业性，并保有较大的资金储备或完备的再融资渠道。

旅游地产的产生是长期持续回报与快速回报，持续现金流与短期销售回款，低成本土地与高成本配套等相互连结的合理趋势。实际上，低成本的土地是与高门槛的旅游开发相结合的，这里面讨巧的机会并不多。把人气搞上去，就需要进行基础设施、景点、游乐、娱乐、景观、接待等的开发，需要较大的投入。因此，旅游与地产之间互补互助关系非常重要。

二、旅游地产开发项目的类型

随着旅游地产的迅速升温，目前在市场中常见的几种旅游地产类型有：

（一）分时度假

分时度假从实质上看，是介于房地产产品和酒店产品之间的一种中间产品。旅游地产中分时度假酒店（公寓）就是加入了分时度假交换体系的“时权酒店”。在分时度假产品中会涉及多方主体：开发商，拥有房产产权；销售商，作为开发商的销售代表向公众销售分时度假产品；度假房产管理公司，管理和维护分时度假房产；分时度假交换公司，向具有分时度假房产使用权的消费者（会员）提供不同地区之间的分时度假产品交换业务；其他还有律师、金融机构、咨询顾问等直接或间接与分时度假相关的专业群体。我国现阶段，分时度假产品中的各方主体发展不平衡，全国可发展分时度假的产品有上千处，但专业的销售商不到20家，真正在运作点数制进行交换的系统更是屈指可数。

（二）主题社区

主题社区是将主题公园和配套住宅联合的旅游地产开发模式。主题公园是为了满足旅游者多样化休闲娱乐需求和选择而建造的一种具有创意性活动方式的现代旅游场所。它是根据特定的主题创意，主要以文化复制、文化移植、文化陈列以及高新技术等手段，以虚拟环境塑造与园林环境为载体来迎合旅游者的好奇心，以主题情节贯穿整个游乐项目的休闲娱乐活动空间。住宅毗邻或置身于主题公园中，成为有主题的社区，在提供给人居住空间的同时，更给予生活以乐趣与品味。

（三）度假村

度假村是指一个用作休闲娱乐的建筑群，通常是由一间独立公司营运，但也有数个集团合作经营的。为了让客人们于假日时可享受他们的假期，度假村内通常设有多项设施以应付客人的需要，如餐饮、住宿、体育活动、娱乐、购物以及赌博等。一些以度假村为主体的城镇通常又被称为度假村城镇。基本上，度假村一词主要是用作区别于一些没有提供其他度假村应有设备的酒店的。但是，用作住宿的酒店亦是度假村的中枢部分。

（四）产权式酒店

产权式酒店就是由个人投资者买断酒店客房的产权，即开发商以房地产的销售模式将酒店每间客房的独立产权出售给投资者。每一套客房都各自拥有独立的产权，投资者如购买商品房一样投资置业，将客房委托给酒店管理公司分取投资回报及获取该物业的增值，同时还获得酒店管理公司赠送的一定期限的免费入住权。其实质就是迎合普通老百姓的不动产投资理财需求。产权酒店商业模式和国外的权益性房地产投资基金、房地产有限合伙企业较类似，都是为了帮助大众投资者共同参与大型经营型住宿业房地产的投资行为，目的是获得房地产增值和经营收益。

产权式酒店作为一种新型的房产投资和消费模式，与住宅写字楼的投资、股票投资、储蓄及国债投资等相比，投入轻松、风险小、回报更丰厚，同时还获得一套真正属于自己的私家酒店。有关资料显示，近 10 年来，全世界产权式酒店平均每年增长 15.8%。与银行储蓄和投资股票债券相比，投资风险相对较小的产权式酒店有望成为中产阶层的首选。对于投资回报率来说，其实就是出租率，只有高出租率的保证，才能提高投资回报率并降低投资风险。而出租率直接与物业的地段、稀缺性以及品质相关。因此地段好，有特色的产权式酒店才能成为投资者眼中的宠儿。

第十一章　房地产开发相关程序

房地产行业经过近二十年的发展，政府对房地产开发行为的监管已经日趋完善。整个房地产开发周期就是一个不断的行政许可周期。房地产开发项目的前期手续并不限于办理立项与“五证”（即建设用地规划许可证、国有土地使用证、建设工程规划许可证、建设工程施工许可证、商品房预售许可证）手续，根据项目实际情况也需要办理环境、交通、节能影响评价手续，办理消防设计审核、人防建设审查、文物保护审查、卫生条件审查等手续。本章仅对立项及“五证”手续进行法律解析。

第一节　房地产开发项目立项

房地产开发项目立项，是房地产项目开发的第一步，即取得政府投资主管部门（现为国家或省市发展和改革委员会）对项目的批准文件。取得立项文件意味着开发项目获得了政府投资主管部门的许可，可以进入项目实施阶段，建设单位依据立项文件办理规划、土地、施工等后续手续。开发项目未办理立项手续的，规划、国土、建设、环保、消防、工商管理、市政、质量技术监督、安全生产、海关、外汇管理等部门不得办理相关手续。

一、投资体制概述

2004 年 7 月 16 日，国务院发布了《国务院关于投资体制改革的决定》[1]，改革项目审批制度，落实企业投资自主权：彻底改革以往不分投资主体、不分资金来源、不分项目性质，一律按投资规模大小分别由各级政府及有关部门审批的企业投资管理办法。对于企业不使用政府投资建设的项目，一律不再实行审批制，区别不同情况实行核准制和备案制。

对于企业不使用政府投资建设的重大项目和限制类项目，实行核准制。企业仅需向政府提交项目申请报告，不再经过批准项目建议书、可行性研究报告和开工报告的程序。政府对企业提交的项目申请报告，主要从维护经济安全、合理开发利用资源、保护生态环境、优化重大布局、保障公共利益、防止出现

〔1〕《国务院关于投资体制改革的决定》：2004 年 7 月 16 日国发［2004］20 号发布。

垄断等方面进行核准。对于外商投资项目，政府还要从市场准入、资本项目管理等方面进行核准。核准制投资项目以国务院批准实施的《政府核准的投资项目目录》为准，现行《政府核准的投资项目目录》为2014年版本，国务院会根据情况变化适时调整该目录。

对于《政府核准的投资项目目录》以外的企业投资项目，除国家法律法规和国务院专门规定禁止投资的以为，无论规模大小，均实行备案制。企业按照属地原则向地方政府投资主管部门备案。备案制的具体实施办法由省级人民政府自行制定。国务院投资主管部门要对备案工作加强指导和监督，防止以备案的名义变相审批。

二、项目立项实施程序

依据《国务院关于投资体制改革的决定》和历年的《政府核准的投资项目目录》，企业投资的房地产开发项目实行的是备案制（涉及外资的除外）。由于备案制的具体实施办法由省级人民政府自行制定，因此，各地政府都制定有本地的企业投资项目的备案管理办法。本书以《湖北省企业投资项目备案暂行办法》[1]为例，阐述备案制的一些具体规定。

对于实行备案管理的项目，政府投资主管部门不再对其项目建议书、可行性研究报告、初步设计和开工报告进行审批，只就其是否符合国家法律法规、是否符合产业政策、是否符合行业准入标准、是否属于政府核准或审批而不应进行备案等内容进行合规性审查。

湖北省发展和改革委员会负责省属及跨市州、跨流域项目的备案工作，市州发展和改革委员会负责所属及跨县（市、区）、跨流域项目的备案工作，其余项目按属地管理原则由县（市、区）发展改革部门备案。

房地产开发项目的备案工作，由建设单位填写《湖北省企业投资项目备案申请表》，提出备案申请，并如实提供建设单位的工商登记等书面证明材料。发展和改革委员会对资料齐全、符合各项规定的项目予以备案，并向申请单位发放《固定资产投资项目备案证》。

对发展改革委员会予以备案的项目，国土、环保、建设、海关等相关部门依法独立进行审查和办理相关手续，对发展改革委员会不予备案的项目以及应备案而未备案的项目，不应办理相关手续。

备案证有效期2年，自发布之日起计算。项目在备案有效期内未开工建设的，建设单位应在备案证有效期届满30日前向原项目备案机关申请延期。经

---

〔1〕《湖北省企业投资项目备案暂行办法》：2005年5月11日鄂政发［2005］12号发布，自发布之日起施行。

原项目备案机关审核，可延期1年。项目在备案有效期内未开工建设也未向原项目备案机关申请延期的，或者申请延期未获批准的，原项目备案证自动失效。

第二节　办理规划许可证

建设单位办理房地产开发项目立项手续之后，就应当根据《城乡规划法》的相关规定办理规划许可手续，接受规划管理与监督，确保建设活动符合城乡规划。《城乡规划法》规定的规划许可分为建设用地规划许可和建设工程规划许可。从功能上看，建设用地规划许可主要是为了保证项目整体上符合城市规划；建设工程规划许可则更加深入，对项目的具体建设方案进行审查，如控制标高、建筑密度、建筑层数、建筑立面以及与环境的协调等。从效力上看，用地规划许可是工程规划许可的前提，没有用地规划许可的项目，不可能取得工程规划许可，工程规划许可不得突破用地规划许可的内容。[1]

一、建设用地规划许可证

鉴于建设单位从政府取得建设用地的方式分为出让和划拨，《城乡规划法》也根据建设用地取得方式的不同，规定了不同的规划管理内容和程序。但无论以何种方式取得建设用地，"规划先行"都是建设用地规划管理的基本原则。

以出让方式取得建设用地的房地产开发项目，建设用地规划许可证的管理流程为：①提出规划条件。建设用地出让前，政府城乡规划主管部门应当提出位置、使用性质、开发强度等规划条件，作为国有土地使用权出让合同的组成部分。未确定规划条件的地块，不得出让国有土地使用权。②订立土地出让合同。确定规划条件后，政府会将规划条件纳入国有土地使用权出让合同，建设单位即与政府签署该土地出让合同。③办理立项手续。建设单位根据投资项目的管理体制办理相关的立项手续。④领取建设用地规划许可证。建设单位应当持房地产开发项目的立项文件和国有土地使用权出让合同，向政府城乡规划主管部门领取建设用地规划许可证。⑤领取国有土地使用证。建设单位取得国有土地使用权并领取建设用地规划许可证后，应及时办理土地登记手续，领取国有土地使用证。

以划拨方式取得建设用地的房地产开发项目，建设用地规划许可证的管理

〔1〕傅纳红："建设规划许可证的法律效力初探"，载《法治论坛》2008年第3期。

流程为：①核发选址意见书。对于需要有关部门批准或者核准的建设项目，建设单位在报送有关部门批准或者核准前，应当向政府城乡规划主管部门申请核发选址意见书，经政府核定后，核发选址意见书。②办理立项手续。建设单位根据投资项目的管理体制办理相关的立项手续。③核发建设用地规划许可证。建设单位取得立项文件后，即应向政府城乡规划主管部门提出建设用地规划许可申请，经政府核定后，核发建设用地规划许可证。④划拨用地。建设单位在取得建设用地规划许可证后，方可向政府土地主管部门申请用地，经政府审批后，由土地主管部门划拨土地。

出让土地的建设用地规划许可证取得方式为“领取”，而划拨土地的建设用地规划许可证取得方式为“核发”。这体现出两类建设用地的规划管理程序不同：“领取”建设用地规划许可证之前，已经取得附规划条件的建设用地；“核发”建设用地规划许可证之后，方能申请划拨建设用地。[1]

二、建设工程规划许可证

建设工程规划管理的内容分为核发建设工程规划许可证、管理变更规划行为、组织竣工规划验收。

建设单位办理立项、土地、用地规划等手续，并完成方案设计后可申请核发建设工程规划许可证。申请办理建设工程规划许可证，应当提交使用土地的有关证明文件、建设工程设计方案等材料。需要建设单位编制修建性详细规划的建设项目，还应当提交修建性详细规划。对符合控制性详细规划和规划条件的，由政府城乡规划主管部门核发建设工程规划许可证。

建设单位应当按照规划条件进行建设；确需变更的，必须向政府城乡规划主管部门提出申请，取得批准。变更内容不符合控制性详细规划的，城乡规划主管部门不得批准。建设单位应当及时将依法变更后的规划条件报有关政府土地主管部门备案。

政府城乡规划主管部门按照国务院规定对建设工程是否符合规划条件予以核实。未经核实或者经核实不符合规划条件的，建设单位不得组织竣工验收；经核实符合规划条件的，发给建设工程规划核实证明。规划验收证明是建设单位办理建设工程竣工验收备案手续的必需材料，而建设工程验收备案文件又是商品房交付的必需条件。建设单位应当在竣工验收后 6 个月内向城乡规划主管部门报送有关竣工验收资料。

---

〔1〕 邢万兵：《房地产法律实务》，法律出版社 2012 年版，第 77 页。

第三节 办理国有土地使用证

建设单位取得国有建设用地之后应当及时办理土地登记手续，领取国有土地使用证。

一、登记、办证机关

《土地登记办法》第3条规定，土地登记实行属地登记原则。申请人应当依照本办法向土地所在地的县级以上人民政府国土资源行政主管部门提出土地登记申请，依法报县级以上人民政府登记造册，核发土地权利证书。但土地抵押权、地役权由县级以上人民政府国土资源行政主管部门登记，核发土地他项权利证明书。

跨县级行政区域使用的土地，应当报土地所跨区域各县级以上人民政府分别办理土地登记。在京中央国家机关使用的土地，按照《在京中央国家机关用地土地登记办法》[1]的规定执行。

二、办理国有土地使用证的申请材料

《土地登记办法》第9条规定，申请人申请土地登记，应当根据不同的登记事项提交下列材料：①基础材料。土地登记申请书、申请人身份证明材料。②土地权属来源证明。以出让方式取得土地使用权的，申请人应提供出让合同和出让金缴款凭证；以划拨方式取得土地使用权的，申请人应提供建设用地规划许可证和国有土地划拨决定书。③地籍调查表、宗地图及宗地界址坐标。宗地是指土地权属界线封闭的地块或者空间。土地必须以宗地为单位进行出让，按宗地进行登记。不允许在未缴清土地出让金前将整宗地再分割为若干宗地，分割发放土地使用证。④地上附着物权属证明。若建设用地为"毛地"，应当提供地上物权属证明；若为"净地"，无须提供。⑤完税或者减免税凭证。申请登记前，申请人应当缴纳契税和印花税，并由征收机关开具完税或者减免税凭证。未出具完税或者减免税凭证的，登记部门不予办理登记手续。⑥其他证明材料。国有建设用地使用权登记属于初始登记，《土地登记办法》对初始登记的登记材料有特别规定的，应当遵守并提供。

---

〔1〕《国土资源部在京中央国家机关用地土地登记办法》：2000年10月23日国土资源部令第6号发布，自发布之日起施行。

第四节 办理施工许可证

《建筑法》和《建筑工程施工许可管理办法》[1]规定，建筑工程开工前，建设单位应向工程所在地的县级以上地方人民政府住房城乡建设主管部门（本节简称为“发证机关”）申请领取施工许可证。

一、领取施工许可证的工程范围

在我国境内从事各类房屋建筑及其附属设施的建造、装修装饰和与其配套的线路、管道、设备的安装，以及城镇市政基础设施工程的施工，建设单位在开工前，应当向工程所在地的发证机关申请领取施工许可证。

下列建筑工程可以不申请办理施工许可证：①工程投资额在30万元以下或者建筑面积在300平方米以下的建筑工程。省、自治区、直辖市人民政府住房城乡建设主管部门可以根据当地的实际情况，对限额进行调整，并报国务院住房城乡建设主管部门备案。②按照国务院规定的权限和程序批准开工报告的建筑工程。③抢险救灾及其他临时性房屋建筑和农民自建低层住宅的建筑活动。④军事房屋建筑工程施工许可的管理，按国务院、中央军事委员会制定的办法执行。

二、领取施工许可证的条件

建设单位申请领取施工许可证，应当具备下列条件，并提交相应的证明文件：①依法应当办理用地批准手续的，已经办理该建筑工程用地批准手续。②在城市、镇规划区的建筑工程，已经取得建设工程规划许可证。③施工场地已经基本具备施工条件，需要征收房屋的，其进度符合施工要求。④已经确定施工企业。按照规定应当招标的工程没有招标，应当公开招标的工程没有公开招标，或者肢解发包工程，以及将工程发包给不具备相应资质条件的企业的，所确定的施工企业无效。⑤有满足施工需要的技术资料，施工图设计文件已按规定审查合格。⑥有保证工程质量和安全的具体措施。施工企业编制的施工组织设计中有根据建筑工程特点制定的相应质量、安全技术措施。建立工程质量安全责任制并落实到人。专业性较强的工程项目编制了专项质量、安全施工组织设计，并按照规定办理了工程质量、安全监督手续。⑦按照规定应当委托监理的工程已

---

〔1〕《建筑工程施工许可管理办法》：1999年10月15日建设部令第71号发布，自1999年12月1日起施行；根据2001年7月4日《建设部关于修改〈建筑工程施工许可管理办法〉的决定》（建设部令第91号）修正；已被2014年6月25日《建筑工程施工许可管理办法》（住房和城乡建设部令第18号）宣布废止。2014年6月25日住房和城乡建设部令第18号发布新版本，自2014年10月25日起施行。

委托监理。⑧建设资金已经落实。建设工期不足 1 年的，到位资金原则上不得少于工程合同价的 50%，建设工期超过 1 年的，到位资金原则上不得少于工程合同价的 30%。建设单位应当提供本单位截至申请之日无拖欠工程款情形的承诺书或者能够表明其无拖欠工程款情形的其他材料，以及银行出具的到位资金证明，有条件的可以实行银行付款保函或者其他第三方担保。⑨法律、行政法规规定的其他条件。

三、领取施工许可证的程序

申请办理施工许可证，应当按照下列程序进行：①建设单位向发证机关领取《建筑工程施工许可证申请表》；②建设单位持加盖单位及法定代表人印鉴的《建筑工程施工许可证申请表》，并附相关证明文件，向发证机关提出申请；③发证机关在收到建设单位报送的《建筑工程施工许可证申请表》和所附证明文件后，对于符合条件的，应当自收到申请之日起 15 日内颁发施工许可证；对于证明文件不齐全或者失效的，应当当场或者 5 日内一次性告知建设单位需要补正的全部内容，审批时间可以自证明文件补正齐全后作相应顺延；对于不符合条件的，应当自收到申请之日起 15 日内书面通知建设单位，并说明理由。

四、施工许可证的效力及管理

（一）施工许可证的效力

应当申请领取施工许可证的建筑工程未取得施工许可证的，一律不得开工。任何单位和个人不得将应当申请领取施工许可证的工程项目分解为若干限额以下的工程项目，规避申请领取施工许可证。

建筑工程施工许可证由国务院住房城乡建设主管部门制定格式，由各省、自治区、直辖市人民政府住房城乡建设主管部门统一印制。施工许可证分为正本和副本，正本和副本具有同等法律效力。复印的施工许可证无效。施工许可证不得伪造和涂改。

（二）施工许可证的使用

建设单位申请领取施工许可证的工程名称、地点、规模，应当符合依法签订的施工承包合同。施工许可证应当放置在施工现场备查，并按规定在施工现场公开。

建筑工程在施工过程中，建设单位或者施工单位发生变更的，应当重新申请领取施工许可证。

（三）延期、中止施工情况下施工许可证的管理

建设单位应当自领取施工许可证之日起 3 个月内开工。因故不能按期开工的，应当在期满前向发证机关申请延期，并说明理由；延期以两次为限，每次不超过 3 个月。既不开工又不申请延期或者超过延期次数、时限的，施工许可证自行废止。

在建的建筑工程因故中止施工的，建设单位应当自中止施工之日起 1 个月内向发证机关报告，报告内容包括中止施工的时间、原因、在施部位、维修管理措施等，并按照规定做好建筑工程的维护管理工作。建筑工程恢复施工时，应当向发证机关报告；中止施工满 1 年的工程恢复施工前，建设单位应当报发证机关核验施工许可证。

按照国务院规定的权限和程序批准开工报告的建筑工程，因故不能按期开工或者中止施工的，应当及时向批准机关报告情况。因故不能按期开工超过 6 个月的，应当重新办理开工报告的批准手续。

第六节　办理预售许可证

《城市房地产管理法》、《城市房地产开发经营管理条例》、《商品房销售管理办法》[1]、《城市商品房预售管理办法》[2]规定了商品房预售许可制度。房地产开发企业预售商品房应当符合法定条件，并办理预售许可手续，取得商品房预售许可证。

一、商品房预售的法定条件

在现行商品房预售制度的框架下，房地产开发企业预售商品房，应当符合以下条件：①已交付全部土地使用权出让金，取得土地使用权证书；②持有建设工程规划许可证和施工许可证；③按提供预售的商品房计算，投入开发建设的资金达到工程建设总投资的 25% 以上，并已经确定施工进度和竣工交付日期；④已办理预售登记，取得商品房预售许可证明。

二、办理商品房预售许可证的申请材料

房地产开发企业申请预售许可，应当提交下列证件（复印件）及资料：①商品房预售许可申请表；②房地产开发企业的《营业执照》和资质证书；③土地使用权证、建设工程规划许可证、施工许可证；④投入开发建设的资金占工程建设总投资的比例符合规定条件的证明；⑤工程施工合同及关于施工进度的说明；⑥商品房预售方案。预售方案应当说明预售商品房的位置、面积、竣工交付日期等内容，并应当附预售商品房分层平面图。

---

〔1〕《商品房销售管理办法》：2001 年 4 月 4 日建设部令第 88 号发布，自 2001 年 6 月 1 日起施行。

〔2〕《城市商品房预售管理办法》：1994 年 11 月 15 日建设部令第 40 号发布，自 1995 年 1 月 1 日起施行；根据 2001 年 8 月 15 日《建设部关于修改〈城市商品房预售管理办法〉的决定》（建设部令第 95 号）第一次修正；根据 2004 年 7 月 20 日《建设部关于修改〈城市商品房预售管理办法〉的决定》（建设部令第 131 号）第二次修正。

第五编　建设工程

第十二章　建设工程及其造价

第一节　建设工程概述

一、建设工程的概念及特征

建设工程是指在一定的时间、费用和质量要求下，为完成依法立项的新建、扩建、改建等各类工程而进行的一组相互关联的受控活动组成的特定过程，包括策划、勘察、设计、采购、施工、试运行、竣工验收和移交等。建设工程按自然属性可分为建筑工程、土木工程和机电工程三大类，涵盖房屋建筑工程、设备安装工程、桥梁工程、铁路工程、水利工程、市政基础设施工程等。

房地产开发企业对土地和地上建筑物进行投资开发建设的项目，即属于建设工程中的一种类型，一般指房屋建筑工程。为行文方便，本书将房地产开发企业所建房屋建筑工程，称为建设工程，并将同义使用“建设工程”和“建筑工程”两个概念。因此，本书所称建设工程，是指通过对各类房屋建筑及其附属设施的建造和与其配套线路、管道、设备等的安装所形成的工程实体。

建设工程具有如下一些特征：①唯一性。由于每个建设工程所涉及的建设时间、地点、条件都会有若干差别，因此每一个建设工程都是唯一的。例如，虽然建造了成千上万座住宅楼，但每一座都是不同的，都是唯一的。②目标的明确性。每个建设工程都有其明确的目标，用于某种特定的目的。例如，修建一所希望小学是为了改善当地的教育条件。③不可逆及一次性。建设工程的实施都将达到其终点而完结，其不是一种持续重复的工作。并且建设工程实施完成后，很难推倒重来，否则会造成巨大的损失。④实施条件的约束性。建设工程都是在一定的约束条件下实施的，如人力财力物力等资源条件、工程质量、工期、当地气候地质条件、法律法规、公众习惯等。⑤建设周期和使用寿命长。

一个建设工程要建成往往需要几年的时间，有的甚至更长。建设工程建成后，使用期限一般长达几十年，有的甚至长达百年。⑥技术难度大。建设工程建设过程中涉及面广，多项技术交织混杂难度大，并且随着建设规模的日益增大，技术难度和复杂程度更是加大。⑦投资金额大。一项建设工程不仅建设期间的投资额大，并且在前期取得土地、拆迁安置，后期维护管理方面投入额也是很大的。

二、建设工程的组成

建设工程可划分为单项工程、单位工程、分部工程、分项工程和检验批。

（一）单项工程

单项工程是指在一个建设工程中，具有独立的设计文件，竣工后可以独立发挥生产或效益的一组配套齐全的工程项目。单项工程是建设工程的组成部分。一个建设工程有时可以仅包括一个单项工程，也可以包括多个单项工程。如一个工业建设项目中，可能包括各个车间、办公楼、食堂、住宿楼等多个单项工程。

（二）单位工程

单位工程是指具备独立施工条件并能形成独立使用功能的建筑物或构筑物。对于规模较大的单位工程，可将其能形成独立使用功能的部分划分为一个子单位工程。

单位工程是单项工程的组成部分。按照单位工程的构成，又可以将其分解为建筑工程和设备安装工程。如工业厂房工程中的土建工程、设备安装工程、工业管道工程等分别是单项工程中所包含的不同性质的单位工程。

（三）分部工程

分部工程是单位工程的组成部分，一个单位工程往往由多个分部工程组成。分部工程的划分可按专业性质、工程部位确定。当分部工程较大或较复杂时，可按材料种类、施工特点、施工程序、专业系统及类别将分部工程划分为若干子分部工程。

一般工业与民用建筑工程的分部工程包括：地基与基础工程、主体结构工程、装饰装修工程、屋面工程、给排水及采暖工程、电气工程、智能建筑工程、通风与空调工程、电梯工程、建筑节能工程等。

（四）分项工程

分项工程是分部工程的组成部分，由一个或若干个检验批组成。按照主要工程、材料、施工工艺、设备类别等，可以将一个分部工程分解为若干个分项工程。例如，钢筋工程、模板工程、混凝土工程、砌砖工程、木门窗制作工程等。

（五）检验批

检验批是在进行建设工程质量验收时根据需要划分的。按检验批验收有助于及时发现和处理施工中出现的质量问题，确保工程质量，也符合施工实际需要。

检验批可根据施工、质量控制和专业验收的需要，按工程量、楼层、施工段、变形缝进行划分。多层及高层建筑的分项工程可按楼层或施工段来划分检验批，单层建筑的分项工程可按变形缝等划分检验批；地基基础的分项工程一般划分为一个检验批，有地下层的基础工程可按不同地下层划分检验批；屋面工程的分项工程可按不同楼层屋面划分为不同的检验批；其他分部工程中的分项工程，一般按楼层划分检验批；对于工程量较少的分项工程可划为一个检验批。安装工程一般按一个设计系统或设备组别划分为一个检验批。室外工程一般划分为一个检验批。散水、台阶、明沟等含在地面检验批中。

第二节 建设工程造价

一、建设工程造价的含义及特点

建设工程造价有两种含义。第一种含义是从建设单位（即投资者）的角度来定义的：建设工程造价是指有计划地建设某项工程，预期开支或实际开支的全部费用。按此理解，建设工程造价就是建设工程投资费用。第二种含义是从施工单位、设计单位等市场供给主体的角度来定义的：建设工程造价是指为建设某项工程，预计或实际在土地市场、设备市场、技术劳务市场、承包市场等交易活动中，形成的工程交易价格。

由于工程建设的特点，建设工程造价具有以下五个特点：①大额性。任何一个建设工程，不仅形体庞大，而且资源消耗巨大，少则几百万元，多则数亿乃至数百亿元。建设工程造价的大额性不仅使其事关多个方面的重大经济利益，而且也使得建设工程承受了重大的经济风险。②单个性。任何一项建设工程都有特定的用途、功能、规模，这导致了每一项建设工程的结构、造型、内外装饰等都会有不同的要求，直接表现为建设工程造价上的差异性。即不存在造价完全相同的两个建设工程。③动态性。建设工程从决策到竣工验收直到交付使用，都有一个较长的建设周期，而且由于许多来自社会和自然的众多不可控因素的影响，必然会导致建设工程造价的变动。例如，物价变化、不利的自然条件、人为因素等均会影响到建设工程造价。因此，建设工程造价在整个建设期内都处在不确定的状态之中，直到竣工决算后才能最终确定建设工程的实际造价。④层次性。一个建设工程往往含有多个能够独立发挥设计生产效能的单项工程；一个单项工程又是由能够独立组织施工、各自发挥专业效能的单位工程组成。与此相适应，建设工程造价可以分为：建设工程总造价、单项工程造价和单位工程造价。单位工程造价还可以细分为分部工程造价和分项工程造价。⑤阶段性。建设工程规模大、周期长、造价高，需要在建设程序的各个阶段进行计价。

二、建设工程各阶段工程造价的控制

有效控制建设工程造价应遵循以下三个原则：①以设计阶段为重点控制建设全过程造价；②主动控制以取得令人满意的结果；③技术与经济相结合是控制工程造价最有效的手段。

建设工程造价控制的主要内容如下：①项目决策阶段。做好项目定义和投资估算。该阶段对工程造价有决定性的作用。②初步设计阶段。运用标准设计、价值工程和限额设计方法等，以可行性研究报告中被批准的投资估算为工程造价目标制定设计概算，控制和修改初步设计直至满足要求。③施工图设计阶段。以被批准的设计概算为控制目标，应用限额设计、价值工程等方法，制订施工图预算。④招标投标阶段。以工程设计文件（包括概、预算）为依据，按照招标文件的制订要求，编制标底价（招标控制价），明确合同计价方式，初步确定工程的合同价。⑤工程施工阶段。以施工图预算或标底价（招标控制价）、工程合同价等为控制依据，通过工程计量、控制工程变更等方法，按照施工单位实际完成的工程量，严格确定施工阶段实际发生的工程费用。以合同价为基础，合理确定工程进度结算款，控制工程实际费用的支出。⑥竣工验收阶段。根据竣工结算报告及完整的结算资料，编制竣工结算。

三、建设工程造价的内容与构成

一般情况下建设工程造价就是建设工程的总投资，即指建设工程从筹建到竣工交付使用的整个建设过程所花费的全部固定资产投资费用，包括设备工具器具购置费、建筑安装工程费用、工程建设其他费用、预备费、建设期贷款利息。只是在生产性项目中，建设工程的总投资除了固定资产投资外，还包括流动资产投资（为建设工程投产后能进行正常生产运营，用于购买原材料、燃料、支付工资及其他经营费用等所需的流动资金）。

值得一提的是，建筑安装工程费用是建设工程造价中比较复杂的一项费用，住房和城乡建设部、财政部专门出台了《建筑安装工程费用项目组成》[1]进行

---

〔1〕《建筑安装工程费用项目组成》：2003 年 10 月 15 日《建设部、财政部关于印发〈建筑安装工程费用项目组成〉的通知》（建标［2003］206 号）发布，自 2004 年 1 月 1 日起施行；已被 2013 年 3 月 21 日《住房和城乡建设部、财政部关于印发〈建筑安装工程费用项目组成〉的通知》（建标［2013］44 号）废止。2013 年 3 月 21 日发布《住房和城乡建设部、财政部关于印发〈建筑安装工程费用项目组成〉的通知》（建标［2013］44 号），自 2013 年 7 月 1 日起施行。

规范。《建筑安装工程费用项目组成》将建筑安装工程费按照“费用构成要素”和“工程造价形成”两种标准进行了划分：①按照费用构成要素划分。建筑安装工程费用由人工费、材料（含工程设备，下同）费、施工机具使用费、企业管理费、利润、规费和税金组成。②按照工程造价形成划分。建筑安装工程费用由分部分项工程费、措施项目费、其他项目费、规费、税金组成，其中分部分项工程费、措施项目费、其他项目费包含人工费、材料费、施工机具使用费、企业管理费和利润。

根据以上阐述，我国现行建设工程总投资及工程造价的构成如下图所示：

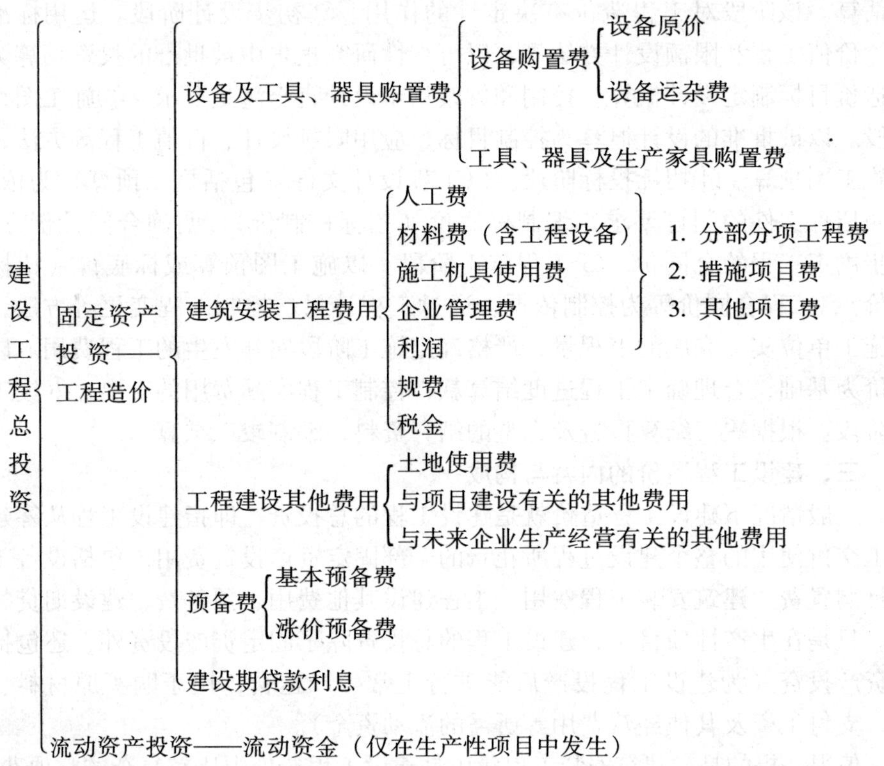

四、建设工程造价的计价

建设工程造价的计价就是指按照规定的计算程序和方法，用货币的数量表示建设工程（包括拟建、在建和已建的项目）的价值。计价方式分为“定额计价”和“清单计价”。计划经济体制下的定额计价方式，价格由国家统一制定；市场经济体制下的清单计价方式，价格由市场决定。

“定额计价”是建立在以政府定价为主导的计划经济管理基础上的价格管理模式，基本特征就是价格 = 定额 + 费用 + 文件规定，并作为法定依据强制执行，不论是招标编制标底还是投标报价均以此为唯一的依据，它所体现的是政府对工程价格的直接管理和调控。“清单计价”跳出了传统的定额计价模式，建立了一种全新的计价模式，其思路是“统一计算规则，有效控制水量，彻底放开价格，正确引导企业自主报价、市场有序竞争形成价格”，依靠市场和企业的实力通过竞争形成价格，使业主通过企业报价可直观地了解项目造价。

自《建设工程工程量清单计价规范》（GB 50500－2003）[1]从 2003 年 7 月 1 日在全国范围内正式实施时起，标志着我国建设工程造价计价方式的重大改革：由传统“量价合一”的计划模式向“量价分离”的市场模式的重大转变。

五、建设工程施工阶段价款的结算

建设工程的施工阶段历时长、工序复杂、其价款的结算和支付亦很复杂，为了规范建设工程施工阶段价款的结算和支付，财政部和建设部于 2004 年 10 月 20 日发布了《建设工程价款结算暂行办法》[2]。

（一）施工合同价款的约定与调整

建设单位和施工单位应在施工合同中对涉及工程价款结算的下列事项进行约定：①预付工程款的数额、支付时限及抵扣方式；②工程进度款的支付方式、数额及时限；③工程施工中发生变更时，工程价款的调整方法、索赔方式、时限要求及金额支付方式；④发生工程价款纠纷的解决方法；⑤约定承担风险的范围及幅度以及超出约定范围和幅度的调整办法；⑥工程竣工价款的结算与支付方式、数额及时限；⑦工程质量保证（保修）金的数额、预扣方式及时限；⑧安全措施和意外伤害保险费用；⑨工期及工期提前或延后的奖惩办法；⑩与履行合同、支付价款相关的担保事项。

施工合同的工程价款可采用固定总价、固定单价、可调价格中的任何一种：①固定总价。工期较短且合同总价较低的工程，可以采用固定总价方式。②固定单价。双方在合同中约定综合单价包含的风险范围和风险费用的计算方法，在约定的风险范围内综合单价不再调整。风险范围以外的综合单价调整方法，应当在合同中约定。③可调价格。可调价格包括可调综合单价和措施费等，双方应在合同中约定综合单价和措施费的调整方法。

---

〔1〕《建设工程工程量清单计价规范》（GB 50500－2003）：2003 年 2 月 17 日《关于发布国家标准〈建设工程工程量清单计价规范〉的公告》（建设部公告第 119 号）发布，自 2003 年 7 月 1 日起实施；根据 2005 年 3 月 9 日建设部公告第 313 号局部修正；已被 2008 年 7 月 9 日《关于发布国家标准〈建设工程工程量清单计价规范〉的公告》（住房和城乡建设部公告第 63 号）废止。

〔2〕《建设工程价款结算暂行办法》：2004 年 10 月 20 日财建［2004］369 号发布，自公布之日起施行。

建设工程的设计变更涉及工程价款调整的，变更施工合同价款可按下列方法进行：①合同中已有适用于变更工程的价格，按合同已有的价格变更合同价款；②合同中只有类似于变更工程的价格，可以参照类似价格变更合同价款；③合同中没有适用或类似于变更工程的价格，由建设单位或施工单位提出适当的变更价格，经对方确认后执行。如双方不能达成一致的，双方可提请工程所在地工程造价管理机构进行咨询或按合同约定的争议或纠纷解决程序办理。

（二）施工合同价款的结算

1. 工程预付款。包工包料工程的预付款按合同约定拨付，原则上预付比例不低于合同金额的10%，不高于合同金额的30%，对重大工程项目，按年度工程计划逐年预付。预付的工程款必须在合同中约定抵扣方式，并在工程进度款中进行抵扣。

2. 工程进度款。

（1）结算方式。结算方式有两种：①按月结算与支付，即实行按月支付进度款，竣工后清算的办法。合同工期在两个年度以上的工程，在年终进行工程盘点，办理年度结算。②分段结算与支付，即当年开工、当年不能竣工的工程按照工程形象进度，划分不同阶段支付工程进度款。具体划分在合同中明确。

（2）工程量计算。施工单位应按照合同约定的方法和时间，向建设单位提交已完工程量的报告。建设单位应及时安排核实。对施工单位超出设计图纸（含设计变更）范围和因施工单位原因造成返工的工程量，不予计量。

（3）支付。建设单位应按不低于工程价款的60%，不高于工程价款的90%支付工程进度款。按约定时间建设单位应扣回的预付款，与工程进度款同期结算抵扣。

3. 竣工结算款。建设工程完工后，建设单位和施工单位应按照约定的合同价款及合同价款调整内容以及索赔事项，进行工程竣工结算。建设单位收到施工单位递交的竣工结算报告及完整的结算资料后，应按规定的期限（合同约定有期限的，从其约定）进行核实，给予确认或者提出修改意见。建设单位根据确认的竣工结算报告支付工程竣工结算价款，保留5%左右的质量保证（保修）金，待工程交付使用1年质保期到期后清算（合同另有约定的，从其约定），质保期内如有返修，发生费用应在质量保证（保修）金内扣除。

第十三章　建设工程参与主体

建设工程一般具有造价高、技术复杂、质量问题牵涉公共安全等特点，并且建设工程种类很多，不同的建设工程，其建设规模和技术要求的复杂程度可能有很大差别。而从事建筑活动的施工单位、勘察单位、设计单位和工程监理单位（本章统称为“从业单位”）的情况也各有不同，有的资本雄厚，专业人员较多，有关技术装备齐全，有较强的经济和技术实力，而有的经济和技术实力则较弱。值得一提的是，建设单位作为建设工程的组织者和实施者，也是建设工程的重要参与主体，关于建设单位的相关内容已在本书第四编“房地产开发”第九章“房地产开发主体及相关者”中进行了阐述，因而本章论述的中心是上述从业单位。

为此，我国建立了建筑活动从业资格制度：将从业单位按其拥有的注册资本、专业技术人员、技术装备和已完成的建筑工程业绩等资质条件，划分为不同的资质等级，并对不同的资质等级的从业单位所能从事的建筑活动的范围作出了明确的规定；从事建筑工程施工、勘察、设计、工程监理及相关业务活动的专业技术人员（本章统称为“从业技术人员”）应当取得相应的执业资格证书，并在执业资格证书许可的范围内从事业务。实践证明，从业资格制度是建立和维护建筑市场的正常秩序、保证建筑工程质量的一项有效措施。[1]

我国《建筑法》关于建筑活动从业资格的规定，主要包括三个方面：①从业单位应当具备的条件；②从业单位的资质管理制度；③从业技术人员的执业资格管理制度。

第一节　从业单位应具备的条件

依据《建筑法》第 12 条的规定，从业单位应当具备下列四项条件：

一、有符合国家规定的注册资本

从业单位在申请公司设立注册登记时，应当达到国家规定的注册资本的数

〔1〕 何佰洲编著：《工程建设法规与案例》，中国建筑工业出版社 2004 年版，第 25 页。

量标准。例如:《建筑业企业资质等级标准》[1]规定，房屋建筑工程施工总承包企业的特级资质企业注册资本金3亿元以上；一级资质企业注册资本金5000万元以上；二级资质企业注册资本金2000万元以上；三级资质企业注册资本金600万元以上。

二、有与其从事的建筑活动相适应的具有法定执业资格的专业技术人员

从业单位不仅需要懂经营、懂管理的经营管理人才，更需要有与其从事的建筑活动相适应的具有法定执业资格的专业技术人员。专业技术人员包括注册人员和非注册人员。如《工程设计资质标准》[2]规定，申请工程设计综合资质的设计单位应具有初级以上专业技术职称且从事工程勘察设计的人员不少于500人，其中具备注册执业资格或高级专业技术职称的不少于200人，且注册专业不少于5个，5个专业的注册人员总数不低于40人。从事工程项目管理且具备建造师或监理工程师注册执业资格的人员不少于4人。

三、有从事相关建筑活动所应有的技术装备

具有与建筑活动相关的技术装备是从业单位进行正常施工、勘察、设计和监理工作的重要物质保障。建筑活动具有专业性强、技术性强的特点，没有相应的技术装备无法进行。如从事建筑施工活动，必须有相应的施工机械设备与质量检验测试手段；从事勘察设计活动，必须有相应的技术装备。没有相应技术装备的单位，不得从事建筑活动。

四、法律、行政法规规定的其他条件

从业单位除了应具备上述三项条件外，还应当具有从事经营活动所应具备的其他条件。如《公司法》规定的公司章程、公司名称和住所、符合要求的组织机构等。这里的“其他条件”，仅指法律、行政法规规定的条件，不包括国务院有关主管部门颁发的部门规章，也不包括地方性规定。因为涉及市场准入规则的问题，应当由法律、行政法规作出统一的规定。

---

〔1〕《建筑业企业资质等级标准》：2001年4月20日建［2001］82号发布，自2001年7月1日起施行；该标准中“施工总承包特级资质标准”已被2007年3月13日《建设部关于印发〈施工总承包企业特级资质标准〉的通知》（建市［2007］72号）废止；已被2014年11月6日《住房和城乡建设部关于印发〈建筑业企业资质标准〉的通知》（建市［2014］159号）废止。

〔2〕《建设部关于印发〈工程设计资质标准〉的通知》：2007年3月29日建市［2007］86号发布，自颁布之日起施行。

第二节　从业单位的资质管理

我国通过《建筑业企业资质管理规定》[1]、《建设工程勘察设计资质管理规定》[2]、《工程监理企业资质管理规定》[3]等一系列的法律法规对从业单位实行资质管理制度。从业单位应当在其资质等级许可的业务范围内承揽业务。禁止从业单位超越其资质等级许可的业务范围或者以任何形式用其他从业单位的名义承揽业务。禁止从业单位允许其他单位或者个人使用本单位的资质证书，以本单位的名义承揽业务。

一、从业单位的资质序列、类别和等级

（一）施工单位

《建筑业企业资质管理规定》将施工单位资质分为施工总承包资质、专业承包资质和施工劳务资质三个序列。施工总承包资质、专业承包资质按照工程性质和技术特点分别划分为若干资质类别，各资质类别按照规定的条件划分为若干资质等级。施工劳务资质不分类别与等级。

《建筑业企业资质等级标准》和《施工总承包企业特级资质标准》[4]对施工总承包企业资质等级标准、专业承包企业资质等级标准都作了详细的规定。例如，房屋建筑工程施工总承包企业资质分为特级、一级、二级、三级，各个资质等级可承包工程范围为：①特级企业，可承担各类房屋建筑工程的施工。

---

〔1〕《建筑业企业资质管理规定》：1995 年 10 月 6 日建设部令第 48 号发布，自 1995 年 10 月 15 日起施行；已被 2001 年 4 月 18 日《建筑业企业资质管理规定》（建设部令第 87 号）废止。2001 年 4 月 18 日建设部令第 87 号发布新版本，自 2001 年 7 月 1 日起施行；已被 2007 年 6 月 26 日《建筑业企业资质管理规定》（建设部令第 159 号）废止。2007 年 6 月 26 日建设部令第 159 号发布新版本，自 2007 年 9 月 1 日起施行；已被 2015 年 1 月 22 日《建筑业企业资质管理规定》（住房和城乡建设部令第 22 号）废止。2015 年 1 月 22 日住房和城乡建设部令第 22 号发布新版本，自 2015 年 3 月 1 日起施行。

〔2〕《建设工程勘察设计资质管理规定》：2007 年 6 月 26 日建设部令第 160 号发布，自 2007 年 9 月 1 日起施行；根据 2015 年 5 月 4 日《住房和城乡建设部关于修改〈房地产开发企业资质管理规定〉等部门规章的决定》（住房和城乡建设部令第 24 号）修正。

〔3〕《工程监理企业资质管理规定》：2001 年 8 月 29 日建设部令第 102 号发布，自发布之日起施行；已被 2007 年 6 月 26 日《工程监理企业资质管理规定》（建设部令第 158 号）废止。2007 年 6 月 26 日建设部令第 158 号发布新版本，自 2007 年 8 月 1 日起施行；根据 2015 年 5 月 4 日《住房和城乡建设部关于修改〈房地产开发企业资质管理规定〉等部门规章的决定》（住房和城乡建设部令第 24 号）修正。

〔4〕《建设部关于印发〈施工总承包企业特级资质标准〉的通知》：2007 年 3 月 13 日建市［2007］72 号发布，自颁布之日起施行。

②一级企业，可承担单项建安合同额不超过企业注册资本金 5 倍的下列房屋建筑工程的施工：40 层及以下、各类跨度的房屋建筑工程；高度 240 米及以下的构筑物；建筑面积 20 万平方米及以下的住宅小区或建筑群体。③二级企业，可承担单项建安合同额不超过企业注册资本金 5 倍的下列房屋建筑工程的施工：28 层及以下、单跨跨度 36 米及以下的房屋建筑工程；高度 120 米及以下的构筑物；建筑面积 12 万平方米及以下的住宅小区或建筑群体。④三级企业，可承担单项建安合同额不超过企业注册资本金 5 倍的下列房屋建筑工程的施工：14 层及以下、单跨跨度 24 米及以下的房屋建筑工程；高度 70 米及以下的构筑物；建筑面积 6 万平方米及以下的住宅小区或建筑群体。

（二）勘察单位

勘察单位资质分为工程勘察综合资质、工程勘察专业资质、工程勘察劳务资质。①工程勘察综合资质只设甲级。取得工程勘察综合资质的企业，可以承接各专业（海洋工程勘察除外）、各等级工程勘察业务。②工程勘察专业资质设甲级、乙级，根据工程性质和技术特点，部分专业可以设丙级。取得工程勘察专业资质的企业，可以承接相应等级相应专业的工程勘察业务。③工程勘察劳务资质不分等级。取得工程勘察劳务资质的企业，可以承接岩土工程治理、工程钻探、凿井等工程勘察劳务业务。

（三）设计单位

设计单位资质分为工程设计综合资质、工程设计行业资质、工程设计专业资质和工程设计专项资质。①工程设计综合资质只设甲级。取得工程设计综合资质的企业，可以承接各行业、各等级的建设工程设计业务。②工程设计行业资质设甲级、乙级，根据工程性质和技术特点，个别行业可以设丙级。取得工程设计行业资质的企业，可以承接相应行业相应等级的工程设计业务及本行业范围内同级别的相应专业、专项（设计施工一体化资质除外）工程设计业务。③工程设计专业资质设甲级、乙级，根据工程性质和技术特点，个别专业可以设丙级、丁级。取得工程设计专业资质的企业，可以承接本专业相应等级的专业工程设计业务及同级别的相应专项工程设计业务（设计施工一体化资质除外）。④工程设计专项资质设甲级、乙级，根据工程性质和技术特点，个别专项可以设丙级。取得工程设计专项资质的企业，可承接本专项相应等级的专项工程设计业务。

（四）工程监理单位

工程监理单位资质分为综合资质、专业资质和事务所资质。①综合资质、事务所资质不分级别。②专业资质按照工程性质和技术特点划分为若干工程类别。专业资质分为甲级、乙级；其中，房屋建筑、水利水电、公路和市政公用专业资质可设立丙级。

二、从业单位的资质申请和审批

（一）申请的类别

从业单位可以申请一项或多项资质；申请多项资质的，应当选择等级最高的一项资质为其主项资质。资质证书的申请分为首次申请、增项申请、资质升级申请。从业单位首次申请、增项申请资质证书的，不考核其工程业绩，其资质等级按照最低资质等级核定。

施工单位发生合并、分立、重组以及改制等事项，需承继原单位资质的，应当申请重新核定资质等级。勘察、设计、工程监理单位合并的，合并后存续或者新设立的企业可以承继合并前各方中较高的资质等级，但应当符合相应的资质标准条件。勘察、设计、工程监理单位分立的，分立后企业的资质等级，根据其实际达到的资质条件，按照资质标准及审批程序核定。勘察、设计、工程监理单位改制的，改制后不再符合资质标准的，应按其实际达到的资质标准重新核定；资质条件不发生变化的，按资质证书变更申请的规定办理。

（二）申请和审批

依据国家相关法律法规的规定，国务院建设行政主管部门以及省、自治区、直辖市人民政府建设行政主管部门分别根据各自的法定权限实施不同类别的资质许可。

1. 国务院建设行政主管部门实施的资质许可。从业单位应依据相关法律法规的规定，向国务院建设行政主管部门或其工商注册所在地省、自治区、直辖市人民政府建设行政主管部门提出资质申请。省、自治区、直辖市人民政府建设行政主管部门受理的，则应当自受理申请之日起20日内初审完毕，并将初审意见和申请材料报国务院建设行政主管部门。

国务院建设行政主管部门应当自省、自治区、直辖市人民政府建设行政主管部门受理申请材料之日起60日内完成审查，公示审查意见，公示时间为10日。其中，涉及铁路、交通、水利、信息产业、民航等方面资质的，由国务院建设行政主管部门送国务院有关部门审核，国务院有关部门在20日内审核完毕，并将审核意见送国务院建设行政主管部门。

2. 省、自治区、直辖市或设区的市人民政府建设行政主管部门实施的资质许可。从业单位应依据相关法律法规规定的资质许可序列、类别和等级以及其工商注册所在地省、自治区、直辖市、设区的市人民政府建设行政主管部门依法确定的资质许可实施程序提出相应申请。资质申请受理部门则根据上述资质许可实施程序进行相应的受理和审批。

（三）资质证书

资质证书分为正本和副本，正本一份，副本若干份，由国务院建设行政主管部门统一印制，正、副本具备同等法律效力。资质证书有效期为5年。

资质证书有效期届满，从业单位需要延续资质证书有效期的，应当在资质证书有效期届满60日前（施工单位应于资质证书有效期届满3个月前），向原资质许可机关申请办理资质延续手续。经资质许可机关同意，有效期延续5年。

从业单位在资质证书有效期内名称、地址、注册资本、法定代表人等发生变更的，应当在工商部门办理变更手续后30日内办理资质证书变更手续。

从业单位在领取新资质证书的同时，应当将原资质证书交回原发证机关予以注销。从业单位需增补（含增加、更换、遗失补办）资质证书的，应当持资质证书增补申请等材料向资质许可机关申请办理。遗失资质证书的，在申请补办前应当在公众媒体上刊登遗失声明。资质许可机关应当在2日内（工程监理单位的资质许可是3日内）办理完毕。

第三节　从业技术人员的执业资格管理

国家对从业技术人员，实行执业资格注册管理制度。《中华人民共和国注册建筑师条例》[1]、《中华人民共和国注册建筑师条例实施细则》[2]、《注册结构工程师执业资格制度暂行规定》[3]、《勘察设计注册工程师管理规定》[4]、《注册监理工程师管理规定》[5]、《注册造价工程师管理办法》[6]、《注册建造师

〔1〕《中华人民共和国注册建筑师条例》：1995年9月23日国务院令第184号发布，自发布之日起施行。

〔2〕《中华人民共和国注册建筑师条例实施细则》：1996年7月1日建设部令第52号发布，自1996年10月1日起施行；已被2008年1月29日《中华人民共和国注册建筑师条例实施细则》（建设部令第167号）废止。2008年1月29日建设部令第167号发布新版本，自2008年3月15日起施行。

〔3〕《注册结构工程师执业资格制度暂行规定》：1997年9月1日建设［1997］222号发布，自发布之日起施行。

〔4〕《勘察设计注册工程师管理规定》：2005年2月4日建设部令第137号发布，自2005年4月1日起施行。

〔5〕《注册监理工程师管理规定》：2006年1月26日建设部令第147号发布，自2006年4月1日起施行。

〔6〕《注册造价工程师管理办法》：2006年12月25日建设部令第150号发布，自2007年3月1日起施行。

管理规定》[1]等一系列的法律法规对注册工程师作了具体规定。

注册工程师，是指经考试、特许、考核认定取得我国注册工程师资格证书，或者经资格互认方式取得工程师互认资格证书（本节均简称为“资格证书”），并依法注册，取得我国注册工程师注册执业证书（本节简称为“注册证书”）和我国注册工程师执业印章（本节简称为“执业印章”），从事建设工程施工、勘察、设计、工程监理及相关业务活动的专业技术人员。

注册工程师按专业类别设置，主要包括注册建筑师、注册结构工程师、注册造价工程师、注册监理工程师、注册建造师。注册建筑师、注册结构工程师、注册建造师均分为一级和二级两个级别。

注册工程师有权以注册工程师的名义执行注册工程师业务。未取得注册证书及执业印章的人员，不得以注册工程师的名义执行注册工程师业务。低级别的注册工程师不得以高级别的注册工程师的名义执行业务，也不得超越国家规定的执业范围执行业务。

一、注册工程师的考试

国家实行注册工程师全国统一考试制度。注册工程师考试实行全国统一大纲、统一命题、统一组织的办法，原则上每年举行一次。注册工程师全国统一考试办法，由国务院建设行政主管部门会同国务院人事行政主管部门商国务院其他有关主管部门共同制度。

符合法定条件的人员，可以申请参加注册工程师资格考试。考试合格者，由国家或地方注册管理机构核发国务院人事行政主管部门统一印制、加盖国务院建设行政主管部门和人事行政主管部门共同用印的资格证书。

二、注册工程师的注册

取得资格证书的人员，应当受聘于一家建设工程勘察、设计、施工、监理、招标代理、造价咨询、施工图审查、城乡规划编制等单位，经注册后方可从事相应的执业活动。

（一）申请注册

取得资格证书的人员应当通过聘用单位向单位工商注册所在地的地方注册管理机构提出申请。

地方注册管理机构在收到申请人的申请材料后，应当即时作出是否受理的决定，并向申请人出具书面凭证；申请材料不齐全或者不符合法定形式的，应当在5日内一次性告知申请人需要补正的全部内容。逾期不告知的，自收到申

---

〔1〕《注册建造师管理规定》：2006年12月28日建设部令第153号发布，自2007年3月1日起施行。

请材料之日起即为受理。

对申请初始注册的，地方注册管理机构应当自受理申请之日起20日内审查完毕，并将申请材料和初审意见报国家注册管理机构。国家注册管理机构应当自收到上报材料之日起，20日内审批完毕并作出书面决定。国家注册管理机构应自作出审批决定之日起10日内，在公众媒体上公布审批结果。公示时间不计算在审批时间内。

对申请变更注册、延续注册的，地方注册管理机构应当自受理申请之日起10日内（有些规定为5日内）审查完毕。国家注册管理机构应当自收到上报材料之日起，15日内（有些规定为10日内）审批完毕并作出书面决定。

（二）不予注册

注册管理机构依法决定不予注册的，应当自决定之日起15日内书面通知申请人；申请人有异议的，可以自收到通知之日起15日内向国务院建设行政主管部门或者省、自治区、直辖市人民政府建设行政主管部门申请复议。不予注册的人员，重新具备注册条件的，可以依法重新申请注册。

（三）准予注册

准予注册的申请人，由注册管理机构核发由国务院建设行政主管部门统一制作的注册证书和执业印章。注册证书和执业印章是注册工程师的执业凭证，由注册工程师本人保管、使用。禁止涂改、倒卖、出租、出借或者以其他形式非法转让资格证书、注册证书和执业印章。

因遗失、污损注册证书或者执业印章，需要补办的，应当持公众媒体上刊登的遗失声明，或者污损的原注册证书和执业印章，向原注册机关申请补办。原注册机关应当在10日内（有些规定为5日内）办理完毕。

注册工程师的注册有效期为2年（有些规定为3年或4年），有效期届满需要继续执业的，应当在期满前30日内办理延续注册手续。注册工程师变更执业单位，应当与原聘用单位解除劳动关系，并依法定程序办理变更注册手续。变更注册后，仍延续原注册有效期。注册工程师由于办理延续注册、变更注册等原因，在领取新执业印章时，应当将原执业印章交回。

（四）撤销注册

注册管理机构可以依法定条件或被建设行政主管要求，撤销已取得注册工程师人员的注册，收回注册证书和执业印章或者公告注册证书和执业印章作废。被撤销注册的当事人有异议的，可以自接到撤销注册通知之日起15日内向国务院建设行政主管部门或者省、自治区、直辖市人民政府建设行政主管部门申请复议。被撤销注册的人员，重新具备注册条件的，可以依法重新申请注册。

三、注册工程师的执业

（一）执业范围

注册工程师的执业范围依据相关法律法规的规定执行。注册工程师的执业范围不得超越其聘用单位的业务范围。注册工程师的执业范围与其聘用单位的业务范围不符时，个人执业范围服从聘用单位的业务范围。

（二）执业方式

注册工程师执行业务，应当由聘用单位统一接受委托并统一收费。注册工程师应对执行业务中形成的成果文件签字并加盖其执业印章，该成果文件方为有效。

修改经注册工程师签字盖章的成果文件，应当由原注册工程师进行；因特殊情况，原注册工程师不能进行修改的，可以由其他符合条件的注册工程师修改，并签字、加盖执业印章，对修改部分承担责任。

在注册有效期内，注册工程师因特殊原因需要暂停执业的，应当到注册初审机关办理暂停执业手续，并交回注册证书和执业印章。

四、注册工程师的继续教育

注册工程师在每一注册期内应达到国务院建设行政主管部门规定的本专业继续教育要求。继续教育作为注册工程师逾期初始注册、延续注册和重新申请注册的条件。继续教育按照注册工程师专业类别设置，分为必修课和选修课。经继续教育达到合格标准的，颁发继续教育合格证书。

五、注册工程师的权利、义务和责任

注册工程师享有下列权利：①使用注册工程师称谓；②在规定范围内从事执业活动；③依据本人能力从事相应的执业活动；④保管和使用本人的注册证书和执业印章；⑤对本人执业活动进行解释和辩护；⑥接受继续教育；⑦获得相应的劳动报酬；⑧对侵犯本人权利的行为进行申诉。

注册工程师应当履行下列义务：①遵守法律、法规和有关管理规定；②执行工程建设标准规范；③保证执业活动成果的质量，并承担相应责任；④接受继续教育，努力提高执业水准；⑤在本人执业活动所形成的成果文件上签字、加盖执业印章；⑥保守在执业中知悉的国家秘密和他人的商业、技术秘密；⑦不得涂改、出租、出借或者以其他形式非法转让注册证书或者执业印章；⑧不得同时在两个或两个以上单位受聘或者执业；⑨在本专业规定的执业范围和聘用单位业务范围内从事执业活动；⑩协助注册管理机构完成相关工作。

因建设工程施工、勘察、设计、工程监理事故及相关业务活动造成的经济损失，由聘用单位承担赔偿责任；聘用单位承担赔偿责任后，可依法向负有过错的注册工程师追偿。

第十四章 建设工程发包与承包

建设工程的发包是指建设单位或总承包单位将建设工程任务（包括勘察、设计、施工等）的全部或一部分通过招标投标等方式，交给具有从事建设活动法定从业资格的单位完成，并按约定支付报酬的行为。

建设工程的承包是指具有从事建设活动法定从业资格的单位，通过招标投标等方式，承揽建设工程任务（包括勘察、设计、施工等）的全部或一部分，并按约定取得报酬的行为。

建设工程发包承包的内容涉及建设工程的全过程，包括建设工程项目可行性研究、勘察设计、建筑材料及设备采购、施工、劳务、工程监理等的发包承包。但是在实践中，建设工程发包承包内容较多的是建设工程勘察、设计、施工的发包承包。本章即重点介绍建设工程勘察、设计、施工的发包承包。

第一节 建设工程的发包承包主体及方式

一、发包承包主体

建设工程的发包主体（本章简称为“发包人”），通常为该项工程的建设单位，即投资该项工程的单位。此外，在建设工程实行总承包的情况下，总承包单位经建设单位同意，在法定范围内对部分工程项目进行分包的，则总承包单位即成为分包单位的发包单位。建设工程的承包主体（本章简称为“承包人”），即承揽建设工程的勘察、设计、施工等业务的单位，包括对建设工程实行总承包的单位和承包分包工程的单位。

发包人将建设工程发包给不具备相应资质条件的承包人的，会产生行政、民事等法律责任：①行政责任。依据《建筑法》第22条和第65条、《中华人民共和国安全生产法》[1]（本书简称为《安全生产法》）第46条和第100条以

〔1〕《中华人民共和国安全生产法》：2002年6月29日主席令第70号公布，自2002年11月1日起施行；根据2009年8月27日《全国人民代表大会常务委员会关于修改部分法律的决定》（主席令第18号）第一次修正；根据2014年8月31日《全国人民代表大会常务委员会关于修改〈中华人民共和国安全生产法〉的决定》（主席令第13号）第二次修正。

及《建设工程质量管理条例》[1]第7条和第54条，发包人将建设工程发包给不具有相应资质等级的承包人的，由相关行政管理部门责令限期改正，没收违法所得；违法所得10万元以上的，并处违法所得2倍以上5倍以下的罚款；没有违法所得或者违法所得不足10万元的，单处或者并处10万元以上20万元以下的罚款；对其直接负责的主管人员和其他直接责任人员处1万元以上2万元以下的罚款。②民事责任。依据《安全生产法》第100条、《中华人民共和国劳动合同法》[2]（本书简称为《劳动合同法》）第94条以及《关于确立劳动关系有关事项的通知》[3]第4条，发生生产安全事故给他人造成损害的，发包人与承包人承担连带赔偿责任；因违法发包、违法招用劳动者给劳动者造成损害的，发包人应当与承包人一起承担连带法律责任；对不具备用工主体资格的承包人，还应由具备用工主体资格的发包人承担用工主体责任。

二、发包承包原则

建设工程发包承包活动是一项特殊的商品交易活动，同时又是一项重要的法律活动，因此，发包承包双方必须共同遵循交易活动的一些基本原则，依法进行，才能确保活动的顺利、高效、公平地进行。《建筑法》将这些基本原则以法律的形式作了如下规定：

（一）发包承包双方依法订立书面合同和全面履行合同义务的原则

这是国际通行的原则。这里所称的书面合同主要是指建设工程合同。由于建设工程合同所涉及的内容特别复杂，合同履行期较长，为便于明确各自的权利与义务，减少纷争，建设工程合同的订立、合同条款的变更等，均应采用书面形式。发包承包双方应根据建设工程合同约定的时间、地点、方式、内容及标准等要求，全面、准确地履行合同义务。一旦发生不按照合同约定履行义务的情况，违约方将依法承担违约责任。

（二）建设工程发包承包实行以招标投标为主，直接发包为辅的原则

建设工程发包可以分为招标发包与直接发包两种形式。招标发包是一种科学先进的发包方式，也是国际通用的形式，受到社会和国家的重视。因此《建筑法》规定建设工程依法实行招标发包，对不适于招标发包的可以直接发包。招标投标活动，应该遵循公开、公正、公平的原则，择优选择承包人。

---

〔1〕《建设工程质量管理条例》：2000年1月30日国务院令第279号发布，自发布之日起施行。

〔2〕《中华人民共和国劳动合同法》：2007年6月29日主席令第65号公布，自2008年1月1日起施行；根据2012年12月28日《全国人民代表大会常务委员会关于修改〈中华人民共和国劳动合同法〉的决定》（主席令第73号）修正。

〔3〕《劳动和社会保障部关于确立劳动关系有关事项的通知》：2005年5月25日劳社部发［2005］12号发布。

（三）禁止发包承包双方采取不正当竞争手段的原则

《建筑法》第17条规定，发包人及其工作人员在建设工程发包中不得收受贿赂、回扣或者索取其他好处。承包人及其工作人员不得利用向发包人及其他工作人员行贿、提供回扣或者给予其他好处等不正当手段承揽工程。

（四）建设工程承包合同确定合同价款的原则

《建筑法》第18条规定，建设工程造价应当按照国家有关规定，由发包人与承包人在合同中约定。公开招标发包的，其造价的约定，须遵守招标投标法律的规定。发包人应当按照合同的约定，及时拨付工程款项。

三、发包前的准备工作

建设工程发包前，发包人应符合法律规定的如下发包条件：①发包人为独立承担民事责任的法人实体或其他经济组织；②按照国家有关规定已经履行建设工程项目审批手续；③工程建设资金来源已经落实；④发包人有与发包的建设工程项目相适应的技术、经济等管理人员；⑤实行招标的，发包方应当具备编制招标文件和组织开标、评标、定标的能力。不具备第④、⑤项条件的，必须委托具有相应资格的建设管理咨询单位代理。

同时，发包人还应完成如下工作：①向建设行政主管部门申请办理报建手续；②完成建设工程项目建设的其他前期准备工作，如征地拆迁、施工现场实行“三通一平”、“七通一平”等。

四、发包承包方式

（一）发包

《建筑法》第24条提倡对建设工程实行总承包。发包人可将建设工程的勘察、设计、施工、设备采购等一并发包给一个总承包人，也可将建设工程的勘察、设计、施工、设备采购等的一项或多项发包给一个总承包人。发包人不得将应当由一个承包人完成的建设工程肢解成若干部分发包给几个承包人。发包人应依法将建设工程招标发包，对不适于招标发包的可以直接发包。

（二）承包

1. 联合共同承包。大型建设工程或者结构复杂的建设工程，可以由两个以上的承包人联合共同承包。共同承包的各方对承包合同的履行承担连带责任。两个以上不同资质等级的承包人实行联合共同承包的，应当按照资质等级低的单位的业务许可范围承揽工程。

2. 分包。经发包人同意，承包人可以将自己承包的部分工程发包给具有相应资质条件的分包单位。分包单位和承包人就分包工程对发包人承担连带责任。建设工程主体结构的施工必须由承包人自行完成。禁止承包人将工程分包给不具备相应资质条件的单位。禁止分包单位将其承包的工程再分包。

3. 转包。承包人不得将其承包的全部建设工程转包给第三人或者将其承包的全部建设工程肢解以后以分包的名义分别转包给第三人。

第二节　建设工程的招标投标

一、招标投标概述

建设工程的发包承包过程实质上就是发包人和承包人缔结建设工程合同的过程。合同自由是民事活动的基本原则，但建设工程事关公共利益和不特定多数人的生命财产安全，故国家对建设工程的发包承包配置了招标投标的强制性规范，适度干预合同缔结行为。

招标是招标人向社会发布招标公告或向数人发出招标邀请，在诸多投标人中选择最满意的投标人并与之签订合同的行为。投标是与招标相对应的概念，是指投标人按照招标文件的要求，在规定时间编制并投递标书，争取中标的行为。[1]

《中华人民共和国招标投标法》[2]（本书简称为《招标投标法》）和《中华人民共和国招标投标法实施条例》[3]（本书简称为《招标投标法实施条例》）是调整招标投标的主要法律法规。《合同法》、《建筑法》、《工程建设项目招标范围和规模标准规定》[4]、《建筑工程设计招标投标管理办法》[5]、《工程建设项目施工招标投标办法》[6]、《工程建设项目勘察设计招标投标办法》[7]、

〔1〕邢万兵：《房地产法律实务》，法律出版社2012年版，第168页。

〔2〕《中华人民共和国招标投标法》：1999年8月30日主席令第21号公布，自2000年1月1日起施行。

〔3〕《中华人民共和国招标投标法实施条例》：2011年12月20日国务院令第613号公布，自2012年2月1日起施行。

〔4〕《工程建设项目招标范围和规模标准规定》：2000年5月1日国家发展计划委员会令第3号发布，自发布之日起施行。

〔5〕《建筑工程设计招标投标管理办法》：2000年10月18日建设部令第82号发布，自发布之日起施行。

〔6〕《工程建设项目施工招标投标办法》：2003年3月8日国家发展计划委员会、建设部、铁道部、交通部、信息产业部、水利部、中国民用航空总局第30号令发布，自2003年5月1日起施行；根据2013年3月11日国家发展和改革委员会、工业和信息化部、财政部、住房和城乡建设部、交通运输部、铁道部、水利部、国家广播电影电视总局、中国民用航空局令第23号（关于废止和修改部分招标投标规章和规范性文件的决定）修正。

〔7〕《工程建设项目勘察设计招标投标办法》：2003年6月12日国家发改委、建设部、铁道部、交通部、信息产业部、水利部、中国民航总局、国家广电总局令第2号发布，自2003年8月1日起施行；根据2013年3月11日国家发展和改革委员会、工业和信息化部、财政部、住房和城乡建设部、交通运输部、铁道部、水利部、国家广播电影电视总局、中国民用航空局令第23号（关于废止和修改部分招标投标规章和规范性文件的决定）修正。

《工程建设项目货物招标投标办法》[1]等也是规范招标投标活动的重要依据。

采用招标投标方式进行建设工程的发包与承包，其最显著的特征是“引入了竞争机制”，与计划经济条件下通过行政手段向建筑企业分配建设任务，或者与采用“一对一”谈判的办法进行的建设工程的发包与承包相比，其具有明显的优越性，这主要表现在以下两点：其一，招标人通过对各投标竞争者的报价和其他条件进行综合比较，从中选择报价低、技术力量强、质量保障体系可靠、具有良好信誉的承包人作为中标者，与之签订建设工程合同。这显然有利于保证工程质量、缩短工期、降低工程造价、提高投资效益；其二，招标投标活动要求依照法定程序公开进行，有利于堵住建设工程发包与承包活动中行贿受贿等腐败和不正当竞争行为的“黑洞”。

正因为招标投标具有明显的优越性，符合市场竞争的要求，故而成为我国建设工程发包与承包活动中大力推广的主要方式，尤其是对于使用国有资金建设的工程项目。根据《建筑法》和其他相关法律法规的规定，工程建设项目需要采取招标投标的方式订立合同的，当事人必须采用招标投标方式；法律法规没有规定的，发包人也可以采取招标投标方式进行发包。

二、招标项目范围

（一）强制性招标项目

依据《招标投标法》第3条，下列工程建设项目必须进行招标：①大型基础设施、公用事业等关系社会公共利益、公众安全的项目；②全部或者部分使用国有资金投资或者国家融资的项目；③使用国际组织或者外国政府贷款、援助资金的项目。《招标投标法》第4条规定，任何单位和个人不得将依法必须进行招标的项目化整为零或者以其他任何方式规避招标。

《工程建设项目招标范围和规模标准规定》进一步细化了《招标投标法》第3条关于必须进行招标的工程建设项目的标准：①施工单项合同估算价在200万元人民币以上的；②重要设备、材料等货物的采购，单项合同估算价在100万元人民币以上的；③勘察、设计、监理等服务的采购，单项合同估算价在50万元人民币以上的；④单项合同估算价低于第①、②、③项规定的标准，但项目总投资额在3000万元人民币以上的。

---

[1] 《工程建设项目货物招标投标办法》：2005年1月18日国家发展和改革委员会、建设部、铁道部、交通部、信息产业部、水利部、中国民用航空总局令第27号发布，自2005年3月1日起施行；根据2013年3月11日国家发展和改革委员会、工业和信息化部、财政部、住房和城乡建设部、交通运输部、铁道部、水利部、国家广播电影电视总局、中国民用航空局令第23号（关于废止和修改部分招标投标规章和规范性文件的决定）修正。

（二）不适于招标发包项目

《建筑法》等相关法律法规明确规定了建设工程应当依法实行招标发包，对不适于招标发包的，经有关部门批准，才可以直接发包。依据《招标投标法》、《招标投标法实施条例》等相关法律法规，“不适于招标发包”的工程建设项目主要有：①涉及国家安全、国家秘密、抢险救灾的；②属于利用扶贫资金实行以工代赈需要使用农民工的；③需要采用特定专利或者专有技术的；④建筑艺术造型有特殊要求的；⑤技术复杂或专业性强，能够满足条件的投标人少于三家，不能形成有效竞争的；⑥采购人或者通过招标方式选定的特许经营项目投资人依法能够自行建设、生产或者提供的；⑦需要向原中标人采购工程、货物或者服务，否则将影响施工或者功能配套要求的；⑧国家规定的其他特殊情形。

三、招标条件

依法必须招标的工程建设项目，在招标时应当具备下列条件：①办理立项手续。按照国家有关规定应当履行项目审批、核准或者备案手续的，已经审批、核准或者备案。实行审批制与核准制的招标项目应一并核准招标范围、招标方式、招标组织形式等有关招标内容。②落实资金。招标人应当有进行招标项目的相应资金或者资金来源已经落实，并应当在招标文件中如实载明。③其他条件。由于建设工程招标分为勘察招标、设计招标、施工招标、监理招标与货物招标，不同的招标项目还应当具备相应条件。例如勘察、设计招标还需要勘察设计基础资料已经收集完成；施工招标还要求有招标所需的设计图纸及技术资料；货物招标应能够提出货物的使用与技术要求。

四、招标方式

招标方式分为公开招标和邀请招标。公开招标，是指招标人以招标公告的方式邀请不特定的法人或者其他组织投标。公开招标具有较强的公开性和竞争性，招标投标活动不受地区、部门的限制，不得对潜在投标人实行歧视待遇，是目前建设工程的主要招标方式。邀请招标，是指招标人以投标邀请书的方式邀请特定的法人或者其他组织投标。邀请招标的知晓范围较小，只有收到投标邀请书的单位可以参加投标。

国务院发展改革部门确定的国家重点建设项目和省、自治区、直辖市人民政府确定的地方重点建设项目，以及全部使用国有资金投资或者国有资金投资占控股或者主导地位的依法必须进行招标的项目，应当公开招标。但有下列情形之一的，经批准可以进行邀请招标：①技术复杂、有特殊要求或者受自然地域环境限制，只有少量几家潜在投标人可供选择的；②涉及国家安全、国家秘密或者抢险救灾，适宜招标但不宜公开招标的；③采用公开招标方式所需费用占工程建设项目总投资的比例过大的；④法律法规规定不宜公开招标的。

五、招标组织形式

招标组织形式分为自行招标和委托招标。招标人具有与招标项目规模和复杂程度相适应的技术、经济等方面的专业人员，能够编制招标文件和组织评标的，可以自行办理招标事宜。依法必须进行招标的项目，招标人自行办理招标事宜的，应当向有关行政监督部门备案。招标人亦有权自行选择招标代理机构，委托其办理招标事宜。招标人应当与被委托的招标代理机构签订书面委托合同，合同约定的收费标准应当符合国家有关规定。招标代理机构在其资格许可和招标人委托的范围内开展招标代理业务。

六、招标文件

（一）招标文件的内容及组成

招标人应当根据招标项目的特点和需要编制招标文件，招标文件应当包括以下内容：①投标邀请；②投标须知；③招标项目说明书，包括资金来源情况；④招标项目的基础资料；⑤招标文件答疑、踏勘现场的时间和地点；⑥投标文件格式；⑦经济技术要求、投标报价要求等；⑧投标有效期；⑨对投标人资格审查的标准；⑩评标标准和方法；⑪拟签订合同的主要条款。

招标人对已发出的招标文件进行必要的澄清或者修改的，应当在招标文件要求提交投标文件截止时间至少 15 日前，以书面形式通知所有招标文件收受人。该澄清或者修改的内容为招标文件的组成部分。

对于潜在投标人在阅读招标文件和现场踏勘中提出的疑问，招标人可以书面形式或召开投标预备会的方式解答，但需同时将解答以书面方式通知所有招标文件收受人。该解答的内容为招标文件的组成部分。

（二）招标文件的要求

《招标投标法》、《招标投标法实施条例》等相关法律法规对招标文件提出了如下要求：①招标人应当在招标文件中规定实质性要求和条件，说明不满足其中任何一项实质性要求和条件的投标将被拒绝，并用醒目的方式标明；没有标明的要求和条件在评标时不得作为实质性要求和条件。对于非实质性要求和条件，应规定允许偏差的最大范围、最高项数，以及对这些偏差进行调整的方法。②国家对招标项目的技术、标准等有规定的，招标人应当按照其规定在招标文件中提出相应要求。③招标项目需要划分标段、确定工期的，招标人应当合理划分标段、确定工期，并在招标文件中载明。但是招标人不得利用划分标段限制或者排斥潜在投标人，不得利用划分标段规避招标。④招标人可以要求投标人在提交符合招标文件规定要求的投标文件外，提交备选投标方案，但应当在招标文件中作出说明，并提出相应的评审和比较办法。不符合中标条件的投标人的备选投标方案不予考虑。⑤招标文件应当明确规定评标时包含价格在内的所有评标因素，以及据此进行评估的方法。在评标过程中，不得改变招标文件中规定的评标标准、方法和中标条件。⑥招标文件不得要求或者标明特定的生产供应者以及含有倾向或者排斥潜在投标人的其他内容。⑦招标人负责提供与招标项目有关的基础资料，并保证所提供资料的真实性、完整性。涉及国家秘密的除外。

（三）标底

招标人可以根据项目特定自行决定是否编制标底。招标人编制标底的，一个招标项目只能编制一个标底，标底编制过程和标底必须保密。招标项目也可以不设标底，进行无标底招标。

招标人设有最高投标限价的，应当在招标文件中明确最高投标限价或者最高投标限价的计算方法。招标人不得规定最低投标限价。

（四）投标保证金

招标人在招标文件中要求投标人提交投标保证金的，投标保证金不得超过招标项目估算价的2%。投标保证金有效期应当与投标有效期一致。投标保证金除现金外，可以是银行出具的银行保函、保兑支票、银行汇票或现金支票，也可以是招标人认可的其他合法担保形式。投标人不按招标文件要求提交投标保证金的，该投标文件作废标处理。招标人不得挪用投标保证金。

（五）投标文件编制期及投标有效期

招标人应当确定潜在投标人编制投标文件所需要的合理时间。依法必须进行招标的项目，自招标文件开始发出之日起至投标人提交投标文件截止之日止，最短不得少于20日。

投标有效期，是招标文件中规定的投标文件有效期，从提交投标文件截止之日起计算。招标文件应当规定一个适当的投标有效期，以保证招标人有足够的时间完成评标和与中标人签订合同。

在原投标有效期结束前，出现特殊情况的，招标人可以书面形式要求所有投标人延长投标有效期。投标人同意延长的，不得要求或被允许修改其投标文件的实质性内容，但应当相应延长其投标保证金的有效期；投标人拒绝延长的，其投标失效，但投标人有权收回其投标保证金。因延长投标有效期造成投标人损失的，招标人应当给予补偿，但因不可抗力需要延长投标有效期的除外。

七、发布资格预审公告、招标公告或发出投标邀请书

公开招标的项目，招标人应当发布招标公告。招标人采用资格预审办法对潜在投标人进行资格审查的，应当发布资格预审公告。

依法必须进行招标的项目的资格预审公告和招标公告，应当通过国家指定的报刊、信息网络或者其他媒介发布。在不同媒介发布的同一招标项目的资格预审公告或者招标公告的内容应当一致。指定媒介发布依法必须进行招标的项目的资格预审公告、招标公告，不得收取费用。

邀请招标的项目，招标人应当向三个以上具备承担招标项目的能力、资信良好的特定的法人或者其他组织发出投标邀请书。

资格预审公告、招标公告或者投标邀请书应当载明下列内容：①招标人的名称和地址；②招标项目的名称、性质、数量、技术规格、资金来源、实施地点和时间等；③获取资格预审文件或者招标文件的地点和时间；④对资格预审文件或者招标文件收取的费用；⑤提交资格预审申请文件或者投标文件的地点和截止日期；⑥对投标人的资格要求。

招标人应当按资格预审公告、招标公告或者投标邀请书规定的时间、地点发售资格预审文件或者招标文件。资格预审文件或者招标文件的发售期不得少于5个工作日。对资格预审文件或者招标文件的收费应仅限于补偿编制、印刷及邮寄方面的成本支出，招标人不得以营利为目的。

招标人发出的资格预审文件或者招标文件应当加盖印章。招标人可以通过信息网络或者其他媒介发布招标文件，通过信息网络或者其他媒介发布的招标文件与书面招标文件具有同等法律效力，出现不一致时以书面招标文件为准，但法律、行政法规或者招标文件另有规定的除外。

八、对资格预审文件和招标文件的澄清、修改

招标人可以对已发出的资格预审文件或者招标文件进行必要的澄清或者修改。澄清或者修改的内容可能影响资格预审申请文件或者投标文件编制的，招标人应当在提交资格预审申请文件截止时间至少3日前，或者投标截止时间至少15日前，以书面形式通知所有获取资格预审文件或者招标文件的潜在投标人；不足3日或者15日的，招标人应当顺延提交资格预审申请文件或者投标文件的截止时间。

潜在投标人或者其他利害关系人对资格预审文件有异议的，应当在提交资格预审申请文件截止时间2日前提出；对招标文件有异议的，应当在投标截止时间10日前提出。招标人应当自收到异议之日起3日内作出答复；作出答复前，应当暂停招标投标活动。

九、踏勘项目现场

招标人根据招标项目的具体情况，可以组织潜在投标人踏勘项目现场，向其介绍工程场地和相关环境的有关情况。潜在投标人依据招标人介绍情况作出的判断和决策，由投标人自行负责。但是招标人不得组织单个或者部分潜在投标人踏勘项目现场。

十、对投标人资格审查

（一）资格审查的内容

招标人可以根据招标项目本身的特点和需要以及法律法规的规定，要求潜在投标人或者投标人提供满足其资格要求的文件，对潜在投标人或者投标人进行资格审查。招标人不得改变载明的资格条件或者以没有载明的资格条件对投标人进行资格审查。

资格审查应主要审查潜在投标人或者投标人是否符合下列条件：①具有独立订立合同的权利；②具有履行合同的能力，包括专业、技术资格和能力，资金、设备和其他物质设施状况，管理能力，经验、信誉和相应的从业人员；③没有处于被责令停业，投标资格被取消，财产被接管、冻结，破产状态；④在最近3年内没有骗取中标和严重违约及重大工程质量问题；⑤法律、行政法规规定的其他资格条件。

资格审查时，招标人不得以不合理的条件限制、排斥潜在投标人或者投标人，不得对潜在投标人或者投标人实行歧视待遇。任何单位和个人不得以行政手段或者其他不合理方式限制投标人的数量。

（二）资格审查的分类

资格审查分为资格预审和资格后审。

1. 资格预审，是指在投标前对潜在投标人进行的资格审查。资格预审一般适用于潜在投标人较多或者大型、技术复杂项目的公开招标，以及需要公开选择潜在投标人的邀请招标。进行资格预审的，一般不再进行资格后审，但招标文件另有规定的除外。

招标人采取资格预审的，应发布资格预审公告、编制资格预审文件。资格预审文件一般包括：①资格预审邀请书；②申请人须知；③资格要求；④其他业绩要求；⑤资格审查标准和方法；⑥资格预审结果的通知方式。招标人应合理确定提交资格预审申请文件的时间。依法必须进行招标的项目提交资格预审申请文件的时间，自资格预审文件停止发售之日起不得少于5日。

经资格预审后，招标人应当向资格预审合格的潜在投标人发出资格预审合格通知书，告知获取招标文件的时间、地点和方法，并同时向资格预审不合格的潜在投标人告知资格预审结果。资格预审不合格的潜在投标人不得参加投标。资格预审合格的潜在投标人不足3个的，招标人应当重新招标。

2. 资格后审，是指在开标后对投标人进行的资格审查。招标人采取资格后审的，应当在招标文件中载明对投标人资格要求的条件、标准和方法，开标后由评标委员会在评标过程中的初步评审开始时对投标人的资格进行审查。经资格后审不合格的投标人，评标委员会应当对其投标作废标处理。

十一、招标人的其他注意事项

招标人编制的资格预审文件、招标文件的内容违反法律、行政法规的强制性规定，违反公开、公平、公正和诚实信用原则，影响资格预审结果或者潜在投标人投标的，依法必须进行招标的项目的招标人应当在修改资格预审文件或者招标文件后重新招标。招标人不得向他人透露已获取招标文件的潜在投标人的名称、数量以及可能影响公平竞争的有关招标投标的其他情况。

除不可抗力原因外，招标人在发布招标公告、发出投标邀请书后或者售出招标文件或资格预审文件后不得擅自终止招标。招标人终止招标的，应当及时发布公告，或者以书面形式通知被邀请的或者已经获取资格预审文件、招标文件的潜在投标人。已经发售资格预审文件、招标文件或者已经收取投标保证金的，招标人应当及时退还所收取的资格预审文件、招标文件的费用，以及所收取的投标保证金及银行同期存款利息。

招标人不得以下述方式不合理地限制、排斥潜在投标人或投标人：①就同一招标项目向潜在投标人或投标人提供有差别的项目信息；②设定的资格、技术、商务条件与招标项目的具体特点和实际需要不相适应或者与合同履行无关；③依法必须进行招标的项目以特定行政区域或者特定行业的业绩、奖项作为加分条件或者中标条件；④对潜在投标人或者投标人采取不同的资格审查或者评标标准；⑤限定或指定特定的专利、商标、品牌、原产地或者供应商；⑥依法必须进行招标的项目非法限定潜在投标人或者投标人的所有制形式或者组织形式；⑦以其他不合理条件限制、排斥潜在投标人或者投标人。

十二、投标

（一）投标人

1. 投标人资格。投标人应当具备承担招标项目的能力；国家有关规定对投标人资格条件或者招标文件对投标人资格条件有规定的，投标人应当具备规定的资格条件。

与招标人存在利害关系可能影响招标公正性的法人、其他组织或者个人，不得参加投标。否则，投标无效。

单位负责人为同一人或者存在控股、管理关系的不同单位，不得参加同一标段投标或者未划分标段的同一招标项目投标。否则，投标无效。

2. 联合体投标。两个以上法人或者其他组织可以组成一个联合体，以一个投标人的身份共同投标。联合体各方均应当具备承担招标项目的相应能力；国家有关规定或者招标文件对投标人资格条件有规定的，联合体各方均应当具备规定的相应资格条件。由同一专业的单位组成的联合体，按照资质等级较低的单位确定资质等级。

招标人应在资格预审公告、招标公告或者投标邀请书中载明是否接受联合体投标。招标人不得强制投标人组成联合体共同投标，不得限制投标人之间的竞争。招标人接受联合体投标并进行资格预审的，联合体应当在提交资格预审申请文件前组成。资格预审后联合体增减、更换成员的，其投标无效。联合体各方在同一招标项目中以自己名义单独投标或者参加其他联合体投标的，相关投标均无效。

联合体各方应当签订共同投标协议，明确约定各方拟承担的工作和责任，并将共同投标协议连同投标文件一并提交招标人。联合体中标的，联合体各方应当共同与招标人签订合同，就中标项目向招标人承担连带责任。

3. 投标人禁止行为。投标人不得有以下行为：①不得相互串通投标报价，不得排挤其他投标人的公平竞争，损害招标人或者其他投标人的合法权益。②不得与招标人串通投标，损害国家利益、社会公共利益或者他人的合法权益。③禁止向招标人或者评标委员会成员以行贿的手段谋取中标。④不得以低于成本的报价竞标，也不得以他人名义投标或者以其他方式弄虚作假，骗取中标。

（二）投标文件

1. 投标文件的内容。投标人应当按照招标文件的要求编制投标文件。不同的招标项目，投标文件的编制内容会有所不同，但投标文件均应当对招标文件提出的实质性要求和条件作出响应。例如施工项目的投标文件一般包括下列内容：①投标函；②投标报价；③施工组织设计；④商务和技术偏差表；⑤投标保证金；⑥有关资格证明文件；⑦招标文件要求的其他内容。

招标项目属于建设施工的，投标文件的内容应当包括拟派出的项目负责人与主要技术人员的简历、业绩和拟用于完成招标项目的机械设备等。

投标人根据招标文件载明的项目实际情况，拟在中标后将中标项目的部分非主体、非关键性工作进行分包的，应当在投标文件中载明。

2. 投标文件的递交。投标人应当在招标文件要求提交投标文件的截止时间前，将投标文件送达投标地点。招标人应当如实记载投标文件的送达时间和密封情况，并存档备查。

未通过资格预审的申请人提交的投标文件，以及逾期送达或者不按照招标文件要求密封的投标文件，招标人应当拒收。

3. 投标文件的补充、修改、撤回及撤销。投标人在招标文件要求提交投标文件的截止时间前，可以补充、修改或者撤回已提交的投标文件，并书面通知招标人。补充、修改的内容为投标文件的组成部分。

投标截止前投标人撤回已提交的投标文件，招标人已收取投标保证金的，应当自收到投标人书面撤回通知之日起 5 日内退还。投标截止后投标人撤销投标文件的，招标人可以不退还投标保证金。

十三、开标

开标应当在招标文件确定的提交投标文件截止时间的同一时间公开进行；开标地点应当为招标文件中预先确定的地点。开标由招标人主持，邀请所有投标人参加。开标过程应当记录，并存档备查。

开标时，由投标人或者其推选的代表检查投标文件的密封情况，也可以由招标人委托的公证机构检查并公证；经确认无误后，由工作人员当众拆封，宣读投标人名称、投标价格和投标文件的其他主要内容。招标人在招标文件要求提交投标文件的截止时间前收到的所有投标文件，开标时都应当当众予以拆封、宣读。

十四、评标

（一）评标委员会

评标由招标人依法组建的评标委员会负责。评标委员会成员的名单在中标结果确定前应当保密。依法必须进行招标的项目，其评标委员会由招标人的代表和有关技术、经济等方面的专家组成，成员人数为 5 人以上单数，其中技术、经济等方面的专家不得少于成员总数的2/3。

与投标人有利害关系的人不得进入相关项目的评标委员会；已经进入的应当更换。评标过程中，评标委员会成员有回避事由、擅离职守或者因健康等原因不能继续评标的，应当及时更换。被更换的评标委员会成员作出的评审结论无效，由更换后的评标委员会成员重新进行评审。

评标委员会成员应当遵守如下规定：①客观、公正地履行职务，遵守职业道德，对所提出的评审意见承担个人责任。②不得私下接触投标人，不得收受投标人的财物或者其他好处。③不得透露对投标文件的评审和比较、中标候选人的推荐情况以及与评标有关的其他情况。

（二）评标过程

招标人应当采取必要的措施，保证评标在严格保密的情况下进行。在确定中标人前，招标人不得与投标人就投标价格、投标方案等实质性内容进行谈判。

评标委员会应当按照招标文件确定的评标标准和方法，对投标文件进行评审和比较；设有标底的，应当参考标底。

投标文件中有含义不明确的内容、明显文字或者计算错误，评标委员会认为需要投标人作出必要澄清、说明的，应当书面通知该投标人。投标人的澄清、说明应当采用书面形式，并不得超出投标文件的范围或者改变投标文件的实质性内容。评标委员会不得暗示或者诱导投标人作出澄清、说明，不得接受投标人主动提出的澄清、说明。

评标委员会在对实质上响应招标文件要求的投标进行报价评估时，除招标文件另有约定外，应当按下述原则进行修正：①用数字表示的数额与用文字表示的数额不一致时，以文字数额为准；②单价与工程量的乘积与总价之间不一致时，以单价为准。若单价有明显的小数点错位，应以总价为准，并修改单价。调整后的报价经投标人确认后产生约束力。投标文件中没有列入的价格和优惠条件在评标时不予考虑。

（三）评标结果

评标完成后，评标委员会应当向招标人提交书面评标报告和中标候选人名单。中标候选人应当不超过 3 个，并标明排序。评标委员会经评审，认为所有投标都不符合招标文件要求的，可以否决所有投标。依法必须进行招标的项目的所有投标被否决的，招标人应当依照本法重新招标。

1. 评标报告。评标报告应当由评标委员会全体成员签字。对评标结果有不同意见的评标委员会成员应当以书面形式说明其不同意见和理由，评标报告应当注明该不同意见。评标委员会成员拒绝在评标报告上签字又不书面说明其不同意见和理由的，视为同意评标结果。

2. 确定中标人。招标人根据评标委员会提出的书面评标报告和推荐的中标候选人确定中标人。招标人也可以授权评标委员会直接确定中标人。

中标人的投标应当符合下列条件之一：①能够最大限度地满足招标文件中规定的各项综合评价标准；②能够满足招标文件的实质性要求，并且经评审的投标价格最低，但是投标价格低于成本的除外。

依法必须进行招标的项目，招标人应当自收到评标报告之日起 3 日内公示中标候选人，公示期不得少于 3 日。投标人或者其他利害关系人对依法必须进行招标的项目的评标结果有异议的，应当在中标候选人公示期间提出。招标人应当自收到异议之日起 3 日内作出答复；作出答复前，应当暂停招标投标活动。

十五、中标

（一）通知中标结果

中标人确定后，招标人应当向中标人发出中标通知书，并同时将中标结果通知所有未中标的投标人。中标通知书对招标人和中标人具有法律效力。中标通知书发出后，招标人改变中标结果的，或者中标人放弃中标项目的，应当依法承担法律责任。

（二）签订中标合同

招标人和中标人应当自中标通知书发出之日起 30 日内签订书面合同，合同的标的、价款、质量、履行期限等主要条款应当与招标文件和中标人的投标文件的内容一致。招标人和中标人不得再行订立背离合同实质性内容的其他协议。

中标人应当按照合同约定履行义务，完成中标项目。中标人不得向他人转让中标项目，也不得将中标项目肢解后分别向他人转让。中标人按照合同约定或者经招标人同意，可以将中标项目的部分非主体、非关键性工作分包给他人完成。接受分包的人应当具备相应的资格条件，并不得再次分包。中标人应当就分包项目向招标人负责，接受分包的人就分包项目承担连带责任。

（三）投标保证金及履约保证金

招标人最迟应当在书面合同签订后5日内向中标人和未中标的投标人退还投标保证金及银行同期存款利息。

招标文件要求中标人提交履约保证金的，中标人应当按照招标文件的要求提交。履约保证金不得超过中标合同金额的10%。

（四）招标投标备案

依法必须进行招标的项目，招标人应当自确定中标人之日起15日内，向有关行政监督部门提交招标投标情况的书面报告。书面报告至少应包括下列内容：①招标项目基本情况；②投标人情况；③评标委员会成员名单；④开标情况；⑤评标标准和方法；⑥废标情况；⑦评标委员会推荐的经排序的中标候选人名单；⑧中标结果；⑨未确定排名第一的中标候选人为中标人的原因；⑩其他需说明的问题。

依据《房屋建筑和市政基础设施工程施工招标投标管理办法》[1]第47条，订立书面合同后7日内，中标人应当将合同送工程所在地的县级以上地方人民政府建设行政主管部门备案。合同备案是建设行政主管部门监督招标投标活动的一种方式。未取得合同备案表的，建设行政主管机关不予核发施工许可证。

第三节 建设工程合同

《合同法》第269条规定，建设工程合同是承包人进行工程建设，发包人支付价款的合同。建设工程合同包括工程勘察、设计、施工合同。

一、建设工程合同的内容及订立

（一）建设工程合同的内容

勘察、设计合同的内容包括提交有关基础资料和文件（包括概预算）的

---

〔1〕《房屋建筑和市政基础设施工程施工招标投标管理办法》：2001年6月1日建设部令第89号发布，自发布之日起施行。

期限、质量要求、费用以及其他协作条件等条款。

施工合同的内容包括工程范围、建设工期、中间交工工程的开工和竣工时间、工程质量、工程造价、技术资料交付时间、材料和设备供应责任、拨款和结算、竣工验收、质量保修范围和质量保证期、双方相互协作等条款。

（二）建设工程合同的订立

招标项目应当以发包人发出的招标文件和中标通知书规定的承包范围、工期、质量和价款等实质性内容为依据订立建设工程合同；非招标项目应当以当事人双方协商达成的一致意见为依据订立建设工程合同。

国家重大建设工程合同，应当按照国家规定的程序和国家批准的投资计划、可行性研究报告等文件订立。

（三）范本合同与自制合同

《建筑法》和《合同法》均明确规定，建设工程合同应当采用书面形式。建设工程书面合同有两种形式：范本合同和自制合同。

范本合同是由国家机关根据交易惯例制作的示范文本，当事人直接填写空白条款或者选择现成条款即可。目前，国家制定了《建设工程施工合同（示范文本）》（GF－2013－0201）[1]、《建设工程监理合同（示范文本）》（GF－2012－0202）[2]等示范文本的合同。

自制合同是当事人根据企业性质和交易经验自行制定的一套合同文本，不仅可以提高效率，还可约定利己条款，交易之初即将自身置于有利位置。但不得利用格式合同事先免除己方责任、加重对方责任、排除对方主要权利。

二、招标投标中的建设工程合同

（一）招标投标文件决定建设工程合同的实质性内容

招标投标文件包括招标文件、投标文件、中标通知书、评标意见等内容，其中招标文件具有决定性作用。招标文件包含投标报价要求、评标标准以及拟签订合同的主要条款。投标文件必须对招标文件提出的实质性要求和条件作出响应，能够最大限度地满足招标文件中规定的各项综合评价标准和招标文件实质性要求的，才方能中标。招标人与中标人须按照招标文件和中标人的投标文件签订书面合同。因此，在招标伊始，拟订立的建设工程合同的实质性条款已经确立，投标人不得也不可能修改这些实质性条款。

---

〔1〕《住房和城乡建设部、国家工商行政管理总局关于印发建设工程施工合同（示范文本）的通知》：2013年4月3日建市［2013］56号发布，自2013年7月1日起执行。

〔2〕《住房和城乡建设部、国家工商行政管理总局关于印发〈建设工程监理合同（示范文本）〉的通知》：2012年3月27日建市［2012］46号发布，自颁布之日起执行。

（二）招标投标文件决定着合同双方的风险格局与防控措施

基于趋利避害的动机，合同缔结阶段双方当事人都试图尽量设置利己条款，尽量将风险交给对方，从而使己方自始都处于主动地位。招标投标是缔结合同的一种方式，自然也不例外。

招标文件是招标人通过深思熟虑后制作的要约邀请，也是招标人提出的合同条件，投标文件必须响应招标文件的实质性内容方能中标，故建设工程合同的风险格局与防控措施在招标文件发布之时已经基本确立。

（三）招标投标文件是解决建设工程合同纠纷的主要证据

例如《建设工程施工合同（示范文本）》（GF－2013－0201）第一部分合同协议书第6条规定，合同文件由以下文件构成：①中标通知书（如果有）；②投标函及其附录（如果有）；③合同协议书；④通用合同条款；⑤专用合同条款及其附件；⑥技术标准和要求；⑦图纸；⑧已标价工程量清单或预算书；⑨在合同订立及履行过程中形成的与合同有关的文件；⑩其他合同文件。第①～⑧项均属于招标投标文件的内容。

书面合同记载着民事权利义务关系的设立、变更、终止过程，承载着当事人之间的权利、义务与责任，是解决民事纠纷的主要证据。而建设工程合同的实质性内容又来源于招标投标文件，招标投标文件是建设工程合同的主要组成部分，因而招标投标文件是解决建设工程合同纠纷的重要书证。

（四）违反招标投标强制性规范的建设工程施工合同无效

例如《最高人民法院关于审理建设工程施工合同纠纷案件适用法律问题的解释》[1]（本书简称为《施工合同司法解释》）第1条规定，建设工程必须进行招标而未招标或者中标无效的，建设工程施工合同无效。

三、黑白合同效力之争

实践中，发包人与承包人通常就同一工程范围签订数份建设工程合同。对于非招标项目存在数份合同时，通常以后订立的合同为解决争议的依据；而对于招标项目存在数份合同时，则不一定以后订立的合同为解决争议的依据。

在招标投标中，当招标人与中标人另行签订一份或数份与中标合同实质性内容不一致的其他合同时，则形成“黑白合同”，中标合同俗称“白合同”，另行订立的合同俗称“黑合同”。当发生黑白合同效力之争时，一般按如下方式处理：

1. 黑白合同均无效。根据《施工合同司法解释》第1条，建设工程必须

〔1〕《最高人民法院关于审理建设工程施工合同纠纷案件适用法律问题的解释》：2004年10月25日法释［2004］14号公布，自2005年1月1日起施行。

进行招标而未招标或者中标无效的，建设工程施工合同无效。

2. 中标合同须经备案的，备案的中标合同为结算依据。依据《房屋建筑和市政基础设施工程施工招标投标管理办法》第 47 条，强制性招标项目的中标合同必须履行备案手续。在发生黑白合同效力之争时，《施工合同司法解释》第 21 条确立了以“备案的中标合同为结算依据”的原则，即当事人就同一建设工程另行订立的建设工程施工合同与经过备案的中标合同实质性内容不一致的，应当以备案的中标合同作为结算工程价款的根据。

3. 中标合同无须备案的，维护符合招标投标文件实质性要求的合同效力。经过招标投标程序而又存在数份均未备案的合同，应当维护符合招标投标文件实质性要求的合同的效力。

四、无效施工合同及其法律后果

（一）无效施工合同的情形

依据《民法通则》、《合同法》、《施工合同司法解释》等法律法规的规定，建设工程施工合同具有下列情况之一的，应当认定无效：①承包人未取得建筑施工企业资质或者超越资质等级的；②没有资质的实际施工人借用有资质的建筑施工企业名义的；③建设工程必须进行招标而未招标或者中标无效的；④承包人非法转包、违法分包建设工程的；⑤法律法规规定的合同无效的其他情形。

（二）无效施工合同的法律后果

根据《合同法》第 58 条和第 59 条，无效合同的法律后果包括返还财产、折价补偿、赔偿损失和收缴财产，但考虑到施工是将建筑材料、建筑构配件和设备物化为房地产实物的过程，无法适用返还财产。《施工合同司法解释》第 2 条、第 3 条和第 4 条对无效施工合同的法律后果进行了可操作性的变通处理。

1. 参照合同约定支付工程价款。《施工合同司法解释》确立了“工程质量高于合同效力”的原则，即施工合同虽然无效，但是建设工程经验收合格的，承包人可以请求参照合同约定支付工程价款。建设工程经验收合格的情形包括：竣工后经验收合格的；正在建设的经阶段验收合格的；验收不合格，经修复后验收合格的。

质量是建设工程的生命，质量合格意味着实现了建筑法所追求的立法价值。发包人取得了合格工程，实现了缔约目的，不支付工程价款违背公平原则。因此，国家不禁止承包人获取工程价款。

2. 按照过错大小承担赔偿责任。施工合同无效，并且建设工程经竣工验收不合格，修复后竣工验收仍然不合格的，承包人无权请求支付工程价款。

无法修复或修复后仍然不合格的建设工程，无任何利用价值，只能铲除重建，严重背离发包人的缔约目的，让发包人接受不合格的建设工程并支付工程价款明显违背公平正义原则。

除了承包人无权请求支付工程价款外，承包人还应赔偿发包人因此所受到的损失，合同双方都有过错的，应当各自承担相应的责任。发包人的损失包括前期投资、建筑材料、贷款利息、对第三人赔偿金等；承包人的损失包括设备租赁费、工人工资、企业利润等。

3. 收缴非法所得。承包人非法转包、违法分包建设工程或者没有资质的实际施工人借用有资质的建筑施工企业名义的，人民法院可以收缴当事人已经取得的非法所得。收缴对象是转包人、非法分包人、出借资质证书的施工企业已经取得的非法所得，不包括约定可以取得而尚未取得的利益。非法所得表现为各种名目的挂靠费、转包费、分包费、手续费和管理费等。

第十五章 建设工程的建设

建设工程的建设是指建设工程的各个参与主体有组织、有目的地投资兴建建设工程的技术经济活动，包括建设工程的勘察、设计、施工及工程监理以及与之相联系的其他工作。

第一节 建设工程勘察与设计

从事房地产项目的工程建设活动，应当坚持先勘察、后设计、再施工的原则。依据国务院于2000年9月发布的《建设工程勘察设计管理条例》[1]的规定，建设工程勘察，是指根据建设工程的要求，查明、分析、评价建设场地的地质地理环境特征和岩土工程条件，编制建设工程勘察文件的活动。建设工程设计，是指根据建设工程的要求，对建设工程所需的技术、经济、资源、环境等条件进行综合分析、论证，编制建设工程设计文件的活动。

一、勘察设计文件的编制依据及标准

编制建设工程勘察、设计文件，应当以下列规定为依据：①项目批准文件；②城市规划；③工程建设强制性标准；④国家规定的建设工程勘察、设计深度要求。铁路、交通、水利等专业建设工程，还应当以专业规划的要求为依据。

建设工程勘察、设计文件中规定采用的新技术、新材料，可能影响建设工程质量和安全，又没有国家技术标准的，应当由国家认可的检测机构进行试验、论证，出具检测报告，并经国务院有关部门或者省、自治区、直辖市人民政府有关部门组织的建设工程技术专家委员会审定后，方可使用。

二、勘察设计文件的类别

编制建设工程勘察文件，应当真实、准确，满足建设工程规划、选址、设计、岩土治理和施工的需要。

设计文件分为方案设计、初步设计和施工图设计文件。编制方案设计文件，应当满足编制初步设计文件和控制概算的需要。编制初步设计文件，应当

---

〔1〕《建设工程勘察设计管理条例》：2000年9月25日国务院令第293号公布，自公布之日起施行；根据2015年6月12日《国务院关于修改〈建设工程勘察设计管理条例〉的决定》（国务院令第662号）修正。

满足编制施工招标文件、主要设备材料订货和编制施工图设计文件的需要。编制施工图设计文件，应当满足设备材料采购、非标准设备制作和施工的需要，并注明建设工程合理使用年限。

设计文件中选用的建筑材料、建筑构配件、设备，应当注明其规格、型号、性能等技术指标，其质量要求必须符合国家规定的标准。除有特殊要求的建筑材料、专用设备和工艺生产线等外，设计单位不得指定生产厂、供应商。

三、施工图设计文件的审查

国家实施施工图设计文件（含勘察文件）审查制度。施工图设计文件审查，是指建设行政主管部门认定的施工图设计文件审查机构（以下简称“审查机构”）按照有关法律法规，对施工图设计文件涉及公共利益、公众安全和工程建设强制性标准的内容进行的审查。施工图设计文件审查应当坚持先勘察、后设计的原则。

施工图设计文件审查是政府主管部门对建设工程勘察设计质量监督管理的重要环节，是基本建设必不可少的程序。国家发布了《房屋建筑和市政基础设施工程施工图设计文件审查管理办法》[1]等法律法规对施工图设计文件审查进行规范。

（一）审查机构

审查机构是专门从事施工图设计文件审查业务，不以营利为目的的独立法人。省、自治区、直辖市人民政府建设行政主管部门应当按照法律法规规定的审查机构条件，结合本行政区域内的建设规模，确定相应数量的审查机构。

审查机构按承接业务范围分两类，一类机构承接房屋建筑、市政基础设施工程施工图设计文件审查业务范围不受限制；二类机构可以承接中型及以下房屋建筑、市政基础设施工程的施工图设计文件审查。

（二）审查内容

审查机构应当对施工图设计文件审查下列内容：①是否符合工程建设强制性标准；②地基基础和主体结构的安全性；③是否符合民用建筑节能强制性标准，对执行绿色建筑标准的项目，还应当审查是否符合绿色建筑标准；④勘察设计企业和注册执业人员以及相关人员是否按规定在施工图设计文件上加盖相应的图章和签字；⑤法律、法规、规章规定必须审查的其他内容。

---

[1] 《房屋建筑和市政基础设施工程施工图设计文件审查管理办法》：2004 年 8 月 23 日建设部令第 134 号发布，自公布之日起施行；已被 2013 年 4 月 27 日《房屋建筑和市政基础设施工程施工图设计文件审查管理办法》（住房和城乡建设部令第 13 号）废止。2013 年 4 月 27 日住房和城乡建设部令第 13 号发布新版本，自 2013 年 8 月 1 日起施行。

（三）审查程序

建设单位应当将施工图设计文件送审查机构审查。建设单位可以自主选择审查机构，但是审查机构不得与所审查项目的建设单位、勘察设计企业有隶属关系或者其他利害关系。

建设单位委托施工图设计文件审查任务，应当与审查机构签订审查合同，并向审查机构提供下列资料：①作为勘察、设计依据的政府有关部门的批准文件及附件；②全套施工图设计文件；③其他应当提交的材料。

施工图设计文件审查原则上不超过下列时限：①大型房屋建筑工程、市政基础设施工程为15个工作日，中型及以下房屋建筑工程、市政基础设施工程为10个工作日。②工程勘察文件，甲级项目为7个工作日，乙级及以下项目为5个工作日。上述时限不包括施工图设计文件修改时间和审查机构的复审时间。

（四）审查结果

审查机构对施工图设计文件进行审查后，应根据下列情况分别作出处理：

1. 审查合格的，审查机构应当向建设单位出具审查合格书，并在全套施工图设计文件上加盖审查专用章。审查合格书应当有各专业的审查人员签字，经法定代表人签发，并加盖审查机构公章。审查机构应当在出具审查合格书后5个工作日内，将审查情况报工程所在地县级以上地方人民政府建设行政主管部门备案。

任何单位或者个人不得擅自修改审查合格的施工图设计文件；确需修改的，凡涉及审查机构应当审查的内容，建设单位应当将修改后的施工图设计文件送原审查机构审查。

2. 审查不合格的，审查机构应当将施工图设计文件退建设单位并出具审查意见告知书，说明不合格原因。同时，应当将审查意见告知书及审查中发现的建设单位、勘察设计企业和注册执业人员违反法律法规和工程建设强制性标准的问题，报工程所在地县级以上地方人民政府建设行政主管部门。

施工图设计文件退建设单位后，建设单位应当要求原勘察设计企业进行修改，并将修改后的施工图设计文件报原审查机构审查。

（五）审查效力

施工图设计文件未经审查合格的，不得使用，且建设行政主管部门不得颁发施工许可证。

从事房屋建筑工程、市政基础设施工程施工、监理等活动，以及实施对房屋建筑和市政基础设施工程质量安全监督管理，应当以审查合格的施工图设计文件为依据。

审查机构对施工图设计文件审查工作负责，承担审查责任。施工图设计文件经审查合格后，仍有违反法律法规和工程建设强制性标准的问题，给建设单位造成损失的，审查机构依法承担相应的赔偿责任；建设行政主管部门对审查机构、审查机构的法定代表人和审查人员依法作出处理或者处罚。

四、勘察设计文件的修改

建设单位、施工单位、监理单位不得修改建设工程勘察、设计文件；确需修改建设工程勘察、设计文件的，应当由原建设工程勘察、设计单位修改。经原建设工程勘察、设计单位书面同意，建设单位也可以委托其他具有相应资质的建设工程勘察、设计单位修改。修改单位对修改的勘察、设计文件承担相应责任。

施工单位、监理单位发现建设工程勘察、设计文件不符合工程建设强制性标准、合同约定的质量要求的，应当报告建设单位，建设单位有权要求建设工程勘察、设计单位对建设工程勘察、设计文件进行补充、修改。

建设工程勘察、设计文件内容需要作重大修改的，建设单位应当报经原审批机关批准后，方可修改。

五、勘察设计文件的实施

建设工程勘察、设计单位应当在建设工程施工前，向施工单位和监理单位说明建设工程勘察、设计意图，解释建设工程勘察、设计文件。

建设工程勘察、设计单位应当及时解决施工中出现的勘察、设计问题。

第二节　建设工程施工

建设工程施工是以施工图纸为依据，将建筑材料、建筑构配件和设备物化为房地产实物的过程。建设工程施工包括基础工程施工、主体结构施工、屋面工程施工、装饰工程施工等。施工作业的场所称为“施工现场”或“工地”。

一、施工准备

（一）组织准备

施工单位应根据建设工程项目管理需要，组建项目部，组织具有专业技术及经验的专业队伍，办理有关建管手续等前期准备工作。

（二）临时设施准备

1. 施工用电、用水。根据建设单位提供的水源、电源接口处，设置配电房和供水处，安装设置大型配电箱和水表，再用架空或地下埋设的各分线或水管接通到各施工用电、用水点。

2. 施工照明。对于需要夜间施工的建设工程，应办理好种种夜间施工许可证，证照没办好之前，不得夜间施工。

3. 办公用房等。根据施工需要，可在现场设置办公用房，材料储存室和维修间等。

（三）材料准备与试验

项目部应及时组织技术人员和材料员对工程项目所需材料的型号，规格进行测算，制订用料计划，如需送检验的及时取样进行送检，取样必须请监理工程师到场和签证，方可有效。

（四）技术准备

1. 与建设、设计、监理单位一起在施工现场确定测量控制点的定位和交接。

2. 收集和了解周边环境和地下管线设置情况；参与并协助建设单位做好图纸会审和技术交底；根据承包的建设工程的规模大小、结构特点、技术复杂程度和施工条件制定施工组织设计或施工技术方案。

3. 技术人员和质检人员及主要岗位的技术工人熟悉图纸，准确理解和掌握设计要求和技术规范。组织项目部内部各工序参与人员进行技术交底和岗位培训。对进入场区内的人员和新上岗工人进行安全技术培训和教育。判定和编制各项质量管理制度和技术管理制度。

二、工期及施工进度

（一）工期

工期是指建设工程从开工起到完成施工合同规定的全部内容，达到竣工验收标准所经历的时间，以天数表示。

从开工到竣工按全部日历天数计算，不扣除停工日数，称为“日历工期”。从全部日历天数中扣除节假日未施工的天数及因设计、材料、气候等原因停工的天数，称为“实际工期”。施工合同一般规定采用日历工期，工期的长短直接影响施工单位的经济效益，实际工期由于排除了客观因素的影响，便于分析工期定额执行的情况。

（二）施工进度计划

施工进度计划是规定主要施工准备工作和主体工程的开工、竣工和投产发挥效益等时间表、施工方法、施工程序、作业顺序和施工强度的技术文件。施工进度计划分为施工总进度计划，单位工程施工进度计划，分部分项工程进度计划和季度（月、旬、周）进度计划四个层次。施工进度计划是施工组织设计的中心内容，它要保证建设工程按施工合同规定的期限交付使用。

开工之前的约定日期，施工单位应向监理单位提交施工组织设计和施工进度计划。施工单位应按监理单位确认并取得建设单位批准的进度计划组织施工，接受监理单位对工程进度的监督和检查。

实际工程进度和经确认的施工进度计划不符时，施工单位应按监理单位的要求提出改进措施，经监理单位确认后执行。因施工单位原因导致实际工程进度与施工计划进度不符的，施工单位无权就改进措施要求支付任何附加的费用。

（三）开工

1. 开工日期及条件。开工日期是施工单位开始施工的绝对或相对日期。绝对日期是施工合同约定的日期，相对日期是开工之前发给施工单位的开工通知书上确定的日期。从法律意义上讲，开工日期是施工单位履行施工合同的始期，工期从开工日期起算。建设工程开工必须具备法律法规规定的以及施工合同约定的开工条件，并已经取得施工许可证。

2. 施工单位不按时开工的责任。施工单位不能按时开工，通常应在开工日期前约定的期限内或接到开工通知后立即以书面形式向监理单位提出延期开工的要求并说明理由；监理单位应当在接到延期开工申请后书面予以答复，逾期未答复视为同意。监理单位不同意延期开工要求或施工单位未在规定时间内提出延期开工要求的，工期不予顺延，在该情况下造成的损失由施工单位承担。

3. 建设单位推迟开工的责任。因建设单位原因需推迟约定的开工日期或不能及时发出开工通知的，监理单位通常应至少提前7天以书面形式通知施工单位推迟开工日期。在该情况下给施工单位造成损失的，由建设单位承担，开工日期相应顺延。

（四）暂停施工和复工

1. 暂停施工。建设单位认为有必要时，可通过监理单位向施工单位发出暂停部分或全部工程的指示，施工单位应按照监理单位的指令停止施工，并妥善保护已完工程。施工单位原因造成暂停施工的，由施工单位承担发生的费用，工期不予顺延；建设单位原因造成暂停施工的，由建设单位承担所发生的费用，工期相应顺延，并赔偿施工单位因而造成的损失；因不可抗力因素造成暂停施工的，按照不可抗力约定处理。如果建设单位未按施工合同约定支付工程进度款，经催告后在约定时间内仍未支付的，施工单位可以暂停施工，直至收到全部欠款，由此造成的暂停施工，视为是因建设单位原因造成的。

2. 复工。当建设工程具备复工条件时，监理单位应立即向施工单位发出复工通知。施工单位收到复工通知后，应在监理单位制定的期限内复工。如果非施工单位原因造成暂停施工超过一定期限，施工单位可向监理单位发出书面通知要求复工。如果在约定期限内监理单位未予准许，则施工单位可以作如下选择：①如果此项停工仅影响建设工程的一部分时，则根据工程变更的规定及时提出工程变更，取消该部分工程，并书面通知建设单位，抄送监理单位；②如果此项停工影响整个建设工程时，则根据施工合同解除的约定解除合同。

3. 暂停施工结束后的处理。暂停施工结束后，施工单位和监理单位应对受暂停施工影响的工程、材料设备进行检查。施工单位负责修复在暂停期间发生的任何变质、缺陷或损坏，因此发生的费用和造成的损失由责任方承担。

（五）工期延误

1. 工期顺延。施工合同一般会约定下列原因造成工期延误的，施工单位有权要求工期相应顺延：①建设单位未能按约定提供图纸及开工条件；②建设单位未能按约定日期支付工程预付款、进度款；③建设单位代表或施工现场建设单位雇用的其他人的人为因素；④监理单位未按约定及时提供所需指令、批准等；⑤工程变更；⑥工程量增加；⑦一周内非施工单位原因停水、停电、停气造成停工累计超过 8 小时；⑧不可抗力；⑨非施工单位失误、违约等原因导致工期延误的其他情形。施工单位工期顺延的申请，须经监理单位核实后报建设单位确定。如果施工单位在工期延误事件发生后，未能在约定的时间内发出要求延期的通知和提交最终详细资料，则视为该事件不影响施工进度或施工单位放弃索赔工期的权利，监理单位可拒绝作出任何延期的决定。

2. 工程质量与工期延误的关系。施工单位原因导致建设工程质量缺陷的，建设单位有权要求施工单位在合理期限内无偿修理或者返工、改建。经过修理或者返工、改建后，造成逾期交付的，施工单位应当承担相关违约责任。建设工程竣工前，当事人对工程质量发生争议，工程质量经鉴定合格的，鉴定期间为顺延工期期间。

（六）加快进度

在施工单位无任何理由取得顺延工期的情况下，如果监理单位认为工程进度过慢，与进度计划不符或不能按期竣工，则监理单位应书面通知施工单位加快进度。施工单位应采取必要措施，加快工程进度。如果施工单位在接到监理单位通知后，未能采取加快工程进度的措施；或施工单位虽然采取了一些措施，仍无法按期竣工，监理单位应立即报告建设单位。建设单位可按施工合同解除的约定解除合同，也可将建设工程中的一部分工作交由第三方完成。施工单位既应承担由此增加的一切费用，也不能免除其根据施工合同约定应负的任何责任和义务。

如果建设单位希望施工单位在竣工日期之前完成建设工程，那么建设单位可要求施工单位提交为加快进度而编制的建议书。该建议书的内容至少应包括：①加快进度拟采取的措施；②加快进度后的进度计划，以及与原计划的对比；③加快进度所需的合同价款增加额。如果建设单位接受了该建议书，则监理单位应以书面形式发出变更指令，相应调整工期，并由造价或监理工程师核实和调整合同价款。

（七）竣工日期

确定竣工日期首先应当执行施工合同的约定。竣工日期存在争议的，则按照以下方式确定实际竣工日期：①建设工程经竣工验收合格的，以竣工验收合格之日为竣工日期；②施工单位已经提交竣工验收报告，建设单位拖延验收的，以施工单位提交验收报告之日为竣工日期；③建设工程未经竣工验收，建设单位擅自使用的，以转移占有建设工程之日为竣工日期。

（八）误期赔偿

1. 误期的赔偿。如果施工单位未能在约定日期内竣工，施工单位应按施工合同的误期赔偿费的约定向建设单位支付误期赔偿费，但误期赔偿费的支付不能免除施工单位根据施工合同约定应负的任何责任和义务。

2. 计算误期。误期（实际延误竣工天数）按实际竣工日期减去施工合同中约定的竣工日期减去经建设单位、监理单位签证认可的顺延工期。

三、材料采购

（一）建设单位供应材料设备

1. 采购。双方约定建设单位供应材料设备的。建设单位应按约定的品种、规格、型号等提供材料设备，并向施工单位提供产品合格证明，对其质量负责。建设单位一般应在所供应材料设备到货前24小时，以书面形式通知施工单位和监理工程师，由施工单位与建设单位在监理工程师的见证下共同清点，并按施工单位的合理要求堆放。

2. 保管。由建设单位供应的材料设备，可以约定由施工单位保管。施工单位派人参加清点后应妥善保管，保管费由建设单位承担，因施工单位保管不善或施工单位原因导致的丢失或损害由施工单位负责赔偿。

3. 供应材料设备与约定不符时建设单位的责任。建设单位供应的材料设备与约定不符时，建设单位应承担的责任一般有：①材料设备的单价与约定不符，由建设单位承担所有价差；②材料设备的品种、规格、型号、质量标准与约定不符，施工单位可以拒绝接受保管，由建设单位运出施工场地并重新采购；③材料设备的品种、规格、型号、质量标准与约定不符，经建设单位同意，施工单位可代为调剂替换，由建设单位承担相应费用；④到货地点与约定不符，由建设单位负责运至约定的指定地点；⑤供应数量少于约定的数量时，由建设单位补齐；多于约定数量时，建设单位负责将多出部分运出施工场地；⑥到货时间早于约定时间，由建设单位承担因此发生的保管费；到货时间迟于约定的供应时间，建设单位赔偿因而造成的施工单位损失，造成工期延误的，工期相应顺延。

4. 供应材料设备使用前的检验。建设单位供应的材料设备使用前，由施工单位负责检验或试验，不合格的不得使用。施工单位的检验或试验并不能免除建设单位应对其供应的材料设备的终生质量负责。

（二）施工单位采购材料设备

1. 采购。施工单位负责采购材料设备的，应按照标准与规范、设计要求和其他技术要求采购，并提供产品合格证明，对材料设备质量负责。施工单位一般应在材料设备到货前 24 小时，以书面形式通知建设单位和监理工程师，由施工单位与建设单位在监理工程师的见证下共同清点。

2. 采购材料设备与标准、规范和设计要求不符时施工单位的责任。施工单位采购的材料设备与设计要求、标准与规范不符时，施工单位应运出施工场地，重新采购符合要求的产品，承担由此发生的费用，工期不予顺延。

3. 施工单位使用不符合标准、规范和设计要求材料设备的责任。监理工程师发现施工单位使用不符合标准与规范、设计要求的材料设备时，应要求施工单位负责修复、拆除或重新采购，由施工单位承担发生的费用，工期不予顺延。

4. 施工单位不执行指令的责任。如果施工单位采购或使用不符合标准、规范和设计要求的材料设备，不执行监理工程师指令予以改正，则建设单位可自行或指派第三方执行该指令，因而发生的费用由施工单位承担。该笔款项经造价或监理工程师核实后，由建设单位从支付或到期应付给施工单位工程款中扣除。

5. 使用替换材料的申请与批准。施工单位需要使用替换材料的，应向监理工程师提出申请，经监理工程师认可并取得建设单位批准后才能使用，由此引起合同价款的增减由造价或监理工程师与建设单位、施工单位协商确定；协商不能达成一致的，由造价或监理工程师暂定，通知施工单位并抄报建设单位。

6. 采购材料设备使用前的检验。施工单位采购的材料设备在使用前，由施工单位负责检验或试验，不合格的不得使用。

（三）材料设备的检验

1. 进入现场检验。监理工程师及其委派的代表可进入施工场地、材料设备的制造、加工或制配的所有车间和场所进行检验。施工单位应为他们进入上述场所提供便利和协助。

2. 材料设备的见证取样检测。标准与规范或合同要求进行见证取样检测的材料设备，施工单位应在见证取样前 24 小时通知监理工程师参加，并在监理工程师的见证下负责：①材料设备的见证取样；②送至有资质的检测机构检测。标准与规范或合同没要求进行见证取样检测的材料设备，施工单位应与监理工程师协商确定材料设备的检验时间和地点，并按时到场参加检验。

3. 材料设备的使用。材料设备检验合格的，方可在工程中使用。材料设备检验不合格的，不能在工程中使用，并及时清出施工场地。

4. 材料设备的检验。材料设备的检验，各参与主体按下列规定承担相应工作和责任：①对建设单位和施工单位供应或采购的材料进场的一般鉴定、检查（包括自设试验室进行的试验）工作由施工单位负责。②设备进场检验，建设单位供应设备的，检验费由建设单位承担；施工单位采购设备的，检验费由施工单位承担。③对建设单位或监理工程师认可的新材料设备、新结构、新工艺等试验费由建设单位承担。

5. 再次检验及其责任承担。如监理工程师认为需要，可要求对材料设备进行再次检验。建设单位供应的材料设备，再次检验费由建设单位承担，顺延延误的工期。施工单位采购的材料设备，再次检验结果表明该材料设备不符合标准与规范、设计要求的，检验费由施工单位承担，工期不予顺延；再次检验结果表明该材料设备符合标准与规范、设计要求的，检验费由建设单位承担，顺延延误的工期。

四、建设工程文件及档案管理

建设工程文件是指在工程建设过程中形成的各种形式的信息记录，包括工程准备阶段文件、监理文件、施工文件、竣工图和竣工验收文件，也称为“工程文件”。建设工程档案是指在工程建设活动中直接形成的具有归档保存价值的文字、图标、声像、电子文件等各种形式的历史记录，也称为“工程档案”。2002年1月，建设部发布了《建设工程文件归档整理规范》（GB/T 50328－2001）[1]对建设工程文件及档案的管理进行规范。2014年7月住房和城乡建设部在经过广泛调查研究，认真总结实践经验，参考有关国际标准和国外先进标准，并在广泛征求意见的基础上，对前述标准进行了修订，出台了新的标准——《建设工程文件归档规范》（GB/T 50328－2014）[2]。

（一）建设工程各参与单位的职责

建设、勘察、设计、施工、监理等单位应将工程文件的形成和积累纳入工

〔1〕《建设工程文件归档整理规范》（GB/T 50328－2001）：2002年1月10日《建设部关于发布国家标准〈建设工程文件归档整理规范〉的通知》（建标［2002］8号）发布，自2002年5月1日起施行。已被2014年7月13日《住房和城乡建设部关于发布国家标准〈建设工程文件归档规范〉的通知》（住房和城乡建设部公告第491号）废止。

〔2〕《建设工程文件归档规范》（GB/T 50328－2014）：2014年7月13日《住房和城乡建设部关于发布国家标准〈建设工程文件归档规范〉的通知》（住房和城乡建设部公告第491号）发布，自2015年5月1日起实施。

程建设管理的各个环节和有关人员的职责范围。

1. 建设单位职责。建设单位应按下列流程开展工程文件的整理、归档、验收、移交等工作：①在工程招标及与勘察、设计、施工、监理等单位签订协议、合同时，应明确竣工图的编制单位、工程档案的编制套数、编制费用及承担单位、工程档案的质量要求和移交时间等内容；②收集和整理工程准备阶段形成的文件，并进行立卷归档；③组织、监督和检查勘察、设计、施工、监理等单位的工程文件的形成、积累和立卷归档工作；④收集和汇总勘察、设计、施工、监理等单位立卷归档的工程档案；⑤收集和整理竣工验收文件，并进行立卷归档；⑥在组织工程竣工验收前，提请当地的城建档案管理机构对工程档案进行预验收；未取得工程档案验收认可文件，不得组织工程竣工验收；⑦对列入城建档案管理机构接收范围的工程，工程竣工验收后 3 个月内，应向当地城建档案管理机构移交一套符合规定的工程档案。

2. 勘察、设计、施工、监理等单位职责。勘察、设计、施工、监理等单位应将本单位形成的工程文件立卷后向建设单位移交。建设工程项目实行总承包管理的，总包单位应负责收集、汇总各分包单位形成的工程档案，并应及时向建设单位移交；各分包单位应将本单位形成的工程文件整理、立卷后及时移交总包单位。建设工程项目由几个单位承包的，各承包单位负责收集、整理立卷其承包项目的工程文件，并应及时向建设单位移交。

3. 政府相关部门职责。城建档案管理机构应对工程文件的立卷归档工作进行监督、检查、指导。在工程竣工验收前，应对工程档案进行预验收，验收合格后，必须出具工程档案认可文件。

（二）建设工程文件的归档范围及质量要求

1. 归档范围。对与工程建设有关的重要活动、记载工程建设主要过程和现状、具有保存价值的各种载体的文件，均应收集齐全，整理立卷后归档。

2. 质量要求。归档文件的质量要求有：①归档的纸质工程文件应为原件。②工程文件的内容及其深度应符合国家现行有关工程勘察、设计、施工、监理等标准的规定。③工程文件的内容必须真实、准确，与工程实际相符合。④工程文件应采用碳素墨水、蓝黑墨水等耐久性强的书写材料，不得使用红色墨水、纯蓝墨水、圆珠笔、复写纸、铅笔等易褪色的书写材料。计算机输出文字和图件应使用激光打印机，不应使用色带式打印机、水性墨打印机和热敏打印机。⑤工程文件应字迹清楚，图样清晰，图表整洁，签字盖章手续应完备。⑥工程文件中文字材料幅面尺寸规格宜为 A4 幅面（297mm × 210mm）。图纸宜采用国家标准图幅。⑦工程文件的纸张应采用能够长期保存的韧力大、耐久性强的纸张。⑧所有竣工图均应加盖竣工图章。竣工图章的基本内容应包括：“竣工图”字样、施工单位、编制人、审核人、技术负责人、编制日期、监理单位、现场监理、总监。竣工图章尺寸应为50mm×80mm。竣工图章应使用不宜褪色的印泥，应盖在图标栏上方空白处。⑨竣工图的绘制与改绘应符合国家现行有关制图标准的规定。⑩归档的建设工程电子文件应采用开放式文件格式或通用格式进行存储。专用软件产生的非通用格式的电子文件应转换成通用格式。⑪归档的建设工程电子文件应包含元数据，保证文件的完整性和有效性。元数据应符合现行行业标准《建设电子档案元数据标准》（CJJ/T 187）的规定。⑫归档的建设工程电子文件应采用电子签名等手段，所载内容应真实和可靠。⑬归档的建设工程电子文件的内容必须与其纸质档案一致。⑭离线归档的建设工程电子档案载体，应采用一次性写入光盘，光盘不应有磨损、划伤。⑮存储移交电子档案的载体应经过检测，应无病毒、无数据读写故障，并应确保接收方能通过适当设备读出数据。

（三）建设工程文件的立卷

1. 立卷流程。立卷应按下列流程进行：①对属于归档范围的工程文件进行分类，确定归入案卷的文件材料；②对卷内文件材料进行排列、编目、装订（或装盒）；③排列所有案卷，形成案卷目录。

2. 立卷原则。立卷原则有以下几个：①立卷应遵循工程文件的自然形成规律和工程专业的特点，保持卷内文件的有机联系，便于档案的保管和利用；②工程文件应按不同的形成、整理单位及建设程序，按工程准备阶段文件、监理文件、施工文件、竣工图、竣工验收文件分别进行立卷，并可根据数量多少组成一卷或多卷；③一个建设工程由多个单位工程组成时，工程文件应按单位工程组卷；④不同载体的文件应分别立卷。

3. 立卷方法。立卷应采用下列方法：①工程准备阶段文件可按建设程序、形成单位等进行立卷；②监理文件应按单位工程、分部工程或专业、阶段等进行立卷；③施工文件应按单位工程、分部（分项）工程进行立卷；④竣工图应按单位工程分专业进行立卷；⑤竣工验收文件应按单位工程分专业进行立卷；⑥电子文件立卷时，每个工程（项目）应建立多级文件夹，应与纸质文件在卷宗设置上一致，并应建立相应的标识关系；⑦声像资料应按建设工程各阶段立卷，重大事件及重要活动的声像资料应按专题立卷，声像档案与纸质档案应建立相应的标识关系。

（四）建设工程文件的归档

1. 归档时间。归档时间应符合下列规定：①根据建设程序和工程特点，归档可分阶段分期进行，也可在单位或分部工程通过竣工验收后进行。②勘察、设计单位应在任务完成后，施工、监理单位应在工程竣工验收前，将各自形成的有关工程档案向建设单位归档。

2. 向建设单位移交。勘察、设计、施工单位在收齐工程文件并整理立卷后，建设单位、监理单位应根据城建档案管理机构的要求，对归档文件完整、准确、系统情况和案卷质量进行审查。审查合格后向建设单位移交。工程档案的编制不得少于两套，一套由建设单位保管，一套（原件）移交当地城建档案管理机构保存。勘察、设计、施工、监理等单位向建设单位移交档案时，应编制移交清单，双方签字、盖章后方可交接。

3. 独立归档文件。设计、施工及监理单位需要向本单位归档的文件，应按国家有关规定立卷归档。

（五）建设工程文件的验收及移交

列入城建档案管理机构档案接收范围的工程，竣工验收前，城建档案管理机构应对工程档案进行预验收。

1. 验收。城建档案管理机构在进行工程档案预验收时，应查验下列主要内容：①工程档案齐全、系统、完整，全面反映工程建设活动和工程实际状况；②工程档案已整理立卷，立卷符合本规范的规定；③竣工图的绘制方法、图式及规格等符合专业技术要求，图面整洁，盖有竣工图章；④文件的形成、来源符合实际，要求单位或个人签章的文件，其签章手续完备；⑤文件的材质、幅面、书写、绘图、用墨、托裱等符合要求；⑥电子档案格式、载体等符合要求；⑦声像档案内容、质量、格式符合要求。

2. 移交。列入城建档案管理机构接收范围的工程，建设单位在工程竣工验收后 3 个月内，必须向城建档案管理机构移交一套符合规定的工程档案。停建、缓建建设工程的档案，暂由建设单位保管。对改建、扩建和维修工程，建设单位应当组织设计、施工单位对改变部位据实编制新的工程档案，并应在工程竣工验收后 3 个月内向城建档案管理机构移交。当建设单位向城建档案管理机构移交工程档案时，应提交移交案卷目录，办理移交手续，双方签字、盖章后方可交接。

五、签证与索赔

（一）签证与索赔的特征及关系

1. 签证特征。签证是施工合同双方对质量变化、设计变更、工期增减、价款调整等事实达成的协议，是意思表示一致的产物。目前，签证一般以技术核定单和业务联系单的形式反映者居多。签证是常规行为，施工单位必须坚持“勤签证”策略，及时办理现场签证。凡涉及经济费用支出的停工、窝工、用工签证、机械台班签证等，一定要在第一时间找现场代表核实后签证，如果现场代表拒签，可退一步请他签认事实情况，及工期顺延。不适合以签证形式出现的如议价项目、材料价格等，应在施工合同中约定而没约定的，应以补充协议的形式约定。

2. 索赔特征。索赔通常是指在施工合同履行过程中，合同当事人一方因对方不履行或未能正确履行合同或者由于其他非自身因素而受到经济损失或权利损害，通过合同规定的程序向对方提出经济或时间补偿要求的行为。索赔必须依赖证据，根据"谁主张，谁举证"的原则，一方提出索赔要求时必须提供相应证据，否则将承担不利后果。索赔是维护自身权益的措施，施工单位索赔旨在要求延迟工期、增加价款或赔偿损失，建设单位索赔旨在要求赔偿损失或延长质量缺陷责任期。建设单位提出的索赔通常称之为"反索赔"。

3. 签证与索赔的关系。

（1）签证和索赔是施工合同双方实现经济利益的途径，是维护自身权益的措施，也是合同履约管理的重要内容。签证旨在确认或变更事实，固定证据，为索赔成功奠定基础；索赔是主张权利行为，以签证为重要证据。

（2）施工合同履行过程中出现设计变更、工程量增减、价款调整等新情况，需要通过签证予以固定；当一方签证请求不能得到对方确认或者非己方责任而遭受损失时，需向对方提出索赔要求。

（3）签证以书面形式记录施工现场发生的特殊费用，直接关系到建设单位与施工单位的切身利益，是工程结算的重要依据。现场签证是记录现场发生情况的第一手资料。通过对现场签证的分析、审核，可为索赔事件的处理提供依据，并据以正确地计算索赔费用。

（4）签证贯穿施工合同始终，是"面"上工作，故要勤签证；索赔是发生争议时行使权利的行为，是"点"上工作，故要精索赔。

（二）应当提请签证的情形

从签证的目的出发，签证主要包括经济签证和工期签证。

1. 经济签证。包括：①零星用工；②零星工程；③临时设施增补项目；④隐蔽工程签证；⑤窝工、非施工单位原因停工造成的人员、机械经济损失；⑥议价材料价格认价单；⑦其他需要签证的费用。

2. 工期签证。包括：①停水、停电签证；②非施工单位原因停工造成的工期拖延签证。

（三）索赔程序

索赔需按照一定的程序，否则提出方无法获得索赔。本章重点论述施工单位的索赔程序，建设单位的反索赔程序参考索赔程序。

1. 索赔记录的保存。在索赔事件发生时，施工单位应保存当时的记录，作为申请索赔的凭证。

2. 发出索赔意向书。施工单位应按照施工合同的约定，在索赔事件首次发生后的一定期限内向造价或监理工程师发出索赔意向书，并抄送建设单位。

3. 索赔意向书及索赔记录的审查。造价或监理工程师在接到索赔意向书时，无需认可是否属于建设单位责任，应先审查索赔记录并可指示施工单位进一步做好索赔补充记录。施工单位应配合造价或监理工程师审查其索赔记录，在造价或监理工程师有要求时，应当向造价或监理工程师提供索赔记录的复印件。

4. 提交索赔报告。在发出索赔意向书后，施工单位应向造价或监理工程师提交索赔报告和有关资料。如果索赔事件持续进行时，施工单位应每隔一段时间向造价或监理工程师发出索赔意向书，在索赔事件终了后的一定期限内，提交最终索赔报告和有关资料。

5. 核实索赔报告和协商。造价或监理工程师在收到施工单位提供的索赔报告和有关资料后的一定期限内予以核实或要求施工单位进一步补充索赔理由和证据，并与建设单位和施工单位协商确定施工单位有权获得的全部或部分的索赔价款。

6. 无权提出索赔价款。如果施工单位提出的索赔未能遵守相关程序，则施工单位无权获得索赔或只限于获得由造价工程师按提供记录予以核实的那部分款额。

7. 索赔款支付。造价或监理工程师应将确定或暂定的结果通知施工单位并抄报建设单位。索赔款额列入合同价款，与工程进度款或竣工结算款同期支付或扣回。

第三节　建设工程监理

一、建设工程监理概述

建设工程监理是房地产建设中非常重要的一环。根据我国的法律规定，建设工程监理是指具有法定资质条件的工程监理企业，通过订立书面监理合同接受建设单位的委托，根据国家法律、行政法规、规范标准和建筑工程承包合同，代表建设单位对承建单位的建设行为进行监督的专业化服务活动。[1]

在计划经济时代，我国工程建设项目的管理通常采用两种形式：对于一般建设工程，由建设单位自己组成筹建机构自行管理；对于重大建设工程，则从

〔1〕 符启林等：《房地产建设工程》，北京大学出版社2007年版，第148页。

与该工程相关的单位抽调人员组成工程建设指挥部，由指挥部进行管理。诚然，在当时国民经济基础薄弱的条件下，采用这种体制对集中有限的财力、物力和人力进行经济建设起到了积极的作用，但是在这种体制下使得一批批的筹建人员刚刚熟悉项目管理业务，就随着工程竣工而转入生产或使用单位，而另一批工程的筹建人员，又要从头学起。如此周而复始在低水平上重复，严重阻碍了我国建设水平的提高。

实行改革开放以后，我国在对外经济交往中，外商在我国的投资项目以及我国国际贷款工程项目都要求实行建设监理制，由此引发了对我国传统建设工程项目管理方式进行改革的思考。1988 年 7 月建设部发布《关于开展建设监理工作的通知》〔1〕，明确提出要建立建设工程监理制度。1988 年 11 月建设部发出《关于开展建设监理试点工作的若干意见》〔2〕，确定北京、上海、天津、南京、宁波、沈阳、哈尔滨、深圳八市和能源、交通两部的水电和公路系统作为全国开展建设监理工作的试点单位，开始了建设工程监理的试点阶段。1997 年的《建筑法》以法律制度的形式作出规定，明确提出“国家推行建筑工程监理制度”，从而标志着建设工程监理在全国范围内进入了全面推行阶段。

二、建设工程监理的性质

《工程建设监理规定》〔3〕第 18 条规定，监理单位是建筑市场的主体之一，建设监理是一种高智能的有偿技术服务。监理单位与项目法人之间是委托与被委托的合同关系；与被监理单位是监理与被监理的关系。监理单位应按照“公正、独立、自主”的原则，开展工程建设监理工作，公平地维护项目法人和被监理单位的合法权益。可见，建设工程监理具有如下特性：

1. 服务性。服务性是建设工程监理的根本属性，是由监理的业务性质决定的。建设工程监理服务的对象是建设单位，主要方法是规划、控制、协调，主要任务是控制建设工程的投资、进度和质量，最终应当达到的基本目的是协助建设单位在计划的目标内将建设工程建成投入使用。工程监理企业不能完全取代建设单位的管理活动。它不具有工程建设重大问题的决策权，它只能在授权范围内代表建设单位进行管理。

2. 科学性。科学性是由建设工程监理要达到的基本目的决定的。建设工程监理以协助建设单位实现其投资目的为己任，力求在计划的目标内建成工

---

〔1〕《建设部关于开展建设监理工作的通知》：1988 年 7 月 25 日（88）建字第 142 号发布。

〔2〕《建设部印发〈关于开展建设监理试点工作的若干意见〉的通知》：1988 年 11 月 28 日发布。

〔3〕《工程建设监理规定》：1995 年 12 月 15 日建监［1995］第 737 号文发布，自 1996 年 1 月 1 日起实施。

程。为达此目标，工程监理企业应当由组织管理能力强、工程建设经验丰富的人员担任领导；应当有足够数量的、有丰富的管理经验和应变能力的监理工程师组成的骨干队伍；要有一套健全的管理制度；要有现代化的管理手段；要掌握先进的管理理论、方法和手段；要积累足够的技术、经济资料和数据；要有科学的工作态度和严谨的工作作风，要实事求是、创造性地开展工作。

3. 独立性。独立性是工程监理单位有效开展工作的重要保证，其是由监理的工作特点所决定的。建设工程监理的独立性体现在如下方面：①与建设单位等相关方的关系上，工程监理单位是工程建设中独立的一方，与工程建设中其他参与主体是平等的关系。②工程监理单位应当严格地按照有关法律、法规、规章、工程建设文件、工程建设技术标准、建设工程委托监理合同、有关的建设工程合同等的规定实施监理。③在开展工程监理的过程中，工程监理单位必须建立自己的组织，按照自己的工作计划、程序、流程、方法、手段，根据自己的判断，独立地开展工作。

4. 公正性。公正性是社会公认的职业道德准则，是监理行业能够长期生存和发展的基本职业道德准则。在开展建设工程监理的过程中，工程监理单位应当排除各种干扰，客观、公正地对待监理的委托单位和承建单位。特别是当两方发生利益冲突或矛盾时，应以事实为依据，以法律和有关合同为准绳，在维护建设单位的合法利益时，不损害承建单位的合法权益。

三、建设工程监理范围

西方发达国家建设工程监理已经发展得相当完善，监理业务的范围已经覆盖到项目前期的可行性研究评估、中期的勘察设计以及施工管理、后期的移交与评估等各个建设阶段。相较之下，我国的监理范围深度和广度远未到位，工程监理只偏重于施工管理阶段，并且监理工作的重点主要是质量监理和工期控制，对投资控制和合同管理等方面的工作虽然也在进行，但起到的作用有限。

根据《建设工程监理范围和规模标准规定》[1]，下列建设工程必须实行监理：①国家重点建设工程。是指依据《国家重点建设项目管理办法》[2]所确定的对国民经济和社会发展有重大影响的骨干项目。②大中型公用事业工程。是指项目总投资额在3000万元以上的工程项目，包括供水、供电、供气、供热等市政工程项目，科技、教育、文化等项目，体育、旅游、商业等项目，卫

[1] 《建设工程监理范围和规模标准规定》：2001年1月17日建设部令第86号发布，自发布之日起施行。

[2] 《国家重点建设项目管理办法》：1996年6月14日国家计划委员会发布；根据2011年1月8日《国务院关于废止和修改部分行政法规的决定》（国务院令第588号）修正。

生、社会福利等项目，其他公用事业项目。③成片开发建设的住宅小区工程。建筑面积在5万平方米以上的住宅建设工程必须实行监理；5万平方米以下的住宅建设工程，可以实行监理，具体范围和规模标准，由省、自治区、直辖市人民政府建设行政主管部门规定。为了保证住宅质量，对高层住宅及地基、结构复杂的多层住宅应当实行监理。④利用外国政府或者国际组织贷款、援助资金的工程。包括使用世界银行、亚洲开发银行等国际组织贷款资金的项目，使用国外政府及其机构贷款资金的项目，使用国际组织或者国外政府援助资金的项目。⑤国家规定必须实行监理的其他工程。是指项目总投资额在3000万元以上关系社会公共利益、公众安全的基础设施项目，包括煤炭、石油、化工、天然气、电力、新能源等项目，铁路、公路、管道、水运、民航以及其他交通运输业等项目，邮政、电信枢纽、通信、信息网络等项目，防洪、灌溉、排涝、发电、引（供）水、滩涂治理、水资源保护、水土保持等水利建设项目，道路、桥梁、地铁和轻轨交通、污水排放及处理、垃圾处理、地下管道、公共停车场等城市基础设施项目，生态环境保护项目，其他基础设施项目；以及学校、影剧院、体育场馆项目。

四、监理程序

建设单位一般通过招标投标方式择优选定监理单位后，监理单位就应根据所承担的监理任务，组建工程建设监理机构。监理机构一般由总监理工程师、监理工程师和其他监理人员组成。承担工程施工阶段的监理，监理机构应进驻施工现场。实施监督前，建设单位应当将委托的监理单位、监理的内容、总监理工程师姓名及所赋予的权限，书面通知被监理单位。总监理工程师应当将其授予监理工程师的权限，书面通知被监理单位。工程建设监理过程中，被监理单位应当按照与建设单位签订的工程建设合同的规定接受监理。

《工程建设监理规定》对工程建设监理的工作程序进行了原则性的规定，工程建设监理一般应按下列程序进行：①编制工程建设监理规划；②按工程建设进度、分专业编制工程建设监理细则；③按照建设监理细则进行建设监理；④参与工程竣工预验收，签署建设监理意见；⑤建设监理业务完成后，向建设单位提交工程建设监理档案资料。《建设工程监理规范》（GB/T 50319 - 2013）[1]则对工程建设监理的工作程序和内容进行了详细规定。

---

〔1〕《建设工程监理规范》（GB/T 50319 - 2013）：2013年5月13日《关于发布国家标准〈建设工程监理规范〉的公告》（住房和城乡建设部公告第35号）公布，自2014年3月1日起实施。

第十六章　建设工程安全生产管理

在全世界范围内，建筑业都属于最危险的行业之一，因此建设工程安全生产管理也是安全生产管理最重要的一个分支。建设工程安全生产管理包括政府建设行政主管部门对建设活动中的安全问题进行的行业管理和从事建设活动的主体（包括建设单位、勘察单位、设计单位、施工单位等）在建设活动中对安全生产进行的管理。

我国目前正从事着世界上最大规模的基础设施建设，因此建筑安全显得尤为重要。多年来，我国在建设工程安全管理方面做了大量工作，特别是制定出台了《安全生产法》、《建设工程安全生产管理条例》[1]等一系列的法律法规以加强建设工程安全生产管理。建设工程安全生产管理，须坚持安全第一、预防为主的方针；须遵循管生产必须管安全，谁主管谁负责的原则；须以保证建设工程安全和建筑职工的人身安全为目的。

第一节　安全生产许可证

依据《安全生产法》和《安全生产许可证条例》[2]，国家对建设工程的施工单位实行安全生产许可制度。施工单位未取得安全生产许可证的，不得从事生产活动。国务院建设行政主管部门负责中央管理的施工单位安全生产许可证的颁发和管理，省、自治区、直辖市人民政府建设行政主管部门负责本行政区域内的施工单位安全生产许可证的颁发和管理。

一、安全生产许可证的申请条件和程序

施工单位取得安全生产许可证，应当具备下列安全生产条件：①建立健全安全生产责任制，制定完备的安全生产规章制度和操作规程；②安全投入符合安全生产要求；③设置安全生产管理机构，配备专职安全生产管理人员；④主要

---

〔1〕《建设工程安全生产管理条例》：2003 年 11 月 24 日国务院令第 393 号公布，自 2004 年 2 月 1 日起施行。

〔2〕《安全生产许可证条例》：2004 年 1 月 13 日国务院令第 397 号公布，自公布之日起施行；根据 2013 年 7 月 18 日《国务院关于废止和修改部分行政法规的决定》（国务院令第 638 号）第一次修正；根据 2014 年 7 月 29 日《国务院关于修改部分行政法规的决定》（国务院令第 653 号）第二次修正。

负责人和安全生产管理人员经考核合格；⑤特种作业人员经有关业务主管部门考核合格，取得特种作业操作资格证书；⑥从业人员经安全生产教育和培训合格；⑦依法参加工伤保险，为从业人员缴纳保险费；⑧厂房、作业场所和安全设施、设备、工艺符合有关安全生产法律、法规、标准和规程的要求；⑨有职业危害防治措施，并为从业人员配备符合国家标准或者行业标准的劳动防护用品；⑩依法进行安全评价；⑪有重大危险源检测、评估、监控措施和应急预案；⑫有生产安全事故应急救援预案、应急救援组织或者应急救援人员，配备必要的应急救援器材、设备；⑬法律、法规规定的其他条件。

施工单位进行生产前，应当向建设行政主管部门申请领取安全生产许可证，并提供相关文件、资料。建设行政主管部门应当自收到申请之日起45日内审查完毕，经审查符合法定的安全生产条件的，颁发安全生产许可证；不符合法定的安全生产条件的，不予颁发安全生产许可证，书面通知施工单位并说明理由。安全生产许可证由国务院安全生产监督管理部门规定统一的式样。

二、安全生产许可证的使用及管理

安全生产许可证的有效期为3年。有效期满需要延期的，施工单位应当于期满前3个月向原安全生产许可证颁发管理机关办理延期手续。安全生产许可证有效期内，施工单位未发生死亡事故的，安全生产许可证有效期届满时，经原安全生产许可证颁发管理机关同意，不再审查，安全生产许可证有效期延期3年。

施工单位不得转让、冒用安全生产许可证或者使用伪造的安全生产许可证。施工单位取得安全生产许可证后，不得降低安全生产条件，并应当加强日常安全生产管理，接受建设行政主管部门的监督检查。

安全生产许可证颁发管理机关应当建立健全安全生产许可证档案管理制度，并定期向社会公布施工单位取得安全生产许可证的情况，每年向同级安全生产监督管理部门通报其安全生产许可证颁发和管理情况；应当加强对取得安全生产许可证的施工单位的监督检查，发现其不再具备法定的安全生产条件的，应当暂扣或者吊销安全生产许可证。

第二节　安全生产费用

依据《安全生产法》、《建设工程安全生产管理条例》和《企业安全生产费用提取和使用管理办法》[1]，建设工程施工单位应按照规定标准提取在成本中

〔1〕《财政部、国家安全生产监督管理总局关于印发〈企业安全生产费用提取和使用管理办法〉的通知》：2012年2月14日财企［2012］16号公布，自公布之日起施行。

列支的安全生产费用，其专门用于完善和改进企业或者项目安全生产条件。安全生产费用应按照“企业提取、政府监管、确保需要、规范使用”的原则进行管理。

一、安全生产费用的提取标准

建设工程施工单位以建筑安装工程造价为计提依据。各建设工程类别安全生产费用提取标准如下：①矿山工程为2.5%；②房屋建筑工程、水利水电工程、电力工程、铁路工程、城市轨道交通工程为2.0%；③市政公用工程、冶炼工程、机电安装工程、化工石油工程、港口与航道工程、公路工程、通信工程为1.5%。

建设工程施工企业提取的安全生产费用列入工程造价，在竞标时，不得删减，列入标外管理。总承包单位应当将安全生产费用按比例直接支付分包单位并监督使用，分包单位不再重复提取。

二、安全生产费用的使用

建设工程施工单位安全生产费用应当按照以下范围使用：①完善、改造和维护安全防护设施设备支出（不含“三同时”要求初期投入的安全设施），包括施工现场临时用电系统、洞口、临边、机械设备、高处作业防护、交叉作业防护、防火、防爆、防尘、防毒、防雷、防台风、防地质灾害、地下工程有害气体监测、通风、临时安全防护等设施设备支出；②配备、维护、保养应急救援器材、设备支出和应急演练支出；③开展重大危险源和事故隐患评估、监控和整改支出；④安全生产检查、评价（不包括新建、改建、扩建项目安全评价）、咨询和标准化建设支出；⑤配备和更新现场作业人员安全防护用品支出；⑥安全生产宣传、教育、培训支出；⑦安全生产适用的新技术、新标准、新工艺、新装备的推广应用支出；⑧安全设施及特种设备检测检验支出；⑨其他与安全生产直接相关的支出。

施工单位提取的安全生产费用应当专户核算，按规定范围安排使用，不得挤占、挪用。年度结余资金结转下年度使用，当年计提安全费用不足的，超出部分按正常成本费用渠道列支。

第三节　建设工程安全生产的责任承担

一、建设单位的安全责任

（一）提供相关资料、留取相关费用

建设单位应当向施工单位提供施工现场及毗邻区域内供水、排水、供电、供气、供热、通信、广播电视等地下管线资料，气象和水文观测资料，相邻建筑物和构筑物、地下工程的有关资料，并保证资料的真实、准确、完整。

建设单位在编制工程概算时，应当确定建设工程安全作业环境及安全施工措施所需费用。

（二）不得违规指示

建设单位不得对勘察、设计、施工、工程监理等单位提出不符合建设工程安全生产法律、法规和强制性标准规定的要求；不得压缩合同约定的工期；不得明示或者暗示施工单位购买、租赁、使用不符合安全施工要求的安全防护用具、机械设备、施工机具及配件、消防设施和器材。

（三）制定安全施工措施

建设单位在申请领取施工许可证时，应当提供建设工程有关安全施工措施的资料。依法批准开工报告的建设工程，建设单位应当自开工报告批准之日起15日内，将保证安全施工的措施报送建设工程所在地的县级以上地方人民政府建设行政主管部门或者其他有关部门备案。

（四）其他

建设单位应当将拆除工程发包给具有相应资质等级的施工单位。实施爆破作业的，应当遵守国家有关民用爆炸物品管理的规定。

二、勘察、设计、工程监理及其他有关单位的安全责任

（一）勘察单位的安全责任

勘察单位应当按照法律、法规和工程建设强制性标准进行勘察，提供的勘察文件应当真实、准确，满足建设工程安全生产的需要；在勘察作业时，应当严格执行操作规程，采取措施保证各类管线、设施和周边建筑物、构筑物的安全。

（二）设计单位的安全责任

设计单位应当按照法律、法规和工程建设强制性标准进行设计，防止因设计不合理导致生产安全事故的发生；应当考虑施工安全操作和防护的需要，对涉及施工安全的重点部位和环节在设计文件中注明，并对防范生产安全事故提出指导意见；对采用新结构、新材料、新工艺的建设工程和特殊结构的建设工程，应当在设计中提出保障施工作业人员安全和预防生产安全事故的措施建议；应当对其设计负责。

（三）工程监理单位的安全责任

工程监理单位应当审查施工组织设计中的安全技术措施或者专项施工方案是否符合工程建设强制性标准；应当按照法律、法规和工程建设强制性标准实施监理，并对建设工程安全生产承担监理责任。

工程监理单位在实施监理过程中，发现存在安全事故隐患的，应要求施工单位整改；情况严重的，应要求施工单位暂时停止施工，并及时报告建设单位。施工单位拒不整改或者不停止施工的，工程监理单位应及时向有关主管部门报告。

（四）机械设备、施工机具及配件提供单位的安全责任

为建设工程提供机械设备和施工机具及配件的单位，应当按照安全施工的要求配备齐全有效的保险、限位等安全设施和装置，应当具有生产（制造）许可证、产品合格证，应当出具检测合格证明。禁止提供检测不合格的机械设备和施工机具及配件。

在施工现场安装、拆卸施工起重机械和整体提升脚手架、模板等自升式架设设施，必须由具有相应资质的单位承担。安装、拆卸单位应当编制拆装方案、制定安全施工措施，并由专业技术人员现场监督。安装完毕后，安装单位应当自检，出具自检合格证明，并向施工单位进行安全使用说明，办理验收手续并签字。

施工起重机械和整体提升脚手架、模板等自升式架设设施的使用达到国家规定的检验检测期限的，必须经具有专业资质的检验检测机构检测。经检测合格的，应当出具安全合格证明文件，并对检测结果负责；经检测不合格的，不得继续使用。

三、施工单位的安全责任

（一）概述

施工单位应当在其资质等级许可的范围内承揽工程。建设工程实行施工总承包的，由总承包单位对施工现场的安全生产负总责。总承包单位应当自行完成建设工程主体结构的施工。总承包单位依法将建设工程分包给其他单位的，分包合同中应当明确各自的安全生产方面的权利、义务。总承包单位和分包单位对分包工程的安全生产承担连带责任。分包单位应当服从总承包单位的安全生产管理，分包单位不服从管理导致生产安全事故的，由分包单位承担主要责任。

（二）安全生产负责人

施工单位主要负责人依法对本单位的安全生产工作全面负责。施工单位应当建立健全安全生产责任制度和安全生产教育培训制度，制定安全生产规章制度和操作规程，保证本单位安全生产条件所需资金的投入，对所承担的建设工程进行定期和专项安全检查，并做好安全检查记录。

施工单位的项目负责人应当由取得相应执业资格的人员担任，对建设工程项目的安全施工负责，落实安全生产责任制度、安全生产规章制度和操作规程，确保安全生产费用的有效使用，并根据工程的特点组织制定安全施工措施，消除安全事故隐患，及时、如实报告生产安全事故。

施工单位应当设立安全生产管理机构，配备专职安全生产管理人员。专职安全生产管理人员负责对安全生产进行现场监督检查。发现安全事故隐患，应当及时向项目负责人和安全生产管理机构报告；对违章指挥、违章操作的，应

当立即制止。

（三）安全生产教育培训

施工单位的主要负责人、项目负责人、专职安全生产管理人员应当经建设行政主管部门或者其他有关部门考核合格后方可任职。

施工单位应当对管理人员和作业人员每年至少进行一次安全生产教育培训，其教育培训情况记入个人工作档案。安全生产教育培训考核不合格的人员，不得上岗。

作业人员进入新的岗位或者新的施工现场前，应当接受安全生产教育培训。未经教育培训或者教育培训考核不合格的人员，不得上岗作业。

施工单位在采用新技术、新工艺、新设备、新材料时，应当对作业人员进行相应的安全生产教育培训。

垂直运输机械作业人员、安装拆卸工、爆破作业人员、起重信号工、登高架设作业人员等特种作业人员，必须按照国家有关规定经过专门的安全作业培训，并取得特种作业操作资格证书后，方可上岗作业。

（四）施工人员安全保证

施工单位应当向作业人员提供安全防护用具和安全防护服装，并书面告知危险岗位的操作规程和违章操作的危害。作业人员应当遵守安全施工的强制性标准、规章制度和操作规程，正确使用安全防护用具、机械设备等。

作业人员有权对施工现场的作业条件、作业程序和作业方式中存在的安全问题提出批评、检举和控告，有权拒绝违章指挥和强令冒险作业。在施工中发生危及人身安全的紧急情况时，作业人员有权立即停止作业或者在采取必要的应急措施后撤离危险区域。

施工单位采购、租赁的安全防护用具、机械设备、施工机具及配件，应当具有生产（制造）许可证、产品合格证，并在进入施工现场前进行查验。施工现场的安全防护用具、机械设备、施工机具及配件必须由专人管理，定期进行检查、维修和保养，建立相应的资料档案，并按照国家有关规定及时报废。

施工单位应当为施工现场从事危险作业的人员办理意外伤害保险。意外伤害保险费由施工单位支付。实行施工总承包的，由总承包单位支付意外伤害保险费。意外伤害保险期限自建设工程开工之日起至竣工验收合格止。

（五）施工方案的安全审查监督

施工单位应当在施工组织设计中编制安全技术措施和施工现场临时用电方案，对下列达到一定规模的危险性较大的分部分项工程编制专项施工方案，并附具安全验算结果，经施工单位技术负责人、总监理工程师签字后实施，由专职安全生产管理人员进行现场监督：①基坑支护与降水工程；②土方开挖工程；③模板工程；④起重吊装工程；⑤脚手架工程；⑥拆除、爆破工程；⑦国务院建设行政主管部门或者其他有关部门规定的其他危险性较大的工程。对上述所列工程中涉及深基坑、地下暗挖工程、高大模板工程的专项施工方案，施工单位还应当组织专家进行论证、审查。

建设工程施工前，施工单位负责项目管理的技术人员应当对有关安全施工的技术要求向施工作业班组、作业人员作出详细说明，并由双方签字确认。

（六）其他安全措施

施工单位应当在施工现场入口处、施工起重机械、临时用电设施、脚手架、出入通道口、楼梯口、电梯井口、孔洞口、桥梁口、隧道口、基坑边沿、爆破物及有害危险气体和液体存放处等危险部位，设置明显的安全警示标志。安全警示标志必须符合国家标准。

施工单位应当根据不同施工阶段和周围环境及季节、气候的变化，在施工现场采取相应的安全施工措施。施工现场暂时停止施工的，施工单位应当做好现场防护，所需费用由责任方承担，或者按照合同约定执行。

施工单位应在施工现场建立消防安全责任制度，确定消防安全责任人，制定用火、用电、使用易燃易爆材料等各项消防安全管理制度和操作规程，设置消防通道、消防水源，配备消防设施和灭火器材，并在施工现场入口处设置明显标志。

施工单位在使用施工起重机械和整体提升脚手架、模板等自升式架设设施前，应当组织有关单位进行验收，也可以委托具有相应资质的检验检测机构进行验收；使用承租的机械设备和施工机具及配件的，由施工总承包单位、分包单位、出租单位和安装单位共同进行验收。验收合格的方可使用。

施工单位应当将施工现场的办公、生活区与作业区分开设置，并保持安全距离；办公、生活区的选址应当符合安全性要求。职工的膳食、饮水、休息场所等应当符合卫生标准。施工单位不得在尚未竣工的建筑物内设置员工集体宿舍。施工现场临时搭建的建筑物应当符合安全使用要求。施工现场使用的装配式活动房屋应当具有产品合格证。

施工单位应当遵守有关环境保护法律、法规的规定，在施工现场采取措施，防止或者减少粉尘、废气、废水、固体废物、噪声、振动和施工照明对人和环境的危害和污染；对因建设工程施工可能造成损害的毗邻建筑物、构筑物和地下管线等，应当采取专项防护措施；在城市市区内的建设工程，应当对施工现场实行封闭围挡。

四、政府相关部门的安全责任

（一）安全生产监督管理部门的安全责任

国务院负责安全生产监督管理的部门对全国建设工程安全生产工作实施综

合监督管理。县级以上地方人民政府负责安全生产监督管理的部门对本行政区域内建设工程安全生产工作实施综合监督管理。

县级以上人民政府负有建设工程安全生产监督管理职责的部门在各自的职责范围内履行安全监督检查职责时，有权采取下列措施：①要求被检查单位提供有关建设工程安全生产的文件和资料；②进入被检查单位施工现场进行检查；③纠正施工中违反安全生产要求的行为；④对检查中发现的安全事故隐患，责令立即排除；重大安全事故隐患排除前或者排除过程中无法保证安全的，责令从危险区域内撤出作业人员或者暂时停止施工。

（二）建设行政主管部门的安全责任

国务院建设行政主管部门对全国的建设工程安全生产实施监督管理。县级以上地方人民政府建设行政主管部门对本行政区域内的建设工程安全生产实施监督管理。建设行政主管部门或者其他有关部门可以将施工现场的监督检查委托给建设工程安全监督机构具体实施。

建设行政主管部门在审核发放施工许可证时，应当对建设工程是否有安全施工措施进行审查，对没有安全施工措施的，不得颁发施工许可证。建设行政主管部门或者其他有关部门对建设工程是否有安全施工措施进行审查时，不得收取费用。国家对严重危及施工安全的工艺、设备、材料实行淘汰制度。具体目录由国务院建设行政主管部门会同国务院其他有关部门制定并公布。

第四节　生产安全事故的应急救援和调查处理

依据《安全生产法》、《建设工程安全生产管理条例》和《生产安全事故报告和调查处理条例》[1]，各级政府建设行政主管部门以及施工单位应制定生产安全事故应急救援预案，建立应急救援体系。当发生生产安全事故时，应及时报告和调查处理，落实生产安全事故责任追究制度，防止和减少生产安全事故的发生。

一、生产安全事故应急救援预案

县级以上地方人民政府建设行政主管部门应当根据本级人民政府的要求，制定本行政区域内建设工程特大生产安全事故应急救援预案，建立应急救援体系。

施工单位不仅要制定本单位生产安全事故应急救援预案，而且还要根据其

---

〔1〕《生产安全事故报告和调查处理条例》：2007年4月9日国务院令第493号公布，自2007年6月1日起施行。

承包的建设工程施工的特点、范围，对施工现场易发生重大事故的部位、环节进行监控，制定施工现场生产安全事故应急救援预案。施工单位应建立应急救援组织或者配备应急救援人员，配备必要的应急救援器材、设备，并定期组织演练。

实行施工总承包的，由总承包单位统一组织编制建设工程生产安全事故应急救援预案，工程总承包单位和分包单位按照应急救援预案，各自建立应急救援组织或者配备应急救援人员，配备救援器材、设备，并定期组织演练。

二、生产安全事故的报告

生产安全事故发生后，事故现场有关人员应当立即报告施工单位负责人。施工单位负责人接到事故报告后，应当迅速采取有效措施，组织抢救，防止事故扩大，减少人员伤亡和财产损失，保护事故现场。需要移动现场物品时，应当做出标记和书面记录，妥善保管有关证物。

同时，施工单位接到事故报告后，还应当按照国家有关伤亡事故报告和调查处理的规定，及时、如实地向负责安全生产监督管理的部门、建设行政主管部门或者其他有关部门报告；特种设备发生事故的，还应当同时向特种设备安全监督管理部门报告。实行施工总承包的建设工程，由总承包单位负责上报事故。

负责安全生产监督管理的部门和其他有关政府部门的负责人接到重大安全生产事故报告后，应当立即赶到事故现场，组织事故抢救。同时，负责安全生产监督管理的部门和其他有关政府部门接到事故报告后，还应当立即按照国家有关规定，如实上报事故情况。

任何单位和个人都应当支持、配合事故抢救，并提供一切便利条件。施工单位不得故意破坏事故现场、毁灭有关证据。施工单位、负责安全生产监督管理的部门和其他有关政府部门不得隐瞒不报、谎报或者拖延不报。

三、生产安全事故的调查处理

事故调查处理应当按照实事求是、尊重科学的原则，及时、准确地查清事故原因，查明事故性质和责任，总结事故教训，提出整改措施，并对事故责任者提出处理意见。任何单位和个人不得阻挠和干涉对事故的依法调查处理。

施工单位发生生产安全事故，经调查确定为责任事故的，除了应当查明事故单位的责任并依法予以追究外，还应当查明对安全生产的有关事项负有审查批准和监督职责的行政部门的责任，对有失职、渎职行为的，应追究法律责任。

县级以上地方各级人民政府负责安全生产监督管理的部门应当定期统计分析本行政区域内发生生产安全事故的情况，并定期向社会公布。

第十七章　建设工程质量管理

第一节　建设工程质量管理概述

“百年大计，质量第一”，质量是建设工程本身的真正生命，也是社会关注的热点。质量对建设工程的成败具有关键性的意义，是建设工程要完成三大控制目标（质量、进度、投资）的重点内容。建设工程的质量不仅关系到国家社会经济的持续健康发展，而且直接关系到广大人民群众的生命财产安全。

当前，我国房地产业的昌盛也带动着建筑事业的蓬勃发展，但是建筑工程质量却存在不少问题，如屋顶漏水、外墙渗漏、甚至房屋倒塌等。在建筑工程建设的过程中，任何一个环节、任何一个部位出现问题，都会给建筑工程的整体质量带来严重的后果。

因此，为了切实提高建设工程质量、杜绝建设工程质量隐患、确保国家和人民生命财产安全，应该大力加强建设工程质量管理，为国家社会发展造就质量更优更佳的建筑工程，为人民创造一个安全舒适的居住环境。建设工程质量管理是一项全面、深入的工作，它贯穿于工程建设的整个过程，不仅仅需要参与单位以及政府的高度重视和鼎力支持，还需要广大建设工程从业人员的积极配合，并以各项规章制度的贯彻和有效措施的执行作保障。

一、建设工程质量的概念及特性

建设工程质量是反映建设工程符合相关法律法规、相关技术标准、设计文件和合同约定的要求，包括其在安全、使用功能及其耐久性能、环境保护等方面所有明显和隐含能力的特性总和。

建设工程质量的特性主要表现在以下六个方面：①适用性。即功能，是指建设工程满足使用目的的各种性能。包括理化性能、结构性能、使用性能、外观性能等。②耐久性。即寿命，是指建设工程在规定的条件下，满足规定功能要求使用的年限，也就是建设工程竣工后的合理使用寿命周期。③安全性。是指建设工程建成后在使用过程中保证结构安全、保证人身和环境免受危害的程度。④可靠性。是指建设工程在规定的时间和规定的条件下完成规定功能的能力。⑤经济性。是指建设工程从规划、勘察、设计、施工到整个产品使用寿命周期内的成本和消耗的费用。⑥与环境的协调性。是指建设工程与其周围生态环境协调，与所在地区经济环境协调以及与周围已建工程相协调，以适应可持续发展的要求。

二、建设工程质量标准

建设工程质量蕴含于整个工程产品的形成过程中，要经过规划、勘察、设计、施工等几个阶段，每一阶段都有相关国家标准的严格要求。

标准是指对重复性事物和概念所作的统一规定，它以科学技术和实践经验的综合成果为基础，经有关方面协商一致，由主管机关批准，以特定形式发布，作为共同遵守的准则和依据。建设工程的标准是指对基本建设中各类工程的规划、勘察、设计、施工、安装、验收等需要统一的技术要求而制定的统一标准，包括技术标准、经济标准和管理标准。

合格是建设工程的最低质量要求，在此基础上可以约定更高的质量标准。换言之，建设工程合同文件中任何关于工程质量的约定与描述，均应理解为工程质量标准的组成部分，承包人应当按照合同约定的标准和方法进行工作，发包人也按此标准与方法进行验收。合同文件约定的工程质量标准低于国家和地方质量标准的，按照国家和地方质量标准执行；合同文件约定的工程质量标准高于国家和地方质量标准的，则按照合同文件约定的标准执行。

三、影响建设工程质量的因素

（一）人的因素

人的因素对建设工程质量形成的影响，取决于两个方面：一是指直接履行建设工程质量职能的决策者、管理者和作业者个人的质量意识及质量活动能力；二是指承担建设工程策划、决策或实施的建设单位、勘察设计单位、咨询服务机构、施工单位等实体组织的质量管理体系及其管理能力。前者是个体的人，后者是群体的人。从事建设工程活动的人的素质和能力得不到必要的控制，其质量活动能力和质量管理能力也会失控，最终导致建设工程质量管理的失控。

（二）材料因素

材料包括建筑材料、建筑构配件和设备，是建设工程施工的物质条件，材料质量是建设工程质量的基础，材料质量不符合要求，建设工程质量也就不可能符合标准。

（三）方法因素

方法是指技术方案、工艺流程、组织措施、检测手段和施工组织设计等。在方法上出现的问题往往是比较多的，如制定了施工组织设计，不能严格执行；不按标准和规范施工；不制定切实可行的预防措施，出现问题了才去处理。特别是施工方案的正确与否，直接影响建设工程的质量。

(四) 管理因素

“管理也是生产力”，管理因素对建设工程质量的影响具有举足轻重的作用。影响建设工程质量的管理因素，主要是决策因素和组织因素。决策因素首先是建设单位的决策；其次是建设过程中，实施主体的各项技术决策和管理决策。实践证明，缺乏质量性能考虑的决策，将对建设工程质量形成不利的影响。组织因素，包括管理组织因素和任务组织因素，管理组织因素指组织架构、管理制度及其运行机制有机联系构成的组织管理模式；任务组织因素是指对建设工程实施的任务及其目标进行分解、发包、委托，以及对实施任务所进行的计划、指挥、协调、检查和监督等一系列工作过程。从建设工程质量控制的角度看，建设工程管理组织系统是否健全、实施任务的组织方式是否科学合理，无疑将对质量目标控制产生重要的影响。

四、建设工程质量管理措施

(一) 坚持“以人为本，安全第一”的原则

从某种意义上来说，施工人员的安全，要比工程的安全更重要。如果工地上发生安全问题，不仅影响工程的进度，同时也会给施工人员的心灵蒙上一层挥之不去的阴影，因此会严重影响工作情绪和工作效率。在对施工人员进行必要的安全保护同时，还要做好对工地周围人员的保护。即便做好了这些保护措施，还应安排专门人员对施工周围定期巡查，及时排除隐患。坚持“以人为本，安全第一”的原则，最终实现“零事故”。

(二) 强化培训、培养专业人才

建设工程的从业人员总体上可以分为决策层、管理层和操作层三个层面。不同的岗位，对人员的素质要求是不同的。但总体来说，都是要求从业人员具有相关专业的“资质”。在我国目前的建设工程领域，从业人员的专业素养相对比较低，实践有余，但是理论知识相对不足，不能很好地从更高层次上把握和指导建设工程质量的管理。只有培养出一批具有专业、创新、纪律严明的建设工程从业人才，才能确保质量过硬地完成建设工程。

(三) 严格控制建筑原材料、建筑构配件和设备质量的管理

建筑原材料、建筑构配件和设备质量管理是建设工程质量管理中不可或缺的一部分。要对供应商所提供的建筑原材料、建筑构配件和设备质量的保证能力进行审核。要加强对建筑原材料、建筑构配件和设备质量的检查验收，确保建筑原材料、建筑构配件和设备质量达到相应标准。要做好建筑原材料、建筑构配件和设备的档案管理，对每种建筑原材料、建筑构配件和设备的产地、供应商、验收人员、存放地点及使用状况等做好详细的记录。当建设工程竣工以后，技术负责人应按编制竣工资料的要求收集整理各种建筑原材料、建筑构配

件和设备的实验检验资料、隐蔽工程记录、施工记录等质量记录。

（四）采取措施，加强技术方面的质量控制

在技术方面准确控制，包括审查施工图纸、熟悉工程重难点部位施工技术、编制施工组织设计等。施工方案的敲定必须实行分级审批制，待方案审完后，做出样板，对样板中仍然存在的问题反复进行修改，直到达到设计要求才能执行。在施工中要建立严明的交接班制度，严格按照国家现行建筑工程质量检验评定相应标准对部分项目及单位工程定期进行质量检验。对于容易出现问题的或对工程质量影响比较大的，工序检测手段或检测技术比较复杂的工序，一定要在交工前把好质量检验这一关。

（五）科学管理，建立健全工程质量监督告知制度

建立严格的质量保证体系和责任制，明确建设工程参与人各自的责任。建设工程参与人从建设工程一开始，就应享有知情权，了解监督工作的方式、方法、内容和手段，以便充分调动建设、勘察、设计、施工和监理等单位自我约束的积极性和主动性，自觉规范建设工程质量，减少和避免事故的发生。

工程建设过程中的各个环节都要严格控制和管理。在实施全过程管理中，首先要根据人员情况和相应工程的特点，最终确定质量目标和攻关内容。再结合质量目标和攻关内容编写施工组织设计，制定具体的措施，明确实施内容、方法和效果。建设工程的各种资料管理从施工开始就应该走向正规化，每一个环节都不容忽视，使得计划和实际之间即使发生偏差，也可以及时发现并纠正。

第二节　建设工程质量及质量缺陷的责任承担

依据《建设工程质量管理条例》，建设单位、勘察单位、设计单位、施工单位、工程监理单位对建设工程质量及质量缺陷均负有相应的责任，建设行政主管部门和其他有关部门应当加强对建设工程质量的监督管理。

一、建设单位承担的质量责任

建设单位是建设工程的组织者和实施者，是建设工程管理的核心，在工程建设过程中处于主导地位，对建设工程质量负总体责任。

（一）质量责任的承担

从建设工程立项到竣工验收的各个阶段，例如建设工程的项目可行性研究，办理各项手续，选择勘察、设计、施工、监理单位，采购与建设工程有关的重要设备、建筑材料，组织竣工验收，建立、健全项目档案等，建设单位都应当严格执行相关法律法规的规定，承担相应的责任。

（二）质量缺陷责任的承担

建设单位不得以任何理由，要求设计单位或者施工单位在工程设计或者施工作业中，违反法律、行政法规和建筑工程质量、安全标准，降低工程质量。否则应承担相应责任。

建设单位具有下列情形之一，造成建设工程质量缺陷，应当承担过错责任：①提供的设计有缺陷；②提供或者指定购买的建筑材料、建筑构配件、设备不符合强制性标准；③直接指定分包人分包专业工程。

建设工程未经竣工验收或者竣工验收不合格，建设单位擅自使用的，意味着建设单位认可建设工程的质量，或者自愿承担使用不合格建设工程产生的责任，建设单位以其使用部分质量不符合约定或不合格为由主张权利的，人民法院不予支持。

二、勘察、设计单位承担的质量责任

从事房地产项目的工程建设活动，应当坚持“先勘察、后设计、再施工”的原则。勘察、设计在工程建设中起龙头作用，勘察、设计的好坏不仅影响建设工程的投资效益和质量安全，其技术水平和指导思想对城市建设的发展也会产生重大影响。

（一）质量责任的承担

勘察、设计单位必须对其勘察、设计的质量负责。勘察、设计文件应当符合有关法律、行政法规的规定和建设工程质量、安全标准，建设工程勘察、设计技术规范以及合同的约定。设计文件选用的建筑材料、建筑构配件和设备，应当注明其规格、型号、性能等技术指标，其质量要求必须符合国家规定的标准。

（二）质量缺陷责任的承担

勘察、设计的质量不符合要求，造成建设单位损失的，勘察单位、设计单位应当继续完善勘察、设计，减收或者免收勘察、设计费并赔偿损失。

设计单位应当参与建设工程质量事故分析，并对因设计造成的质量事故，提出相应的技术处理方案。

三、施工单位承担的质量责任

施工阶段是建设工程实体质量的形成阶段，勘察、设计工作质量均要在这一阶段实现。施工单位是建设市场的重要责任主体之一，是建设工程的直接生产者，它的能力和行为对建设工程的质量起着关键性作用。

（一）质量责任的承担

施工单位必须按照工程设计图纸和施工技术标准施工，不得擅自修改工程设计，不得偷工减料；必须按照工程设计要求、施工技术标准和合同的约定，对建筑材料、建筑构配件和设备进行检验，未经检验或检验不合格的，不得使用；必须确保建设工程在合理使用寿命内的地基基础工程和主体结构的质量。

（二）质量缺陷责任的承担

施工单位原因导致建设工程质量缺陷的，建设单位有权要求施工单位在合理期限内无偿修理或者返工、改建。经过修理或者返工、改建后，造成逾期交付的，施工单位应当承担相关违约责任。

建设工程质量有缺陷的，施工单位承担责任分以下几种情形：①施工单位拒绝修理、返工或者改建的，建设单位有权不予支付或减少支付工程价款；②施工单位修理、返工或者改建后，建设工程经竣工验收合格的，建设单位应支付工程价款，但施工单位应自行承担修理、返工或者改建的费用；③施工单位修理、返工或者改建后，建设工程经竣工验收不合格的，建设单位有权不予支付工程价款。

在因建设单位的原因造成建设工程质量缺陷的情况下，施工单位有过错的，也应当承担相应的过错责任。这是因为施工单位对工程质量负有高于社会谨慎理性人的注意义务，若施工单位明知设计图纸有缺陷而不及时提出却继续施工，或者对建筑材料、建筑构配件、设备怠于检验或通知而继续使用，或者对建设单位降低工程质量的要求不予拒绝，可推定其存在过错，也应当按照过错程度承担相应责任。

即使在建设单位擅自使用建设工程的情况下，建设工程在合理使用寿命内的地基基础工程和主体结构质量有缺陷的，施工单位也应当承担民事责任。

四、监理单位承担的质量责任

建设工程实行工程监理制，是现行工程建设市场走向规范化管理的一项重要制度，并与国际上通行的项目建设管理方法接轨。自工程监理制实施以来，建设工程质量明显提高，工期和投资控制有了保障。

（一）质量责任的承担

监理单位应建设单位的聘请，对建设工程整体施工过程进行监督和管理。由于监理单位既要对建设单位负责，也要对社会负责，因此建设单位必须保证监理单位的独立性。监理单位作为公正、独立、自主的第三方，应当依照法律、法规以及有关技术标准、设计文件和建设工程承包合同，代表建设单位对施工质量实施监理，并对施工质量承担监理责任。

（二）质量缺陷责任的承担

由于监理单位或监理人员的不作为、失职或者渎职行为造成建设工程质量缺陷的，监理单位应依法承担相应的直接或间接责任。

五、政府相关部门的监督管理

建设行政主管部门对建设工程的质量要进行监督管理。建设单位在领取施工许可证或者开工报告前，应当按照国家有关规定办理建设工程质量监督手续。建设行政主管部门主要通过市场准入、标准制定、质量体系认证、竣工验收等手段来保证建设工程的质量。

任何单位和个人所有权对建筑工程的质量事故、质量缺陷向建设行政主管部门或者其他有关部门进行检举、控告、投诉。建设行政主管部门或者其他有关部门应依法进行调查处理。

第三节　建设工程质量验收

建设工程质量验收作为建设工程质量的最后一道关口，最初是由相关政府监管部门把关，但随着政府职能的转变、实行工程竣工验收备案制后，建设工程质量由房地产开发企业负责，建设工程质量验收过程中房地产开发企业处于主导地位。2013 年 11 月 1 日住房和城乡建设部发布的《建筑工程施工质量验收统一标准》(GB 50300 - 2013)[1]遵循“验评分离、强化验收、完善手段、过程控制”的指导原则，对建设工程质量验收进行了统一规范。

《建筑工程施工质量验收统一标准》(GB 50300 - 2013) 将“建设工程质量验收”定义为“建筑工程质量在施工单位自行检查合格的基础上，由工程质量验收责任方组织，工程建设相关单位参加，对检验批、分项、分部、单位工程及其隐蔽工程的质量进行抽样检验，对技术文件进行审核，并根据设计文件和相关标准以书面形式对工程质量是否达到合格做出确认”。建设工程竣工经验收合格后，方可交付使用；未经验收或者验收不合格的，不得交付使用。

一、质量验收的基本规定

(一) 施工质量控制

建设工程的施工质量控制应符合下列规定：①建设工程采用的主要材料、半成品、成品、建筑构配件、器具和设备应实行进场检验。凡涉及安全、节能、环境保护和主要使用功能的重要材料、产品，应按各专业工程施工规范、验收规范和设计文件等规定进行复验，并应经监理工程师检查认可。②各施工工序应按施工技术标准进行质量控制，每道施工工序完成后，经施工单位自检符合规定

---

[1] 《建筑工程施工质量验收统一标准》(GB 50300 - 2013)：2013 年 11 月 1 日《关于发布国家标准〈建筑工程施工质量验收统一标准〉的公告》(住房和城乡建设部公告第 193 号) 发布，自 2014 年 6 月 1 日起实施。

后，才能进行下道工序施工。各专业工种之间的相关工序应进行交接检验，并应记录。③对于监理单位提出检查要求的重要工序，应经监理工程师检查认可，才能进行下道工序施工。

（二）施工质量验收要求

建设工程施工质量应按下列要求进行验收：①建设工程质量验收均应在施工单位自检合格的基础上进行；②参加建设工程施工质量验收的各方人员应具备相应的资格；③检验批的质量应按主控项目和一般项目验收；④对涉及结构安全、节能、环境保护和主要使用功能的试块、试件及材料，应在进场时或施工中按规定进行见证检验；⑤隐蔽工程在隐蔽前应由施工单位通知监理单位进行验收，并形成验收文件，验收合格后方可继续施工；⑥对涉及结构安全、节能、环境保护和使用功能的重要分部工程应在验收前按规定进行抽样检验；⑦建设工程的观感质量应由验收人员现场检查，并共同确认。

（三）竣工验收合格条件

依据《建设工程质量管理条例》第16条第2款的规定，建设工程要竣工验收合格，应当具备下列条件：①完成建设工程设计和合同约定的各项内容；②有完整的技术档案和施工管理资料；③有工程使用的主要建筑材料、建筑构配件和设备的进场试验报告；④有勘察、设计、施工、工程监理等单位分别签署的质量合格文件；⑤有施工单位签署的工程保修书。

（四）竣工验收备案制

依据《建设工程质量管理条例》第49条和《房屋建筑和市政基础设施工程竣工验收备案管理办法》[1]第4、5、6条的规定，建设单位应当自建设工程竣工验收合格之日起15日内，将建设工程竣工验收报告和规划，公安消防、环保等部门出具的认可文件或者准许使用文件报工程所在地的县级以上地方人民政府建设行政主管部门备案。建设单位办理工程竣工验收备案应当提交下列文件：①工程竣工验收备案表。②工程竣工验收报告。竣工验收报告应当包括工程报建日期，施工许可证号，施工图设计文件审查意见，勘察、设计、施工、工程监理等单位分别签署的质量合格文件及验收人员签署的竣工验收原始文件，市政基础设施的有关质量检测和功能性试验资料以及建设行政主管部门认为需要提供的有关资料。③法律、行政法规规定应当由规划、环保等部门出具

[1]《房屋建筑和市政基础设施工程竣工验收备案管理暂行办法》：2000年4月7日《房屋建筑工程和市政基础设施工程竣工验收备案管理暂行办法》（建设部令第78号）发布，自发布之日起施行；根据2009年10月19日《住房和城乡建设部关于修改〈房屋建筑工程和市政基础设施工程竣工验收备案管理暂行办法〉的决定》（住房和城乡建设部令第2号）修正。

的认可文件或者准许使用文件。④法律规定应当由公安消防部门出具的对大型的人员密集场所和其他特殊建设工程验收合格的证明文件。⑤施工单位签署的工程质量保修书。⑥法规、规章规定必须提供的其他文件。住宅工程还应当提交《住宅质量保证书》和《住宅使用说明书》。建设行政主管部门收到建设单位报送的竣工验收备案文件，验证文件齐全后，应当在工程竣工验收备案表上签署“文件收讫”。

根据以上规定，《建设工程竣工验收备案表》是商品房项目竣工验收合格的直接证明文件。但需要指出的是《建设工程竣工验收备案表》仅是备案性文件，备案是在商品房项目竣工验收合格后进行的，备案与否，不影响商品房项目竣工验收合格的效力。

二、质量验收

建设工程质量验收是从部分到整体、从整体到系统，环环相扣、步步深入的过程。从检验批合格开始，依次经历分项工程合格、分部工程合格，最终形成合格的单位工程。单位工程质量验收也称质量竣工验收。

（一）检验批的质量检验及验收

检验批的质量检验，可根据检验项目的特点在下列抽样方案中选取：①计量、计数或计量—计数等抽样方案；②一次、二次或多次抽样方案；③对重要的检验项目，当有简易快速的检验方法时，选用全数检验方案；④根据生产连续性和生产控制稳定性情况，采用调整型抽样方案；⑤经实践证明有效的抽样方案。

检验批抽样样本应随机抽取，满足分布均匀、具有代表性的要求，抽样数量应符合有关专业验收规范的规定。明显不合格的个体可不纳入检验批，但应进行处理，使其满足有关专业验收规范的规定，对处理的情况应予以记录并重新验收。

检验批质量验收合格应符合下列规定：①主控项目的质量经抽样检验均应合格。②一般项目的质量经抽样检验合格。当采用计数抽样时，合格点率应符合有关专业验收的规定，且不得存在严重缺陷。③具有完整的施工操作依据、质量检查记录。

（二）分项、分部及单位工程质量验收

分项工程质量验收合格应符合下列规定：①所含检验批的质量均应验收合格；②所含检验批的质量验收记录应完整。

分部工程质量验收合格应符合下列规定：①所含分项工程的质量均应验收合格；②质量控制资料应完整；③有关安全、节能、环境保护和主要使用功能的抽样检验结果应符合相应规定；④观感质量应符合要求。

单位工程质量验收合格应符合下列规定：①所含分部工程的质量均应验收合格；②质量控制资料应完整；③所含分部工程有关安全、节能、环境保护和主要使用功能的检验资料应完整；④主要使用功能的抽查结果应符合相关专业验收规范的规定；⑤观感质量应符合要求。

（三）质量验收不符合要求的处理

当建筑工程施工质量不符合要求时，应按下列规定进行处理：①经返工或返修的检验批，应重新进行验收；②经有资质的检测机构检测鉴定能够达到设计要求的检验批，应予以验收；③经有资质的检测机构检测鉴定达不到设计要求但经原设计单位核算认可能够满足安全和使用功能的检验批，可予以验收；④经返修或加固处理的分项、分部工程，满足安全及使用功能要求时，可按技术处理方案和协商文件的要求予以验收。

建设工程质量控制资料应齐全完整，当部分资料缺失时，应委托有资质的检测机构按有关标准进行相应的实体检验或抽样试验。经返修或加固处理仍不能满足安全或重要使用功能的分部工程及单位工程，严禁验收。

三、质量验收程序和组织

检验批应由专业监理工程师组织施工单位项目专业质量检查员、专业工长等进行验收。分项工程应由专业监理工程师组织施工单位项目专业技术负责人等进行验收。分部工程应由总监理工程师组织施工单位项目负责人和项目技术负责人等进行验收。勘察、设计单位项目负责人和施工单位技术、质量部门负责人应参加地基与基础分部工程的验收。设计单位项目负责人和施工单位技术、质量部门负责人应参加主体结构、节能分部工程的验收。

单位工程中的分包工程完工后，分包单位应对所承包的工程项目进行自检，并按规定的程序进行验收。验收时，总包单位应派人参加。分包单位应将所分包工程的质量控制资料整理完整，并移交给总包单位。

单位工程完工后，施工单位应组织有关人员进行自检。总监理工程师应组织各专业监理工程师对工程质量进行竣工预验收。存在施工质量问题时，应由施工单位整改。整改完毕后，由施工单位向建设单位提交工程竣工报告，申请工程竣工验收。

建设单位收到工程验收报告后，应由建设单位项目负责人组织监理、施工、设计、勘察等单位项目负责人进行单位工程验收。

第四节 建设工程质量保修

《建筑法》和《建设工程质量管理条例》规定“建筑工程实行质量保修制

度”，建设工程施工单位在向建设单位提交工程竣工验收报告时，应当向建设单位出具质量保修书。质量保修书中应当明确建设工程的保修范围、保修期限和保修责任等。鉴于房地产开发企业以建设房屋建筑工程为主，本节将重点介绍房屋建筑工程的质量保修。

《房屋建筑工程质量保修办法》[1]规定，房屋建筑工程质量保修，是指对房屋建筑工程竣工验收后在保修期限内出现的质量缺陷予以修复。所谓质量缺陷，是指房屋建筑工程的质量不符合工程建设强制性标准以及合同的约定。该办法主要规范的是施工单位向建设单位所承担的保修义务。涉及房地产开发企业售出的商品房的保修，则执行《城市房地产开发经营管理条例》和其他相关规定。

一、质量保修范围和期限

在正常使用条件下，房屋建筑工程的最低保修期限为：①地基基础工程和主体结构工程，为设计文件规定的该工程的合理使用年限；②屋面防水工程及有防水要求的卫生间、房间和外墙面的防渗漏，为5年；③供热与供冷系统，为2个采暖期、供冷期；④电气管线、给排水管道、设备安装，为2年；⑤装修工程，为2年。其他项目的保修期限由建设单位和施工单位约定。房屋建筑工程的保修期，自工程竣工验收合格之日起计算。

但是下列情况不属于保修范围：①因使用不当或者第三方造成的质量缺陷；②不可抗力造成的质量缺陷。

房屋建筑工程在超过合理使用年限后需要继续使用的，产权所有人应当委托具有相应资质等级的勘察、设计单位鉴定，并根据鉴定结果采取加固、维修等措施，重新界定使用期。

二、质量保修责任的承担

房屋建筑工程在保修范围和保修期限内出现质量缺陷的，施工单位应当履行保修义务。施工单位不按工程质量保修书约定保修的，建设单位可以另行委托其他单位保修，由原施工单位承担相应责任。保修费用由质量缺陷的责任方承担。

房屋建筑工程在保修期限内出现质量缺陷，建设单位或者房屋建筑所有人应当向施工单位发出保修通知。施工单位接到保修通知后，应当到现场核查情况，在保修书约定的时间内予以保修。发生涉及结构安全或者严重影响使用功能的紧急抢修事故，施工单位接到保修通知后，应当立即到达现场抢修。

---

〔1〕《房屋建筑工程质量保修办法》：2000年6月30日建设部令第80号发布，自发布之日起施行。

发生涉及结构安全的质量缺陷，建设单位或者房屋建筑所有人应当立即向当地建设行政主管部门报告，采取安全防范措施；由原设计单位或者具有相应资质等级的设计单位提出保修方案，施工单位实施保修，原工程质量监督机构负责监督。

保修完成后，由建设单位或者房屋建筑所有人组织验收。涉及结构安全的，应当报当地建设行政主管部门备案。

在保修期限内，因房屋建筑工程质量缺陷造成房屋所有人、使用人或者第三方人身、财产损害的，房屋所有人、使用人或者第三方可以向建设单位提出赔偿要求。建设单位向造成房屋建筑工程质量缺陷的责任方追偿。因保修不及时造成新的人身、财产损害，由造成拖延的责任方承担赔偿责任。

三、质量保修金

为了落实建设工程在缺陷责任期内的维修责任，国家还规定了建设工程质量保修金制度。《建设工程质量保证金管理暂行办法》[1]规定，建设工程质量保证金（保修金）是指建设单位与施工单位在建设工程承包合同中约定，从应付的工程款中预留，用以保证施工单位在缺陷责任期内对建设工程出现的缺陷进行维修的资金。

建设单位应当在招标文件中明确保修金预留、返还等内容，并与施工单位在合同条款中对涉及保修金的下列事项进行约定：①保修金预留、返还方式；②保修金预留比例、期限；③保修金是否计付利息，如计付利息，利息的计算方式；④缺陷责任期的期限及计算方式；⑤保修金预留、返还及工程维修质量、费用等争议的处理程序；⑥缺陷责任期内出现缺陷的索赔方式。

缺陷责任期一般为6个月、12个月或24个月，具体可由双方在合同中约定。缺陷责任期从建设工程通过竣工验收之日起计算。由于施工单位原因导致建设工程无法按规定期限进行竣工验收的，缺陷责任期从实际通过竣工验收之日起计。由于建设单位原因导致工程无法按规定期限进行竣工验收的，在施工单位提交竣工验收报告90日后，建设工程自动进入缺陷责任期。

缺陷责任期内，由于施工单位原因造成的缺陷，施工单位应负责维修，并承担鉴定及维修费用。如施工单位不维修也不承担费用，建设单位可按合同约定扣除保修金，并由施工单位承担违约责任。施工单位维修并承担相应费用后，不免除对建设工程的一般损失赔偿责任。由于他人原因造成的缺陷，建设单位负责组织维修，施工单位不承担费用，且建设单位不得从保修金中扣除

---

〔1〕《建设部、财政部关于印发〈建设工程质量保证金管理暂行办法〉的通知》：2005年1月12日建质［2005］7号公布，自公布之日起施行。

费用。

建设工程竣工结算后，建设单位应按照合同约定及时向施工单位支付工程结算价款并预留保修金。缺陷责任期内，施工单位应认真履行合同约定的责任；到期后，施工单位向建设单位申请返还保修金。

第六编　房地产交易

第十八章　房地产项目转让

房地产项目转让就是指房地产开发主体将房地产项目的权利和义务一并转移给他人的行为。房地产开发主体对房地产项目（亦称“房地产开发项目”）享有项目所有权，该所有权的核心内容是国有土地使用权和项目开发经营权，这些权利的行使可以带来经济利益，具有财产权利内容，因而可以成为转让的对象，房地产项目转让成为一种房地产交易形式也就成为必然。

实践中，房地产项目转让的方式主要有两种：一种是房地产项目权属发生变更的房地产项目转让，是指房地产项目权利人通过买卖、赠与或者其他合法方式将其房地产项目转移给他人并到房地产管理部门办理权属变更登记的行为；另一种是房地产项目权属未发生变更的房地产项目转让，是指虽没有办理权属变更登记手续，但房地产项目之实际权益已转由原房地产项目权利人之外的他人享有的情形。本章将从相关法律法规的规定和实务操作出发，通过对房地产项目转让方式的研究，阐述房地产项目转让中应注意的法律问题。

第一节　房地产项目权属发生变更的房地产项目转让

在房地产业兴起和发展的前期，房地产项目是不允许交易的，如国务院办公厅在 1990 年 7 月 14 日转发的建设部《关于进一步清理整顿房地产开发公司的意见》[1]中第 9 条第 1 项就明确规定：“房地产开发公司必须在核准的经营

〔1〕《国务院办公厅转发建设部关于进一步清理整顿房地产开发公司意见的通知》：1990 年 7 月 14 日国办发［1990］41 号发布。

范围内真正从事房地产开发，只能经营公司自己开发的商品房，不得转手倒卖，不得向其他单位转让商品房屋建设计划，严禁超范围经营。”但随着经济体制改革的深入和市场经济体制的确立，一些计划经济制度下制定的政策和管理制度早已被市场经济发展的大潮所突破，各地政府对房地产开发经营的政策有所放宽。1992 年前后，在沿海一些城市，首先出现了对房地产项目进行交易的行为，并很快有了较大的发展。1994 年我国出台了《城市房地产管理法》，1998 年出台了《城市房地产开发经营管理条例》，1995 年出台了《城市房地产转让管理规定》[1]，虽然其中都只是原则性规定，但为我国房地产项目转让确立了法定的条件和标准。

我国现行法律法规规定的房地产项目转让，是指房地产项目权利人通过买卖、赠与或者其他合法方式将其房地产项目转移给他人并到房地产管理部门办理权属变更登记的行为。

一、转让形式

我国法律法规规定的房地产项目转让形式，均发生了房地产项目的权属变更，因而其手续复杂、税费繁重。转让的形式主要有以下几种：①通过买卖、赠与方式将房地产项目转移给他人；②以房地产作价入股、与他人成立企业法人，房地产权属发生变更的；③一方提供土地使用权，另一方或者多方提供资金，合资、合作开发经营房地产，而使房地产权属发生变更的；④因企业被收购、兼并或合并，房地产权属随之转移的；⑤以房地产抵债的；⑥法律、法规规定的其他情形。本节重点阐述直接转让方式和合作开发方式。

（一）直接转让方式

房地产项目的转让、受让双方直接以合同的方式约定房地产项目的国有土地使用权和项目开发经营权转移中的权利和义务，实现房地产项目的转让，是最为直接的一种房地产项目转让形式。

在直接转让方式下，对于转让方而言，其转让房地产项目属于销售不动产，按照我国现行税务法律法规，其应按营业额的 5% 缴纳营业税，同时还应缴纳土地增值税（税率为 30% ~60%）和教育费附加等附加税；对于受让方而言，购买房地产项目应缴纳契税（税率为 3% ~5%）；并且，由于转让、受让双方签署了产权转移书据，因此还应按产权转移书据所载金额缴纳 0.05% 的印花税。

---

[1] 《城市房地产转让管理规定》：1995 年 8 月 7 日建设部令第 45 号发布，自 1995 年 9 月 1 日起施行；根据 2001 年 8 月 15 日《建设部关于修改〈城市房地产转让管理规定〉的决定》（建设部令第 96 号）修正。

在直接转让方式下，房地产项目的权属由转让方名下转移至受让方名下，因此除了以上税务成本外，转让、受让双方还应缴纳一些与房地产项目权属转移变更手续相关的费用。

（二）合作开发方式

合作开发房地产是指两个以上的当事人为合作开发房地产而共同出资、共享利润、共担风险的合作开发方式。一般是一方提供土地，另一方提供资金、技术、劳务等，共同开发土地、建筑房屋，并在项目开发完成后按约定比例分享利润。

在合作开发方式下，拟定一方以土地出资（下称该方为转让方）、另一方以货币资金（下称该方为受让方）出资组建新项目公司，适用于转让方开发经营的房地产项目众多而收购方不欲取得除目标房地产项目以外的其他项目的情况。

在合作开发方式下，对于转让方和受让方而言，涉及的税负有：营业税、土地增值税、契税、印花税。①依据《财政部、国家税务总局关于股权转让有关营业税问题的通知》[1]第1条“以无形资产、不动产投资入股，与接受投资方利润分配，共同承担投资风险的行为，不征收营业税”的规定，转让方无需缴纳营业税。②根据《财政部、国家税务总局关于土地增值税一些具体问题规定的通知》[2]“对于以房地产进行投资、联营的，投资、联营的一方以土地（房地产）作价入股进行投资或作为联营条件，将房地产转让到所投资、联营的企业中时，暂免征收土地增值税。对投资、联营企业将上述房地产再转让的，应征收土地增值税”的规定，转让方在投资时无需缴纳土地增值税。值得注意的是，从2006年3月2日起至2014年12月31日止，依据《财政部、国家税务总局关于土地增值税若干问题的通知》[3]第5条的规定，“对于以土地（房地产）作价入股进行投资或联营的，凡所投资、联营的企业从事房地产开发的，或者房地产开发企业以其建造的商品房进行投资和联营的，均不适用《财政部、国家税务总局关于土地增值税一些具体问题规定的通知》（财税字［1995］048号）第1条暂免征收土地增值税的规定”。自2015年1月1日起至2017年12月31日止，依据《财政部、国家税务总局关于企业改

〔1〕《财政部、国家税务总局关于股权转让有关营业税问题的通知》：2002年12月10日财税［2002］191号发布，自2003年1月1日起执行。

〔2〕《财政部、国家税务总局关于土地增值税一些具体问题规定的通知》：1995年5月25日财税字［1995］48号发布。

〔3〕《财政部、国家税务总局关于土地增值税若干问题的通知》：2006年3月2日财税［2006］21号发布，自2006年3月2日起执行；该法规中“第5条”已被2015年2月2日《财政部、国家税务总局关于企业改制重组有关土地增值税政策的通知》（财税［2015］5号）废止。

制重组有关土地增值税政策的通知》[1]，《财政部、国家税务总局关于土地增值税若干问题的通知》第5条被废止。③由于新项目公司承受了转让方投资的土地、房屋权属，因此新项目公司需要承担契税，该部分契税实际上是由转让方和受让方按股权比例分担。④根据《财政部、国家税务总局关于企业改制过程中有关印花税政策的通知》[2]的规定，转让方、受让方和新项目公司均无需缴纳印花税。

在合作开发方式下，转让方与受让方共同设立新项目公司，由于有实物出资，会产生一定的评估费用；注册新项目公司还会产生验资费用、登记注册费用；并且新项目公司成立后要及时办理房地产权属变更的有关手续并缴纳费用。

二、转让要件

根据我国现行法律法规的规定及实践中的总结，在变更房地产项目权属的情况下，房地产项目转让应当具备实质要件和形式要件：只有符合实质要件，房地产项目转让行为才不至于因为违反法律法规而无效；对形式要件的违反，在合同已实际履行时可以补办手续而使合同有效。

（一）实质要件

1. 房地产项目转让时，房屋所有权和该房屋占用范围内的土地使用权同时转让。

2. 下列房地产，不得转让：①以出让方式取得土地使用权的，不符合《城市房地产管理法》第39条规定的条件的；②司法机关和行政机关依法裁定、决定查封或者以其他形式限制房地产权利的；③依法收回土地使用权的；④共有房地产，未经其他共有人书面同意的；⑤权属有争议的；⑥未依法登记领取权属证书的；⑦法律、行政法规规定禁止转让的其他情形。

3. 转让方以出让方式取得土地使用权的，其转让房地产项目时，已按照土地使用权出让合同约定支付全部土地使用权出让金，持有合法取得的土地使用权证书；已按照土地使用权出让合同进行投资开发，属于房屋建设工程的，完成开发投资总额的25%以上，属于成片开发土地的，形成工业用地或者其他建设用地条件。

4. 转让方以划拨方式取得土地使用权的，其转让房地产项目时，应当办理有关批准手续，有批准权的人民政府准予转让的，应当由受让方办理土地

---

[1] 《财政部、国家税务总局关于企业改制重组有关土地增值税政策的通知》：2015年2月2日财税[2015] 5号发布，执行期限为2015年1月1日~2017年12月31日。

[2] 《财政部、国家税务总局关于企业改制过程中有关印花税政策的通知》：2003年12月8日财税[2003] 183号发布。

使用权出让手续，并依照国家有关规定缴纳土地使用权出让金；有批准权的人民政府按照国务院规定决定可以不办理土地使用权出让手续的，转让方应当按照国务院规定将转让房地产所获收益中的土地收益上缴国家或者作其他处理。

（二）形式要件

我国现行法律法规规定的形式要件有：①须办理土地使用权转让批准、变更登记手续；②须办理规划报建和施工许可的更名手续；③须向原立项审批部门办理项目开发者更名手续；④根据有关政府部门的要求，其他需要办理的更名或备案手续。

三、优点和风险

（一）优点

1. 风险可控。与房地产项目有关的权利和对权利的限制（抵押、担保等）均以在登记机关的登记为准，容易查清，不会有无法预计的风险。因此，受让方可以取得相对无瑕疵的房地产项目权利，不会因原项目权利人或项目公司的债务或潜在债务（如担保等）而影响、妨碍、拖累房地产项目过户后的开发行为，受让方的权利能够得到充分保障。

2. 税费可抵。付出的房地产项目转让款和税费可列入房地产项目开发成本，表面上虽然缴交了过户税费，但因为有合法的成本入账而减少了项目经营利润，从而可以少交企业所得税。

（二）风险

1. 手续繁琐。从立项开始，需要对建设项目选址意见书、建设用地规划许可证、国有土地使用证、建设工程规划许可证、建设工程施工许可证等环节逐一办理变更手续，有的甚至还有可能面临被调整用地面积、容积率、土地用途等经济技术指标的风险。

2. 外部关系复杂。房地产项目转让时，除了需要处理与政府主管部门的关系办理相关手续外，还可能涉及大量的其他外部关系。比如，房地产项目转让时，若还有尚未完成的拆迁补偿安置的，依照《城市房地产开发经营管理条例》第 22 条的规定，原拆迁补偿安置合同中有关的权利、义务随之转移给受让方，项目转让方应当书面通知被拆迁人。若房地产项目正在建设中转让，还需要处理与勘察、设计、施工、监理、材料供应等各方的关系。若房地产项目存在预售问题，还需要处理与预售房买受人之间的关系。

3. 税费较高。需缴纳数额相当可观的过户税费，包括营业税、土地增值税、契税、印花税、教育费附加等税收和交易手续费。

第二节 房地产项目权属未发生变更的房地产项目转让

根据我国现行法律法规的规定，在房地产项目权属发生变更和转移的情况下，进行房地产项目的转让手续繁琐、税费较高。房地产投资者们纷纷寻求手续能简化、税费能节省的房地产项目转让方式，因此房地产市场出现了大量在房地产项目权属不发生变更和转移的情况下，实现房地产项目的转让形式。房地产项目权属未发生变更的房地产项目转让，就是指虽没有办理权属变更登记手续，但房地产项目之实际权益已转由原房地产项目权利人之外的他人享有的情形。

一、转让形式

在房地产项目权属不发生变更和转移的情况下，可以采取以下几种方式实现房地产项目的实际权益由原权利人让渡给其他人。

（一）公司股权转让方式

房地产项目所有人是房地产开发企业或者专门设立的项目公司，投资者可以在不改变房地产项目所有人名义的情况下，通过公司股权转让方式改变房地产项目的实际所有人，从而以资本运作来达到获得房地产项目的意图。这种隐蔽的房地产项目转让方式，表面上看是股权转移，实际上却是房地产项目的转让，此种转让方式多适用于房地产项目所有人仅开发一个房地产项目的情形。

以公司股权转让方式实现房地产项目的转让，税负和交易成本都很低，以下通过例证予以说明：受让方S公司与出让方C公司就目标公司（即房地产项目所有人）M公司的股权进行交易，S公司通过收购C公司在M公司的股权，以间接取得房地产项目的所有权。

对于出让方C公司而言，其转让在M公司的股权，依据《财政部、国家税务总局关于股权转让有关营业税问题的通知》第2条“对股权转让不征收营业税”的规定，出让方C公司无需缴纳营业税。由于出让方C公司出让的是股权，而非房地产项目，因此也无需缴纳土地增值税。但值得注意的是，依据《国家税务总局关于以转让股权名义转让房地产行为征收土地增值税问题的批复》[1]的规定，若M公司的股东一次性转让100%的股权，且这些以股权形式表现的资产主要是土地使用权、地上建筑物及附着物，对此应按土地增值税的规定征税。

---

〔1〕《国家税务总局关于以转让股权名义转让房地产行为征收土地增值税问题的批复》：2000年9月5日国税函［2000］687号发布。

对于受让方S公司而言，根据《财政部、国家税务总局关于企业事业单位改制重组契税政策的通知》[1]的“在股权（股份）转让中，单位、个人承受公司股权（股份），公司土地、房屋权属不发生转移，不征收契税”的规定，受让方S公司无需缴纳契税。

在此次股权转让中，出让方C公司和受让方S公司各自仅需按股权转让价款缴纳0.05%的印花税。而在其他交易成本方面，由于房地产项目的所有者仍然是M公司，所以也不需要房地产项目权属变更手续的支出。

（二）公司吸收合并方式

依据《公司法》的规定，一个公司吸收其他公司为吸收合并，被吸收的公司解散。采取公司吸收合并的方式实现房地产项目的转让，必须是拥有房地产项目所有权的公司为存续方。在该种方式中，吸收其他公司而存续的房地产项目公司仍然以自己的名义进行房地产开发，当然其需有从事房地产开发的相应资质，除了需要办理工商变更登记手续外，无需办理房地产项目的变更手续。

（三）公司增资扩股方式

《公司法》对公司增资扩股有明确的规定，采取此种方式也可以实现房地产项目的转让。举例说明：甲公司是一家房地产开发公司，现有A、B两个股东，注册资本1000万元，有一个商品房开发项目，但在缴清土地使用权转让价款、取得土地使用权证后，就无力继续开发建设了。于是，A、B、C三方签订增资扩股协议，由C方以货币资金投资4000万元到甲公司并将甲公司的注册资本增加至5000万元。这样，A、B享有的公司股权比例从原来的100%缩小为20%，另80%的股权（即房地产项目80%的权益）则转由C方享有了。采用增资扩股的方式实现房地产项目的转让，除了需要办理工商变更登记手续外，亦无须向政府职能部门办理房地产项目的权属变更手续。

二、优点以及风险

（一）优点

1. 手续简单。无需办理土地使用权、项目开发者名称、各种批文和许可证等事项的变更手续，而只需办理工商变更登记手续即可，手续相对较为简单，更利于受让方进行开发利用。

2. 费用节省。无需缴纳与房地产项目过户相关的营业税、土地增值税、契税等，大大降低了投资开发成本。

---

[1] 《财政部、国家税务总局关于企业事业单位改制重组契税政策的通知》：2012年1月12日财税［2012］4号发布，执行期限为2012年1月1日~2014年12月31日。

3. 开发快捷。一旦办妥工商变更登记手续，受让方即可投入资金进行后续开发建设，无需再另行成立房地产公司。

（二）风险

1. 原股东纠纷风险。如有的目标公司（即房地产项目所有人，下同）虽然获得了项目批准，但是公司原股东的注册资金部分或全部未到位，或是原股东中途部分更换，而新股东支付的股权交易款没有完全付清致使股权变更手续没有完结。有的案例中出现大股东掌握公司印鉴和受让方签订转让协议，小股东不同意而产生纠纷。

2. 债务风险。目标公司的债务风险难以控制，例如是否对外签有已构成违约的合同、银行贷款未结清、土地使用权出让金欠款或拆迁补偿款欠款等。受让方是必须承担目标公司的债务责任的，即使转让协议明确规定受让方对目标公司的债务不承担责任，这种协议条款也无法对抗善意第三人。受让方在对外承担了债务责任再向原来的股东进行追偿时，原来股东的偿债能力可能已经没有了保证，从而使得受让方无处追偿。

3. 担保风险。虽然受让方进入目标公司持有的是股权，但是股权的实质在于资产，如果转让方在转让前把该资产进行对外抵押或者股权质押，则该股权价值就存在极大不确定性。

4. 诉讼（或仲裁）风险。正在进行的诉讼（或仲裁）会给目标公司带来无法预料的经济损失，因为案件结果的不确定性使目标公司资产处于风险之中，随时可能会被法院采用冻结查封或者执行等法律强制措施。

5. 其他风险。目标公司若历经多年，已经几易其主，许多历史遗留问题也不易解决，比如项目手续完善、税务问题等，另外还有一些特殊问题比如目标公司系外商投资企业的，转让手续未经相关部门批准等也是受让方风险来源。

第十九章　商品房销售

第一节　商品房销售形式

《城市房地产管理法》和其他有关法规都使用了“商品房”一词，但对其含义未作明确的解释。不过，从这些法规规定的内容来看，可以得知商品房的一些特征[1]：①商品房是由房地产开发企业在国有土地上开发建设的；②房地产开发企业开发建设商品房是为了出售，而非自用。根据上述特征，可以对“商品房”下个简要的定义，即商品房是指房地产开发企业在国有土地上开发建设并出售的房屋。

依据《商品房销售管理办法》第3条的规定，商品房销售包括商品房现售和商品房预售两种形式。目前，我国商品房预售比例高达80%以上，“钱货两清”的现售模式还待逐步推进。

一、商品房预售制度

商品房预售，是指房地产开发企业将正在建设中的商品房预先出售给买受人，并由买受人支付定金或者房价款的行为。

人们习惯上把在建的、尚未完成的、不能交付使用的房屋称为期房，故商品房预售被人们习惯称之为“卖期房”；又由于房屋尚在施工之中便被“拆零砸碎”，分期分批地预售给广大投资者，犹如落英片片坠落，故被人们形象地称为“楼花”，商品房预售因此又俗称“卖楼花”。[2]

商品房预售制度首创于我国香港地区。香港立信置业公司于1954年最先推出了楼宇“分层售卖，分期付款”的方式，此后这一售楼方式便在香港地区流行开来，并成为香港房地产市场的一大经营特色。1956年香港政府出台了《预售楼花同意书》制度，正式以法律的形式对楼花预售进行规范管理，标志着商品房预售制度的诞生。

我国住房制度改革初期，为了解决房地产开发企业普遍缺少资金、商品房供应量小的问题，有关部门借鉴香港房地产开发经验，引入了商品房预售制

---

〔1〕梁书文：“商品房销售误差纠纷的处理”，载《法律适用》2006年第1～2期。

〔2〕符启林：《房地产法》，法律出版社2004年版，第220页。

度，并通过1994年颁布的《城市房地产管理法》确立下来。同年，建设部根据这一立法发布第40号令，在全国开始实施《城市商品房预售管理办法》，对商品房预售做出了明确规定，并于2001年及2004年进行了两次修订。

商品房预售制度的创设有着积极的作用：一方面，其加快了商品房的销售和开发商经营资金的周转速度，为开发商提供了一条新的融资渠道，从而极大地推动了房地产市场的发展；另一方面，其减轻了商品房买受人的付款压力，刺激了广大居民的住宅消费，改善了城市居民的住房条件。目前，商品房预售与银行按揭贷款相伴随，已成为我国房地产销售市场中一种主要的交易模式。

随着房地产市场的成熟和进一步发展，商品房预售制度亦反映出了许多的不完善及其所带来的种种弊端。对于商品房买受人而言，买受人未验货就自行支付或通过按揭贷款的方式支付了全部的房价款，这其实是一种极具风险的交易方式。一旦因个别房地产开发企业的诚信问题或是买受人在选择过程中轻信了一些广告或口头的不负责任的承诺，那么，当建成的现房与广告、口头承诺出现差异时，往往是处于弱势的买受人被迫接受不符合要求的住房或者承担毁约的责任；对于房地产开发企业而言，商品房预售制度使得房地产业处于一种无序竞争的状态，没有形成完全的优胜劣汰的机制。房地产业中具有实力、品牌、技术、管理的企业的竞争优势并不明显，而一些具备充分的人脉关系，尤其是与开发土地相关政府职能部门和金融机构有人脉关系的房地产开发企业则完全有可能通过人脉而获得廉价土地资源和低成本的银行贷款，进而获得房地产项目的成功。

二、商品房现售制度

商品房现售，是指房地产开发企业将竣工验收合格的商品房出售给买受人，并由买受人支付房价款的行为。

商品房现售，应当符合以下条件：①现售商品房的房地产开发企业应当具有企业法人营业执照和房地产开发企业资质证书；②取得土地使用权证书或者使用土地的批准文件；③持有建设工程规划许可证和施工许可证；④已通过竣工验收；⑤拆迁安置已经落实；⑥供水、供电、供热、燃气、通信等配套基础设施具备交付使用条件，其他配套基础设施和公共设施具备交付使用条件或者已确定施工进度和交付日期；⑦物业管理方案已经落实。

商品房现售制度具有如下优点：①在商品房现售制度下，商品房买受人将承担更低的风险，获得更大的保障，虽然可能在价格上承担更多的费用，但同时也减少了自身的资金占用时间，总体上讲，是消费性价比的大幅度提升。②从开发资金的角度讲，要房地产开发企业全面推行现房销售至少在现阶段缺少可操作性，但是因宏观调控的影响，众多房地产开发企业原先准备预售的商品房未能全部销售，已经随着工程进度逐渐成为现房及准现房，在市场的压力下被动地启动了部分的现房销售。由于现房销售打破了消费者的心理障碍，潜在的客户需求被激发，因此实行现房销售后，房地产项目的销售业绩就会得到明显的增加。③实行商品房现售制度，对政府以法律法规体系对市场进行监管、约束提出了更高的要求，同时，在一定程度上也要求政府在市场各环节中减少参与程度，让市场回归价值规律范畴，减少可能存在的权力寻租行为。

现行的商品房预售制度实际上是以期房销售的名义，实现了现房销售的实质，将经营风险转嫁给了社会。一是购房者支付了全部的房价款，承担了开发的全部风险；二是开发商提前使用了购房者的资金，实现了“空手套白狼”的经营模式，而且是购房者承担了资金利息；三是通过住房按揭把一部分开发风险转嫁到银行。[1]

2005 年 8 月，中国人民银行在其公布的《2004 年中国房地产金融报告》中称“很多市场风险和交易问题都源于商品房新房的预售制度，目前经营良好的房地产商已经积累了一定的实力，可以考虑取消现行的房屋预售制度。改期房销售为现房销售”。[2]此言一出，社会各界对于我国尽快退出商品房预售制度，建立相对稳定的商品房现售制度的讨论不绝于耳。

中国房地产市场快速发展的二十多年实践过程中所反映出来的问题均表明，以解决房地产开发企业资金问题为初衷的商品房预售制度存在着天生的缺陷，给社会的方方面面带来了一些深层次的问题，占用了大量的政府行政资源，暗藏着权力寻租的隐患，甚至给社会造成一些影响稳定的因素，诱发群体性事件。因此，对其进行革新是商品房销售制度发展、完善过程中必须着手进行的工作。

经历了大量实践的现售制度有着预售制度所不可比拟的优势，也是房地产市场走向规范化的必由之路。不论是从消费者的弱势群体保护角度出发，还是从“大社会、小政府”的政改方向出发，在房地产市场实行现售制度是市场发展到现阶段的大势所趋。

但是在现阶段下，如果以“硬着陆”的方式，在短期内退出商品房预售制度而全面推行商品房现售制度存在着较大的风险：一方面将导致大量的房地产开发企业无法生存，资金链断裂、大量在建楼盘烂尾等现象必然出现，抑或将使整个市场陷于崩溃的边缘，给国民经济带来不可弥补的损失；另一方面，“硬着陆”带来的市场供求关系失衡也将导致现有的价格体系中的平衡点被打

---

〔1〕 綦鹏：“期房销售改革的可行性分析”，载《特区经济》2005 年 12 月刊。

〔2〕 中国人民银行房地产金融分析小组：《2004 年房地产金融报告》，2005 年，第 30 页。

破，使市场秩序更为混乱。因此，商品房现售制度不能贸然实施，需要循序渐进地推进。

第二节　商品房销售广告

作为房地产市场营销的主要手段之一，房地产广告毫无疑问地在促进市场交易中起着十分重要的作用。而房地产广告中一个重要的类别——商品房销售广告，在商品房销售中的导向作用显得尤其明显。

现行法律法规并未对商品房销售广告作出定义，但作为房地产广告的类型之一，可以从房地产广告的概念来理解商品房销售广告。现行《房地产广告发布暂行规定》〔1〕第2条称，房地产广告，是指房地产开发企业、房地产权利人、房地产中介服务机构发布的房地产项目预售、预租、出售、出租、项目转让以及其他房地产项目介绍的广告。

商品房销售广告在商品房销售市场的巨大作用，也导致了层出不穷的商品房销售广告纠纷。

一、商品房销售广告的形式

商品房销售广告包括媒体广告、售楼书、现场制作的广告牌以及通过样板房进行的销售宣传。目前，房地产市场上出现的商品房销售广告的形式主要有以下几种：

1. 对商品房美观性质量的陈述。主要是针对商品房的装修、设计部分的描述，包括公共空间与室内部分的装修标准、装修部位、设计风格等。

2. 对商品房环境性质量的陈述。对环境的描述包括自然环境（如采光、朝向、小区绿化率等）和生活环境（如小区区位、交通、学校等），还包括现有环境（如现有的超市、医院、菜场等）和未来环境（如政府正在规划中的道路等）。

3. 对商品房使用功能性质量的陈述。即是对商品房各个组成部分实现其特定的正常用途的能力所作的描述，如室内配套设施供水、供暖、供气等的功能；室外公共配套设施走廊、电梯、停车场等的功能。

4. 向商品房买受人提供某些购房优惠或附带赠送礼品的陈述。如价格优惠、有奖促销、买房送本地户口等。

---

〔1〕《房地产广告发布暂行规定》：1996年12月30日国家工商行政管理局令第71号公布，自1997年2月1日起施行；根据1998年12月3日《国家工商行政管理总局关于修改〈经济合同示范文本管理办法〉等33件规章的决定》（国家工商行政管理局令第86号）修正。

5. 向商品房买受人承诺售后回报的陈述。如宣传返本销售、售后包租、预租回报、投资零风险等。

二、商品房销售广告的法律性质

关于商品房销售广告的法律性质，《最高人民法院关于审理商品房买卖合同纠纷案件适用法律若干问题的解释》[1]（本书简称为《商品房买卖合同纠纷司法解释》）第3条作了明确的界定："商品房的销售广告和宣传资料为要约邀请，但是出卖人就商品房开发规划范围内的房屋及相关设施所作的说明和允诺具体确定，并对商品房买卖合同的订立以及房屋价格的确定有重大影响的，应当视为要约。该说明和允诺即使未载入商品房买卖合同，亦应当视为合同内容，当事人违反的，应当承担违约责任。"

依据《合同法》第14条和第15条的规定，"要约"是希望和他人订立合同的意思表示，该意思表示应当符合下列规定：①内容具体确定；②表明一经受要约人承诺，要约人即受该意思表示约束。"要约邀请"是希望他人向自己发出要约的意思表示。《合同法》也同时界定了商业广告的法律性质：寄送的价目表、拍卖公告、招标公告、招股说明书、商业广告等为要约邀请。商业广告的内容符合要约规定的，视为要约。

也既是说，商品房销售广告视不同情况可分为两种法律性质：一是要约性质的商品房销售广告；二是要约邀请性质的商品房销售广告。[2]

由上述分析可见，商品房销售广告原则上是要约邀请。要约邀请针对的是不特定的相对人，其内容是抽象的、模糊的、不明确的，对房地产开发企业和商品房买受人都不具有法律上的拘束力。房地产开发企业在售楼广告、售楼宣传资料中打出来的如"环境优美、交通便利"、"彰显典雅尊贵"等广告宣传语，只是为了赚取人们的眼球而作的噱头，这样的广告宣传语是难以写进商品房买卖合同之中的。

商品房销售广告要认定为要约，需要满足三个条件：①出卖人对房屋及相关设施所作的说明和允诺必须具体确定。例如房地产开发企业在售楼广告中承诺说小区有1000多平方米的中心花园，这样的说明和允诺就是具体确定的。然而对于一些不涉及数据的说明和允诺，何为具体，不同的法官可能就会有不同的理解，这就有可能造成对于相同性质的案件，不同的法院作出不同的判决结果。②该说明和允诺针对的是商品房开发规划范围内的房屋及相关设施。但

---

〔1〕《最高人民法院关于审理商品房买卖合同纠纷案件适用法律若干问题的解释》：2003年4月28日法释［2003］7号公布，自2003年6月1日起施行。

〔2〕郭峥："浅谈商品房销售广告的性质"，载《商品与质量》2012年6月刊。

买受人是难以知道商品房销售广告所指区域是否处于开发规划范围之内。若出卖人在商品房销售广告中对开发规划范围之外的环境和公共设施的说明与承诺具体明确，且该说明和承诺对买受人的购房决定和购房价格有重大影响，如不认可该商品销售广告的要约性质，则意味着出卖人可以违背诚实信用原则进行虚假宣传。③该说明和允诺对商品房买卖合同的订立以及房屋价格的确定有重大影响。但是，何为“重大影响”，在司法实践中，这一规定缺乏统一的、明确的、可操作性标准。

三、作为合同正式条款的商品房销售广告

无论是将商品房销售广告认定为要约邀请还是要约，对商品房买受人的保护都是很弱的，为了更切实地保护商品房买受人的利益，商品房买受人可以与房地产开发企业协商一致，将商品房销售广告的内容写入商品房买卖合同作为合同的正式条款，或者将商品房销售广告作为商品房买卖合同的附件，从而使商品房销售广告成为合同的一部分。

成为商品房买卖合同组成部分的商品房销售广告，对房地产开发企业具有法律上的约束力。当房地产开发企业不能兑现其承诺时，就要承担违约责任。这样就减少了不必要的纠纷，当事人双方也不会因为商品房销售广告的法律性质而争执不下。

建设部于2001年6月1日颁布的《商品房销售管理办法》第15条其实有相关规定：“房地产开发企业、房地产中介服务机构发布的商品房销售广告和宣传资料所明示的事项，当事人应当在商品房买卖合同中约定。”但由于建设部颁布的规范性文件属于部门规章，效力层次较低，在实践中并未得到充分的执行。对于房地产开发企业而言，将商品房销售广告的内容写入合同只会有更多的约束，因而都会有意或无意地忽略；对于商品房买受人而言，虽然知道将商品房销售广告的内容写入合同才能最大限度地维护其利益，但是实践中商品房买卖合同基本都是格式合同，再加上商品房买受人和房地产开发企业之间不平等的市场地位，使得商品房销售广告的内容实际上是很难被写进商品房买卖合同或作为商品房买卖合同的附件。

四、违反商品房销售广告的民事责任

（一）缔约过失责任

缔约过失责任，是指在合同订立过程中，一方因违背其依据诚实信用原则所产生的义务，而致另一方的信赖利益的损失时所应承担的损害赔偿责任。[1]

---

〔1〕 王利明：《民法学》，复旦大学出版社2004年版，第573页。

缔约过失责任是发生在合同订立过程中的，因此只有在合同尚未成立，或者虽然成立，但因为不符合法定的生效要件而被确认为无效或被撤销时，缔约人才应承担缔约过失责任。

无论房地产开发企业发布的是要约邀请性质的商品房销售广告还是要约性质的商品房销售广告，当其违背依诚实信用原则所产生的先契约义务，而损害意向买受人或实际买受人基于与其订约的合理信赖所产生的利益时，其就应当承担缔约过失责任。

（二）违约责任

《合同法》第107条规定，当事人一方不履行合同义务或者履行合同义务不符合约定的，应当承担继续履行、采取补救措施或者赔偿损失等违约责任。在如何认定房地产开发企业违反商品房销售广告而需要承担违约责任的问题上，需要明确如下几点：其一，房地产开发企业和商品房买受人之间签署的商品房买卖合同已经生效；其二，商品房销售广告的内容被写入了合同，或者虽未写入合同但被视为要约；其三，满足违约责任的一般构成要件。

（三）惩罚性赔偿责任

基于在商品房买卖法律关系中，房地产开发企业处于相对强势的地位，因而立法上对其规定了更为严格的责任——惩罚性赔偿责任。《商品房买卖合同纠纷司法解释》第8条和第9条规定了房地产开发企业承担不超过买受人已付购房款一倍的赔偿责任的五种情形：①出卖人订立商品房买卖合同时，故意隐瞒没有取得商品房预售许可证明的事实或者提供虚假商品房预售许可证明；②出卖人订立商品房买卖合同时，故意隐瞒所售房屋已经抵押的事实；③出卖人订立商品房买卖合同时，故意隐瞒所售房屋已经出卖给第三人或者为拆迁补偿安置房屋的事实；④商品房买卖合同订立后，出卖人未告知买受人又将该房屋抵押给第三人；⑤商品房买卖合同订立后，出卖人又将该房屋出卖给第三人。

第三节 商品房买卖合同

一、商品房认购书

在房地产市场现行交易规则下，房地产开发企业通常会在符合商品房销售条件后，签订商品房买卖合同之前，与购房者签订“认购卡”、“订购卡”、“确认卡”、“派筹卡”等形式的商品房认购书，并向购房者收取包括“定金”、“订金”、“认筹金”、“诚意金”等各种名目的费用，对双方交易商品房有关事宜进行初步确认。

商品房认购书通常签订于商品房符合销售条件之后，交易双方签订商品房买卖合同之前，对此《商品房销售管理办法》第 22 条第 1 款作了相关规定，“不符合商品房销售条件的，房地产开发企业不得销售商品房，不得向买受人收取任何预订款性质费用”。商品房认购书的条款通常包括：买卖双方当事人的基本情况、商品房的基本情况、商品房的价款计算、定金或预订金等及其处理规则、签署正式商品房买卖合同的期限。

在司法实践中，通常认为商品房认购书是独立的合同，与商品房买卖合同是预约与本约之关系，其法律效力是约束合同双方于约定期限就商品房买卖合同订立事宜继续磋商，以最大诚意促使合同订立，属于“行将谈判的预约”〔1〕。但商品房认购书在满足一定的条件后，也会被认定为商品房买卖合同，对此《商品房买卖合同纠纷司法解释》第 5 条有明确的规定：“商品房的认购、订购、预订等协议具备《商品房销售管理办法》第 16 条规定的商品房买卖合同的主要内容，并且出卖人已经按照约定收受购房款的，该协议应当认定为商品房买卖合同。”

房地产开发企业在签订商品房认购书时，收取的“定金”、“订金”、“认筹金”、“诚意金”等各种名目的费用，基本上为两种性质的费用：一种是预订金，一种是定金。若房地产开发企业收取的是“预订金”，根据《商品房销售管理办法》第 22 条，签署正式商品房买卖合同后，预订金转为购房款；而在未签署正式商品房买卖合同的情况下，房地产开发企业应当向购房者返还预订金。若房地产开发企业收取的是“定金”，则应根据《商品房买卖合同纠纷司法解释》第 4 条的规定适用定金罚则，即签署正式商品房买卖合同后，定金抵作购房款；若由于购房者的原因未能签署商品房买卖合同的，购房者无权要求返还定金；若由于房地产开发企业的原因未能签署商品房买卖合同的，房地产开发企业应当双倍返还定金；因不可归责于当事人双方的事由，导致商品房买卖合同未能订立的，房地产开发企业应当将定金返还购房者。

二、商品房买卖合同的签约过程

商品房销售过程中一个重要的环节就是签订商品房买卖合同。商品房买卖合同应当明确以下主要内容：①当事人名称或者姓名和住所；②商品房基本状况；③商品房的销售方式；④商品房价款的确定方式及总价款、付款方式、付款时间；⑤交付使用条件及日期；⑥装饰、设备标准承诺；⑦供水、供电、供热、燃气、通讯、道路、绿化等配套基础设施和公共设施的交付承诺和有关权

〔1〕 黄松有：《房地产司法解释实例释解》，人民法院出版社 2006 年版，第 6 ~ 7 页。

益、责任；⑧公共配套建筑的产权归属；⑨面积差异的处理方式；⑩办理产权登记有关事宜；⑪解决争议的方法；⑫违约责任；⑬房屋平面图等附件；⑭双方约定的其他事项。

目前各地均有本地政府部门制定的商品房买卖合同示范文本，并且为了贯彻落实国家的要求，各地都在积极推行商品房买卖合同网上签约和备案制度以及商品房预售资金监管制度。依据现行的法律法规和相关政策以及房地产市场的交易实际情况，现阶段商品房买卖合同的签约过程大致为：

1. 签约前的准备及公示。签约前，房地产开发企业应使用当地的商品房买卖合同示范文本，并确定好附件内容，提交给房地产管理部门审核。房地产开发企业还应在签约前对外公示商品房项目的建设用地规划许可证、国有土地使用证、建设工程规划许可证、建设工程施工许可证、商品房预（销）售许可证以及商品房买卖合同的示范文本。

2. 对拟购房者的资格审查。基于各地住房限购政策的影响，签约前，房地产开发企业会将拟购房者的信息录入本地的商品房网上签约和合同备案系统，待房地产管理部门审核通过拟购房者的购房资格后，房地产开发企业方可与拟购房者签订商品房买卖合同。若住房限购政策一旦取消，则无需审查拟购房者的资格。

3. 签署商品房买卖合同。房地产开发企业与购房者协商确定商品房买卖合同中的相关条款后，双方通过商品房网上签约和合同备案系统在线填写商品房买卖合同的内容，并网上提交，系统会自动生成合同编号。房地产开发企业会从网上正式打印商品房买卖合同，并由双方签字盖章。

4. 购房者支付首期款。购房者应当按照商品房买卖合同约定的交款方式及时限，凭商品房预售资金缴款通知书，将首期款打入该商品房项目的预售资金监管账户。收款银行核实缴款信息后，向购房者出具缴款凭证，房地产开发企业根据收款银行的缴款凭证为购房者换取缴款发票。

5. 商品房买卖合同的备案。房地产开发企业应当按照相关法律规定的条件和时限，将与购房者签订的商品房买卖合同提交给当地房地产管理部门进行登记备案。当地房地产管理部门审核后认为商品房买卖合同网上签约内容与登记备案书面合同内容相一致的，即会在商品房买卖合同上加盖合同登记备案印章。

6. 购房者办理按揭贷款。购房者向银行提出按揭贷款申请并提供相关资料，通过银行审核后与银行订立抵押贷款合同。按揭银行应当按照抵押贷款合同约定的时间和金额将贷款直接划转至商品房项目的预售资金监管账户。

三、商品房买卖合同的备案

为了降低商品房销售的风险，保障房地产市场的安全，保护购房者的利益，我国在商品房销售制度中先后设置了商品房预售合同登记备案制度和预告登记制度。

（一）商品房预售合同登记备案制度

1995年1月1日起施行的《城市房地产管理法》和《城市商品房预售管理办法》以及1998年出台的《城市房地产开发经营管理条例》明确规定了"商品房预售合同登记备案制度"：商品房预售人应当自签订商品房预售合同之日起30日内，将商品房预售合同报县级以上人民政府房产管理部门和土地管理部门登记备案；并且房地产管理部门应当积极应用网络信息技术，逐步推行商品房预售合同网上登记备案。

在《物权法》出台之前，我国没有在法律中明确规定预告登记制度，商品房预售合同登记备案制度与商品房预售许可证制度、预售款专用制度一起，构成了我国商品房预售监督管理中的"三驾马车"。[1]

商品房预售合同登记备案的效力体现在：通过商品房预售合同的登记备案，预购人所享有的对预售人的取得房屋所有权的债权被进行了公示，因而被赋予了一定程度上的物权性质，取得了对抗第三人的效力。因此，在商品房预售合同登记备案之后，预售人一房数卖的，预售人与其他人之间的商品房买卖合同均是无效的；同时第三人也可以通过查询了解某商品房预售的情况，避免因预售人一房数卖而遭受损失。

登记备案是商品房预售合同的对抗要件，未经登记备案的商品房预售合同是有效的，但是不能对抗第三人。《商品房买卖合同纠纷司法解释》第6条也明确规定，当事人以商品房预售合同未按照法律、行政法规规定办理登记备案手续为由，请求确认合同无效的，不予支持。当事人约定以办理登记备案手续为商品房预售合同生效条件的，从其约定，但当事人一方已经履行主要义务，对方接受的除外。

商品房预售合同未经登记备案，或者在合同人工备案时期，预售人利用信息不对称的优势，故意隐瞒商品房已售或已抵押事实，再行将该商品房出卖给第三人或抵押给第三人的，依据《商品房买卖合同纠纷司法解释》第8条和第9条规定，预购人可以请求返还已付购房款及利息、赔偿损失，并可以请求预售人承担不超过已付购房款一倍的赔偿责任。

为了防止投机炒房，各地方政府对已登记备案的商品房预售合同的备案注销以及合同更名行为都有严格的监管。因此商品房预售合同经登记备案后，预

---

〔1〕 郑瑞琨：《房地产交易》，北京大学出版社2007年版，第77页。

购人需要对已登记备案合同进行备案注销或合同更名的，需要严格按照各地方政府的相关规定办理备案注销或合同更名手续。

（二）预告登记制度

《物权法》出台之后，其第20条的规定确立了“预告登记制度”：当事人签订买卖房屋或者其他不动产物权的协议，为保障将来实现物权，按照约定可以向登记机构申请预告登记。预告登记后，未经预告登记的权利人同意，处分该不动产的，不发生物权效力。预告登记后，债权消灭或者自能够进行不动产登记之日起3个月内未申请登记的，预告登记失效。

预购人取得请求将来发生物权变动的权利后，通过履行预告登记手续，从而将预购人的“对人权”转化为“对世权”，使预购人的债权具有了一定的物权性质，赋予了预购人对抗其他买受人的权利。预告登记是一种典型的债权物权化行为，符合当今法律注重保护弱者的价值趋向。

与“商品房预售合同登记备案制度”中将商品房预售合同的登记备案设计为预售人的强制性义务不同，“预告登记制度”是为预购人设计的权利制度，没有强制性履行的要求。因此，在预售人和预购人订立商品房买卖合同后，预售人未按照约定与预购人申请预告登记，依照《房屋登记办法》第69条的规定，预购人可以单方申请预告登记。此外，依据《房屋登记办法》第70条的规定，商品房预售合同登记备案之后，才可申请预告登记。

《物权法》出台之前，我国的“商品房预售合同登记备案制度”已经具备了预告登记制度的雏形，但其制度设计中行政管理色彩太过浓厚，使其对预购人权益保护的功用未能得到充分的发挥。《物权法》设立的“预告登记制度”可以更加明确、清晰地解决商品房预售过程中出现的预购人权益在物权尚未转移期间易受损害的问题，对一房数卖等现实法律问题起到了良好的预防作用。

四、商品房买卖合同的转让

关于预售和现售商品房买卖合同能否转让的问题，我国《城市房地产管理法》仅提及了预售商品房买卖合同的转让：“商品房预售的，商品房预购人将购买的未竣工的预售商品房再行转让的问题，由国务院规定”，但该规定只是一项授权规定，并没有明确此问题。在2005年5月之前，国务院关于此问题的规定一直没有出台。而各地方政府就此问题的规定也不相同，有的地方允许转让，有的地方禁止转让，有的地方未作任何规定。因此，在房地产交易市场实践中，预售和现售商品房买卖合同的转让活动较为普遍。

但是商品房买卖合同的转让一直招人诟病，尤其是预售商品房买卖合同的转让（俗称“炒楼花”），其原因在于：吸引投资者炒楼花的是“楼花”价格上涨时的高额利润而非真正获得该房屋的所有权，因此炒楼花最终有可能发展为极具投机性质的行为。如果缺乏妥善管理，允许预售商品房转让可能会为少数投机者提供机会来谋取暴利、牵制市场价格、哄抬房价，使房地产市场畸形发展，导致泡沫经济。20 世纪 90 年代香港地区的房地产泡沫危机就是一个教训。[1]因此，为了规范房地产预售市场行为，国务院办公厅于 2005 年 5 月 9 日转发了建设部等七部委《关于做好稳定住房价格工作意见的通知》[2]，其第 7 条规定："根据《中华人民共和国城市房地产管理法》有关规定，国务院决定，禁止商品房预购人将购买的未竣工的预售商品房再行转让。在预售商品房竣工交付、预购人取得房屋所有权证之前，房地产主管部门不得为其办理转让等手续；房屋所有权申请人与登记备案的预售合同载明的预购人不一致的，房屋权属登记机关不得为其办理房屋权属登记手续。实行实名制购房，推行商品房预销售合同网上即时备案，防范私下交易行为。"

至于现售商品房买卖合同的转让，虽然国务院没有明确规定，但是根据国办发［2005］26 号文的精神，各地方政府对现售商品房买卖合同的转让也是普遍禁止的，例如武汉市地方政府于 2007 年 10 月 22 日出台的《关于严格规范商品房合同备案注销、更名工作的通知》[3]第 4 条第 3 款就规定"严肃合同注销、更名纪律，杜绝投机炒房行为。对借合同备案注销或更名进行炒房投机的个人，经查实后，一律不予受理其合同备案注销或更名申请；对提供虚假证明材料申请合同备案注销或更名的个人，不予受理申请并进行严肃批评和教育，情节严重的将移交司法部门追究其刑事责任；房产管理部门要严肃合同注销、更名纪律，对玩忽职守的工作人员要按照有关规定严肃处理，并追究相关单位和领导责任"。

五、商品房预售款的监管

早在 1995 年国家出台《城市房地产管理法》和《城市商品房预售管理办法》时，就规定：商品房预售所得款项，必须用于有关的工程建设。但以上法律条款仅仅规定了商品房预售款的用途，没有明确规定商品房预售款的监管主体、监管范围、监管权限、法律责任等。

在房地产市场不断发展繁荣的过程中，部分房地产开发企业盲目扩大追求规模效应，而自有资金不足，往往选择将预售款挪作其他项目使用，或者欺诈

---

〔1〕 郑瑞琨：《房地产交易》，北京大学出版社 2007 年版，第 85～86 页。

〔2〕《国务院办公厅转发建设部等部门关于做好稳定住房价格工作意见的通知》：2005 年 5 月 9 日国办发［2005］26 号发布。

〔3〕《武汉市国土资源局和房产管理局关于严格规范商品房合同备案注销、更名工作的通知》：2007 年 10 月 22 日武国土房发［2007］274 号发布。

预购人将已经预售的商品房再行抵押给银行。一旦发生资金周转困难，或其他难以为继的状况，房地产开发企业很可能携款而逃。其结果就是预购人交清购房款后不能按期入住或者无法按时办理房产证，甚至买的是无法交付的“烂尾楼”。因此，为了防止房地产开发企业挪用商品房预售款，造成项目烂尾损害预购人的利益，为了使商品房预售资金真正地投入到在建的商品房项目中，建立和推行商品房预售款监管制度是现实之迫切需要。

2010 年 4 月 13 日，住房和城乡建设部发布了《关于进一步加强房地产市场监管完善商品住房预售制度有关问题的通知》[1]，其第 2 条第 9 款规定：“完善预售资金监管机制。各地要加快完善商品住房预售资金监管制度。尚未建立监管制度的地方，要加快制定本地区商品住房预售资金监管办法。商品住房预售资金要全部纳入监管账户，由监管机构负责监管，确保预售资金用于商品住房项目工程建设；预售资金可按建设进度进行核拨，但必须留有足够的资金保证建设工程竣工交付。”此后，各地方政府陆续出台了商品房预售资金监管办法。

虽然实践中各地方政府在商品房预售资金监管方面的规定不尽相同，但基本都围绕着监管主体、监管协议、预售资金的缴存、预售资金的使用、法律责任等几个方面进行规范。监管的主体一般设定为政府内部或政府指定的监管机构和具备金融管理业务能力、网络技术条件的商业银行。房地产开发企业预售商品房之前，应与监管机构和商业银行订立监管协议，并在该商业银行开立预售资金监管专用账户。房地产开发企业不得直接收取任何性质的房价款，而应将预售商品房所得全部房价款直接存入预售资金监管专用账户。房地产开发企业要使用预售资金需向商业银行和监管机构提出申请，商业银行和监管机构按照商品房项目的工程进度，经审核申请符合条件后才能拨付预售资金给房地产开发企业。

第四节　商品房的交付

商品房的交付是指房地产开发企业按照相关法律法规和商品房买卖合同的约定，将符合交付使用条件的商品房按期交付给商品房买受人，商品房买受人对商品房进行检验并接收的行为。

一、房地产开发企业交付商品房

（一）交付使用条件

商品房的交付使用条件分法定的交付使用条件和约定的交付使用条件。

---

[1] 《住房和城乡建设部关于进一步加强房地产市场监管完善商品住房预售制度有关问题的通知》：2010 年 4 月 13 日建房［2010］53 号发布。

1. 法定的交付使用条件。我国《城市房地产管理法》、《建筑法》和《城市房地开发经营管理条例》等法律法规对商品房的法定交付使用条件进行了原则性的规定：房地产开发项目竣工，经验收合格后，方可交付使用；未经验收或者验收不合格的，不得交付使用。根据上述规定，商品房的法定交付使用条件是商品房项目必须是经竣工验收合格的。

2. 约定的交付使用条件。商品房作为具有特定用途的建筑产品，其交付时除了应具备法定的交付使用条件外，往往还需要具备与其使用性质相当的交付使用条件。这些交付使用条件双方往往通过协商约定的方式写在商品房买卖合同中，因此称为约定的交付使用条件。

例如，武汉市城市综合开发管理办公室于 2005 年 10 月 13 日出台的《关于进一步加强商品房项目竣工交付使用管理工作的通知》[1]第 2 条就明确规定，商品房项目交付使用应符合下列基本条件：①完成规划、单体工程质量、消防、人防、燃气等专项验收。②公共配套设施、市政公用设施及园林绿化工程全部按设计要求建成，并满足使用功能要求。③供电、给排水等设施按设计要求建成，并经有关行业单位认可达到正常使用条件。④被拆迁居民、单位已合理安置或有切实可行的安置实施方案。⑤前期物业管理已落实。以上基本条件，可作为买卖双方签订《武汉市商品房买卖合同》中商品房交付使用条件的约定。

(二) 交付通知

住房和城乡建设部、国家工商行政管理总局于 2014 年 4 月 9 日发布的《商品房买卖合同（预售）示范文本》（GF－2014－0171）、《商品房买卖合同（现售）示范文本》（GF－2014－0172）[2]都有规定，商品房达到约定的交付条件后，出卖人应当在交付日期届满前约定日期将查验房屋的时间、办理交付手续的时间地点以及应当携带的证件材料的通知书面送达买受人。《商品房买卖合同纠纷司法解释》第 11 条“买受人接到出卖人的书面交房通知”，这里也强调了“书面交房通知”。因此，在商品房交付实践中，交付必须经书面通知。

房地产开发企业应当在商品房买卖合同约定的交付日期前向购房者发出交房通知书（或入住通知书、入伙通知书等），书面通知购房者前来接收房屋。交

[1] 《武汉市城市综合开发管理办公室关于进一步加强商品房项目竣工交付使用管理工作的通知》：2005 年 10 月 13 日武开管办［2005］21 号发布。

[2] 《住房和城乡建设部、国家工商行政管理总局关于印发〈商品房买卖合同示范文本〉的通知》：2014 年 4 月 9 日建房［2014］53 号发布。

房通知书一般应包括以下内容：①办理交房手续的时间、地点；②购房者需携带的文件、资料；③购房者需缴纳费用的说明；④提醒购房者因购房者自身原因未能在规定的期限和地点办理交房手续的法律后果；⑤基本流程及相关注意事项。交房通知书以挂号信或特快专递的形式发出为宜。

二、商品房买受人检验并接收商品房

（一）商品房的面积问题

商品房的面积是商品房交易中的一个热点问题，也是商品房买受人检验并接收商品房的过程中非常关注的一个问题。

何为商品房的面积？建设部1995年9月发布的《商品房销售面积计算及公用建筑面积分摊规则（试行）》[1]有明确规定：第3条，“商品房销售以建筑面积为面积计算单位。建筑面积应按国家现行《建筑面积计算规则》进行计算”。第4条，“商品房整栋销售，商品房的销售面积即为整栋商品房的建筑面积（地下室作为人防工程的，应从整栋商品房的建筑面积中扣除）”。第5条，“商品房按‘套’或‘单元’出售，商品房的销售面积即为购房者所购买的套内或单元内建筑面积（以下简称‘套内建筑面积’）与应分摊的公用建筑面积之和。商品房销售面积 = 套内建筑面积 + 分摊的公用建筑面积”。

在商品房预售的情况下，商品房的面积存在“合同约定面积”和“产权登记面积”之分。合同约定面积是指在签订商品房买卖合同时，房地产开发企业填入的根据商品房项目设计图纸测量出来的面积。依据《商品房销售管理办法》第34条第1款和《房产测绘管理办法》[2]第18条的规定，产权登记面积是指商品房交付使用时，房地产行政主管部门审核确认的具有房产测绘资格的单位实施测绘而得的测绘面积。因此，“合同约定面积”和“产权登记面积”往往存在差异。

如何处理面积误差？《商品房销售管理办法》和《商品房买卖合同纠纷司法解释》规定商品房计价方式不同，面积误差的处理方式就不同。另外还规定了规划设计变更情况下，面积误差的处理方式。

1. 按套（单元）计价面积误差的处理。按套（单元）计价，房价款与面积没有直接关系，但建筑面积、套内建筑面积及分摊的公用建筑面积体现了商品房买受人在房屋产权关系中的相关权益。因此，《商品房销售管理办法》第

---

〔1〕《商品房销售面积计算及公用建筑面积分摊规则（试行）》：1995年9月8日建房［1995］517号发布，自1995年12月1日起施行。

〔2〕《房产测绘管理办法》：2001年2月28日建设部、国家测绘局令第83号发布，自2001年5月1日起施行。

19 条第 2 款规定，按套（单元）计价的预售房屋，房地产开发企业应当在合同中附所售房屋的平面图。平面图应当标明详细尺寸，并约定误差范围。房屋交付时，套型与设计图纸一致，相关尺寸也在约定的误差范围内，维持总价款不变；套型与设计图纸不一致或者相关尺寸超出约定的误差范围，合同中未约定处理方式的，买受人可以退房或者与房地产开发企业重新约定总价款。买受人退房的，由房地产开发企业承担违约责任。

2. 按套内建筑面积计价面积误差的处理。按套内建筑面积计价，房价款就与套内建筑面积有关，而与分摊的公用建筑面积没有直接关系，但分摊的公用建筑面积体现了商品房买受人在房屋产权关系中的相关权益。而且所谓没有直接关系，是指计价方式而言，不是指价格而言的。就价格而论，分摊的公用建筑面积的价格，实际上已暗含于套内建筑面积的价格之中了。[1]

依据《商品房销售管理办法》第 20 条和《商品房买卖合同纠纷司法解释》第 14 条，按套内建筑面积计价的，当事人应当在合同中载明合同约定面积与产权登记面积发生误差的处理方式。合同有约定的，按照约定处理；合同没有约定或者约定不明确的，按照以下原则处理：①面积误差比绝对值在 3% 以内（含 3%），按照合同约定的价格据实结算房价款，双方继续履行合同；②面积误差比绝对值超出 3% 时，买受人有权退房。买受人退房的，房地产开发企业应当在买受人提出退房之日起 30 日内将买受人已付房价款退还给买受人，同时支付已付房价款利息。买受人不退房的，产权登记面积大于合同约定面积时，面积误差比在 3% 以内（含 3%）部分的房价款由买受人补足；超出 3% 部分的房价款由房地产开发企业承担，产权归买受人。产权登记面积小于合同约定面积时，面积误差比绝对值在 3% 以内（含 3%）部分的房价款由房地产开发企业返还买受人；绝对值超出 3% 部分的房价款由房地产开发企业双倍返还买受人。

$$\text{面积误差比} = \frac{\text{产权登记面积} - \text{合同约定面积}}{\text{合同约定面积}} \times 100\%$$

3. 按建筑面积计价面积误差的处理。按建筑面积计价，房价款就是按照建筑面积单价计算出来的总价款。而建筑面积是由套内建筑面积和分摊的公用建筑面积组成的，所以，套内建筑面积的单价和分摊的公用建筑面积的单价是相等的。这是按建筑面积计价区别于按套内建筑面积计价的一个重要特征。

关于按建筑面积计价面积误差的处理问题，同按套内建筑面积计价面积误差的处理方式是一样的，在此不再赘述。

---

〔1〕 梁书文："商品房销售面积误差纠纷的处理"，载《法律适用》2006 年第 1～2 期。

虽然按建筑面积计价，房价款只与建筑面积有关，但是当套内建筑面积或分摊的公用建筑面积发生面积误差时，多数情况下对买受人是不利的，所以《商品房销售管理办法》第21条强调“按建筑面积计价的，当事人应当在合同中约定套内建筑面积和分摊的共有建筑面积，并约定建筑面积不变而套内建筑面积发生误差以及建筑面积与套内建筑面积均发生误差时的处理方式”。

4. 规划设计变更面积误差的处理。规划设计变更，不仅涉及商品房的结构、质量问题而引起质量纠纷，而且也涉及面积、使用功能问题而发生面积误差纠纷。处理因规划设计变更而导致的面积误差问题时需要注意如下问题：

（1）规划设计变更必须经过批准。商品房项目规划的变更须经规划部门的批准，设计的变更须经设计单位的同意。若房地产开发企业擅自变更规划、设计，很可能造成商品房项目无法通过竣工验收，而不具备交付使用的条件，自然也就不存在商品房交付后出现面积误差的问题。

（2）买受人可以退房。依据《商品房销售管理办法》第24条，买受人可以退房的前提是：首先，经批准的规划设计变更导致商品房的结构形式、户型、空间尺寸、朝向变化，以及出现合同当事人约定的其他影响商品房质量或者使用功能情形。其次，房地产开发企业在变更确立之日起10日内未书面通知买受人或虽书面通知了买受人，买受人在通知到达之日起15日内作出了退房的书面答复。

（3）买受人不退房。依据《商品房销售管理办法》第20条和第24条，规划设计变更造成面积误差，买受人不退房的，双方应协商后签署补充协议约定面积误差的处理方式。

（二）商品房的质量问题

依据《合同法》第157条，房地产开发企业向买受人交付商品房时，买受人应当在约定的检验期间内检验；没有约定检验期间的，应当及时检验。对交付的商品房进行检验，既是买受人的权利也是买受人的义务。

房地产开发企业交付商品房的前提条件是商品房项目是经竣工验收合格的，若买受人检验时认为商品房质量不符合其要求，那买受人的检验是否可以直接推翻商品房项目竣工验收合格的效力？答案是否定的。买受人检验商品房时，对于自己认为的质量缺陷有权提出异议，这时会有两种情况：第一种情况，房地产开发企业接受买受人的异议，承诺通过维修、整改、替换等方式解决；第二种情况，房地产开发企业不接受买受人的异议，此时买受人可以保留异议，但不能否定商品房项目竣工验收的法律效力，也不能因此而拒绝接收。双方只能先完成交付，再通过诉讼等方式来查明事实，确定责任。

从法律规定来看，也不支持以拒收房来维权。《城市房地产开发经营管理条例》第 32 条规定，“商品房交付使用后，购买人认为主体结构质量不合格的，可以向工程质量监督单位申请重新核验”；《商品房销售管理办法》第 35 条规定，“商品房交付使用后，买受人认为主体结构质量不合格的，可以依照有关规定委托工程质量检测机构重新核验”；《商品房买卖合同纠纷司法解释》第 12 条规定，“因房屋主体结构质量不合格不能交付使用，或者房屋交付使用后，房屋主体结构质量经核验确属不合格，买受人请求解除合同和赔偿损失的，应予支持”。以上法律规定都强调了“交付使用后”，因为事实上只有在完成交付的基础上，才具备重新核验或者检测的条件，否则，在房地产开发企业具备验收合格证明的情况下，以什么证明房屋主体结构不合格或者严重影响正常居住使用？而要取得这方面的充分证据，接收并占有房屋是起码的条件。

但买受人并非完全没有拒绝接收的权利。《合同法》第 148 条规定“因标的物质量不符合质量要求，致使不能实现合同目的的，买受人可以拒绝接受标的物或者解除合同”，因此只有不能实现合同目的，才是拒收的正当理由。根据法律规定与实务情形，下列情形可以作为拒收的正当理由：①商品房项目未经竣工验收合格；②道路、电梯、供水、供电、供热、燃气、通讯等基础生活设施不具备使用条件；③房地产开发企业变更商品房的结构形式、户型、空间尺寸、朝向变化等，未通知买受人；④交付时间迟延，达到买受人单方解除合同的条件；⑤竣工测绘的房屋面积差异达到约定的解除合同的标准。以上这些事实都是不需要收房就可以证明的，这才是对抗房地产开发企业交付的正当理由。

（三）商品房产权证问题

《商品房销售管理办法》第 34 条第 2 款和第 3 款规定，房地产开发企业应当在商品房交付使用之日起 60 日内，将需要由其提供的办理房屋权属登记的资料报送房屋所在地房地产行政主管部门。房地产开发企业应当协助商品房买受人办理土地使用权变更和房屋所有权登记手续。

第二十章　商品房屋租赁

第一节　商品房屋租赁概述

一、商品房屋租赁的概念

租赁是房地产交易的重要形式之一，其无论是在缓解住房供需矛盾，还是在充分利用财产价值方面，都起着十分重要的作用。通过租赁，出租人充分利用了其闲置的资源，增加了个人收入；承租人无须付出巨额的费用，就能如同房屋所有人一样充分行使使用权；充分解决了社会各领域之需求。

可供租赁的房屋包括商品房屋、公有房屋、廉租房、经济适用房等。公有房屋、廉租房、经济适用房的租赁具有较强的社会福利性，国家法律和政策对其干预较多；而商品房屋租赁比较充分地体现了当事人之间的平等互利、等价有偿的市场交易关系，是市场经济体制下最为普遍的租赁关系。

2011 年 2 月 1 日起施行的《商品房屋租赁管理办法》[1]启用了“商品房屋租赁”一词，以区别于具有社会福利性质的公有房屋、廉租房等的租赁，但法律上并未对“商品房屋租赁”一词的含义作明确的解释。由于商品房屋租赁属于房屋租赁的一个类别，因此可以从法律法规对“房屋租赁”的解释理解“商品房屋租赁”。现行《城市房地产管理法》第 53 条规定，房屋租赁，是指房屋所有权人作为出租人将其房屋出租给承租人使用，由承租人向出租人支付租金的行为。商品房屋租赁只是将租赁的标的物限定为商品房屋。

目前，我国调整商品房屋租赁关系的法律法规主要有：《民法通则》、《合同法》、《城市房地产管理法》、《商品房屋租赁管理办法》。另外，各地也出台了一些相关的地方性法规。

二、商品房屋租赁的特征

从法律的角度看，商品房屋租赁具有以下几个基本特征：

---

〔1〕《商品房屋租赁管理办法》：2010 年 12 月 1 日住房和城乡建设部令第 6 号发布，自 2011 年 2 月 1 日起施行。

（一）商品房屋租赁是一种双务有偿的法律行为

租赁作为一种交易形式，其产生通常以互利为条件。出租人和承租人要实现租赁之目的，需以相互给付为前提：出租人有义务将其商品房屋交给承租人占有和使用，同时享有向承租人收取租金的权利；承租人有权请求出租人提供商品房屋给自己使用，但有义务为此按期支付租金。

（二）商品房屋租赁的目的在于实现商品房屋的使用价值

租赁以承租人支付租金为对价而取得房屋财产的占有、使用和收益的权益为实质内容，其实质上是房屋使用权的交易，这是租赁区别于买卖的重要特征。

（三）商品房屋租赁是一种有明确期限的法律行为

承租人对租赁商品房屋的占有、使用和收益并非是永久性的，我国《合同法》第 214 条规定："租赁期限不得超过 20 年。超过 20 年的，超过部分无效。租赁期限届满，当事人可以续订租赁合同，但约定的租赁期限自续订之日起不得超过 20 年。"

三、商品房屋租赁关系的成立

（一）主体必须适格

商品房屋租赁的主体是指出租人和承租人。作为适格的出租人，必须对出租的商品房屋具有处分权，或者是商品房屋的所有权人或者是经商品房屋所有权人授权的处分权人。对于承租人的资格，法律上并没有特殊的规定。

（二）商品房屋必须符合规定

首先，租赁的商品房屋在物理性质上应是适于使用的。其次，租赁的商品房屋在法律权属上必须清楚。另外，根据《商品房屋租赁管理办法》第 6 条的规定，有下列情形之一的商品房屋不得出租：①属于违法建筑的；②不符合安全、防灾等工程建设强制性标准的；③违反规定改变房屋使用性质的；④法律、法规规定禁止出租的其他情形。以上述商品房屋作为租赁合同的客体，将直接导致合同的无效。

（三）原则上应签订书面合同

《合同法》第 215 条规定，租赁期限 6 个月以上的，应当采用书面形式。当事人未采用书面形式的，视为不定期租赁。《城市房地产管理法》第 54 条也规定，房屋租赁，出租人和承租人应当签订书面租赁合同。虽然当事人之间的口头合同并不当然无效，但是为便于日后纠纷的处理，本书认为当事人原则上应签订书面的租赁合同。

第二节　租赁合同

依据《城市房地产管理法》、《商品房屋租赁管理办法》以及《合同法》的相关规定，租赁商品房屋时，出租人和承租人应当订立租赁合同。租赁合同是出租人将租赁物交付承租人使用、收益，承租人支付租金的合同。为保证租赁双方当事人合法权益的实现，便于解决纠纷，商品房屋租赁合同原则上应当采用书面形式。

一、租赁合同的内容

根据《合同法》以及《商品房屋租赁管理办法》的规定，商品房屋租赁合同一般包括以下几个方面的内容：

（一）当事人的姓名（名称）和住所

这是租赁合同的主体问题，合同中不仅要写明当事人的姓名或者名称，为保障交易安全和通知需要，还需要写明当事人的住所。

（二）租赁房屋的状况

租赁房屋应处于适于使用的状态是租赁合同存续的基础，其不仅是出租人的义务，也是承租人的权利。因此，双方当事人订立租赁合同时必须写明租赁房屋交付使用时的基本状况，包括房屋的坐落、面积、结构、附属设施，家具和家电等室内设施状况等。

此外，在租赁期间，出租人还应保证租赁房屋的状态符合合同的约定。因此出租人对租赁房产需承担瑕疵担保责任，其包括物的瑕疵担保责任和权利瑕疵担保责任。物的瑕疵担保责任是指出租人应保证租赁房屋及其室内设施不会危及承租人的安全或者健康并符合约定的状态；权利瑕疵担保责任是指出租人应保证不因第三人主张权利而致承租人无法使用租赁房屋。

（三）租赁用途

租赁用途即承租人承租租赁房屋的目的。出租人有义务保证租赁房屋在租赁期间符合约定的用途；承租人也有义务按照约定的用途使用租赁房屋，未经出租人同意，不得将租赁房屋擅自改作他用。

（四）租赁期限及续租

商品房屋的租赁是有期限的，并且租赁期限不得超过 20 年，超过 20 年的，超过部分无效。当事人对租赁期限没有约定或者约定不明确的，或者租赁期限 6 个月以上未采用书面合同的，或者租赁期间届满后当事人形成事实上的租赁关系的，均为不定期租赁。承租人如需在租赁期间届满后继续使用租赁房屋的，应提前征得出租人的同意，并续订租赁合同。不定期租赁及续租的租赁期限，均受20年租赁期限的限制。

（五）租金、押金及水电等费用

租金是指商品房屋的承租人为取得一定期限内房屋的占有、使用、收益权利而向出租人支付的对价。支付租金是承租人最主要的义务，收取租金是出租人最重要的权利。双方当事人应在租赁合同中约定租金的收取标准、方式、时间以及租金调整等事宜。双方当事人对租金支付期限没有约定或者约定不明确，按照《合同法》第61条的规定仍不能确定的，《合同法》采用的是“后付原则”，即租赁期间不满1年的，应当在租赁期间届满时支付；租赁期间1年以上的，应当在每届满1年时支付，剩余期间不满1年的，应当在租赁期间届满时支付。

押金作为担保的一种形式，在社会生活中被广泛运用于房屋租赁合同中。房屋租赁关系中，出租人往往会要求承租人向其交付一定费用以保证承租人的行为不会对出租人的利益造成损害，若租赁关系终止时，双方无纠纷，则出租人应将押金退还给承租人；若承租人有违约行为，则出租人有权扣除押金以抵作违约金或赔偿金。

此外，承租人使用租赁房屋时，会产生相应的物业服务费、水费、电费、燃气费等，双方原则上应遵循“谁使用，谁承担”的原则，在合同中约定上述费用的缴付方式。

（六）房屋的交付、使用、保管及返还

交付房屋是商品房屋租赁合同成立后，出租人履行合同的首要义务。出租人应当按照约定的时间及方式将符合合同约定状况的租赁房屋交付给承租人。

承租人接收租赁房屋后，应当按照约定的方式使用租赁房屋；对使用方式没有约定或者约定不明确，依据《合同法》第61条的规定仍不能确定的，应当按照租赁房屋的性质使用。此外，依据《合同法》第225条，在租赁期间因占有、使用租赁房屋获得的收益归承租人，但当事人另有约定的除外。

租赁期间，承租人应妥善保管租赁房屋。这是因为租赁期间，租赁房屋由承租人占有使用，由其负责保管，较之出租人而言更有利于降低管理成本和对租赁房屋的及时维护。

租赁期间届满并且双方未续租的，或者租赁合同提前终止的，承租人有义务返还租赁房屋给出租人。返还的租赁房屋应当符合按照约定或者租赁物的性质使用后的状态。

（七）房屋的维修及装修

房屋的安全及适用状态是房屋租赁的前提条件，若租赁期间房屋遭到自然损害或人为破坏，影响其使用，理应有一方承担维修责任。《合同法》第220条规定：“出租人应当履行租赁物的维修义务，但当事人另有约定的除外。”

可见，通常情况下是按照“谁出租，谁负责”的原则，由出租方负责房屋的维修，如果因承租人的过错造成房屋及附属设施损坏的，则由承租人负责修复和赔偿；但双方也可以约定维修责任由哪一方承担。

承租人经出租人同意，可以对租赁房屋进行改善或者增设他物。承租人未经出租人同意，对租赁物进行改善或者增设他物的，出租人可以要求承租人恢复原状或者赔偿损失。

（八）转租

转租是指承租人将租赁房屋再出租给他人的行为。转租行为有合法与非法之分：合法转租是指承租人经出租人同意，将租赁房屋转租给第三人的情况；非法转租则是指承租人未经出租人同意而擅自转租出租房屋给第三人。

在合法转租的情况下，当事人之间发生如下法律后果：①承租人与出租人之间的租赁合同继续有效；②第三人对租赁物造成损失的，承租人应当赔偿损失；③出租人与第三人之间不发生直接的法律关系，承租人与第三人之间成立一般的租赁关系。

在非法转租的情况下，由于出租人与第三人之间不存在法律关系，在法律上任何一方都无权直接要求对方履行租约义务，但出租人可以解除与承租人之间的租赁合同，要求承租人返还租赁房屋，且依法承担相应的法律责任，同时出租人也可基于对租赁房屋的所有权，要求第三人返还其侵占的租赁房屋。当然，非法转租，也并不是当然无效，在出租人事后对承租人的转租行为予以追认，或出租人在知道或者应当知道承租人转租而6个月内未提出异议的情况下，转租行为是有效的。

（九）合同的变更和合同权利义务的终止

合同的变更，是指商品房屋租赁合同存续期间发生的合同内容的某些变化。租赁合同的期限一般较长，在此期间内可能发生的情况是双方当事人签约时无法预见的，因此当事人可以协商一致或通过法院、仲裁机构来变更合同。

合同权利义务的终止，是指已经生效的合同因一定的法律事实的发生而不复存在，其权利义务关系随之而永久消灭。[1]根据法律规定以及法务实践，引起商品房屋租赁合同权利义务终止的原因主要有：①租赁期限届满；②合同解除；③租赁房屋毁损；④租赁房屋被征收或拆除的；⑤承租人在租赁期间死亡，且生前无共同居住人或共同居住人放弃继续承租的；⑥法律规定或当事人约定的其他情况。

---

〔1〕 王利明：《民法学》，复旦大学出版社2004年版，第708页。

（十）违约责任和争议解决办法

在租赁合同履行过程中，可能有一方或双方出现违约行为，例如，出租人未履行维修义务，承租人未按时支付租金等，因此双方当事人应在租赁合同中约定违约责任，以便为将来确定违约责任提供相应的依据。

双方当事人因履行租赁合同发生的纠纷，可以自行协商解决，也可以根据仲裁协议向仲裁机构申请仲裁。在当事人没有订立仲裁协议或者仲裁协议无效的，双方当事人均可向人民法院起诉。

（十一）其他约定

除了上述主要内容，双方当事人还可以根据需要在租赁合同中约定其他内容。例如，双方当事人可以约定房屋被征收或者拆迁时的处理办法，承租人依据诚实信用原则应履行通知义务的情形及赔偿责任等。

二、租赁合同的登记备案

我国对房屋租赁实行登记备案制度。《城市房地产管理法》第54条规定，房屋租赁，出租人和承租人应当签订书面租赁合同，并向房地产管理部门登记备案。登记备案的主要目的是防止非法出租房屋和国家税收的流失。

依据《商品房屋租赁管理办法》，房屋租赁登记备案的程序如下：①登记备案申请。租赁合同订立后30日内，当事人应当持相关材料到租赁房屋所在地直辖市、市、县人民政府建设（房地产）主管部门办理房屋租赁登记备案。②审核发证。对符合要求的，直辖市、市、县人民政府建设（房地产）主管部门应当在3个工作日内办理房屋租赁登记备案，向租赁当事人出具房屋租赁登记备案证明。③登记备案的变动。房屋租赁登记备案内容发生变化、续租或者租赁终止的，当事人应当在30日内，到原租赁登记备案的部门办理房屋租赁登记备案的变更、延续或者注销手续。

从法理上讲房屋租赁合同是诺成性合同，只要双方当事人协商一致合同即生效。那么，房屋租赁合同的登记备案对租赁合同的效力有何影响呢？依据《最高人民法院关于审理城镇房屋租赁合同纠纷案件具体应用法律若干问题的解释》[1]（本书简称为《城镇房屋租赁合同纠纷司法解释》）第4条和第6条的规定，原则上房屋租赁合同是否登记备案，并不影响租赁合同的效力，但是当事人约定以办理登记备案手续为房屋租赁合同生效条件的除外。并且在出租人就同一房屋订立数份租赁合同的情况下，已经办理登记备案手续的租赁合同优先于未办理登记备案手续的租赁合同。

---

〔1〕《最高人民法院关于审理城镇房屋租赁合同纠纷案件具体应用法律若干问题的解释》：2009年7月30日法释［2009］11号公布，自2009年9月1日起施行。

第三节　对承租人的特殊保护

在房屋租赁关系中，出租人和承租人实质上是处于不平等的地位，因为出租人是房屋所有权人，承租人仅是基于租赁合同而享有占有使用租赁房屋的债权，基于物权优于债权的原则，出租人很可能会滥用其所有权而侵犯承租人的债权。为了平衡出租人和承租人之间这种实质上的不平等关系，法律法规往往对承租人给予特殊保护。

一、买卖不破租赁

（一）买卖不破租赁的概念及起源

"买卖不破租赁"是指在租赁关系成立后，出租人将租赁房屋出卖给第三人，原已存在的租赁关系对买受人继续有效，承租人仍可向受让人主张租赁权，受让人所取得的是有租赁债务负担的财产所有权。我国《合同法》第229条规定："租赁物在租赁期间发生所有权变动的，不影响租赁合同的效力。"该规定被认为是"买卖不破租赁"制度在我国《合同法》上的正式确立。

买卖不破租赁制度并非房屋租赁制度产生之初的既有制度。罗马法上的房屋租赁制度中遵循"物权优于债权"、"买卖破除租赁"的原则，在出租人将租赁物出卖给第三人时，新的所有权人可以驱逐承租人，夺回租赁标的物。〔1〕在当时充分强调和保障意思自由的社会经济背景下，该原则在适用过程中并未显现出不公平。随着保护弱者法学观念的形成以及力求法律行为成本最低化的经济概念的产生，1900年的《德国民法典》首次确立了"买卖不破租赁"制度。"买卖不破租赁"制度发展至今，其内涵已大大扩张。正如王泽鉴先生所言，"所谓买卖不破租赁，严格言之，应称为'所有权转移不破租赁'，转移所有权之原因行为，不限于买卖，亦可为赠与、互易或合伙之出资"。〔2〕

（二）买卖不破租赁的适用条件

买卖不破租赁，是出于对特殊利益的保护而对物权优先于债权这一基本法则的突破。为了兼顾当事人利益之间的平衡，须对这种突破予以一定的限制。因此，买卖不破租赁的适用需要具备一定的条件。通说认为"买卖不破租赁"的适用条件有如下三个：

1. 租赁关系有效存在。如果租赁房屋让与时，租赁合同已经履行完毕，或因撤销而自始无效，或因解除而终止的，承租人已经丧失了对租赁房屋的占

〔1〕周枏：《罗马法原论》，商务印书馆1994年版，第779～780页。

〔2〕王泽鉴：《民法学说与判例研究》，中国政法大学出版社2003年版，第239页。

有使用权，即使出租人和承租人之间还存在租金请求权、损害赔偿请求权等其他权利义务，也不会影响受让人在受让租赁房屋后对其享有的所有权。

2. 租赁房屋已交付。现阶段我国法律并没有规定交付为适用买卖不破租赁原则的必要条件，但是本书认为，法律之所以给予承租人特殊保护，不是基于出租人和承租人之间的承诺，而是基于承租人占有租赁房屋且为事实上的弱者的事实。在租赁房屋交付之前，出租人出卖租赁房屋的，只是会引发给付不能或权利瑕疵担保的问题，而与买卖不破租赁制度无涉。

3. 租赁房屋所有权有效转移于受让人。所有权的变动包括原始取得与继受取得。由于原始取得不依靠原所有人的权利而取得，即连原权利人都不复存在，因此也谈不上租赁权。买卖不破租赁主要是针对所有权的继受取得而言的，其要求租赁房屋所有权有效转移于受让人。

（三）买卖不破租赁的法律效力

“买卖不破租赁”原则的适用，使得买卖关系、租赁关系中双方当事人之间的法律关系发生了变化，涉及三方当事人的权利义务关系，较之单纯的买卖和租赁关系复杂。以下将对该三方当事人之间的法律关系进行梳理，从而认识“买卖不破租赁”的法律效力：

1. 出租人与承租人之间的法律关系。因出租人将租赁房屋出卖于买受人，出租人不再享有房屋的所有权，也就无权作为该租赁房屋的出租人。故在租赁房屋的所有权转移时，出租人与承租人之间的租赁关系终止。但是，出租人与承租人之间因原租赁关系产生的租金请求权、损害赔偿请求权等仍然是有效的。

2. 出租人（出卖人）与买受人之间的法律关系。出租人（出卖人）与买受人基于房屋买卖合同发生债权债务关系，应适用法律上关于买卖合同的规定，然而此种买卖因其负有租赁的负担，买受人不能立即对房屋使用收益。若买受人知道该房屋上存在租赁关系，表明其愿意承受该房屋上的租赁负担；若买受人不知道该房屋上存在租赁关系，则出租人（出卖人）应对买受人的权利承担瑕疵担保责任。

3. 买受人与承租人之间的法律关系。买受人取得租赁房屋所有权后，依据法律的规定，必须承受原房屋所有人的出租人地位，承受原房屋租赁合同的权利义务，与承租人产生法定继承性的房屋租赁关系。

（四）抵押与租赁的关系

当租赁房屋上设定了抵押权，抵押人不履行到期债务而抵押权人为实现抵押权依法拍卖租赁房屋时，就可能影响承租人的权益，从而引起抵押权与租赁权的冲突。抵押权与租赁权冲突的处理因两者设定的先后顺序不同而有所差异。

1. 当租赁权成立在先、抵押权成立在后时，抵押权不得对抗租赁权。租赁权先于抵押权存在的，抵押权设定后，抵押权的设定、实现对租赁关系均不发生影响，原租赁合同继续有效。依据《担保法》第48条和《最高人民法院关于适用〈中华人民共和国担保法〉若干问题的解释》[1]（本书简称为《担保法司法解释》）第65条的规定，抵押人将已出租的房屋抵押的，应当书面告知承租人，原租赁合同继续有效；抵押权实现后，租赁合同在有效期内对抵押房屋的受让人继续有效。虽然抵押人在设定抵押时有书面告知承租人的义务，但抵押人是否履行该义务，对原租赁合同与抵押合同的效力并无影响。

2. 当抵押权成立在先、租赁权成立在后时，租赁权不得对抗抵押权。抵押权设定后，抵押人将抵押房地产出租的，抵押权对租赁关系有影响：抵押权可以对抗租赁权，租赁合同对受让人不具有约束力。根据《担保法司法解释》第66条的规定，抵押人将已抵押的财产出租的，抵押权实现后，租赁合同对受让人不具有约束力。抵押人将已抵押的财产出租时，如果抵押人未书面告知承租人该财产已抵押的，抵押人对出租抵押物造成承租人的损失承担赔偿责任；如果抵押人已书面告知承租人该财产已抵押的，抵押权实现造成承租人的损失，由承租人自己承担。值得注意的是，《物权法》第190条部分修正了上述司法解释，该条规定抵押权设立后抵押财产出租的，该租赁关系不得对抗已登记的抵押权。就房地产而言，因其属于登记生效的抵押权，因此房地产设定抵押之后再行出租的，租赁关系就不能对抗已登记的房地产抵押权。

二、优先购买权和优先承租权

（一）优先购买权

承租人的优先购买权是指在房屋租赁关系中，出租人出卖租赁房屋时，承租人所享有的得以同等条件优先于他人而购买的权利。我国《合同法》第230条规定：“出租人出卖租赁房屋的，应当在出卖之前的合理期限内通知承租人，承租人享有以同等条件优先购买的权利。”

结合《合同法》以及《城镇房屋租赁合同纠纷司法解释》的规定，承租人行使优先购买权必须具备下列要件：①须存在合法有效的租赁合同。承租人的优先购买权是基于承租人合法的租赁权而产生的一种优先权，因此，承租人行使优先购买权必须以合法有效的租赁合同为前提条件。②须在同等条件下行使优先购买权。在司法实践中，同等条件通常被理解为同等价格以及价款的给付时间、给付方式等。③须在合理期限内行使优先购买权。为了平衡交易安全

---

[1] 《最高人民法院关于适用〈中华人民共和国担保法〉若干问题的解释》：2000年12月8日法释［2000］44号公布，自2000年12月13日起施行。

和交易效率之间的关系，法律上规定承租人须在出租人通知后 15 日内明确表示是否购买。在同等条件下，承租人放弃优先购买权的，出租人才可将租赁房屋卖与第三人。

依据《城镇房屋租赁合同纠纷司法解释》第 24 条的规定，即使完全具备了上述行使优先购买权的要求，但是在下列情形下，承租人不得主张优先购买权：①房屋共有人行使优先购买权的；②出租人将房屋出卖给近亲属，包括配偶、父母、子女、兄弟姐妹、祖父母、外祖父母、孙子女、外孙子女的；③出租人履行通知义务后，承租人在 15 日内未明确表示购买的；④第三人善意购买租赁房屋并已经办理登记手续的。

在承租人的优先购买权受到侵害时，对承租人有何救济方式？《城镇房屋租赁合同纠纷司法解释》第 21 条给出了明确的规定，承租人可以请求出租人承担赔偿责任，但是不能请求确认出租人与第三人签订的房屋买卖合同无效。

（二）优先承租权

承租人的优先承租权是指在租赁期限届满后，出租人若继续出租该租赁房屋的，承租人有权在同等条件下优先承租。但关于承租人的优先承租权，我国法律未作明文规定，因此，实践中，只有在出租人与承租人有明确约定的情况下，承租人的优先承租权才会受到法律的保护。

第二十一章　公房的交易

第一节　公房的概述

一、公房及公房使用权

（一）公房

公房系公有房屋的简称，根据已经废止的《城市公有房屋管理规定》[1]第3条和第4条的规定，公有房屋系指国有房屋和集体所有的房屋。国有房屋，即所有权归属于国家的房屋，由国家授权的国家机关、社会团体、企事业单位及军队（本章简称为“产权人”）管理；集体所有的房屋，即所有权归属于集体组织的房屋，由集体组织（本章简称为“产权人”）管理；产权人依法行使经营和管理的权利并承担相应的义务。

盛产于我国计划经济体制时期的公房，是在新中国成立初期照搬苏联模式，采用计划经济体制，实行统包统分统管住房制度的产物。在马克思设想的共产主义制度下，个人向社会提供的只有劳动以获取个人消费品。住房作为重要的生产资料，不再是私有的财产，其所有权应公有化[2]。苏联根据对此设想的理解，开始实行计划经济，住房实物福利分配。

在住房实物分配体制下，住房原有的商品属性不再存在，仅有社会福利性质。房屋由国家或集体统一建设，所有权归国家或集体，再将房屋进行实物福利分配，由地方主管部门或企事业单位进行统一行政管理。

根据房源的不同，公房可分为自管公房和直管公房：自管公房是指由机关、团体、企事业单位投资兴建、自行经营和管理的国有或集体所有的房屋；直管公房是指由国家各级房地产相关管理部门（俗称“房管所”）直接经营管理的国有房屋。根据用途的不同，公房又可分为公有住房和公有经营性房屋。公有住房涉及公民居住生存权益的保障，在公房中占较大比重，因此，本章所

---

〔1〕《城市公有房屋管理规定》：1994年3月23日建设部令第34号发布，自1994年4月1日起施行；已被2001年10月26日《建设部关于废止〈建设工程质量管理办法〉等部令的决定》（建设部令第106号）废止。

〔2〕文魁：“中国住房分配工资化改革的机理分析”，载《管理世界》2000年第1期。

指公房，均是指与公民居住生存权益密切联系的公有住房。

（二）公房使用权

在福利化分房体制下，职工工资构成不包括住房消费基金。住房消费基金由国家或集体统一扣除用于建设公房，然后再根据职工工龄的长短、职务的高低、工作业绩的大小，加上家庭人口等因素，确定分配给职工一定面积的房屋，并由此建立起职工与国家或集体之间的房屋租赁关系。在我国长期福利化分房体制下产生了一种独特的住房制度，即公房使用权制度。

就我国法律规定而言，并无公房使用权这一概念，公房使用权似乎是公房管理和司法审判实践中的一种俗称。若从法律的角度对“公房使用权”进行分析，则首先可以明确的是，公房使用权是一种具体的法律权利，其强调的是公房承租人所享有的权利，而非公房产权人所享有的使用权能；其次，公房的居住使用是以租赁为基础法律关系，租赁权的权利内容是公房使用权权利内容的基础。因此，可以说公房使用权即公房租赁权，是指职工对租赁的公房依法所享有的占有、使用和收益的权利。为行文方便，本书仍沿用之前的俗称，即公房使用权。

公房使用权具有如下特征：①靠分配。公房是社会主义福利制度的重要组成部分，其不是购买得到的而是通过国家计划分配得到的。②低租金。公房租赁最大的特色就是低租金，可以说，这是公房租赁福利性的最根本体现。公房租金执行的是政府定价（基本上仅包括维修费和管理费），其既不是房屋消耗的核算，也不是市场需求的价格反映，租金水平远低于市场租金。③长租期。公房租赁期限是长期的，在法律上没有限制，承租人可一直居住直至其死亡且其同住家庭成员还可继续租赁，具有“永租性”特点。④不能流通。公房是国家或集体财产，不是商品，不能进入市场流通。

二、公房管理体制的弊端及其改革

（一）公房管理体制的弊端

在特定的历史时期，公房管理体制对解决职工住房、促进社会经济发展一度发挥了重要作用。但随着我国社会不断发展、经济的市场化进程加快，以及事业单位改革的不断深入，公房管理体制的弊端也暴露无遗：

1. 国家或集体负担过重。在公房管理体制下，公房低租金的福利化，造成国家或集体在租金上的收入微乎其微，而公房建设管理维修费用又巨大，因此，国家或集体在公房上一直是入不敷出，公房越多，国家或集体所承担的包袱就越重；公房租赁期限的“永租性”，造成国家或集体对房屋的所有权被虚化，承租人获得了永久性的占有权、使用权和低租金收益权；因此，公房的低租金和长租期导致国家或集体建房投资难以收回，后续管理维修压力沉重。

2. 福利分房不公平。公房使用权作为一种单位福利，只能是长期在国家机关或国有企事业单位工作的人才有资格享有，但这部分工作人员只是社会主体的一小部分，社会上还有相当一部分人，没有资格获得公房使用权；就是分到公房的人，分到的房屋也是好坏差距悬殊，苦乐不均。就分到公房的人来说，体现在住房中的物化劳动并非完全是其个人的剩余劳动的积累，而往往是社会财富的统筹分配，也就是说，其事实上提前或额外享受到了福利，这种福利里面有其自己的劳动也有别人的劳动。

3. 公房使用权交易受限。《城市公有房屋管理规定》第 26 条规定，承租人将承租的房屋擅自转租的、擅自转让转借他人或擅自调换使用的、擅自买卖公有房屋使用权的，出租人有权终止租赁合同，收回房屋，并可索赔损失。因此公房承租人在分得住房后，虽然可以在符合法律规定的条件下居住使用，但只享有承租、使用和占有权，而不享有交易、出租和处分权。使得公房承租人无法通过公房使用权的转租或转让等发挥公有住房的使用效益，也无法达到以旧换新、改善居住条件的目的。

（二）公房管理体制的改革

新中国成立初期建立的公房管理体制，虽然在经济发展水平不高、消费层次水平较低的特定历史时期，较好地满足了职工的基本住房需求；但是却造成了住宅建设不能形成从投资到回报的良性循环，而且导致城镇居民将住房完全视为一种社会福利，家庭消费结构严重扭曲，并且随着城市化的推进和城市人口的大量增加，城市住房的短缺问题变得越发突出。以低房租和高补贴形式表现出的住房实物福利制不仅使政府和企业不堪重负，住房分配过程中表现出的苦乐不均现象和以权谋私行为也越来越遭到社会的质疑，住房改革势在必行。[1]

住房制度的变革是经济转型和社会变迁的缩影，也是不同利益主体之间互动、竞争和妥协的结果。中国的住房改革可以说是经济体制改革中提出的最早、酝酿的时间最长、试点的面最广、出台的方案最慎重、在全国铺开最为缓慢的改革。[2]住房制度改革的目标是终止住房实物分配福利体系，建立货币化、市场化、社会化和多层次的住房供给体系。

1978 年 9 月和 1980 年 4 月，邓小平同志在对建筑业发展和住宅问题的两

---

〔1〕 李培：“中国住房制度改革的政策评析”，载《公共管理学报》2008 年第 3 期。

〔2〕 孙清华、陈淑玲、李存先：《住房制度改革与住房心理》，中国建筑工业出版社 1991 年版，第 31 页。

次谈话中提出了出售公房、调整公房租金、提倡个人建房买房的住房制度改革总体设想。1980 年 6 月，中共中央、国务院转批的《全国基本建设工作会议汇报提纲》实质性地拉开了住房制度改革的序幕。

1980 年 6 月 ~ 1994 年 6 月期间，是住房制度改革的初步实践阶段。这一阶段的房改战略重点围绕着出售公房和提高公房租金频繁转换，由于在改革过程中缺乏公平原则的战略安排，使得不同职工在享受住房和补贴的机会上差异明显，苦乐不均的现象大量存在。初期房改并没有动摇公房实物福利分配的根基，但是改变了公房实物分配的方式，改变了居民住房完全由国家和单位解决的老路，促使了城镇居民在住房观念上的转变。

1994 年 7 月 ~ 1998 年 6 月期间，是住房制度改革的综合配套深化改革阶段。1994 年 7 月 18 日国务院发布《关于深化城镇住房制度改革的决定》，启动了新一轮的住房改革。这一阶段所实施的新制度同时指向了公房的存量调整和增量改革。作为前一阶段房改的延续，存量公房继续在出售公房和提高公房租金方面深化改革。而与前期房改所不同的是，新增住房被划分为以中低收入家庭为供给对象、具有社会保障性质的经济适用房和以高收入家庭为供给对象的商品房，并建立了住房公积金制度。这一阶段的房改模式已由单兵冒进型逐步转变为综合推进型，房改的效果也明显得以增强，但是仍然没有从根本上遏制住福利分配的源头。

1998 年 7 月国务院下发了《关于进一步深化城镇住房制度改革加快住房建设的通知》，明确指出停止住房实物分配，逐步实行住房分配货币化。对比 1998 年房改前后中国住房供给不难发现，该通知的颁布标志着以市场供应为主的住房供应体系的确定，并将中国渐进式的房改推进到了一个新的阶段。

1998 年前的住房改革是以公房管理体制改革为起点和重点开展的。通过近 20 年的公房管理体制改革，我国基本确定了以产权私有化为主的符合市场经济发展规律的住房制度，有效地发挥了市场在配置住房资源方面所起到的作用，并进一步理顺了各利益主体之间的关系。房地产及其相关产业的迅速发展，已经成为促进国民经济持续快速发展的决定性因素之一。

第二节　公房的交易形式

住房制度改革最为首要的任务就是要盘活公房、解禁公房的交易，实现公房资源的有效配置，提高其使用效率。在公房管理体制改革中，涌现出的公房交易形式有公房使用权的交易、公房出售以及已购公房的上市交易。

一、公房使用权的交易

公房使用权的交易是住房从实物福利分配向货币化、商品化、市场化分配转变过程中不可避免的产物。

公房使用权交易的表现形式主要有：①公房使用权的置换。包括公房使用人之间以无偿或有偿方式互换公房承租权，以公房使用权交换住房产权。②公房使用权的出售。公房使用人或自住房屋有余，或为购买新的商品房而筹措资金，而将公房使用权有偿转让给他人，退出公房租赁关系。③公房转租。公房使用人以市场价将公房全部或部分转租给他人，赚钱租金差价以获得收益，租赁期限内原租赁合同继续有效。

最初的公房使用权交易，是从有利生产、方便生活原则出发的一种纯粹的房屋交换行为。随着房改和市场经济的兴起，进入20世纪90年代后，人们逐步懂得房屋的地段、层次、面积、结构、朝向、年限等都含有一定的价值，于是人们开始按等价交换的原则开展公房使用权交易，使得公房使用权交易渐渐地从自发的地下交易走向公开化。虽然当时公房使用权的交易处于国家层面的法律法规禁止的局面，但是鉴于公房使用权交易事实上的大量存在，不少地方政府开始认可和鼓励公房使用权交易，并纷纷出台有关公房使用权交易的操作规范，如武汉市于1997年6月颁布了《武汉市直管公有住房使用权有偿转让管理试行规定》[1]、北京市国土资源和房屋管理局于2002年12月出台了《关于开展直管公有住房使用权交易试点工作的通知》[2]。

公房使用权交易最终会随着公房管理体制改革的推进、公房租金的提高而退出市场。但是公房管理体制改革不是一蹴而就的，在公房管理体制改革这个漫长的时期内，公房使用权的交易是存在的。

二、公房出售

公房出售是住房制度改革中的一项重要举措。房改初期，公房出售经历了反复尝试、多处试点、几近停滞的状态后，随着1994年7月18日国务院《关于深化城镇住房制度改革的决定》的发布，再次成为房改的重点并得到深入的推广。

公房出售是住房体制改革的一部重头戏。作为实施住房商品化的一个过

---

〔1〕《武汉市直管公有住房使用权有偿转让管理试行规定》：1997年6月20日武房物［1997］134号公布，自公布之日起施行；已被2001年6月12日《武汉市房地局关于废止有关房地产规范性文件的通知》（武房法［2001］140号）废止。

〔2〕《北京市国土资源和房屋管理局关于开展直管公有住房使用权交易试点工作的通知》：2002年12月18日京国土房管物［2002］1124号发布。

渡，它不可避免地带有传统的住房制度福利性的色彩，这是由改革的进程决定的。一方面制度的变革需要以维护人民生活安全为重，不能急于求成，另一方面改革的各个方面都是互为因果的，在工资制度改革等其他方面还没有完全到位之前，实行彻底的住房制度改革，完全摒弃原有的福利性是不切实际之举。[1]

与一般私房（包括商品房）买卖相比，公房出售具有如下特点：①主体限定。公房出售对象是符合购房条件的家庭，并以全体家庭成员协商同意购房为前提。以家庭为出售对象，是因为家庭及每一家庭成员与购买公房息息相关，产权不能仅限于其中某位职工或家庭成员推选的购房代表人。②数量限定。承租人按成本价或标准价购买公有住房，每个家庭只能享受一次。除了在购房次数上加以控制，在购房面积上也有限制。③价格限定。公房售价实行过成本价和标准价，均大大低于市场价。公房售价由政府根据建房成本进行限定，其中不包括土地使用费，这让购房者享受到了极大的价格优惠。除了享受成本价优惠外，根据购房家庭成员的工龄、职称等资格，出售公房状况等情况，购房家庭还享有其他优惠措施。

三、已购公房上市交易

已购公房上市交易是我国住房体制改革中的一项重要内容，是指职工将其在住房体制改革中按当地政府有关政策购买的公有住房，进入二级市场转让的行为。从宏观上讲，允许已购公房上市交易保持了房地产制度的连续性，加快了住房新体制的建立，同时也是深化城镇住房体制改革的需要；从微观上讲，允许已购公房上市交易是实现住房商品化、市场化目标的重要步骤。

传统的福利住房分配体制存在诸多不公和矛盾；住房体制改革重点推广的公房出售，价格中含有明显的国家补贴成分。已购公房上市交易，住房实物直接转化为了货币，这使得原有住房制度中利益分配的不公进一步显现，并使其合法化。这些矛盾如果不加以控制，将可能转化为新的利益矛盾。因此认识到已购公房上市交易中存在的利益分配矛盾，对于政府制定相关政策具有重要意义：①个人所占公房在数量差异上的矛盾。在福利住房分配体制下，一部分人分配到住房，还有一部分人依靠职权或不正之风多占了住房，同时另外一些人没有分配到住房或还没有达到其应得数量。②不同行业、部门和单位之间在住房数量、质量差异上的矛盾。个人住房分配的优劣在很大程度上取决于其所在行政事业单位的职权大小，以及所在企业的经济效益好坏。有房的单位房子会

[1] 梁晰华：“公房售后产权性质研究”，载《华东政法学院学报》1999 年第 3 期。

越多，少房、无房的单位仍缺房，住房利益分配的差距明显增大。③个人已购公房中隐藏的土地收益矛盾。因公房出售中未考虑土地级差收益问题，购房成本价或标准价中不包含土地价格，故而已购公房的土地收益是隐含的，已购公房上市交易使这种隐藏的土地收益转化为实实在在的货币。同样级别、同样工龄的职工按同样价格购买的同样面积的住宅，因为位置的差异而使其进入市场的价格出现巨大差异。

为了协调已购公房上市交易中的诸多矛盾，政府也采取了多项对策：①停止住房福利分配制度，实行住房分配货币化。为赶福利分房的最后一班车，许多单位将新建住房通过分配的途径进入旧体制，这给公房入市带来了许多负面影响，同时又产生了住房分配利益新的“不公”和“矛盾”。为此，政府应立即作出停止住房福利分配的规定，同时实行住房分配货币化政策，更多体现“按劳分配”的原则。②实行严格的公房入市管理制度。对入市的公房严格实行申报、登记、建立住房档案制度，同时建立公房入市管理信息系统，实行公房入市的跟踪管理。对个别人超标准多处占房情况进行严格监管，控制超标房入市，或按规定补缴超标准住房面积的土地出让金和增值税，以及其他相关税费。③制定合理的地价管理政策。这是调节个人已购公房中隐藏的土地收益利益矛盾的关键措施。对于区位条件好的公房必须按评估地价缴纳土地出让金。土地增值的，还要按规定向国家缴纳土地增值税。

第二十二章　保障性住房的交易

所谓保障性住房，是指具有一定的社会保障性质及基本功能，主要由政府部门针对特定的住房需求主体尤其是一些中低收入群体，以比市场价格更加优惠的售价或租金提供的限定建筑标准的住房。[1]

住房保障这个概念在改革开放之前住房福利分配制度的背景下是不存在的。1998 年 7 月 3 日，国务院下发了《关于进一步深化城镇住房制度改革加快住房建设的通知》，该通知提出住房制度改革的目标是停止住房实物分配，建立和完善以经济适用住房为主的多层次城镇住房供应体系；并且明确了由政府提供经济适用住房和廉租住房、发放住房补贴和推行住房公积金为中低收入家庭和职工购（租）房提供援助。该通知虽然没有出现“住房保障”或“保障性住房”的字眼，但是正式开启了我国保障性住房制度建设的探索历程。随着住房制度改革的深入，官方首次以文件形式提出“加快建立和完善适合我国国情的住房保障制度”是在国务院2003 年 8 月 12 日出台的《关于促进房地产市场持续健康发展的通知》。

建立涵盖全体国民、分层次保障的住房制度，是我国在保障性住房制度建设方面的一大目标，即以差异化的住房供给政策来满足不同收入群体的实际需求。从现实情况看，我国政府供应的保障性住房分为出售型和租赁型两种。其中出售型的保障性住房有经济适用住房和限价商品房，租赁型的保障性住房有廉租住房和公共租赁住房。

第一节　经济适用住房

一、经济适用住房概述

依据建设部、发展和改革委员会、监察部、财政部、国土资源部、中国人民银行和国家税务总局于 2007 年 11 月 19 日发布的《经济适用住房管理

---

〔1〕 林葆才：“我国保障性住房制度建设的进展、问题与对策”，载《行政与法》2014 年第 1 期。

办法》[1]第2条的规定，经济适用住房是指政府提供政策优惠，限定套型面积和销售价格，按照合理标准建设，面向城市低收入住房困难家庭供应，具有保障性质的政策性住房。

经济适用住房作为保障性住房体系的重要组成部分，是在我国停止福利分房的背景下，伴随着住房制度改革而产生、发展的。国务院1994年7月发布的《关于深化城镇住房制度改革的决定》提出要"加快经济适用住房的开发建设"。国务院1998年7月发布的《关于进一步深化城镇住房制度改革加快住房建设的通知》更是强调深化城镇住房制度改革的目标之一便是，"建立和完善以经济适用住房为主的多层次城镇住房供应体系"。

二、经济适用住房的评定标准

根据《经济适用住房管理办法》的规定，可将评定经济适用住房的标准概括为：①供应对象为城市低收入住房困难家庭。城市低收入家庭申请购买经济适用住房应同时符合下列条件：具有当地城镇户口；家庭收入符合市、县人民政府划定的低收入家庭收入标准；无房或现住房面积低于市、县人民政府规定的住房困难标准。②住房标准严格控制。单套的建筑面积控制在60平方米左右。③房价相对便宜。政府直接组织建设的经济适用住房只能按成本价销售，不得有利润。房地产开发企业实施的经济适用住房项目利润率按不高于3%核定。④购房人拥有有限产权。购买经济适用住房满5年，方可上市交易，并需向政府交纳一定的土地收益。政府可优先回购。

三、经济适用住房的问题

经济适用住房政策自实施以来，虽然对社会稳定与和谐发展以及房地产业和国民经济的持续协调发展发挥了一定积极作用，但是随着住房制度改革的深入和市场经济的发展，经济适用住房政策在实践中暴露出诸多问题，归纳起来主要有三个方面：

1. 不经济。实践表明虽然经济适用住房的价格比同地段商品房价格低，但依然让真正符合条件的低收入家庭望而生畏。

2. 不适用。经济适用住房用地多为划拨用地，一般远离主城区选址建设，

---

[1] 《经济适用住房管理办法》：2004年5月13日《建设部、国家发展和改革委员会、国土资源部、中国人民银行关于印发〈经济适用住房管理办法〉的通知》（建住房［2004］77号）发布；已被2007年11月19日《建设部、国家发展和改革委员会、监察部、财政部、国土资源部、人民银行、国家税务总局关于印发〈经济适用住房管理办法〉的通知》（建住房［2007］258号）废止。2007年11月19日《建设部、国家发展和改革委员会、监察部、财政部、国土资源部、人民银行、国家税务总局关于印发〈经济适用住房管理办法〉的通知》（建住房［2007］258号）发布修订后的版本。

交通落后，学校、医院、商业等配套设施不完备，周围区域产业欠发达，就业机会少。入住的低收入家庭普遍面临就业难、就学难、就医难等问题，并且大部分家庭的日常生活与工作需要长距离地往返市区，费用支出增大，居住成本提高。

3. 不公平。国家对经济适用住房的政策扶持，直接导致了房地产市场价格“双轨制”的存在。这种“双轨制”存在明显的套利机会，必然导致市场投机，诱使一大批富人和特权者敢冒道德风险骗购经济适用住房，造成经济适用住房分配不公和社会住房保障资源严重流失，对政府声誉与社会和谐极为不利。

鉴于经济适用住房政策在实施过程中出现了以上种种难以控制的违规现象，违背了该制度的初衷，又给国家造成了经济损失，因此社会上已出现了停止开发建设经济适用住房，大力发展廉租住房的呼声。

第二节　限价商品房

一、限价商品房概述

限价商品房在我国住房体系中是一个新兴的概念，其是在当前高房价的背景下，由政府推出的新型房产类型。近几年各地房价上涨，高房价使人民无法承受，住房问题已经成为影响社会稳定的最大难题，也使占社会绝大多数中等收入阶层处于既不符合购买经济适用住房的资格，也不具备购买商品房能力的尴尬境地，成了社会中的“夹心层群体”。政府实施限价商品房的初衷就是为了解决社会“夹心层群体”的住房问题。

2006 年 5 月 24 日，国务院办公厅转发的建设部等九部委《关于调整住房供应结构稳定住房价格的意见》中首次出现了限价商品房的规定。该意见首度提出了保证中低价位、中小套型普通商品住房土地供应。土地的供应应在限套型、限房价的基础上，采取竞地价、竞房价的办法，以招标方式确定开发建设单位。其中提到的“限套型”、“限房价”的普通商品住房，被称作“限价商品房”。从此，限价商品房建设被提到了各级政府的议事日程上。但该意见关于限价商品房政策仅有刚性要求，对于限价商品房的性质、发展方向、操作办法甚至连基本思路都尚未形成。各地政府对限价商品房政策的实施在认识和实践上均处于摸索阶段，北京、广州在 2008 年正式出台限价商品住房管理办法，天津、宁波、南京等城市也在 2008 ~ 2009 年相继出台限价商品房管理办法。

从各地所实施的限价商品房政策来看，限价商品房是政府对开发商的开发成本作出预算后，对住房的销售价格、建设标准以及销售对象加以限制，将开发商的预期利润控制在一个合理的范围内，并据此确定土地出让价格和房屋的出售价格。由于限价商品房既限制地价又限制房价，因此又被称为“两限房”，参与开发的开发商在招标、拍卖时既竞地价又竞房价，因此也将其称作“双限双竞房”。各地限价商品房管理办法中一般规定，购买限价商品房五年期满后即可上市出售，届时按同地段普通商品房与限价商品房差价的一定比例向政府缴纳转让收益。

二、限价商品房的属性

限价商品房虽披着“商品房”的外衣，但其本质属性为社会保障性。限价商品房从产生那天开始，就承担了解决中等收入者住房问题的重任，成为政府调控房地产市场、抑制房价的一项重要举措。住房市场化改革虽然促进了房地产业的迅速发展，但市场并不能有效解决各阶层的住房问题，尤其是中低收入群体的住房问题，必须借助国家的政策倾斜。国家通过完善的住房保障制度介入国民收入再分配，给社会中低收入者以住房安全保障，建立社会公平感，让所有社会成员分享改革的成果，发挥住房保障在社会经济运行中的“安全网”和“减震器”的作用。这对于消除社会冲突和社会动荡，解决社会问题具有重要作用，最终达到维护社会整体利益的目的。因此，限价商品房政策的出台对于建立和完善我国的住房保障体系具有重要的作用。

三、限价商品房的问题

限价商品房作为住房保障的一部分，对于抑制房价过快增长，解决“夹心层群体”住房难问题起到一定作用，但伴随其存在的争议也从未间断。目前，我国对限价商品房制度的立法主要局限于各地政府出台的本地区管理办法，缺少国家层面的法律法规的保证，使得限价商品房工作缺乏稳定性和规范性，也缺乏应有的权威性。同时由于缺乏专门的管理机构对限价商品房的建设及销售环节进行监管，使得限价商品房政策在实施过程中产生了诸多问题，例如限价商品房分配对象错位流入不需要人手，继而出现限价商品房被用作商铺或者出租等现象、限价商品房的质量问题令人担忧等。

第三节　廉租住房

一、廉租住房制度概述

廉租住房是指国家以租金补贴或实物配租的方式，向城市最低收入住房困难家庭提供的一种住房保障。廉租住房制度是住房保障体系的重要组成部分，承担着解决城市最低收入住房问题和市场经济稳定器的功能。住房保障制度首要解决的是有房住的问题，即居住权而非产权。廉租住房制度能够剔除有更高支付能力的家庭购买住房产权需求和追求资产升值的投资性购房需求的介入，又不对房地产市场造成冲击，可以说，它是目前最有效的住房保障模式。[1]

1998 年 7 月，国务院发布的《关于进一步深化城镇住房制度改革加快住房建设的通知》，明确提出建立廉租住房制度。1999 年 4 月 19 日，建设部以第 70 号令颁布了《城镇廉租住房管理办法》[2]，对廉租住房的房源、租金标准、开发建设以及申请审批程序等问题予以明确的规定。2003 年 12 月 31 日，建设部、财政部、民政部、国土资源部、国家税务总局结合我国的实际情况，在《城镇廉租住房管理办法》基础上修订出台了《城镇最低收入家庭廉租住房管理办法》[3]。该办法在廉租住房资金来源、保障方式和保障水平上有了新的突破，明确以财政预算安排为主、多渠道筹措廉租住房资金的原则，以发放租赁住房补贴为主要保障方式和廉租住房保障面积标准原则上不超过当地人均住房面积的 60% 为条件。2007 年 11 月 8 日，建设部、国家发展和改革委员会、监察部、民政部、财政部、国土资源部、中国人民银行、国家税务总局和国家统计局九部门又在《城镇最低收入家庭廉租住房管理办法》基础上修订并联合发布了《廉租住房保障办法》[4]，进一步扩大了保障的覆盖范围，并在货币补贴和实物配租相结合的保障模式、多渠道增加资金和房源、保障公平物尽其用等方面的规定更加完善了。

二、廉租住房制度特征

相较于住房保障体系中的其他住房保障制度，廉租住房制度主要有如下基本特征：

（一）保障主体主要为国家

城市最低收入住房困难家庭作为住房弱势群体，是无法通过自身的努力在市场上获取有效的住房资源的。住房问题本是个人问题，但是当大批低收入家

[1] 王新：“现阶段廉租房制度存在的问题与对策”，载《中州学刊》2010 年第 1 期。

[2] 《城镇廉租住房管理办法》：1999 年 4 月 19 日建设部第 70 号令发布，自 1999 年 5 月 1 日起施行；已被 2003 年 12 月 31 日《城镇最低收入家庭廉租住房管理办法》（建设部、财政部、民政部、国土资源部、国家税务总局令第 120 号）废止。

[3] 《城镇最低收入家庭廉租住房管理办法》：2003 年 12 月 31 日建设部、财政部、民政部、国土资源部、国家税务总局令第 120 号发布，自 2004 年 3 月 1 日起施行；已被 2007 年 11 月 8 日《廉租住房保障办法》（建设部、国家发展和改革委员会、监察部、民政部、财政部、国土资源部、中国人民银行、国家税务总局、国家统计局令第 162 号）废止。

[4] 《廉租住房保障办法》：2007 年 11 月 8 日建设部、国家发展和改革委员会、监察部、民政部、财政部、国土资源部、中国人民银行、国家税务总局、国家统计局令第 162 号发布，自 2007 年 12 月 1 日起施行。

庭均无法自己解决住房问题时，则会引发一系列的社会问题。因此，政府有责任通过各种途径为城市最低收入住房困难家庭筹集并提供房源或发放合理的住房补贴，尽量满足其最基本的住房需求，以缓解住房矛盾和社会矛盾，保持社会安定。

（二）保障对象的特定性

廉租住房制度的保障对象是城市最低收入住房困难家庭。根据各地的规定和做法，保障对象主要是城市户口的双困难户家庭，即享受低保且人均居住面积低于某一标准的家庭。

（三）保障模式的多样性

廉租住房保障模式分为两种，即货币补贴模式和实物配租模式。货币补贴模式着力点在于增加居民收入，政府通过向保障对象发放租赁住房补贴，帮助其自行承租住房。实物配租模式着力于降低住房成本，由政府直接或间接地为保障对象提供租金低于市场价的住房。政府可根据住房市场发展的不同时期，侧重采取相应的保障模式：在住房供应关系比较缓和时期，采取以发放货币补贴为主、实物配租为辅的保障模式；而在住房严重短缺时期，则采取以实物配租为主，货币补贴为辅的保障模式。

（四）保障目标为满足基本的住房需要

廉租住房的保障是以救济性为主，应当并且只需满足保障对象的基本生活居住功能，即安全、卫生、安宁即可。这样既可以防止保障水平定得过高，增加政府的经济承受压力，滋生保障对象的依赖与惰性，同时也可以避免保障水平过低，无法达到保障的目标而失去了施行该制度的实际意义。

三、廉租住房建设现状

在我国积极发展房地产市场的大环境下，廉租住房建设推进还普遍存在较为缓慢的情况，其原因主要有：

第一，土地和资金的瓶颈制约。就土地而言，用于建设廉租住房的土地必须是划拨的，这样就会减少地方政府的财政收入，因而很难调动地方政府的积极性。就资金而言，目前作为地方政府主要财政收入的土地出让收益和住房公积金增值收益是廉租住房建设的主要资金来源，地方政府注定会缺乏提供资金的动力。并且廉租住房的保障性决定了其利润空间微小、投入资金回收缓慢的特性，也严重影响了金融机构参与的积极性。

第二，保障对象覆盖率偏低。我国目前还未建立个人信用制度和个人收入申报机制，个人收入的不透明为保障对象的确定带来了很大的难度。因而地方政府普遍将保障对象限定在城市低保户范围之内，这在一定程度上缩小了廉租住房保障对象的范围。

第四节　公共租赁住房

一、公共租赁住房的历史沿革

在经济适用住房、限价商品房、廉租住房并行的住房保障制度下，城镇中还存在着一个覆盖面极大的既买不起市场商品房又没有资格或暂无条件享受住房保障的“夹心层住房困难群体”。该“夹心层住房困难群体”主要是指：一是城镇中等偏低收入住房困难家庭，以他们的经济能力难以通过市场购买或租赁住房，但又不属于经济适用住房或廉租住房的保障对象；二是外来务工人员中的住房困难者，由于没有当地城镇户口，故未能纳入地方政府的住房保障范围；三是新就业高校毕业生中的住房困难者；四是虽为经济适用住房或廉租住房保障对象，但由于房源不足尚在轮候中的低收入住房困难家庭。鉴于住房保障体系存在巨大的制度空白，一种覆盖范围更广，设计更为严谨科学的住房保障方式——“公共租赁住房”应运而生。

深圳市是最先在我国大陆启动公共租赁住房制度的城市，其借鉴香港的公屋制度，创造性地提出“公共租赁住房”的概念，并在2008年1月18日出台了《深圳市公共租赁住房管理暂行办法》[1]，这是我国第一部关于公共租赁住房的地方性立法。2010年6月8日，住房和城乡建设部、国家发展和改革委员会、财政部、国土资源部、中国人民银行、国家税务总局、中国银行业监督管理委员会联合制定的《关于加快发展公共租赁住房的指导意见》[2]正式对外发布。该意见指出“大力发展公共租赁住房，是完善住房供应体系，培育住房租赁市场，满足城市中等偏下收入家庭基本住房需求的重要举措”、“有条件的地方，可以将新就业职工和有稳定职业并在城市居住一定年限的外来务工人员纳入供应范围”。这是国家立法层面首次对各地公共租赁住房推行的一种肯定和导向，并对“夹心层住房困难群体”的住房问题提供解决思路。2012年7月15日，住房和城乡建设部以11号令发布的《公共租赁住房管理办法》[3]开始实施，公共租赁住房制度作为我国住房保障体系中的一个重要组成部分被确立了下来。

---

〔1〕《深圳市国土资源和房产管理局关于印发深圳市公共租赁住房管理暂行办法的通知》：2008年1月18日深国房［2008］36号发布，自发布之日起施行，有效期5年。

〔2〕《住房和城乡建设部、国家发展和改革委员会、财政部、国土资源部、中国人民银行、国家税务总局、中国银行业监督管理委员会关于加快发展公共租赁住房的指导意见》：2010年6月8日建保［2010］87号发布。

〔3〕《公共租赁住房管理办法》：自2012年5月28日住房和城乡建设部令第11号发布，自2012年7月15日起施行。

二、公共租赁住房的发展趋势

相较于廉租住房制度，公共租赁住房制度与其并无实质意义上的差别，只是公共租赁住房制度的保障对象更加拓宽了。公共租赁住房制度在保障对象上最大的突破就是摒弃了户籍的限制，将外来务工人员也纳入了住房保障的覆盖范围。并且公共租赁住房制度以城市中低收入收入住房困难家庭为保障对象，填补了社会上“夹心层住房困难群体”住房保障的空白，其社会意义巨大。

鉴于公共租赁住房制度与廉租住房制度极大的相似性，公共租赁住房与廉租住房并轨是我国住房保障制度发展的必然趋势。2010 年 9 月 21 日，国土资源部和住房和城乡建设部联合出台了《关于进一步加强房地产用地和建设管理调控的通知》[1]，其中提出公共租赁住房将逐步与廉租住房并轨。2013 年 12 月 2 日，住房和城乡建设部、财政部、国家发展和改革委员会正式下发了《关于公共租赁住房和廉租住房并轨运行的通知》[2]，该通知明确提出“从 2014 年起，各地公共租赁住房和廉租住房并轨运行，并轨后统称为公共租赁住房”。公共租赁住房和廉租住房的并轨，不仅有利于政府的统一管理，减少行政成本，并且将占社会相当大比重的中低收入人群混合在一起，可以有效避免贫民窟现象的产生，保障社会和谐公平。

---

〔1〕《国土资源部、住房和城乡建设部关于进一步加强房地产用地和建设管理调控的通知》：2010 年 9 月 21 日国土资发［2010］151 号发布。

〔2〕《住房和城乡建设部、财政部、国家发展和改革委员会关于公共租赁住房和廉租住房并轨运行的通知》：2013 年 12 月 2 日建保［2013］178 号发布，自 2014 年 1 月 1 日起施行。

第二十三章　存量房的交易

近年来，我国房地产价格持续上涨，使得人们住房需求的迫切性与其购买力的有限性这一矛盾尖锐化。人们逐步转变了“买房只买新房”、“旧不如新”的购房观念，将目光转向了如何购买适合居住、在其承受范围之内的存量住房。于是，存量房逐渐从住房消费市场的冷门成为关注热点。人们购房消费观念的转变给存量房交易市场带来了巨大的需求潜力，也对存量房交易市场的规范化提出了更高的要求。

第一节　存量房及存量房交易市场

一、存量房

1993 年 4 月 16 日，《建设部关于贯彻〈国务院关于发展房地产业若干问题的通知〉有关问题的通知》[1]首次提及“存量房”一词。建设部于 2003 年 3 月 17 日发布的《房地产业基本术语标准》（JGJ/T 30－2003）[2]将房地产市场分为“土地市场”和“房屋市场”，其中房屋市场分为三级：房屋一级市场（commodity houses market），是指新开发的商品房预（销）售市场，是增量房屋产权交易市场；房屋二级市场（second-hand houses market），是指存量房屋的产权交易市场；房屋三级市场（third-hand houses market），是指房屋出租、抵押、典当以及承租房屋的转租及使用权转让等部分产权交易的市场。

因此，“存量房”是法律上对房屋的一种分类，其是与“增量房”相对而言的。“增量房”俗称“一手房”，“存量房”俗称“二手房”。有观点认为，二手房除了二手商品房之外，还包括二手公房、经济适用房、自建房等。因公房、经济适用房、自建房的交易适用特殊的法律法规，因此本章研究的存量房是指业主已经在房地产市场上购买后又欲出售的商品房。

和增量房相比，存量房具有如下特点：①价格相对便宜。由于多数存量房

〔1〕《建设部关于贯彻〈国务院关于发展房地产业若干问题的通知〉有关问题的通知》：1993 年 4 月 16 日建房字第 298 号发布。

〔2〕《房地产业基本术语标准》（JGJ/T 30－2003）：2003 年 3 月 17 日《建设部关于发布行业标准〈房地产业基本术语标准〉的公告》（建设部公告第 127 号）发布，自 2003 年 6 月 1 日起实施。

的卖方是出于“卖旧换新”梯度消费的需要，因此一般情况下，会选择低于新楼盘的价格出售。②选择空间大。存量房的房源市场大，从低廉混合房到高档社区，应有尽有，买方选择余地大。③社区环境配套完善。存量房通常地理位置较好，并且经过多年的发展，其周边的配套设施、交通、物业管理、小区人文环境都已成型完善。④购买风险相对较小。存量房是现房，买方可以对房屋结构、房屋装修、小区周边环境配套等进行实实在在的考察，做到明明白白地交易。⑤可以省却装修。存量房大多为以前业主居住使用过的房子，房子已经装修完毕，买方可以省掉一大笔装修费用和劳心劳力的装修过程，即买即住。⑥交易手续相对便捷。购买产权清晰的存量房，签订房地产买卖合同后，就可以办理产权变更、产权过户等手续。

二、存量房交易市场

现阶段，我国存量房交易市场还处于初步发展阶段。与发达国家成熟的存量房交易市场相比，还存在较大的差距。目前，发达国家每年住房交易总量中八成以上是存量房的成交，存量房的交易规模远大于增量房的交易规模，人们的住房需求在很大程度上可以通过存量房的重新优化配置得到满足。我国房地产市场由于发展历史短，目前的市场结构过度倚重增量房交易市场，说到房价涨落，几乎说的就是新房的价格涨落。由此造成，一方面新房面临过大的需求压力；另一方面存量房被不合理地大量闲置。“十一五规划”中明确指出，“按照保障供给、稳定房价的原则，加强对房地产一、二级市场和租赁市场的调控，促进住房梯次消费”。2006 年 5 月 24 日出台的《国务院办公厅转发建设部等部门关于调整住房供应结构稳定住房价格意见的通知》中也明确指出，“积极发展住房二级市场和房屋租赁市场。引导居民通过换购、租赁等方式，合理改善居住条件”。可以预见随着国家对住房市场调控力度的加大，存量房交易市场将逐步发展成熟，在整个住房市场交易中的比重将持续上升，成为与增量房交易市场相匹敌和共存的市场形态。

在国家的宏观调控中，如何保持存量房交易市场的持续稳定健康发展，是当前房地产市场面临的一个突出问题。为此需要正确认识目前存量房交易市场中存在的问题，并研究相应的改进策略：

1. 加大相关法律法规的建设。尽管国家已经意识到我国房屋一、二级市场的发展严重失衡，并进行了几次大的宏观调控，减少了房地产开发的投入，提倡鼓励存量房交易市场的发展，但针对存量房交易市场发展的有关法律法规仍少之又少。加大存量房交易相关法律法规的建设，给予存量房交易市场更多的法律、政策支持，对于推动存量房交易市场的发展具有非常重要的意义。

2. 加大金融服务力度。目前，金融机构对存量房交易市场的倾斜力度不够，各家金融机构的信贷投入主要集中在房地产开发以及房屋一级市场，房屋一级市场信贷业务与房屋二级市场信贷业务严重不平衡。金融支持是存量房交易市场发展的保证，因此政府应持积极扶持态度，会同金融部门共同启动和完善存量房抵押贷款业务，为存量房的交易提供有利条件。

3. 减轻交易环节的税负，调整税收从交易为主逐步转向持有为主。一般而言，存量房的交易成本高出增量房交易成本10个百分点。以一套100万的房屋为基数算，存量房交易成本将比增量房高10万元。现有存量房交易环节的营业税、个人所得税、土地增值税等，税负过重，虽然抑制了短期投资投机性售房行为，但是对改善住房条件的正常换购行为也产生了消极影响，不利于存量房的市场流通。为了达到既抑制投机又鼓励正常流通的双重目的，应将房地产税从交易环节为主逐步转向以持有环节为主，即对持有大量房产者收取较高的房产税。

4. 发展并规范存量房中介机构。房地产中介机构是搞活存量房交易市场的助推器，是沟通买卖双方的桥梁和纽带。目前房地产中介公司存在进入门槛低、信用缺失、无序竞争等问题，政府部门及行业协会应该相互配合，积极整顿规范中介市场，严格规范行业行为，提高从业人员素质，树立行业道德意识，加强对行业的监督管理，努力实施行业品牌战略，引导中介市场健康发展。

第二节 存量房交易流程

根据存量房交易市场的现行法规政策以及实践情况，交易流程大致如下：

一、确定中介机构

不同于增量房交易，大部分存量房的买卖都是通过房地产中介机构提供居间服务完成的。买卖双方分别到中介机构登记购房、售房信息，中介机构根据实际情况为买卖双方进行配对，为他们牵线搭桥。在这个环节中，买卖双方面临的一个重要事情就是选择一家真正放心的中介机构，它直接关系到交易的安全和房屋、房款的顺利交接。

二、考察房屋状况

买方对于意向购买的存量房屋，应进行实地考察，掌握房屋详情，如天花板、墙体、卫生间、厨房的给排水情况，有无破坏结构的装修，有无私搭乱建、占用屋顶平台、走廊的情况，小区物业管理、人文环境等情况，周边配套设施、交通等情况。

三、调查房屋产权状况

房屋产权状况调查是很重要的手续。买方必须要查明房屋的权属情况，必要时可到房地产主管部门查询了解房屋的权属登记情况，以弄清房屋的产权人是谁，房产是否设有抵押贷款，房屋是否被查封等。对于产权状况清晰的房屋，方可考虑购买。

四、洽谈买卖条件

买卖双方就欲交易存量房的房屋价款、付款方式、交房日期、交房条件等进行协商，为签署正式的存量房买卖合同奠定基础。通常在买卖双方洽谈好买卖条件后，卖方会要求买方支付一定数额的定金，交易成功后定金转为购房款，交易失败则适用定金罚则。

五、网上签约备案

为了增加存量房交易信息的透明度，避免“一房多卖”等现象，减少存量房交易纠纷，目前各地的房地产管理部门都开设了存量房交易网上签约备案系统。对达成交易意向的存量房，买卖双方应通过存量房交易网上签约备案系统签订买卖合同和备案。对于有限购政策的地区，房地产管理部门还需要对买方的购房资格进行核查后，买卖双方才能办理买卖合同的签订备案。

六、支付首期款及办理按揭贷款

买卖双方签署存量房买卖合同后，买方应支付首期款及办理按揭贷款。为了保证交易资金的安全，建设部、中国人民银行于2006年12月29日出台了《关于加强房地产经纪管理规范交易结算资金账户管理有关问题的通知》[1]，提出建立存量房交易结算资金管理制度。由房地产管理部门牵头设立存量房交易资金监管账户，买卖双方与资金监管机构签署资金托管协议后，买方将首期款及按揭贷款均存入资金监管账户，待买卖双方办理完房产过户手续后，资金托管机构再将首期款及按揭贷款一并划转给卖方。通过存量房屋交易资金监管，可解决存量房屋交易中常有的“买方不敢先付款、卖方不愿先过户”以及中介机构占用交易资金或者卷款潜逃等问题，有效规避存量房交易风险。

七、缴纳相关税费

存量房交易买卖双方，应根据相关规定缴纳营业税、个人所得税、土地增值税、交易手续费等税费。为了防范存量房交易“阴阳合同”所形成的税收风险，按照财政部和国家税务总局的部署，各地于2009年下半年开始进行存

〔1〕《建设部、中国人民银行关于加强房地产经纪管理规范交易结算资金账户管理有关问题的通知》：2006年12月29日建住房［2006］321号发布。

量房评估试点工作，逐步实施应用房地产估价和信息技术评估存量房交易申报计税价格工作。评估系统启用后，不但可省去人工评估费，而且输入房产证号后，电脑瞬间即可显示评估价。存量房评估的最终价格将在买卖合同和电脑评估价中择高作为计税价格：如果买卖合同上的成交价高于电脑评估价，按成交价征税；如果价格偏低，则以电脑评估价为准。

八、办理产权过户

买方付清房款后，由买卖双方共同向房地产管理部门提出房屋产权过户申请。房地产管理部门对申请进行审核后，会对符合条件的房屋准予办理过户手续，向买方发放新的房产证。

九、交房

卖方交付房屋，结清交房日期之前的所有费用（包括水费、煤气费、电费、供暖费、物业费、有线费用等），办理完结水电煤维修基金过户更名，以及其他一些后续事项，交易完成。

第三节　存量房交易的风险及防范

相对于比较成熟的新房交易，二手房交易由于房屋情况复杂，市场不规范，相关法律法规滞后，在交易的过程中存在着诸多的法律问题，增加了交易的风险。在存量房交易的过程中需要关注的问题主要集中在房屋状况安全以及资金安全两个方面。

一、房屋状况安全

（一）房屋质量是否存在瑕疵

购房人应考察房屋的结构、装修以及小区周围环境：内外部结构是否被改动过，是否有私建部分，是否有占用走廊或阳台；供电设施、供气管道、水管等是否有老化现象；电话线、宽带的安装是否完备；小区停车场、绿化、物业管理的基本情况；小区周边配套设施、交通情况等。

（二）卖房人是否有权处分

购房人应通过房屋权属证书或其他法律文件（如商品房买卖合同）确认产权人。若卖房人并非产权人，购房人应要求其提供产权人出具的委托书。若卖房人是共有人之一，购房人应要求其提供2/3以上按份共有人或者全体共同共有人同意的证明，以及其他按份共有人放弃优先购买权的声明。

（三）房产是否存在权利限制

房产的权利限制，主要包括有无司法机关裁定查封的状况，是否设定了抵押担保，是否属于拆迁范围内的房屋等。

（四）房屋是否出租给他人

如果房屋在买卖前已出租给他人，承租人在同等条件下有优先购买权，购房人应要求卖房人出具承租人放弃优先购买权的声明。此外，《合同法》第229条规定：“租赁物在租赁期间发生所有权变动的，不影响租赁合同的效力”，因此若在房屋租赁期内完成交易，购房人也无法入住。

（五）户籍迁移问题

目前我国没有相关法律法规解决存量房交易的户籍迁移问题，避免户籍纠纷的办法就是在买卖合同中约定，要求卖房人在一定期限内，将户籍迁出，若卖房人逾期没有迁出户籍，则需要承担违约责任或购房人不予支付部分房款。

二、资金安全

（一）定金

通常买卖双方就存量房交易谈定后，中介机构或卖房人会要求购房人支付一定数额的定金。如果是中介机构收取定金，中介机构需提供卖房人的委托书。给付定金的一方不履行债务的，无权要求返还定金；接受定金的一方不履行债务的，应当双倍返还定金。

（二）首付款

按照国家相关规定，为了保护交易资金安全，购房人应将首付款存入房地产管理部门牵头设立的存量房交易资金监管账户，买卖双方均不能随意支取或转账该资金。若存量房有抵押贷款，卖房人通常需要先还清贷款办理抵押注销手续后，才能办理存量房的交易过户手续。在这种情况下，卖房人通常会要求用首付款偿还贷款取消抵押，购房人可将首付款直接汇入卖房人的按揭银行账户，以避免卖房人挪用首付款。

（三）申请按揭贷款

一般情况下，办理存量房按揭贷款，交易双方应该在办理过户手续之前就申请，若在办理过户手续之后再申请，就会造成交易不成的风险。

（四）房屋的物业费用及公用事业费用

若卖房人未结清交房日期之前的房屋的物业管理费、水电费、煤气费等物业费用及公用事业费用，则可能需要购房人代其交纳。为避免此类纠纷的产生，存量房买卖合同中可以约定在双方完成房屋验收、结清交房日期之前的物业费用及公用事业费用后再支付剩余房款。

第七编　物业管理

第二十四章　物业管理概述

第一节　物业和物业管理

一、物业

（一）物业的概念

“物业”一词来源于我国香港地区的地方习惯用语，译自英文的“real property”或“real estate”。香港李宗锷法官在《香港房地产法》中为“物业”所作的解释是：“所谓物业，是单元性地产，一住宅单位是一物业，一工厂楼宇是一物业，一农庄也是一物业。故一物业可大可小，大物业可分割为小物业。”[1]

20世纪80年代，“物业”一词由香港传入内地，逐渐为我国内地的房地产界和普通老百姓所接受，在经济领域特别是房地产界被频繁、活跃地应用，但长期以来，其并未在我国内地的法律制度上得以体现。直至深圳市第一届人民代表大会常务委员会于1994年7月11日发布《深圳经济特区住宅区物业管理条例》[2]，我国内地法律界才首次从立法角度以法规形式对“物业”下了一个定义，该条例第2条第2款规定：“本条例所称物业，是指住宅区内各类房屋及相配套的公用设施、设备及公共场地。”2003年，建设部发布的《房地

---

〔1〕李宗锷：《香港房地产法》，商务印书馆香港分馆1988年版，第9页。

〔2〕《深圳经济特区住宅区物业管理条例》：1994年7月11日深圳市人民代表大会常务委员会发布，自1994年11月1日起施行；根据1999年6月30日《深圳市人民代表大会常务委员会关于修改〈深圳经济特区住宅区物业管理条例〉的决定》第一次修正；根据2004年6月25日《深圳市人民代表大会常务委员会关于修改〈深圳经济特区住宅区物业管理条例〉的决定》第二次修正；已被2007年10月17日《深圳经济特区物业管理条例》（深圳市第四届人民代表大会常务委员会公告第57号）废止。

产业基本术语标准》（JGJ/T 30－2003）第2.0.10条将“物业”表述为“特指正在使用中和已经可以投入使用的各类建筑物及附属设备、配套设施、相关场地等组成的单宗房地产实体以及依托于该实体上的权益”。但令人遗憾的是，国务院于2003年6月8日颁布的居于物业管理基本法地位的《物业管理条例》[1]及2007年的修正版却并未对“物业”概念作出规定；而2007年10月1日起施行的《物权法》虽然沿用了“物业”一词，但也未明确界定此概念，这不能不说是我国物业管理立法上的重大不足。

通过以上分析，本书认为：“物业”是指已经可以投入使用的或正在使用中的各类建筑物本体及附属设备、配套设施、相关场地等组成的一定空间范围的集合体，以及依托于该集合体之上的相关权益。“物业”可大可小，可以根据区域空间作相对分割，住宅小区中的某住宅单元可作为一物业，办公楼宇、商业大厦、酒店、厂房仓库也可被称为物业。

（二）物业的构成

一个完整意义上的物业，其物理构成一般包括建筑物本体、附属设备、配套设施、相关场地四个部分；其法律构成一般包括专有部分和共有部分。因物业的法律构成对于明确物业产权的归属具有重要意义，故以下重点论述物业的法律构成。

1. 物业的专有部分。业主对物业专有部分享有占有、使用、收益和处分的权利。业主的专有部分主要是指业主独立的空间以及有独立的出入门户的住房，在法律上表现为以产权证登记的面积为准。《建筑物区分所有权司法解释》第2条进行了界定：建筑区划内符合下列条件的房屋（包括整栋建筑物），以及车位、摊位等特定空间，应当认定为建筑物的专有部分：①具有构造上的独立性，能够明确区分；②具有利用上的独立性，可以排他使用；③能够登记成为特定业主所有权的客体。此外，规划上专属于特定房屋，且建设单位销售时已经根据规划列入该特定房屋买卖合同中的露台等，应认定为建筑物专有部分的组成部分。

2. 物业的共有部分。业主对物业专有部分以外的共有部分享有共有和共同管理的权利。一个完整的物业，除去业主的专有部分，余下部分即为业主的共有部分。依据《建筑物区分所有权司法解释》第3条，除法律、行政法规规定的共有部分外，建筑区划内的以下部分，也应当认定为建筑物的共有部分：①建筑物的基础、承重结构、外墙、屋顶等基本结构部分，通道、楼梯、

---

〔1〕《物业管理条例》：2003年6月8日国务院令第379号公布，自2003年9月1日起施行；根据2007年8月26日《国务院关于修改〈物业管理条例〉的决定》（国务院令第504号）修正。

大堂等公共通行部分，消防、公共照明等附属设施、设备，避难层、设备层或者设备间等结构部分；②其他不属于业主专有部分，也不属于市政公用部分或者其他权利人所有的场所及设施等。此外，建筑区划内的土地，依法由业主共同享有建设用地使用权，但属于业主专有的整栋建筑物的规划占地或者城镇公共道路、绿地占地除外。

因此业主的共有部分可以说包括三个方面，即法定共有部分、天然共有部分和约定共有部分。法定共有部分是指建筑区划内的道路、绿地、其他公共场所、物业服务用房、共有道路或车位、电梯、水箱等设施。天然共有部分是指基本结构部分、公共通行部分及消防、公共照明灯附属设施、设备、避难层、设备层或设备间等结构部分。约定共有部分是指除法定共有部分、天然共有部分外，“非特定权利人所有”即为业主共有。

二、物业管理

（一）物业管理的概念

《物业管理条例》第2条指出：“物业管理，是指业主通过选聘物业服务企业，由业主和物业服务企业按照物业服务合同约定，对房屋及配套的设施设备和相关场地进行维修、养护、管理，维护物业管理区域内的环境卫生和相关秩序的活动。”

对于物业管理的概念，可以从以下方面把握：①物业管理的主体是业主。物业管理实际上是业主所有权的一种延伸，物业服务公司进行物业管理需要业主的委托，是物业管理行为的具体实施者。②物业管理的对象是业主的共有部分和共同事务。物业的共有部分将业主联结起来并因此建立团体成员关系，业主通过团体意志实施对共有部分的管理和养护、处理相关共同事务。③物业管理的基础是业主的自治权。建筑物区分所有权的确立和发展使业主自治成为必要。为了避免共有部分和共同事务无人愿管和无人可管的情况出现，为了保证物业的合理使用，使业主有一个良好的生活居住环境，只有实行业主自治，物业管理活动才能为业主服务，体现业主的利益，从根本上实现物业管理的目的。

我国内地的物业管理，起步较晚。在计划经济体制下，我国城镇实行公房管理体制，城镇房屋基本是由国家或集体统一建设，所有权归属于国家或集体，国家或集体再按照相关规定将房屋出租给符合条件的人或单位。公房的维修养护、绿化、卫生、治安等管理，以及维修管理费用的承担，均是由国家或集体负责。这种以政府为主的行政化管理模式，虽然从广义上讲也算是一种物业管理，但其与现代专业化、市场化和社会化的物业管理相距甚远。改革开放以后，随着住房体制改革和建筑物区分所有权的发展，现代意义上的物业管理也在我国内地逐渐形成和发展起来。目前，全国绝大部分城市都引进和推广了物业管理的新体制，这种新体制不仅在新旧住宅区得到全面推广，而且也被工业区、学校、医院、商场、办公楼等各类物业所广泛采用。[1]

（二）物业管理的内容

1. 从物业管理法律属性的角度来看，物业管理的内容可以分为对物的管理和对人的管理。

（1）物业管理的私权属性——以业主的共有部分为主的“对物的管理”。对物的管理主要是指对物业共有部分进行的使用、维修、养护等管理活动。业主对物业所享有权利的本质是物权，属于私权范畴。因此物业的多个区分所有权人联合起来对共有部分进行的自治管理体现的也是平等主体之间的私权关系。

（2）物业管理的公共属性——以业主的共同事务为目标的“对人的管理”。对人的管理是指对业主群居生活而产生的共同事务进行的社区管理活动。物业不仅是一个包含建筑物本体及附属设备、配套设施、相关场地等一定空间范围的集合体，而且还是一个具有社区人文与环境的业主群居的公共场所。因此，物业管理除了需要对物进行管理外，还需要承担某些社区管理的职能，例如环保卫生、保安、消防等公益性质的事务。

2. 从物业管理行业角度而言，物业管理的内容可以分为常规性的公共服务、委托性的特约服务和经营性的专项服务。

（1）常规性的公共服务。常规性的公共服务是指物业管理中的基本管理和服务工作。主要包括：房屋建筑主体的维护、修缮与改造；附属设备和配套设施的维护、保养和更新；相关场地的维护和管理；环境卫生、绿化的维护；保安、消防、车辆道路管理等。

（2）委托性的特约服务。委托性的特约服务是为满足业主、非业主使用人的个别需求，物业服务企业或其他物业服务人受其委托而提供的服务。如为业主提供其专有部分的维修养护、小区内老年病人的护理、接送子女上学、照顾残疾人的上下楼梯、代购生活物品等。

（3）经营性的专项服务。经营性的专项服务是为促进物业的保值增值，创造和获取来自物业的收益而需要的各项服务工作。如对物业管理区域内的停车场、商业网点、广告招牌及相关场地进行租赁经营；对公共累积基金进行投资理财等。

---

〔1〕 陈枫、王克非：《物业管理》，北京大学出版社2007年版，第10页。

第二节　我国物业管理法律制度

一、我国物业管理法律制度的历史沿革

在住房制度改革之前，我国城镇住房制度实行的是低房租、福利型的住房实物分配制度，住房长期由国家或集体统一建设并负责维修和管理，住房的所有权也归属于国家或集体，住户仅仅只有住房的使用权。住房无论是专有部分还是共有部分，住户均无权自行处分，传统规范相邻关系的民事法律制度足以协调解决住房的使用维护及管理问题。因此，当时是没有“业主”、“物业”概念的，更没有现代意义上的“物业管理”概念，也就更谈不上建立物业管理法律制度。

20 世纪 80 年代，我国通过启动向私人出售公有住房和住房分配货币化改革，积极推动了房地产的发展和住房的商品化，为物业管理及其法律制度的发展奠定了坚实的社会基础。建设部于 1989 年颁布的《城市异产毗连房屋管理规定》〔1〕和 1992 年颁布的《公有住宅售后维修养护管理暂行办法》〔2〕就有了涉及物业管理的相关内容。1994 年，建设部颁布了《城市新建住宅小区管理办法》〔3〕，明确要求新建住宅小区应当逐步推行社会化、专业化的物业管理模式，这是我国物业管理体制上的重大突破。同时，以 1994 年深圳市出台的《深圳经济特区住宅区物业管理条例》为标志，一些物业管理发育较早的城市先后出台了各自的物业管理法规。通过以上这些法规规章，物业管理初步做到了有法可依，有章可循，并逐步形成了国家和地方互为补充的物业管理法规体系，但制定全国统一的物业管理规范仍未被提到政府的议事日程上来。

1998 年 7 月 3 日，国务院下发的《关于进一步深化城镇住房制度改革加快住房建设的通知》明确提出“停止住房实物分配，逐步实行住房分配货币化”。该通知的下发标志着我国以市场供应为主的住房供应体系的确定，并将

---

〔1〕《城市异产毗连房屋管理规定》：1989 年 11 月 21 日建设部令第 5 号发布，自 1990 年 1 月 1 日起施行；根据 2001 年 8 月 15 日《建设部关于修改〈城市异产毗连房屋管理规定〉的决定》（建设部令第 94 号）修正；已被 2011 年 1 月 26 日《住房和城乡建设部关于废止和修改部分规章的决定》（住房和城乡建设部令第 9 号）废止。

〔2〕《公有住宅售后维修养护管理暂行办法》：1992 年 6 月 15 日建设部令第 19 号发布，自 1992 年 7 月 1 日起施行；已被 2007 年 9 月 21 日《建设部关于废止〈工程建设重大事故报告和调查程序规定〉等部令的决定》（建设部令第 161 号）废止。

〔3〕《城市新建住宅小区管理办法》：1994 年 3 月 23 日建设部令第 33 号发布，自 1994 年 4 月 1 日起施行；已被 2007 年 9 月 21 日《建设部关于废止〈工程建设重大事故报告和调查程序规定〉等部令的决定》（建设部令第 161 号）废止。

我国渐进式的住房制度改革推进到了实质性发展阶段。同时，物业管理也随着住房制度改革的推进在全国逐步普及，物业管理中所反映出来的问题也逐渐增多和突出。1999 年建设部成立了《物业管理条例》起草小组，对物业管理相关法律制度进行了历时数年的比较全面的调研、研讨、论证和多次的修改，到 2003 年 6 月 8 日，国务院正式公布了《物业管理条例》，这是迄今为止我国效力最高的一部对物业管理进行专门规范的法规，其标志着我国物业管理进入了法制化、规范化发展的新时期。随后，物业管理立法步伐开始有所加快，与《物业管理条例》相配套的规范文件相继出台，如《业主大会规程》[1]、《物业管理企业资质管理办法》[2]、《前期物业管理招标投标管理暂行办法》[3]、《物业服务收费管理办法》[4]、《物业服务收费明码标价规定》[5]、《前期物业服务合同（示范文本）》[6]、《业主临时公约（示范文本）》[7]、《住宅专项维修资金管理办法》[8]等。各地也根据《物业管理条例》的规定，开始制定或修订地方物业管理立法。2007 年，历时多年的《物权法》终于被提上了全国人民代表大会的立法审议日程并最终得以通过。《物权法》中建筑物区分所有权制度的应用有利于进一步加强物业管理的法律规制。

二、我国物业管理法律制度的基本原则

物业管理法律制度的基本原则是反映整个物业管理法的精神，对具体物业管理法律规范的制定、解释、适用起到指导作用的方针和准则。

---

〔1〕《建设部关于印发〈业主大会规程〉的通知》：2003 年 6 月 26 日建住房［2003］131 号发布；已被 2009 年 12 月 1 日《住房和城乡建设部关于印发〈业主大会和业主委员会指导规则〉的通知》（建房［2009］274 号）废止。

〔2〕《物业管理企业资质管理办法》：2004 年 3 月 17 日建设部令第 125 号发布，自 2004 年 5 月 1 日起施行；根据 2007 年 11 月 26 日《建设部关于修改〈物业管理企业资质管理办法〉的决定》（建设部令第 164 号）修正。

〔3〕《建设部关于印发〈前期物业管理招标投标管理暂行办法〉的通知》：2003 年 6 月 26 日建住房［2003］130 号发布，自 2003 年 9 月 1 日起施行。

〔4〕《国家发展和改革委员会、建设部关于印发物业服务收费管理办法的通知》：2003 年 11 月 13 日发改价格［2003］1864 号发布，自 2004 年 1 月 1 日起执行。

〔5〕《国家发展和改革委员会、建设部关于印发〈物业服务收费明码标价规定〉的通知》：2004 年 7 月 19 日发改价检［2004］1428 号发布，自 2004 年 10 月 1 日起施行。

〔6〕《建设部关于印发〈前期物业服务合同（示范文本）〉的通知》：2004 年 9 月 6 日建住房［2004］155 号发布。

〔7〕《建设部关于印发〈业主临时公约（示范文本）〉的通知》：2004 年 9 月 6 日建住房［2004］156 号发布。

〔8〕《住宅专项维修资金管理办法》：2007 年 12 月 4 日建设部、财政部令第 165 号发布，自 2008 年 2 月 1 日起施行。

（一）物业管理权利和业主财产权利相对应的原则

这是物业管理法律制度的首要和核心的原则。在物业管理中，业主的物业管理权利是建立在业主对自有房屋拥有的财产权利的基础之上的，对物业进行管理是业主行使物权的行为。只有在物业管理中倡导和遵循业主私有财产权至上的理念，明确业主作为建筑物区分所有权人应有的权利，才能充分体现私权的宪法保护精神，才能有效维护全体业主的利益。

（二）业主自治与专业管理相结合的原则

既然业主是物业产权的拥有者，那么业主就是物业管理活动的主角，物业管理法律关系的设立、变更和消灭，均系于业主的意思自治。因此作为私权领域的物业管理，自然也就必须遵循私权自治的规律，让业主自主建立物业管理组织和制定自治管理规则，行使对物业管理与服务的自主选择权和决定权。

业主在物业管理中处于主导地位，但这并不意味业主必须亲自实施物业的管理。基于现代物业管理的发展，业主通常会按照市场经济体制下契约自由和平等守信的原则自主选择物业服务企业，并通过合同形式委托物业服务企业实施各项具体管理事务。

（三）政府适度干预的原则

在传统的房屋管理体制下，房管所是管理者，从住房的建设到住户入住等各个方面实施全方位的行政式管理，住户总体上处于比较被动的地位。随着现代物业管理的深入发展，物业管理已不同于传统的房地产行政管理，政府公权力应从物业管理领域适度退出，减少对物业管理和业主生活不必要的干预。同时，政府必须转变管理方式，从传统的微观的具体管理转向现代化的宏观的间接管理。

三、物业管理中的法律关系

物业管理法律关系是物业管理法律规范在调整物业管理及相关活动的过程中所形成的权利和义务关系。物业管理法律关系是随着我国房地产业的发展以及物业管理的成长而出现的一种崭新的法律关系，已成为当今社会中日益重要的一种法律关系。我国学者对物业管理法律关系的研究，有的从物业管理法律关系的三要素——主体、客体、内容着手，有的从物业管理法律关系的变动及其原因着手，也有的从物业管理法律关系的特征着手。本书则试图从解决物业管理中存在的实际问题的角度出发，分析物业管理中存在哪些主要的法律关系。

（一）各个业主个体之间的关系

这个关系对物业管理而言是基础中的基础。来自五湖四海的各个业主因为和同一个房地产开发商签订了房屋买卖合同，取得了房屋所有权，这才成为某个小区的业主。各个业主间因此而形成了共有关系和相邻关系。更重要的是，由于建筑物的构造、权利归属及行使不可分离，各个业主之间形成了事实上的共同体关系。为维持这个共同体的存续和发展，需要共同管理共用部分并处理相关共同事务、同时协调各业主间的相互权利义务关系。

（二）业主和业主管理团体之间的关系

虽然每个业主都是居住小区的成员，拥有作为小区成员的所有权利，但事实上，不可能每个成员都具体参与所有小区公共事务的管理活动，因此业主通过成立业主大会，并选举产生业主委员会管理居住小区内关系全体业主共同利益的事项，代表业主行使对物业的管理自治权。

（三）业主与房地产开发商之间的关系

业主通过购买房地产开发商建设的房屋，签署商品房买卖合同，而与房地产开发商形成合同关系。在这层关系中涉及物业专有部分的交付验收、共有部分和共用设施设备的配置、产权的界定，专项维修基金等费用的缴纳等。

（四）业主管理团体与物业服务企业之间的关系

作为依靠提供物业服务而获得利润的经营实体，一个物业服务公司只有受到某个小区的业主的委托，并与代表全体业主的业主管理团体签订物业服务合同后，才可能为该小区提供物业服务，即负责对物业的公共部分、共用设施设备及其他共同事务的具体实施，并通过提供这种服务获得利润。

（五）业主、物业服务公司与行政机关之间的关系

业主、物业服务公司在物业管理活动中还会与国家行政机关之间形成纵向的行政管理关系。这是因为物业管理中还存在着公共安全、公共秩序、社区建设等具有公共属性的事务，管理维护物业及公共环境秩序是一种重要的社会管理内容。因此，物业管理所具有的这种一定范围内的公共属性，决定了政府不可能也不应该置身于管理之外。

第二十五章　业主自治

第一节　业主自治概述

一、业主自治的概念

业主自治，是指在物业管理区域内的全体业主，基于建筑物区分所有权，依据法律法规的规定，根据民主原则建立自治组织、确立自治规范，管理本区域内物业的一种基层治理模式。

为了实现安居乐业、保值增值的购房目标，维护公共权益，小区业主们通过民主程序建立自治组织，确立自治规范，自主决定本小区范围内的公共事项，这就是业主自治的基本内容。一些业主们将专业的物业服务企业驱逐出小区，由业主们全面接管小区并由业主自行实施物业服务，业主们将之称为“业主自治”，这是对“业主自治”的误解。业主自治的核心和实质在于以自治实现自主，“业主自管”不等同于“业主自治”。[1]

业主自治是物业管理的基础。各国物业管理法律制度中，业主自治都是其基本组成部分。2003 年我国颁布的《物业管理条例》，也初步确立了以业主大会为核心的业主自治机制。2007 年的《物权法》更是突出了业主权利本位，彰显了业主自治精神。物业管理最早是在 19 世纪伴随着多层建筑和比较集中的居住小区的出现而发展起来的。多层建筑或居住小区的共用部位和共用设施设备的产权由多个区分所有权人共有，但各区分所有权人的要求各异，从而导致各种纠纷发生。为了统一意见、便于管理，业主组成管理团体委托或者自我对小区的共用部位和公用设施设备进行维护，对公共环境、公共秩序等事项进行自治管理，保证物业的合理使用，使业主有一个良好的生活居住环境。只有业主实现真正自治，物业管理活动才能真正为业主服务，体现业主的利益，从根本上实现物业管理制度的目的。

二、业主自治的理论基础

业主自治的理论基础在于业主的建筑物区分所有权理论。我国《物权法》

〔1〕 柳晖、马育红：“业主自治制度研究”，载《法制与经济》2008 年 11 月总第 185 期。

第六章对“业主的建筑物区分所有权”作出了明确的规定。《物权法》第 70 条规定：“业主对建筑物内的住宅、经营性用房等专有部分享有所有权，对专有部分以外的共有部分享有共有和共同管理的权利。”由此可见，我国的建筑物区分所有权的内容包括三个方面，即“对专有部分的单独所有权（专有权）、对共有部分的共有权（共有权）以及基于共有关系而产生的社员权（社员权）”。本书第二编“房地产权属”第四章“建筑物区分所有权”已对建筑物区分所有权的三种权利形态作了详细论述，本章对此不再赘述。

业主基于其对所购物业的专有权，而产生了对物业区域内共有部分的共有权以及作为业主团体一员的社员权。建筑物区分所有权的这种复合性和一体性决定了建筑物区分所有权人对于建筑物的维护、修缮与管理必然相互关联而不可分割，因此物业管理区域内的全体业主必须组织起来，对所属物业进行管理，对共同利益进行维护。为维持该共同利益关系，尤其为保证共有部分的使用秩序及整个物业区域的生活秩序，全体业主必须组织起来构成一个团体组织，而将单个业主作为其成员，以凭借该团体组织的力量，共同管理共有部分和处理共同事务并保证社区秩序的稳定，从而维持物业正常存在状态和方便业主利用，此即为业主自治。故此，业主自治是以建筑物区分所有权为基础而产生的。

第二节　业主自治的主体

一、业主

根据现行《物业管理条例》第 6 条的规定，房屋的所有权人为业主。但本书认为该概念的外延明显偏小：其一，房屋所有权无法涵盖与房屋相配套的设备、设施和相关场地的相关权利；其二，对于尚未取得房屋所有权证书的物业买受人，若不承认他们的业主身份，则小区的业主大会和业主委员会根本无法建立；其三，在房屋产权只登记夫或妻一方名字的情况下，他们是同时具备业主身份，还是只能由其中登记的一方享有业主权利和履行业主义务，也有很大争议。

通过分析我国地方立法、部门规章、规范性文件等，本书倾向于将“业主”定义为“物业的所有权人”。业主是物业所有权人，按其拥有的物业所有权状况，又可分为独立所有权人和区分所有权人。现代物业区域各业主的权利形态一般是区分所有权。因此，我国《物权法》从建筑物区分所有权的角度来界定“业主”的权利：“业主对建筑物内的住宅、经营性用房等专有部分享有所有权，对专有部分以外的共有部分享有共有和共同管理的权利。”并且

《建筑物区分所有权司法解释》第1条进一步扩充了“业主”的内涵：“依法登记取得或者根据物权法第二章第三节规定取得建筑物专有部分所有权的人，应当认定为物权法第六章所称的业主。基于与建设单位之间的商品房买卖民事法律行为，已经合法占有建筑物专有部分，但尚未依法办理所有权登记的人，可以认定为物权法第六章所称的业主。”

二、物业使用人

物业使用人又称“非业主物业使用人”，也有人称其为“非业主住户”，指的是业主以外的物业承租人或其他实际使用物业的非所有权人。物业使用人与开发商、物业服务企业没有直接关系，不是物业销售合同的当事人，也不是物业管理合同的委托方；物业使用人不是物业管理区域的区分所有权人，不具有成员权，一般不参加业主大会与业主委员会。但物业使用人却是现代物业管理区域的重要成员，无论是居住或非居住型物业，业主常将物业出租以获得收益，另外还有其他多种合法占有物业但不拥有所有权的情形。为了能约束物业使用人的行为，保障物业使用人的权益，物业使用人不但要与业主签订租赁合同，而且也要与物业服务公司签订管理规约，此外物业管理立法中还应明确肯定物业使用人独立存在的地位。所以物业使用人的权利义务不仅源自其与业主间租赁等合同的约定，而且也出自法律法规以及管理规约的规定。

与业主相比，物业使用人在物业管理中所享有的权利要受到一定的限制，其权利是不完整的，而相应地，物业使用人在物业管理中应履行的法定义务也就不如业主那么多。一般情况下，物业使用人只能在业主授权委托或者在合同、管理规约约定的范围内享有物业管理的相关权利、承担相应的义务。现行《物业管理条例》第48条规定：“物业使用人在物业管理活动中的权利义务由业主和物业使用人约定，但不得违反法律、法规和管理规约的有关规定。物业使用人违反本条例和管理规约的规定，有关业主应当承担连带责任。”

三、开发商

开发商又称发展商，即房地产开发企业。依据现行《城市房地产管理法》第30条的规定，房地产开发企业是以营利为目的，从事房地产开发和经营的企业。

从一定程度上说，开发商是物业的投资建设单位，原始取得物业的所有权。在物业销售之前，开发商是物业的唯一所有权人，因此被称为第一业主。开发商将物业建成，并经政府有关部门综合验收合格后，经过房产交易将产权转移给新的房屋产权所有人。这里的法律关系的变化是开发商原来拥有的土地使用权和房屋所有权转移给了新的产权所有人。但是，根据《商品住宅实行住宅质量保证书和住宅使用说明书制度的规定》[1]，开发商须在法定期限内对其销售的商品住宅及其他住宅和非住宅的商品房屋承担保修责任，在保修范围内涉及物业管理的责任最终由开发商承担。另外，开发商作为第一业主，物业开始出售后的一段时期内仍持有较多所有权比例，因此有第一次选择物业服务企业的优先权与便利。开发商常直接以自己作为委托方，签订前期物业管理合同，并将其作为住宅等物业出售合同的附件。

第三节　业主自治的组织形态

由于购买了物业，购房人成了物业的产权所有人，合法地拥有所购物业。而且，各业主之间共同关系之复杂已超出了传统民法的相邻关系，于是全体业主通过召开业主大会、选举业主委员会来实施自治管理。

2003 年颁布的《物业管理条例》首次确立了业主大会和业主委员会制度，其后 2007 年的《物权法》也对这项制度作出了肯定。随着近年来业主大会和业主委员会在小区物业管理中的作用日益重要，住房和城乡建设部在全面修改 2003 年的《业主大会规程》的基础上颁发了《业主大会和业主委员会指导规则》[2]，该指导规则更详细全面地对该项制度进行了规范。下面就依据《物权法》、《物业管理条例》以及《业主大会和业主委员会指导规则》的规定，具体分析阐述业主大会和业主委员会制度。

一、业主大会

（一）业主大会的概念

业主大会，是指由一个物业管理区域内全体业主组成的，维护物业管理区域内全体业主共同利益，行使业主对物业管理自治权的业主自治机构。业主大会是业主团体利益的代表，也是业主团体的最高权力机构。

业主大会由物业管理区域内的全体业主组成，代表和维护物业管理区域内全体业主在物业管理活动中的合法权利，履行相应的义务。业主大会根据物业管理区域的划分成立，一个物业管理区域成立一个业主大会。只有一个业主的，或者业主人数较少且经全体业主同意，不成立业主大会的，由业主共同履行业主大会、业主委员会职责。

---

〔1〕《建设部关于印发〈商品住宅实行住宅质量保证书和住宅使用说明书制度的规定〉的通知》：1998 年 5 月 20 日建房［1998］第 102 号发布，从 1998 年 9 月 1 日起实施。

〔2〕《住房和城乡建设部关于印发〈业主大会和业主委员会指导规则〉的通知》：2009 年 12 月 1 日建房［2009］274 号发布，自 2010 年 1 月 1 日起施行。

（二）业主大会的类型

业主大会会议分为首次业主大会、定期业主大会和临时业主大会。

首次业主大会是指一个物业管理区域在满足成立业主大会条件后，筹备召开的第一次业主大会会议，其召集程序由法律法规直接规定。首次业主大会需要审议通过管理规约、业主大会议事规则、业主委员会选举办法，要选举产生第一届业主委员会等。业主大会自首次业主大会会议表决通过管理规约、业主大会议事规则，并选举产生业主委员会之日起成立。

业主大会定期会议应当按照业主大会议事规则的规定由业主委员会组织召开。至于定期为多长，则由业主大会的议事规则来确定。有下列情况之一的，业主委员会应当及时组织召开业主大会临时会议：①经专有部分占建筑物总面积20%以上且占总人数20%以上业主提议的；②发生重大事故或者紧急事件需要及时处理的；③业主大会议事规则或者管理规约规定的其他情况。

业主委员会未按业主大会议事规则的规定组织召开业主大会定期会议，或者发生应当召开业主大会临时会议的情况，业主委员会不履行组织召开会议职责的，物业所在地的区、县房地产行政主管部门或者街道办事处、乡镇人民政府可以责令业主委员会限期召开；逾期仍不召开的，可以由物业所在地的居民委员会在街道办事处、乡镇人民政府的指导和监督下组织召开。

（三）业主大会的职责

业主大会履行下列职责：①制定和修改业主大会议事规则；②制定和修改管理规约；③选举业主委员会或者更换业主委员会委员；④制定物业服务内容、标准以及物业服务收费方案；⑤选聘和解聘物业服务企业；⑥筹集和使用专项维修资金；⑦改建、重建建筑物及其附属设施；⑧改变共有部分的用途；⑨利用共有部分进行经营以及所得收益的分配与使用；⑩法律法规或者管理规约确定应由业主共同决定的事项。

（四）业主大会的议事规则

业主大会会议可以采用集体讨论的形式，也可以采用书面征求意见的形式；但应当有物业管理区域内专有部分占建筑物总面积过半数的业主且占总人数过半数的业主参加。业主也可以委托代理人参加业主大会会议。

对于投票权数的计算，我国采取的是建筑面积加人数的做法。业主大会会议决定筹集和使用专项维修资金以及改造、重建建筑物及其附属设施的，应当经专有部分占建筑物总面积2/3以上的业主且占总人数2/3以上的业主同意；决定其他共有和共同管理权利事项的，应当经专有部分占建筑物总面积过半数且占总人数过半数的业主同意。

业主大会或业主委员会的决定，对业主具有约束力。业主大会或业主委员会作出的决定侵害业主合法权益的，受侵害的业主可以请求人民法院予以撤销。

二、业主委员会

（一）业主委员会的概念

业主委员会是指由一个物业管理区域的业主大会选举产生，由全体委员组成的会议体机关，是业主大会的执行机构。业主委员会应当自选举产生之日起30日内，依照相关规定向物业所在地的区、县房地产行政主管部门和街道办事处、乡镇人民政府办理备案手续。

（二）业主委员会的委员

业主委员会由5～11人单数的委员组成。业主委员会委员实行任期制，每届任期不超过5年，可连选连任，业主委员会委员具有同等表决权。业主委员会应当自选举之日起7日内召开首次会议，推选业主委员会主任和副主任。

业主委员会委员应当是业主大会选举出来的物业管理区域内的业主，并符合下列条件：①具有完全民事行为能力；②遵守国家有关法律、法规；③遵守业主大会议事规则、管理规约，模范履行业主义务；④热心公益事业，责任心强，公正廉洁；⑤具有一定的组织能力；⑥具备必要的工作时间。

业主委员会委员有下列情形之一的，其委员资格自行终止：①因物业转让、灭失等原因不再是业主的；②丧失民事行为能力的；③依法被限制人身自由的；④法律、法规以及管理规约规定的其他情形。

业主委员会委员有下列情况之一的，由业主委员会1/3以上委员或者持有20%以上投票权数的业主提议，业主大会或者业主委员会根据业主大会的授权，可以决定是否终止其委员资格：①以书面方式提出辞职请求的；②不履行委员职责的；③利用委员资格谋取私利的；④拒不履行业主义务的；⑤侵害他人合法权益的；⑥因其他原因不宜担任业主委员会委员的。

（三）业主委员会的职责

业主委员会履行以下职责：①执行业主大会的决定和决议；②召集业主大会会议，报告物业管理实施情况；③与业主大会选聘的物业服务企业签订物业服务合同；④及时了解业主、物业使用人的意见和建议，监督和协助物业服务企业履行物业服务合同；⑤监督管理规约的实施；⑥督促业主交纳物业服务费及其他相关费用；⑦组织和监督专项维修资金的筹集和使用；⑧调解业主之间因物业使用、维护和管理产生的纠纷；⑨业主大会赋予的其他职责。

（四）业主委员会的议事规则

业主委员会应当按照业主大会议事规则的规定及业主大会的决定召开会议。经1/3以上业主委员会委员的提议，应当在7日内召开业主委员会会议。

业主委员会会议由主任召集和主持，主任因故不能履行职责，可以委托副主任召集。

业主委员会应当于会议召开 7 日前，在物业管理区域内公告业主委员会会议的内容和议程，听取业主的意见和建议。业主委员会会议应有过半数的委员出席，作出的决定必须经全体委员半数以上同意。

业主委员会会议应当制作书面记录并存档，业主委员会会议作出的决定，应当有参会委员的签字确认，并自作出决定之日起 3 日内在物业管理区域内公告。

（五）业主委员会的经费和场地

业主大会、业主委员会工作经费由全体业主承担。工作经费可以由业主分摊，也可以从物业共有部分经营所得收益中列支。工作经费的收支情况，应当定期在物业管理区域内公告，接受业主监督。工作经费筹集、管理和使用的具体办法由业主大会决定。

对于办公场地，现行法律法规没有规定。对此，可以比照物业服务用房的做法，由法律法规强制规定，一定规模的小区必须规划建设一定面积的业主委员会用房，既可以由开发商无偿提供，也可以计入房价，由业主共同承担，从而真正彻底解决办公场地问题。

对于业主委员会委员应不应当有相应的报酬或津贴问题，我国目前的法律法规没有作出规定，实践中也有争议。虽然业主委员会委员作为业主之一有义务参与小区的物业管理，但是与普通业主只需通过行使表决权的方式参与管理不同，业主委员会的委员们需要付出较多的时间和精力实施管理行为。因此，有必要补偿业主委员会委员所付出的劳动，给予其一定的报酬，以调动其工作积极性。至于报酬的具体数额，可以由业主大会来决定。

三、业主大会及业主委员会的法律地位

我国法律法规最初在物业管理中设置的业主管理组织并不叫“业主大会和业主委员会”，而是将之称为“住宅小区管理委员会”。[1]当时的这种取名，体现的是政府希望通过该组织加强新建住宅小区行政管理的价值定位，带有计划经济体制的痕迹。随着房地产建设和住房商品化的迅速发展，这种业主管理组织的作用更多地体现在了建筑物区分所有权人通过建立团体关系、维护共同性物业权益的功能上，因此，2003 年 9 月 1 日起施行的国务院《物业管理条例》，

---

〔1〕 建设部 1994 年 3 月 23 日颁布的《城市新建住宅小区管理办法》第 6 条第 1 款规定：“住宅小区应当成立住宅小区管理委员会。”

就取消了“管理”二字，改称为业主委员会，褪去了其“行政化色彩”。[1]

上述业主管理组织名称上的变迁，也反映了对业主大会和业主委员会法律地位的认识。过去的管理委员会，实际上涵盖了业主大会和业主委员会二重组织架构与职能，在政府制定的管委会章程示范文本中，既有业主大会的议事规则也有业主委员会的议事规则。《物业管理条例》颁布后，业主大会从管理委员会中分出，代替了过去管理委员会的决策职能，成了一个物业管理区域内的最高权力机关，而管理委员会则变称为业主委员会，成了业主大会的执行机关。

实践中，业主委员会也承担起了大量代表业主权益的职责，以一个独立的非法人组织身份活跃于业主的日常生活中。例如，业主委员会应与业主大会选聘的物业服务企业签订物业服务合同，可以代表业主参与诉讼等。

第四节　业主自治的规则

一个物业管理区域内的全体业主在使用、维护和管理共用部分，处理涉及业主共同利益的一些公共事务时，需要按照全体业主事先约定好的规则行事，因此就产生了业主自治的规则，其在法律上称为“管理规约”。

一、管理规约的概念

管理规约，就是物业管理区域内的全体业主就建筑物的管理、使用、维护与所有关系共同物业利益的事项，通过业主大会制定的对全体业主具有约束力的自治规则。管理规约是业主团体的最高自治规范和根本性自治规则，地位和作用相当于业主团体的“宪法”，因此业主大会和业主委员会的决议和行为都不得与这一最高自治规范相抵触，诸如业主委员会章程、各种具体的管理制度以及物业服务合同均应当以管理规约为指南。

广义上的管理规约包括开发商在销售物业之前制定的“临时管理规约”和业主大会成立后制定的“管理规约”。临时管理规约是由开发商单方面提供，具有一定的强制性。物业买受人在与开发商签订物业买卖合同时，应当对遵守临时管理规约作出书面承诺，临时管理规约即对其具有了约束力。临时管理规约只适用于业主大会成立前的前期物业管理阶段。在业主大会成立、业主大会会议制定通过的管理规约生效后，临时管理规约即自行失效。管理规约是业主入住后首次业主大会起草制定的，并通过专有部分占建筑物总面积过半数

---

〔1〕 陈枫、王克非：《物业管理》，北京大学出版社 2007 年版，第 106 页。

的业主且占总人数过半数的业主同意后生效。其订立过程充分体现了业主的意思自治，对全体业主具有约束力。

二、管理规约的内容

管理规约属于业主自治规范，因而其内容应当由业主自由协商确定。一般而言，管理规约应当以业主的权利义务为核心，对以下事项作出规定：

1. 物业管理区域的基本情况。包括物业管理区域的名称、坐落、面积四至、使用期限、共用部分和共用设施设备等的状况。

2. 业主、开发商、物业管理企业各自的权利和义务。业主的权利义务应当以《物权法》和《物业管理条例》中的规定为基础，并可以针对本物业管理区域的实际情况另行约定其他权利和特别义务。

3. 业主大会、业主委员会产生办法及其议事规则。包括业主大会的召集程序、议事方式、表决程序、业主投票权计算方法；业主委员会的选举、任期、职责等。

4. 管理规约本身的适用规则。例如管理规约的效力和修改程序，管理规约的公示、查阅和保管等。

5. 物业使用、管理、维修的具体规定。比如物业管理区域内的禁止行为，共用部分和共用设施设备的使用方式、经营方式（如是否可以在物业设置广告等经营设施）等。

6. 关于物业服务费和公共维修资金问题。例如，物业服务费的构成，公共维修资金的交纳、保管和使用等。

7. 违反管理规约的责任。管理规约本质上属于自治规范，不得设立公法上的处罚条款，但是，可以约定一些民事责任的责任形式。并且规约可以约定，涉及需要实施行政处罚措施时，业主委员会可以及时报请有关行政管理部门依法处理。业主行为危害其他业主利益时，受害业主可以直接向人民法院起诉。

8. 业主认为需要约定的其他事项。

第二十六章　委托物业管理

物业管理以业主自治为基础，但这并不意味业主必须亲自实施物业的管理。基于现代物业管理的发展，业主通常会按照市场经济体制下契约自由和平等守信的原则自主选择物业服务企业，并通过合同形式委托物业服务企业实施各项具体管理事务。

第一节　物业服务企业

一、物业服务企业的概念

物业服务企业，是指依法设立，具有独立法人资格，专门从事物业管理和服务的企业，修正前的2003年版的《物业管理条例》和其他一些相关法规规章和政策称之为物业管理企业。《物权法》实施之前，专家学者们曾为是使用“物业管理企业”还是使用“物业服务企业”称谓进行过激烈的争论。有学者主张，物业管理中的“管理”一词具有行政隶属的服从性意义，反映了传统物业管理模式的特征，难以体现现代物业专业化、社会化、市场化的平等服务关系本质，宜用“人居服务”或“物业服务”的称谓取而代之。[1]我国在制定《物权法》时，采用了此种主张，将“物业管理企业”改称为“物业服务企业”。修正后的《物业管理条例》也依照《物权法》的规定作了相应改变。

物业服务企业的出现和发展，是我国住房制度改革后，房地产业市场化和房屋商品化的必然产物，是我国房地产业健康发展的必由之路。住房制度改革后，公房逐渐退出了历史舞台，房屋的私有化逐渐普及，此前公房的管理单位不再承担房屋的管理和维护责任，而业主对自有房屋及其周边环境却有维修养护管理的需求，在这种情况下，物业服务企业应运而生。1981年，深圳市成立了我国第一家物业管理公司。此后，现代意义上的物业管理观念逐渐渗透到业主的日常生活中，物业服务企业在业主的生活中也扮演着越来越重要的角色。物业服务企业的出现和发展对于提高物业的使用效益，改善业主居住环境，调适人际关系，形成良好的社会风尚等方面都具有积极的作用。

---

〔1〕 徐建明：《物业管理法规》，东南大学出版社2000年版，第17页。

二、物业服务企业的资质

现行《物业管理条例》第32条第2款规定，国家对从事物业管理活动的企业实行资质管理制度。建设部2004年颁发并于2007年修正的《物业管理企业资质管理办法》，将物业服务企业的资质等级分为一级、二级和三级，并规定了各资质等级的物业服务企业应当具备的条件，不同级别的物业服务企业只能承接相应的物业管理项目。该管理办法还对物业服务企业资质的申请和审批，变更、撤销和注销等都作了详细规定。

作为业主，了解一些物业服务企业资质等级方面的情况还是很有必要的。例如在前期物业管理中，现行《物业管理条例》第24条规定："国家提倡建设单位按照房地产开发与物业管理相分离的原则，通过招投标的方式选聘具有相应资质的物业服务企业。住宅物业的建设单位，应当通过招投标的方式选聘具有相应资质的物业服务企业；投标人少于3个或者住宅规模较小的，经物业所在地的区、县人民政府房地产行政主管部门批准，可以采用协议方式选聘具有相应资质的物业服务企业。"因此，了解物业服务企业的资质状况有助于业主判断物业服务企业实施物业管理的合法性。如果建设单位在前期物业管理中选聘的物业服务企业不具备与其所管理的物业项目相匹配的资质，那么建设单位的选聘行为将是无效的。

三、物业服务企业的定位

尽管物业服务企业是一个物业管理区域物业的实际管理人，但这种管理人与物业管理区域内更本源的管理人——业主相比，其性质、地位及作用是不同的。在物业管理中，弄清楚物业服务企业的角色定位，有助于业主和物业服务企业更好地认清自己所享有的权利和应承担的义务责任。

物业服务企业既不是计划经济时代具有行政管理职能的房管所，也不是比业主低一等的"管家"、"保姆"。那物业服务企业在物业管理中究竟是怎样的一个角色？回答这个问题，需要明确如下认识：首先，需要明确业主的角色定位。根据本书第七编"物业管理"第二十五章"业主自治"的论述，业主基于其对所购物业的专有权，而产生了对物业区域内共有部分的共有权以及作为业主团体一员的社员权，即业主是其所购物业所在物业管理区域的主人。其次，需要明确物业服务企业与业主的关系。物业服务企业是受业主的委托而对物业管理区域实施具体的物业管理行为，其和业主之间是委托与被委托，服务与被服务的关系。根据上述分析，本书认为：在物业管理中，物业服务企业是与业主平等的民事法律关系主体，其和业主之间是委托物业管理的合同关系。

第二节　物业服务合同

一、物业服务合同的概念

物业服务合同是指物业服务企业与业主在平等、自愿基础上依法签订的以物业服务企业提供物业管理服务、业主支付管理费用为内容的，规范业主与物业服务企业权利义务的协议。

物业服务合同属于委托合同。业主作为物业的所有权人，依据“自己事务自己管理”的原则，本应亲自对物业进行管理。但是受时间、精力、能力等方面的限制，业主已不可能躬亲于物业的管理，而是将之委于专业的物业服务企业。业主将物业委托给专业的物业服务企业进行有效的管理，以期达到物业保值增值的目的。

根据签订合同主体的不同，物业服务合同分为前期物业合同与普通物业服务合同。前期物业服务合同是在物业管理区域内的业主大会和业主委员会成立之前，由房地产开发商通过招投标方式或协议方式与选聘的具有相应资质的物业服务企业所签订的合同。房地产开发商与物业买受人签订的房屋买卖合同应包含前期物业服务合同约定的内容。普通物业服务合同是物业管理区域内业主大会和业主委员会成立之后，由业主委员会代表全体业主与业主大会选聘的物业服务企业签订的合同。前期物业合同和普通物业服务合同并无本质区别，对业主均有约束力。前期物业服务合同可以约定期限，但是，期限未满、业主委员会与物业服务企业签订的普通物业服务合同生效的，前期物业服务合同终止。

二、物业服务合同的内容

2004 年 9 月 6 日，建设部印发《前期物业服务合同（示范文本）》，普通物业服务合同的内容也可参照该范本。依据上述合同范本以及物业管理的实际情况，物业服务合同应当含有如下条款：

（一）双方当事人的基本信息

前期物业服务合同中是房地产开发商和物业服务公司的基本信息，普通物业服务合同中则是业主委员会和物业服务公司的基本信息。

（二）物业管理区域的基本信息

物业服务合同应明确物业服务企业提供物业服务的物业管理区域的名称、位置、建筑面积、区域四至等。

（三）物业服务企业提供的物业服务内容

物业服务企业受业主聘用后，为物业管理区域主要提供如下服务：①对物业共用部位以及共用设施设备的使用、养护和修缮；②对物业装饰装修的管理；③对物业共用部位和相关场地环境卫生的管理和养护；④对公共安全的防范和公共秩序的维护；⑤对物业档案资料的保管。

此外，物业服务合同还可以根据本物业管理区域的具体情况，就业主或者物业使用人的自有部分的有关设备的维修保养管理事宜，以及业主或者物业使用人特别委托的物业服务事项作出约定。

（四）物业服务企业提供的物业服务质量

为了明确物业服务企业提供物业服务应达到的目标，方便业主对物业服务企业进行考核和监督，物业服务合同应对各个物业服务事项应达到的服务质量进行量化标准规定。例如，电梯每日至少运行多少小时，保安每小时巡逻应达到多少次，维修等待时间不应长于多少小时等。

（五）物业服务费用

物业服务费用应根据不同的服务项目，遵循有关法规的规定，结合本物业管理区域的具体情形，由双方协商在物业服务合同中明确约定。关于物业服务费用的计费方式、收费项目、收费标准等内容将在本章第三节“物业服务费用”进行详细介绍。

（六）物业的承接验收

在前期物业服务合同中还应包括物业服务企业承接物业的范围、与房地产开发商责任的划分、承接的资料等。

（七）物业的经营与管理

物业管理区域内全体业主所有的停车场、会所等一些经营场所，业主一般也会委托物业服务企业进行经营和管理，因此需要在物业服务合同中约定委托物业服务企业经营管理场所的范围、经营收入的分配等事项。

（八）物业的使用和维护

物业服务企业应根据管理规约（包括临时管理规约）的规定，对涉及物业管理区域内业主公共利益的物业的使用和维护进行管理。例如对因维修物业或者公共利益，临时占用、挖掘公共道路的行为进行管理，对业主装饰装修房屋进行管理，对物业管理用房进行使用管理等。

（九）专项维修基金的管理与使用

专项维修资金，是指专项用于物业共用部分、共用设施设备保修期满后的维修和更新、改造的资金。专项维修基金属于全体业主所有，由物业服务企业根据物业维修、更新的实际需要提出使用计划，业主大会和业主委员会对于专项维修基金的使用应当加以审议与监督。

（十）合同期限

物业服务合同应当明确物业服务企业提供物业服务的期限。同时，还应当明确合同期限的起算和终止时间、合同终止和解除情况、合同的提前终止等事项。例如，业主委员会提前终止合同的，应经专有部分占建筑物总面积过半数的业主且占总人数过半数的业主同意。

（十一）违约责任

物业服务合同可以根据物业服务的具体情况，有针对性地规定诸如继续履行、支付违约金等违约责任承担方式。需要关注的是，目前我国物业管理实践中在追究违约责任的方式上出现了许多问题。例如物业服务公司为了对抗没有交纳物业服务费用的业主，常常采用断水断电的做法。由于我国目前供水供电合同是由供水供电公司直接与各个业主签订的，所以物业服务公司是无权断水断电的。

第三节　物业服务费用

在物业服务收费方面，1996 年 2 月 9 日，国家计划委员会、建设部印发了《城市住宅小区物业管理服务收费暂行办法》[1]；2003 年 11 月 13 日，国家发展和改革委员会、建设部又印发了新的《物业服务收费管理办法》。这些规定对规范物业服务企业的物业服务收费行为，保障业主和物业服务企业的合法权益，起到了积极作用。

依据《物业服务收费管理办法》第 2 条的规定，物业服务收费，是指物业服务企业按照物业服务合同的约定，对房屋及配套的设施设备和相关场地进行维修、养护、管理，维护相关区域内的环境卫生和秩序，向业主所收取的费用。

一、计费方式

目前，物业服务费用基本上采用包干制或者酬金制的物业服务计费方式。

包干制是指由业主向物业服务企业支付固定物业服务费用，盈余或者亏损均由物业服务企业享有或者承担的物业服务计费方式。实行物业服务费用包干制的，物业服务费用的构成包括物业服务成本、法定税费和物业管理企业的利润；并且由于物业服务费用的盈余或者亏损均由物业服务企业享有或者承担，

〔1〕《城市住宅小区物业管理服务收费暂行办法》：1996 年 2 月 9 日计价费［1996］第 266 号发布，自 1996 年 3 月 1 日起执行；已被 2003 年 11 月 13 日《国家发展和改革委员会、建设部关于印发物业服务收费管理办法的通知》（发改价格［2003］1864 号）废止。

物业服务企业具有经营自主权，因此物业服务企业没必要，业主也不能要求物业服务企业公开其所有的收支财务账目。

酬金制是指在预收的物业服务资金中按约定比例或者约定数额提取酬金支付给物业服务企业，其余全部用于物业服务合同约定的支出，结余或者不足均由业主享有或者承担的物业服务计费方式。实行物业服务费用酬金制的，预收的物业服务资金包括物业服务支出和物业管理企业的酬金；物业服务企业收取的酬金应包括公司的运作成本和企业的利润，而计提酬金的比例，一些地方法规规定该比例不得超过支出总额的10%；由于收取的物业服务费用除物业服务企业本身的酬金外均属于代管性质，为所交纳的业主所有，因此，物业服务企业必须定期公开所有的收支账目，或依据物业服务合同的约定公开相关项目。

二、收费项目

物业服务费用一般包括综合管理服务费、车辆停泊服务费和特约服务费。无论是采用包干制还是酬金制，物业服务费用基本上包括两个部分：成本和利润。

综合管理服务费含清扫保洁及清运；绿化养护；秩序维护；公共照明、通风、供电、给排水、电梯等共用设施设备运行、小修、养护所发生的人工、原辅材料费用等。车辆停泊服务费是指在指定的停车场地（含室内车库）内，为维护保养场地设备设施、相关道路及管理所发生的人工、原辅材料费用等。车辆停泊服务费是不包括车位租金的，车位租金与车位的所有权相联系，由车位的所有权人收取。若车位的所有权属于全体业主，那么收取车位租金的是业主大会，物业服务企业只是代收代管，其不得自行设立车位租金标准。特约服务费则是指物业服务企业受业主委托提供的户内维修、家政服务、代收代缴服务等收取的费用。

关于物业服务成本，《物业服务收费管理办法》第11条第3款进行了详细列举：①管理服务人员的工资、社会保险和按规定提取的福利费等；②物业共用部位、共用设施设备的日常运行、维护费用；③物业管理区域清洁卫生费用；④物业管理区域绿化养护费用；⑤物业管理区域秩序维护费用；⑥办公费用；⑦物业管理企业固定资产折旧；⑧物业共用部位、共用设施设备及公众责任保险费用；⑨经业主同意的其他费用。但是，物业共用部位、共用设施设备的大修、中修和更新、改造费用，应当通过专项维修资金予以列支，不得计入物业服务成本。作为物业服务企业应认真核算其物业服务成本，以保证企业有合理的利润空间，维持企业的正常经营活动。

三、收费标准

依据《物业管理条例》和《物业服务收费管理办法》的规定，物业服务收费应当区分不同物业的性质和特点分别实行政府指导价和市场调节价。物业服务收费实行政府指导价的，有定价权限的人民政府价格主管部门应当会同房地产行政主管部门根据物业管理服务等级标准等因素，制定相应的基准价及其浮动幅度，并定期公布。具体收费标准由业主与物业管理企业根据规定的基准价和浮动幅度在物业服务合同中约定。实行市场调节价的物业服务收费，由业主与物业管理企业在物业服务合同中约定。

根据国家的规定，地方政府则根据当地的情况对实行政府指导价或市场调节价的物业服务收费进行了界定，例如武汉市物价局和房地产管理局联合发布的《〈物业服务收费管理办法〉实施细则》[1]就规定：普通住宅和经济适用住房的综合管理服务费，实行政府指导价。其他类型物业服务项目均实行市场调节价。住宅区内车辆停泊服务费实行政府指导价。特约服务费，实行市场调节价。

---

〔1〕《武汉市物价局、市房产局关于印发〈物业服务收费管理办法〉实施细则的通知》：2004 年 9 月 13 日武价房字［2004］136 号发布，自 2004 年 10 月 1 日起执行。

第八编 房地产金融

第二十七章 房地产业的金融支持

房地产业作为国民经济最重要的支柱性产业，是一个投资巨大、回收缓慢、回收丰厚、具有风险的极其复杂的系统产业。房地产开发企业经营一个房地产开发项目从规划设计开始到最后出售可能需要 3 ~ 5 年的时间，整个过程需要大量的资金才能开展正常的工作：①前期阶段，房地产开发企业需要进行投资决策分析、获取土地使用权、完成项目审批手续、进行土地的其他准备工作，为此需要支出土地费用、规划设计费用等前期费用，该阶段的支出大概占整体投资的 30% ~40%。②建设阶段，房地产开发企业需要完成建安工程、公共配套设施工程、市政工程及绿化工程等，本阶段需要支出建安工程费、材料费以及配套费等，一般占到总投资的 40% ~50%。③租售阶段，房地产开发企业主要进行项目策划、市场推广、商品房预售及租售，本阶段产生的费用主要有销售费用、税费、管理费用以及财务费用等，到此阶段房地产开发企业才开始有租售收入。

从理论上讲，“产业发展，金融先行”是保证产业健康运行的必要原则。从实践中看，房地产业投资金额大、投资回收期长、投资风险大的特点也决定其发展过程中必须得到金融业的支持才能持续健康发展。房地产金融就是指为房地产业及其相关部门筹集、融通、清算资金，提供相应服务的所有金融行为，即金融直接服务于房地产业的行为，它是随着房地产业的发展应运而生的。

目前我国房地产金融的发展尚存在许多问题，无法完全满足房地产业发展的需要。积极发展房地产金融，拓宽房地产融资渠道，不仅能解决房地产开发企业外部融资渠道单一和融资困难的问题，而且可以促进房地产业资金和产品结构不断优化并减少商业银行的贷款风险，也为中小投资者参与房地产投资和收益提供了一条现实的途径。

第一节　房地产金融的现状

一、当前房地产开发企业的融资方式

近年来我国城镇房地产开发势头强劲，其资金需求也保持着持续快速增长势头。资金紧张本就是任何一个企业都有的问题，资金需求量大的房地产开发企业更是如此。因此，各房地产开发企业纷纷寻求金融支持以满足其大量的资金需求。总体来说，房地产开发企业可以通过以下方式融资：

（一）自筹资金

1. 各方投资。获得各方投资是房地产项目开发融资极其重要的方式之一。此处所言的投资，是排除银行、财务公司等金融机构的支持，而直接由各投资公司、法人企业、自然人注入的资金，主要有两种方式：①房地产开发企业股东对本企业的增加投资；②房地产开发企业股东之外甚至房地产行业之外的其他自然人、法人财团给本企业注入的资金。

2. 建筑承包商的垫资。建筑承包商的垫资是现今建筑市场竞争混乱的结果。在目前国内开发商普遍实力不足、银行等金融机构审贷严格、缺乏其他融资方式的现实情况下，建筑承包商为获得承揽房地产开发项目建设的机会而先行垫付建设费用，对于开发商而言，是手续最为简单、资金成本也不高于银行贷款的最佳方式。

3. 商品房销售收入。商品房一旦获得入市资格，对于开发商而言，就进入了一个融资的春天。虽然开发商收取的业主的房屋按揭款属于银行贷款的范畴，但是业主为购房而支付的定金、预付款和首期款，对于开发商而言也是一笔很大的资金收入。

（二）银行贷款

目前，银行对房地产业的金融支持已经像血液一样渗透贯穿于房地产经济活动的全过程，主要包括房地产开发贷款、商品房抵押贷款等。开发建设阶段，开发商可以申请银行贷款用于土地整理、项目规划设计、房屋建造等。进入房屋销售阶段，开发商通过收取业主的购房按揭款可获得巨额资金；对于开发商而言这是一种非常优良的融资方式，因为这种融资方式没有资金成本。

可以说，开发商对银行贷款的依赖程度很大。这点从中国人民银行房地产金融分析小组于 2005 年 8 月发布的《2004 中国房地产金融报告》就可见一斑："实际上，房地产开发资金来源中，自筹资金主要由商品房销售收入转变而来，大部分来自购房者的银行按揭贷款，按首付 30% 计算，企业自筹资金中有大约 70% 来自银行贷款，'定金和预收款'也有 30% 的资金来自银行贷款，以此计算房地产开发中使用银行贷款的比重在55%以上。”[1]

（三）房地产信托

房地产投资信托的要领于19世纪80年代起源于国外。在二战后，对大量房地产所有权权益和抵押贷款资金的强烈需求，促进了房地产投资信托（REIT）的蓬勃发展。[2]我国信托业经历了一段混乱不堪的年代，在2002年7月中国人民银行颁布《信托投资公司资金信托管理暂行办法》[3]后走上了法制化的道路。

但信托公司在发行信托时对房地产开发企业的筛选是比较严格的，借款企业不仅要具备良好的财务状况，对于企业综合实力、项目优势、企业品牌也比较注重；并且国家相关管理部门对房地产开发企业利用信托方式融资设置的门槛比较高。因此，使得房地产开发企业通过信托融资很困难。

（四）公司债券

1998年前经政府批准的企业发行过一些房地产开发企业债券，但1998年以后基本上停止了所有企业债券的发行。虽然现今融资市场上也有发行债券，但基本上都是国债，也就是说，对各行业而言，企业债券市场几乎是一个被封闭的领域。

从市场环境、政策因素以及发行要求来看，尽管房地产开发企业发行债券有多种优势，但债券很难成为房地产开发企业融资方式的主流。其原因，一是我国债券市场的规模相对较小，整体不活跃，交投清淡，特别是对无担保性质的企业债来说，发行和持有都具有相当高的风险；二是发行债券，对企业的资产负债率、资本金以及担保等都有严格限制，房地产开发企业的资产负债率本来就很高，大多数房地产开发企业难以达到要求。

（五）上市融资

上市融资就是企业所有者通过出售部分股权换取企业当期急需的发展资金，依靠资本市场这种短期的输血促使企业的蛋糕迅速做大。然而中国证券监督管理委员会《首次公开发行股票并上市管理办法》[4]对房地产开发企业上

---

〔1〕 中国人民银行房地产金融分析小组：《2004年房地产金融报告》，2005年8月，第13页。

〔2〕 孙建华：“房地产融资的方式及其应注意的法律问题”，载陈文主编：《房地产开发经营法律实务》，法律出版社2005年版，第339页。

〔3〕 《信托投资公司资金信托管理暂行办法》：2002年6月13日中国人民银行令［2002］第7号公布，自2002年7月18日起施行；已被2007年1月23日《信托公司集合资金信托计划管理办法》（中国银行业监督管理委员会令第3号）废止。

〔4〕 《首次公开发行股票并上市管理办法》：2006年5月17日中国证券监督管理委员会令第32号公布，自2006年5月18日起施行。

市作了严格的规定，只有真正有实力、守规矩的开发商方可顺利上市。房地产开发企业盈利模式有别于一般工业企业，资金流不连续，呈现周期性的大进大出，不具有持续稳定赢利的特征。因此，尽管通过 IPO 上市融资资金成本比较低，但是由于上市门槛比较高，对大多数房地产开发企业来说，这仍是难以企及的目标。此外，房地产开发企业也因为较高的资本回报率，而不愿让利从事上市融资。

二、现阶段房地产金融存在的问题

综上分析，现阶段我国房地产开发企业的经营资金过分依赖银行贷款的支持，房地产开发企业融资渠道单一，风险集中。而我国房地产开发企业资金来源对银行信贷的严重依赖，却为国家通过一系列宏观调控政策来调整信贷政策，进而对房地产开发企业资金来源进行调节奠定了基础。

房地产政策对房地产开发企业的影响，包括直接影响与间接影响。在开发商贷款方面，国家对房地产开发企业在自有资金以及银行贷款方面进行规定，限制房地产开发企业资金来源，直接影响了房地产开发企业的融资；在个人住房贷款方面，国家通过信贷政策对个人购买一套房、二套房以及三套房以上的贷款进行限制，实行差别化信贷政策，抑制了房地产出售，另外 2011 年出台的一系列限购令政策，多数一线城市的成交量持续滑坡，严重影响房地产资金回笼，间接使房地产开发企业资金来源变窄，从而影响房地产开发企业融资。

目前国家的宏观调控已经使得房地产市场出现融资严重受阻、资金链断裂、项目滞销等现象，严重困扰着房地产开发企业的经营和发展，从而使房地产传统融资方式受到严重的挑战。

第二节　房地产金融的发展趋势

房地产业的高速发展离不开银行的金融支持。但开发商的资金过分地依赖于银行贷款，一方面，会使房地产投资的市场风险和融资信用风险集中于商业银行，一旦出现问题，房地产业的风险就会殃及银行，并进一步向社会转嫁；另一方面，会造成房地产开发企业的融资受制于国家货币政策和房地产宏观调控政策的影响，从而严重困扰房地产开发企业的经营和发展。因此，对于开发商来说，金融创新是必由之路，融资多元化势在必行。

一、大力推动房地产证券化，向社会大众筹集开发资金

为此，有关证券监管部门尽快制定促进房地产开发企业上市的规章制度，积极推进房地产投资权益证券化和房地产抵押贷款证券化，吸收社会投资者。

二、鼓励发行公司债券，吸引社会剩余资金投资房地产业

目前，上市对于大多数房地产开发企业而言是可望而不可即的事，那么，发行融资期限较长、利率比银行贷款低的公司债券，将成为企业融资的更好途径。这种债券可以由房地产开发企业发行，在资本市场上直接融资，也可以由类似于房地产投资信托机构在资本市场上发行，将分散的资金集中到房地产建设中来。

三、建立长期投资基金组织，吸收长期资金来投资于住宅产业

国外早在20世纪六七十年代就有了房地产投资基金，在2000年，美国就成立了针对我国市场的房地产投资基金，国内房地产投资基金也将应运而生，这将是一场前所未有的房地产融资变革。房地产投资基金属于股权投资，可以分散投资、降低风险，丰富了融资品种；也可以吸引社会上的分散资金，把原本是有钱人才可投资的房地产业变成大众化的投资工具。

四、引导国外资金进入房地产融资市场

房地产开发企业利用外资的方式可分为两种：直接利用外资和间接利用外资。直接利用外资一般是成立合资或合作公司，外商的投资构成外商资本金。间接利用外资一般不涉及企业所有权与控制权的问题，但需要用外汇还本付息，除了一些国际性或政府间优惠贷款外，国外商业贷款利率一般都很高，故其风险较大。一般来说，除从事大型项目的开发外，中小型企业不宜采用此种策略。

五、将保险资金引入住宅融资市场

保险资金比较稳定、数额巨大、运用周期长，比较适合投资于住宅开发，有利于提高投资规模。保险资金投入房地产是一个十分有效的途径，应大力借鉴海外经验，推进保险业尤其是寿险业与房地产业的结合。

六、大力推行融资租赁方式

融资租赁主要是通过所有权的转变获取相关投资者的资金，房地产开发企业完成项目后可通过销售收入收回投资。在租赁业比较发达的美国、英国等西方国家，融资租赁业是仅次于银行信贷的第二大融资方式。传统的抵押贷款需要支付相当高的首付款后才能获得房地产使用权，相比而言，房地产融资租赁大大降低了房屋使用的门槛，并能增加房地产的销售。目前，融资租赁在我国房地产行业还没有大规模开展，我国房地产开发企业可以借鉴国外的这一融资模式，扩大融资渠道。

七、发展典当行业

典当是以实物质押或抵押为基础的短期贷款，是指当户将其动产、财产权利作为当物质押，或者将其房地产作为当物抵押给典当行，交付一定比例费

用，取得当金，并在约定期限内支付当金利息、偿还当金、赎回当物的行为。典当市场为社会提供了便捷的短期贷款，可满足中小企业快速融资需要。但存在融资成本高、融资规模有限等问题。

八、完善个人消费融资体系

为了配合启动住房消费，调动居民购房的积极性，活跃国内消费市场，就有必要完善和发展住宅消费个人融资体系。个人住房抵押贷款虽属“零售”业务，金额数目不大，但其人数很多，是现在银行最优良的贷款品种之一。所以银行应扩大相关业务，推出更多的新项目，简化程序来完善和发展住房信贷业务。此外，住房公积金制度是住宅消费融资机制的重要组成部分，加之住房公积金贷款具有政策补贴、比商业贷款利息更低、办理相关手续时收费减半等优势，较受追捧。

总之，在房地产融资体系中要将开发和消费两方面有机地结合，从而扩大融资途径，让开发商能够从消费者、投资者和金融机构等多方面获得资本进行房地产开发。

第二十八章　房地产开发贷款

第一节　房地产开发贷款概述

一、房地产开发贷款的概念

房地产开发贷款是指对房地产开发商发放的用于住房、商业用房和其他房地产开发建设的中长期项目贷款。房地产业的发展关乎国家经济运行稳定与否，而房地产开发贷款则是房地产业发展的命脉所在。

房地产业是资本密集型产业，资金投入庞大，房地产开发商仅靠自身实力不可能完全解决投资中所需要的资金，再加上外部融资渠道单一，基本仅有银行贷款，因此房地产业发展伊始，在普遍缺少用于生产经营的最基本原始积累的资金的情况下，房地产开发商对银行贷款的依赖程度较大就不足为奇了。

房地产开发贷款涉及两方主体，一方为贷款人，一方为借款人。依据中国人民银行的《贷款通则》[1]、中国银行业监督管理委员会[2]（本书简称为“银监会”）的《固定资产贷款[3]管理暂行办法》[4]等的规定，贷款人必须经银监会批准经营贷款业务，持有银监会颁发的金融许可证，并经工商行政管理部门核准登记；借款人系指从经营贷款业务的金融机构取得贷款的房地产开发企业，但高校学生公寓建设贷款的借款人可以是高等院校。

---

〔1〕《贷款通则》：1996年6月28日中国人民银行令2号发布，从1996年8月1日起施行。

〔2〕根据2003年3月10日《第十届全国人民代表大会第一次会议关于国务院机构改革方案的决定》，国务院决定设立中国银行业监督管理委员会。中国银行业监督管理委员会公告2003年第1号规定，中国银行业监督管理委员会根据2003年04月26日第十届全国人民代表大会常务委员会第二次会议通过的《关于中国银行业监督管理委员会履行原由中国人民银行履行的监督管理职责的决定》，统一监督管理银行、金融资产管理公司、信托投资公司及其他存款类金融机构，维护银行业的合法、稳健运行。中国银行业监督管理委员会自2003年4月28日起正式履行职责。

〔3〕根据银监会2011年3月11日发布的《关于〈固定资产贷款管理暂行办法〉的解释口径》和财政部的《固定资产投资统计报表制度》的规定，房地产开发投资属于固定资产投资。

〔4〕《固定资产贷款管理暂行办法》：2009年7月23日中国银行业监督管理委员会令第2号公布，自2009年10月23日起施行。

二、房地产开发贷款的种类

中国银行于1998年5月21日发布的《房地产开发贷款管理办法（试行）》[1]第6条将房地产开发贷款分为如下几种：①住房开发贷款，是指银行向房地产开发商发放的用于开发建造向市场销售住房的贷款。②商业用房开发贷款，是指银行向房地产开发商发放的用于开发建造向市场销售，主要用于商业行为而非家庭居住用房的贷款。③其他房地产开发贷款，是指住房、商业用房开发贷款以外的土地开发和楼宇装饰、修缮等房地产贷款。

银监会在2004年8月30日印发的《商业银行房地产贷款风险管理指引》[2]第2条将土地储备贷款单独列出，与房地产开发贷款共同作为房地产贷款的组成部分。该指引称土地储备贷款是指向借款人发放的用于土地收购及土地前期开发、整理的贷款。土地储备贷款的借款人仅限于负责土地一级开发的机构。房地产开发贷款是指向借款人发放的用于开发、建造向市场销售、出租等用途的房地产项目的贷款。

本书认为，土地储备贷款的贷款机构是政府的土地储备机构，因此应将其与向房地产开发企业发放的开发贷款区别开来；中国银行《房地产开发贷款管理办法（试行）》所作的分类比较符合实际情况。此外，有部分学者还认为房地产开发流动资金贷款也属于房地产开发贷款，因为房地产开发商因资金周转所需申请的贷款，虽不与具体项目相联系，但最终仍然用来支持房地产开发。但中国人民银行2003年6月5日的《关于进一步加强房地产信贷业务管理的通知》[3]规定："商业银行对房地产开发企业申请的贷款，只能通过房地产开发贷款科目发放，严禁以房地产开发流动资金贷款及其他形式贷款科目发放。对房地产开发企业已发放的非房地产开发贷款，各商业银行按照只收不放的原则执行。"很明显，该通知认为房地产开发流动资金贷款不属于房地产开发贷款，并且严禁商业银行向房地产开发商发放房地产开发流动资金贷款，已发放的，则只收不放。

第二节　房地产开发贷款的流程

依据《贷款通则》、《固定资产贷款管理暂行办法》以及各商业银行的相

---

〔1〕《中国银行房地产开发贷款管理办法（试行）》：1998年5月21日中银信管［1998］214号颁布，自颁布之日起执行。

〔2〕《中国银行业监督管理委员会关于印发〈商业银行房地产贷款风险管理指引〉的通知》：2004年8月30日银监发［2004］57号发布，自发布之日起施行。

〔3〕《中国人民银行关于进一步加强房地产信贷业务管理的通知》：2003年6月5日银发［2003］121号发布。

关规定，银行发放房地产开发贷款的基本流程如下：

一、贷款申请

为了规范金融市场和减少风险，借款人申请贷款时，银行一般会对借款人提出实体上和程序上两方面的要求：实体上，银行要求借款人符合一定的条件；程序上，借款人应按照银行提出的条件提供相关资料。虽然各家商业银行的规定不尽相同，但是借款人一般应具备如下几个方面的条件并根据这些条件提供相关资料：

（一）主体资格

借款人一般是经国家房地产业主管部门批准设立，在工商行政管理部门注册登记，并取得企业法人营业执照及由行业主管部门核发的房地产开发企业资质证书的各类房地产开发企业。但高校学生公寓建设贷款的借款人可以是高等院校。

（二）项目资格

贷款项目应完成各个立项手续，取得全部合法有效的立项文件。贷款项目建设用地为出让的，应缴齐全部土地出让金。贷款项目还应具备国有土地使用权证、建设用地规划许可证、建设工程规划许可证、建筑工程施工许可证。对已开始销预售的项目，还需提供合法有效的销预售许可证。

（三）自有资金（亦称“资本金”）要求

为了防止房地产开发商的投机行为，银行一般都会要求房地产开发商具有一定比例的自有资金，并且政府会根据实际情况的需要实时调整该比例。1998年7月，国务院发布的《城市房地产开发经营管理条例》第13条规定，房地产开发项目应当建立资本金制度，资本金占项目总投资的比例不得低于20%。2003年6月，中国人民银行发布的《关于进一步加强房地产信贷业务管理的通知》第1条规定，房地产开发企业申请银行贷款，其自有资金（指所有者权益）应不低于开发项目总投资的30%。2004年8月，银监会印发的《商业银行房地产贷款风险管理指引》第16条规定，商业银行对申请贷款的房地产开发企业，应要求其开发项目资本金比例不低于35%。2009年5月，国务院发布的《关于调整固定资产投资项目资本金比例的通知》[1]第1条规定，保障性住房和普通商品住房项目的最低资本金比例为20%，其他房地产开发项目的最低资本金比例为30%。

（四）担保要求

借款人提供的贷款担保应合法、有效、足值，并符合银行贷款担保的有关规定，将财产抵（质）押给银行或落实银行可接受的还本付息连带责任保证。

---

〔1〕《国务院关于调整固定资产投资项目资本金比例的通知》：2009年5月25日国发［2009］27号发布，自发布之日起执行。

关于房地产开发贷款的担保将在本章第三节“房地产开发贷款的担保”进行详细阐述。

二、贷款调查、评估与审批

贷款银行受理借款人的申请后，应按照中国人民银行、银监会以及银行内部相关的规定，落实责任部门和人员对贷款进行尽职调查并出具书面的报告。尽职调查的内容主要包括：借款人的企业基本信息、资信状况等；贷款项目的立项手续和文件，项目投资分析报告或可行性研究报告以及项目概预算、施工计划、销售方案，项目建设工程规划许可证等四证，项目资本金的到位情况；抵（质）押物的清单、权属证书、价值评估报告、鉴定书，抵（质）押人同意抵（质）押的承诺书；保证人的资信情况以及贷款担保承诺书的真实性和有效性。尽职调查人员应当确保调查报告内容的真实性、完整性和有效性。

贷款银行完成贷款尽职调查之后，应进一步落实责任部门和人员对贷款进行全面的风险评价，形成风险评估报告。对贷款进行评估是防范银行风险的有效措施。对于房地产开发商，银行应以企业未来盈利能力和现金流分析为核心进行评估；对房地产开发项目，银行主要对投资支出、营业收入和支出、营业税金及附加进行评估，综合评价其财务效益。

在调查、评估的基础上，贷款银行根据贷款审批权限，提出贷与不贷、贷款额度、贷款期限、贷款利率、担保方式等意见。贷款银行审批贷款时，还会同时关注当期的政策性文件，决定是否放贷。例如，2007 年 9 月中国人民银行和银监会发布的《关于加强商业性房地产信贷管理的通知》[1]规定：“对项目资本金（所有者权益）比例达不到 35% 或未取得土地使用权证书、建设用地规划许可证、建设工程规划许可证和施工许可证的项目，商业银行不得发放任何形式的贷款；对经国土资源部门、建设主管部门查实具有囤积土地、囤积房源行为的房地产开发企业，商业银行不得对其发放贷款；对空置 3 年以上的商品房，商业银行不得接受其作为贷款的抵押物。商业银行对房地产开发企业发放的贷款只能通过房地产开发贷款科目发放，严禁以房地产开发流动资金贷款或其他贷款科目发放。商业银行发放的房地产开发贷款原则上只能用于本地区的房地产开发项目，不得跨地区使用。对确需用于异地房地产开发项目并已落实相应风险控制措施的贷款，商业银行在贷款发放前应向监管部门报备。”

三、合同签订与贷款发放

贷款银行同意贷款后，贷款银行和房地产开发商应签署符合《贷款通

---

〔1〕《中国人民银行、中国银行业监督管理委员会关于加强商业性房地产信贷管理的通知》：2007 年 9 月 27 日银发［2007］359 号发布。

则》、《合同法》、《担保法》等法律法规的借款合同、担保合同等，并办理抵押登记及保险手续等。借款合同、担保合同除了应具备合同的一般性条款外，其中借款合同还应详细约定贷款金额、贷款期限、贷款利率、贷款用途、贷款支付、还贷保障及风险处置等要素和有关细节；担保合同还应详细约定被担保的主债权种类、数额，债务人履行债务的期限，担保的方式，抵（质）押物或保证人的情况，担保的范围，担保的期间等。

借款合同、担保合同生效后，贷款银行确认借款人满足合同约定的提款条件的，则按合同约定的方式发放贷款（通常是分期发放），并监督借款人按约定用途使用贷款资金。依据银监会2009年7月发布的《固定资产贷款管理暂行办法》的规定，贷款银行支付贷款资金有两种方式：贷款银行受托支付方式和借款人自主支付方式。贷款银行受托支付是指贷款银行根据借款人的提款申请和支付委托，将贷款资金支付给符合合同约定用途的借款人交易对手。借款人自主支付是指贷款银行根据借款人的提款申请将贷款资金发放至借款人账户后，由借款人自主支付给符合合同约定用途的借款人交易对手。单笔金额超过项目总投资5%或超过500万元人民币的贷款资金支付，应采用贷款银行受托支付方式。

在贷款发放和支付过程中，借款人出现以下情形的，贷款银行应与借款人协商补充贷款发放和支付条件，或根据合同约定停止贷款资金的发放和支付：①信用状况下降；②不按合同约定支付贷款资金；③项目进度落后于资金使用进度；④违反合同约定，以化整为零方式规避贷款人受托支付。

四、贷后管理与贷款回收

发放贷款后，贷款银行应定期对借款人和项目发起人的履约情况及信用状况、项目的建设和运营情况、宏观经济变化和市场波动情况、贷款担保的变动情况等内容进行检查与分析，建立贷款质量监控制度和贷款风险预警体系。出现可能影响贷款安全的不利情形时，贷款人应对贷款风险进行重新评价并采取针对性措施。

借款人按照合同规定的期限和数额还清贷款的，贷款银行与借款人之间的担保合同终止，借款人有权收回相关担保证明材料。

房地产开发贷款形成不良贷款的，贷款银行应对其进行专门管理，并及时制定清收或盘活措施。对借款人确因暂时经营困难不能按期归还贷款本息的，贷款银行可与借款人协商进行贷款重组。对确实无法收回的不良贷款，贷款银行应按照相关规定对贷款进行核销后，应继续向债务人追索或进行市场化处置。

第三节 房地产开发贷款的担保

由于房地产开发贷款金额大、期限长、风险高，房地产开发贷款相较于其他资金贷款更强调贷款担保。根据中国人民银行的规定和各商业银行的内部文件，一般都以发放担保贷款为常态，以信用贷款为例外。中国建设银行于2000年9月28日发布的《科教文卫单位经济适用住房建设贷款暂行办法》和《高等院校学生公寓建设贷款暂行办法》[1]规定科教文卫单位经济适用住房建设贷款和学生公寓建设贷款方式分为担保贷款和信用贷款，但信用贷款的对象仅限于符合条件的科教文卫事业单位和高等院校。房地产开发贷款的担保方式主要由保证担保和抵押担保两种方式。

一、保证担保

由于房地产开发贷款金额大、期限长、风险高，房地产开发企业要找到适当的保证人较为困难。因此，房地产开发企业一般会找与其具有关联关系的关联企业提供保证担保。

实践中，房地产开发企业多设立项目公司，一些大的房地产企业往往相互持股，或者直接或间接地控制着数家或数十家的子公司，形成一个集团公司。集团公司内关联企业往往相互提供保证担保。但由于集团公司易通过关联交易、资产重组等手段在内部关联方之间不按公允价格原则转移资产或利润等，降低了借款人或保证人的还款能力，从而逃避还款。广夏（银川）实业股份有限公司事件[2]、蓝田股份有限公司事件[3]、上海周正毅关联企业、深圳彭海怀兄弟关联企业等企业集团或家族关联企业贷款问题就曾给商业银行带来巨大损失。

为避免关联企业之间抽逃资金或利润而降低借款人或保证人的还款能力，

---

〔1〕《中国建设银行关于印发〈中国建设银行商业用房贷款暂行办法〉、〈中国建设银行个人再交易住房贷款暂行办法〉、〈中国建设银行科教文卫单位经济适用住房建设贷款暂行办法〉、〈中国建设银行高等院校学生公寓建设贷款暂行办法〉的通知》：2000年9月28日建总发［2000］99号发布，自发布之日起执行。

〔2〕1994年6月上市的广夏（银川）实业股份有限公司，曾因其骄人的业绩和诱人的前景而被称为“中国第一蓝筹股”。2001年8月，《财经》杂志发表“银广夏陷阱”一文，银广夏虚构财务报表事件被曝光。

〔3〕1996年5月，蓝田股份有限公司在上海证券交易所上市，2001年10月，刘姝威在《金融内参》发表600字短文，对蓝田神话直接提出了质疑，并由此揭开了一幕股市丑剧，蓝田的贷款黑洞公布于众。蓝田事件是中国证券市场一系列欺诈案的之一，被称为“老牌绩优”的蓝田巨大泡沫的破碎，是继银广夏之后，中国股市上演的又一出丑剧，成为2002年中国经济界一个重大事件。

银行对借款人的关联企业提供的保证，在审核条件和办理手续上有着更严格的要求，例如，提供保证的关联公司应履行《公司法》规定的程序，其保证行为应经股东（大）会、董事会的同意；承诺不得抽逃借款人的资金和利润以逃避还款等。银监会更是于2003年10月23日公布《商业银行集团客户授信业务风险管理指引》[1]，以督促商业银行加强对集团客户授信业务的监督和管理。《商业银行集团客户授信业务风险管理指引》实施后，商业银行对集团客户是从整体上评估资信情况，严格控制给集团客户的贷款，谨慎审核集团客户内部关联方之间的互相保证担保。

二、抵押担保

房地产开发企业获取开发贷款的抵押担保主要有两种方式，分别是土地抵押和在建工程抵押。

在中国房地产业的早期，房地产开发企业拿地后开发之前，会将土地抵押给银行筹集启动资金（用来拆迁等开发前期支出）；建设阶段再转变为以在建工程做抵押；销售时业主以所购房作抵押物获得按揭贷款；房地产开发企业则以销售回款偿还对银行的借款以及补交土地使用权出让金。早期这种开发模式，一直是许多房地产开发企业以极少的自有资金完成资本原始积累的制胜法宝。

银行早期更青睐土地抵押。因为伴随着全球宽松的货币政策，通货膨胀已不可避免，而人民币的升值还将持续，在这种情况下，土地被银行视为最能够抵御通货膨胀、享受增值的优质资产。但是，对银行来说，土地抵押也存在很大的风险：土地满两年未动工开发的，国家依法可以无偿收回土地，一旦国家收回了土地，银行的担保物就没有了着落，此外还存在房地产开发企业与地方政府合谋的危险。

鉴于土地抵押的高风险性，银行逐步收紧了土地抵押贷款。2010年4月20日，银监会召开了2010年第二次经济金融形势分析通报（电视电话）会议，银监会主席刘明康要求，提高抵押品标准，一律要求以在建工程为抵押，不宜用土地为抵押品发放开发贷款。随后银监会以银监发［2010］32号文出台了新规，取消土地抵押贷款，房地产开发商必须四证（即国有土地使用权

[1] 《商业银行集团客户授信业务风险管理指引》：2003年10月23日中国银行业监督管理委员会令第5号公布，自公布之日起实施；根据2007年7月3日《中国银行业监督管理委员会关于修改〈商业银行集团客户授信业务风险管理指引〉的决定》（中国银行业监督管理委员会令第12号）第一次修正；根据2010年6月4日《中国银行业监督管理委员会关于修改〈商业银行集团客户授信业务风险管理指引〉的决定》（中国银行业监督管理委员会令第4号）第二次修正。

证、建设用地规划许可证、建设工程规划许可证、建设工程施工许可证）齐全，并且是在建工程才能贷款。以在建工程做抵押，可确保房地产开发企业专款专用在开发项目上，而银行对贷款资金使用和流向、资金回笼都可以进行严格限制，并可以根据销售周期进行回款估算，以确保还本付息。目前在建工程抵押已普通成为银行最能接受的抵押方式。

第二十九章　个人住房抵押贷款

第一节　个人住房抵押贷款概述

一、个人住房抵押贷款的概念

个人住房抵押贷款，是个人购房者（即借款人）支付一定比例的首期房价款后，再用所购买的住房作为抵押，向贷款人申请长期贷款，由贷款人代其支付其余的购房款，然后以分期付款的形式按月偿还本息的一种金融活动。当借款人到期不能偿还贷款本息或违反借款合同的某些规定，贷款人有权依法处理抵押物并有优先受偿权。处分抵押物后的价款不足以偿还贷款本息的，贷款人有权向借款人追偿，其价款超过应偿还部分，贷款人应退还给借款人。个人住房抵押贷款可分为两大类：个人住房抵押商业贷款和个人住房抵押公积金贷款。本章探讨的个人住房抵押贷款主要是个人住房抵押商业贷款，个人住房抵押公积金贷款将在下一章节进行详细介绍。

个人住房按揭贷款在我国亦被称为“按揭”。“按揭”一词是从我国香港传至大陆的，它是英语“mortgage”的广东话谐音，其含义即为“抵押贷款”。“按揭”最早起源于18世纪英国人创办的建筑社团和1831年英国移民在美国宾西法尼亚州建立的牛津节俭会。近代意义上的按揭，在英美法上主要是指，为了担保特定的债务或义务的履行而进行的不动产或动产的权利转移和让渡，在按揭人进行清偿前按揭物的所有权属于受揭人，按揭人可占有、使用和收益，但不能为法律上的处分。英美法上“按揭”的实质是通过对按揭物所有权的转移来保障债权的实现，同时赋予按揭人以赎回权，其法律构成具备这样的特点：特定财产所有权转移而占有不转移，债权人在债务人不履行债务时确定地取得所有权，债务人则享有通过履行债务而回赎担保物的权利。[1]

我国内地的按揭概念与英美法上的按揭概念不同。在按揭期间，银行作为受揭人并不取得抵押房屋的所有权，所有权仍归按揭人所有，按揭房屋所有权也不会因按揭人不清偿债务而转移于银行手中。实践中通常的做法是由银行将

---

〔1〕 洪艳蓉等：《房地产金融》，北京大学出版社2011年版，第189页。

按揭房屋变价并优先受偿，或由开发商按之前的约定将房屋回购，并以回购款偿付银行本息。为便于叙述，本书将同义使用按揭、个人住房抵押贷款两个概念。

按揭在我国纯粹属于“舶来品”，扎根的时间并不长。国务院于 1988 年 1 月召开全国住房制度改革工作会议，拟定《关于在全国城镇分期分批推行住房制度改革的实施方案》，推动了我国的个人住房抵押贷款工作，为按揭的产生提供了良好的市场和政策环境。1991 年 6 月 7 日，国务院发布的《关于继续积极稳妥地进行城镇住房制度改革的通知》第一次提出，开展个人购房建房储蓄和贷款业务，实行抵押信贷购房制度。1992 年 9 月 23 日中国人民建设银行房地产信贷部颁布《职工住房抵押贷款暂行办法》[1]，为促进个人住房贷款业务的大量开展打下了良好基础。20 世纪 90 年代末，按揭在我国呈现出良好的发展势头，特别是近几年，我国住房金融业务发展迅速，对拉动国内需求，推动国民经济发展起到了积极作用。

二、个人住房抵押贷款中的法律关系

从我国现行法律法规的规定来看，个人住房抵押贷款中包括了房屋买卖、借款、抵押、保证等一系列民事法律行为，涉及的各方主体也较多，内部关系复杂。下文将以商品房抵押贷款为例，分析按揭中的法律关系。按揭所涉各方主体主要包括银行、开发商、购房人（亦是借款人）、保险公司四方，各主体之间的法律关系分别为：

（一）购房人与开发商之间的商品房买卖关系

购房人欲以按揭的形式购买房屋，首先必须与开发商签订商品房买卖合同，约定购买特定的房屋，并在付款方式中约定以银行按揭的方式付款。显然，借款人同时也就是购房人，其与开发商之间系房屋买卖关系，开发商为出卖人，购房人系买受人。

（二）购房人与银行之间的借贷关系

购房人在与开发商签订买卖合同后，应按银行的要求提供相应文件资料，向银行申请个人住房（或商业）抵押贷款，银行则根据购房人的个人情况、资信状况确定是否贷款以及贷款的年限及成数，双方同时签署借款合同。因此，购房人与银行之间系借贷关系，银行为出借人，购房人为借款人。

（三）购房人与银行之间的抵押关系

购房人在向银行申请贷款的同时，要将所购房屋抵押给银行，如购房人未

---

〔1〕《中国人民建设银行房地产信贷部职工住房抵押贷款暂行办法》：1992 年 9 月 23 日建总发字［1992］第 171 号发布，自发布之日起施行；已被 1997 年 12 月 31 日《中国建设银行个人住房贷款办法》废止。

按借款合同约定偿还银行借款时，银行可以实现抵押权，将购房人抵押之房屋折价、变卖或申请法院拍卖并以所得款项优先受偿。因此，购房人与银行之间还存在抵押关系，其中购房人为抵押人，银行为抵押权人。

（四）开发商与银行、购房人之间的担保关系

在按揭过程中，虽然购房人将所购房屋抵押给银行，但由于多数房屋为期房，即通常我们所说的“楼花”，在未领取房地产权属证书之前无法办理抵押登记手续，而房屋抵押又以登记为生效要件，因此，银行在放款后，即使有抵押合同，但抵押行为尚未生效，也无法保障银行的放款风险。基于此，银行往往会要求开发商为购房人提供阶段性的担保，即在购房人所购房屋办理抵押登记之前，由开发商为购房人所欠银行债务承担阶段性连带保证责任。个别银行还会要求开发商在贷款期间承担全程的连带保证责任。因此，开发商与银行、购房人存在担保关系，其中银行是债权人，购房人为债务人（又称被保证人），开发商为保证人。

（五）购房人、银行与保险公司之间的保险关系

为确保银行的放贷风险，购房人在将所购房屋抵押给银行时，必须就抵押物（所购房屋）在借款期间投保财产险，并指定银行为第一受益人，如果发生保险事故，由保险公司承担保险责任，所支付的保险理赔费用优先偿还购房人所欠银行借款。因此，购房人、银行与保险公司存在保险关系，购房人为投保人，保险公司为保险人，银行为受益人。

（六）开发商与银行的回购关系

有些银行在与开发商的按揭合作协议中，还要求开发商承担回购义务。在该情形下，开发商与银行之间还存在通常我们所说的回购关系。回购从其字面理解仍是买卖，但从法律角度看，按揭过程中的回购存在两种不同的情形：一种是在购房人所购房屋取得房地产权属证书之前，开发商履行回购义务的，其实质是由开发商解除与购房人的买卖合同，并非法律意义上的回购行为；另一种是在购房人取得所购房屋的房地产权属证书后，开发商按条款约定回购购房人的房屋，双方又产生一次房产的过户行为，此时才是真正的法律意义上的回购。

上述各法律关系看似独立，实际他们之间联系紧密，共同构成了按揭的各方法律关系体系，甚至无法割裂。例如在按揭中，银行一般是依据买卖合同审查购房人的借款申请，因此可以说买卖关系是借贷关系的前提；但实际操作中大多数购房人在选中某一楼盘后，会先确定自己的付款方式，如选择按揭的年限和成数，在条件接受的前提下，才会选择购买房屋，由此看，借贷关系又是买卖关系的前提。所以，一定程度上看，按揭中的借贷关系和买卖关系应当作

为一个整体，不能抛开一种法律关系来谈另一种法律关系的权利义务。也正是由于该关系的复杂性，容易导致按揭中发生纠纷，如：银行不放款开发商能否追究购房人的违约责任？两种关系的认定将导致截然不同的结果，把买卖关系作为前提，开发商当然可以追究购房人的违约责任；把借贷关系作为前提，购房人则不应承担违约责任。至于其他法律关系的联系则相对简单，基于抵押关系、担保关系的抵押合同和担保合同都是借贷合同的从合同，保险关系和回购关系是对借贷关系的保障。

第二节　个人住房抵押贷款的流程

由于按揭起源于英美法系国家，其操作的法律基础与我国法律体系必然会存在冲突，无法照搬。因此，按揭在引入我国后与我国现行法律制度融合，形成了有我国特色的按揭制度。下文将以商品房抵押贷款为重点，探讨目前我国按揭的主要操作流程。

一、确定按揭银行

房地产开发商与购房人签订的《商品房买卖合同》中约定采用按揭的付款方式的，购房人就面临选择按揭银行的问题。目前，购房人可以选择开发商指定的银行按揭贷款，也可以自行寻找银行办理按揭贷款。

开发商指定的按揭银行，一般是与开发商签订了《按揭合作协议》的银行。房地产项目在对外销售之前，开发商一般会选择一家银行与其签订《按揭合作协议》，约定由该银行对开发商的房地产项目的购房人提供按揭贷款，并且为担保银行债权的实现，开发商为购房人承担阶段性的连带保证责任（或者全程的连带保证责任）等。

购房人自行选择按揭银行的方式，即购房人自行在已经开办“不指定楼盘”按揭贷款的银行（即不需与开发商签订按揭合作协议，以所购房产符合预售规定并由住房担保中心提供担保为贷款发放条件的银行）中选择值得自己信赖、内心满意的按揭银行。中国建设银行四川省分行于2005年6月首先推出了此项业务，后引起了全国各家银行的关注，并且已有多家银行开办了此项业务。购房人自行选择按揭银行的优点不言而喻：①购房人可以享受开发商对一次性付款的优惠折扣；②购房人可以免交强制性房屋按揭保险，或者自由选择交房屋按揭保险的保险公司；③可以免除开发商的保证责任，并且开发商不用向银行缴纳相当于贷款额10%的保证金；④可以提高银行对假按揭、投资性购房的审贷能力。

二、签署借款合同

购房人按照按揭银行的要求提供相关文件资料，按揭银行审核通过后，购房人即与按揭银行签订借款合同。购房人签署借款合同时需要注意如下事项：

第一，关于还款能力。购房人申请个人住房贷款时，需综合评估家庭现有的经济实力，确定合理的购房首期付款和房价款比例。购房人偿还住房贷款的月支出不宜超过其家庭收入的40%～50%。购房人应支付的首期付款和贷款的利率等指标是会随着国家经济形势的变化而变动的，因此购房人还应关注国家当时的相关政策。例如，2007 年 9 月 27 日中国人民银行和银监会发布的《关于加强商业性房地产信贷管理的通知》第 3 条规定，"对购买首套自住房且套型建筑面积在 90 平方米以下的，贷款首付款比例不得低于 20%；对购买首套自住房且套型建筑面积在 90 平方米以上的，贷款首付款比例不得低于 30%；对已利用贷款购买住房、又申请购买第二套（含）以上住房的，贷款首付款比例不得低于 40%，贷款利率不得低于中国人民银行公布的同期同档次基准利率的 1.1 倍，而且贷款首付款比例和利率水平应随套数增加而大幅度提高，具体提高幅度由商业银行根据贷款风险管理相关原则自主确定"。

第二，关于还款方式。目前各家银行推出的个人住房贷款还款方式大致有两种：一种是等额本息还款法（即等额还款法）：即贷款期限内每月以相等的额度平均偿还贷款本息，这种方式的特点是归还的本金逐月增加，利息逐月递减。其优点在于借款人可以准确掌握每月的还款额，有计划地安排家庭的收支，比较方便、易记；其缺点是利息支出总额相对较高。适合刚参加工作不久的年轻人，可以减少前期的还款压力。另一种是等额本金还款法（即递减还款法）：即贷款期限内每月等额偿还贷款本金，这种方式的特点是贷款利息随本金逐月减少而递减。其优点在于利息支出相对较少；其缺点是每月还款额逐步递减，前期还款压力较大。适合已经有经济实力的中年人，在收入高峰期多还款，减少今后的还款压力，并通过提前还款等手段来减少利息支出。

三、设定抵押

购房人申请贷款时，为担保清偿贷款，需以所购房屋作为抵押物向按揭银行提供担保。房屋抵押可分为现房抵押和期房抵押。

由于房地产抵押以登记为生效要件，已取得房屋权属证书的现房具备直接办理房地产抵押登记的条件，因而现房抵押成为按揭银行首选的一种抵押担保方式。但是房地产开发商一般在取得预售许可证后就对外出售商品房，因此购房人只能以期房抵押给银行，《物权法》第 180 条第 1 款第 5 项确认了可以正在建造的建筑物办理抵押。中国人民银行 2003 年发布的《关于进一步加强房地产信贷业务管理的通知》和中国人民银行、银监会 2007 年发布的《关于加强商业性房地产信贷管理的通知》均规定，商业银行只能对购买主体结构已封顶住房的个人发放住房贷款。但期房抵押往往只是一个短暂的过渡，在购房人取得房地产权属证书后，就应按照《城市房地产抵押管理办法》[1]第34条的规定，将期房抵押办理为现房抵押。

以现房抵押时，购房人与贷款银行共同办理抵押登记手续，登记机关在原《房屋所有权证》上作他项权利记载后，由购房人收执，贷款银行取得《房屋他项权证》。以期房抵押时，购房人与贷款银行共同办理抵押预告登记手续，登记机关在抵押合同上作记载，贷款银行取得抵押预告登记的证明，在购房人领取房地产权属证书后，则应办理抵押登记手续。购房人将贷款本息清偿完毕后，与银行共同办理抵押权注销手续。

四、购买房屋按揭保险

2011年1月5日之前，购房人还需根据中国人民银行1998年5月9日颁布的《个人住房贷款管理办法》[2]第25条规定购买强制性房屋按揭保险，该条规定："以房产作为抵押的，借款人需在合同签订前办理房屋保险或委托贷款人代办有关保险手续。抵押期内，保险单由贷款人保管。"因此，购房人申请贷款时，需到贷款银行指定的保险公司按照贷款银行的要求购买房屋按揭保险，受益人为贷款银行。当发生保险合同约定的事故致使房屋毁损、灭失等，保险公司应承担赔偿保险金责任；或者当购房人因下岗、死亡、残疾等原因不能按期偿还贷款本息时，保险公司应负责替购房人偿还本息。

但银行的强制性房屋按揭保险的规定显然与《中华人民共和国保险法》[3]确定的订立保险合同自愿性原则相违背，并且处于强势地位的银行不仅强制要求购房人购买房屋按揭保险，而且一般还会要求购房人购买除抵押房屋保险以

---

〔1〕《城市房地产抵押管理办法》：1997年5月9日建设部令第56号发布，自1997年6月1日起施行；根据2001年8月15日《建设部关于修改〈城市房地产抵押管理办法〉的决定》（建设部令第98号）修正。

〔2〕《中国人民银行关于颁布〈个人住房贷款管理办法〉的通知》：1998年5月9日银发［1998］190号公布，自公布之日起施行；已被2011年1月5日《中国银监会关于发布银行业规章和规范性文件清理结果的公告》（银监发［2011］1号）宣布不再适用。

〔3〕《中华人民共和国保险法》：1995年6月30日主席令第51号公布，自1995年10月1日起施行；根据2002年10月28日《全国人民代表大会常务委员会关于修改〈中华人民共和国保险法〉的决定》（主席令第78号）第一次修正。2009年2月28日主席令第11号公布修订后的版本，自2009年10月1日起施行；根据2014年8月31日《全国人民代表大会常务委员会关于修改〈中华人民共和国保险法〉等五部法律的决定》（主席令第14号）第二次修正；根据2015年4月24日《全国人民代表大会常务委员会关于修改〈中华人民共和国计量法〉等五部法律的决定》（主席令第26号）第三次修正。

外的额外险种，客观上加重了购房人的负担。因此购房人通常比较抵制强制性房屋按揭保险，关于废止强制性房屋按揭保险的呼声一直就没有停止。2002年1月22日，中国人民银行、中国保险监督管理委员会（本书简称为“保监会”）发布的《关于加强个人住房贷款和贷款房屋保险管理的通知》〔1〕规定：“各商业银行在办理个人住房贷款时，应允许借款人自由选择保险公司，不得强行要求借款人到指定的保险公司投保；各保险公司不得以不正当竞争手段要求贷款银行为其代理贷款房屋保险。”此后，贷款银行强制购房人向其指定的保险公司购买房屋按揭保险的情况有所减少。2011年1月5日，银监会《关于发布银行业规章和规范性文件清理结果的公告》〔2〕宣布《个人住房贷款管理办法》不再适用，并且部分银行也开始认可申请贷款的购房人有权自主选择所抵押房屋是否购买保险。这一趋势顺应市场的需要和购房人的呼声，今后必将被广泛推广。

第三节 个人住房抵押贷款的法律风险及防范

随着近些年来我国房地产业的迅猛发展，按揭的规模也在不断扩大，许多学者及业界人士对按揭的研究也投入了大量的精力，人们在肯定按揭对我国房地产市场起到积极作用的同时，也在反思按揭产生的风险，包括银行的贷款风险增加，购房人的供楼压力加大等。然而在按揭风险的研究中，开发商被作为按揭的最大受益者以及商品房买卖关系中的强者，往往成为维权者声讨的对象，开发商的风险也很少被人提及，处在被人遗忘的角落。不可否认，按揭一定程度上刺激了我国房地产市场需求的迸发，开发商大多在这次市场放量过程中赚了个盆满钵溢，确实受益匪浅，但这并不表示开发商在按揭中就没有任何风险。

目前房地产行业开发商与银行及购房人对按揭的抵押担保及追偿债权的通用模式为：在银行放贷至购房人所购房屋办理抵押登记期间，开发商为购房人的贷款提供连带责任保证（有些银行还要求开发商在贷款期间提供全程的连带责任保证），开发商自愿在购房人未如期偿还贷款本息时，由银行扣除其存

〔1〕《中国人民银行、中国保险监督管理委员会关于加强个人住房贷款和贷款房屋保险管理的通知》：2002年1月22日保监发［2002］7号发布。

〔2〕《中国银监会关于发布银行业规章和规范性文件清理结果的公告》：2011年1月5日银监发［2011］1号发布。

入银行专户的保证金，如因购房人严重违约银行要求解除借款合同并提前收回贷款时，开发商应当代购房人偿还所有贷款本息，“回购”抵押房屋，银行将对该房屋的抵押权让渡给开发商，开发商获得该房屋的所有权或者有权对该房屋进行出售，所得价款用以抵偿所承担的担保责任。正是习惯成自然，各方都忽略了这种模式中存在的法律障碍和风险。

在市场经济下，利益和风险总是成正比的。开发商通过按揭方式把房屋是卖出去了，但并不能就此高枕无忧，银行要求开发商提供的连带保证责任就像是悬在开发商头上的达摩克利斯之剑，随时都有可能落下并导致保证责任发生，由此而产生的各方风险也就接踵而至。因此，从一定意义上，开发商通过按揭所获取的利益是以承担自身商业及法律风险为代价的。

一、开发商在按揭中的法律风险

开发商为购房人提供连带责任保证，就必然会存在承担保证责任的风险。因此，只要发生购房人逾期偿还贷款的情况，银行则随时可以要求开发商承担连带保证责任，代替购房人向银行偿还借款本息及罚息，并且银行通常首先会从开发商的保证金账户中直接扣收保证金，作为开发商履行的代偿责任。

（一）导致开发商承担保证责任的风险

银行、购房人等各方原因以及按揭在实际操作中的种种因素是导致开发商承担保证责任的“导火索”，随时都有可能给开发商带来一系列法律风险，具体表现在：

1. 银行拖延办理房屋抵押登记。一般情况下，开发商为购房人提供的连带责任保证是阶段性的，只要购房人所购房屋办理完毕抵押登记，开发商就摆脱了连带保证责任。但实践中开发商的连带保证责任对银行往往更具吸引力，购房人如逾期还款，相比向购房人追偿欠款或行使抵押权而言，从开发商的账户中直接扣收保证金相对更加简单而且有效。因此，在一些按揭项目中就出现了银行在房产证下来后并不急着办理抵押登记的怪现象，并找出种种理由推脱。办理抵押登记的主要当事人是银行和购房人，但办不办抵押登记对购房人没有丝毫影响，购房人更不着急，使开发商长时间陷在保证责任的“泥潭”，延长了开发商的保证责任期限，增加了保证责任风险。

2. 购房人拖延办理房屋产权证。大多数购房人都希望所购房屋的产权证能在最短时间办理，也有部分购房人却相反。可能是相信开发商的信用，也可能是对房屋产权证的法律作用认识不足，还可能是为了拖延支付契税和公共维修基金，这部分购房人对于房屋产权证的办理表现得异常冷淡，在开发商具备办证条件后拒不配合，不按要求提供文件资料和缴纳相关税费，使房屋产权证迟迟不能办理，房屋抵押登记自然无法进行，开发商的连带保证责任也解除不了。

3. 购房人逾期还款。在开发商提供连带责任保证期间，让开发商承担保证责任原因多数是由于购房人的逾期还款行为。一旦购房人逾期还款，银行或者从开发商的保证金账户中扣划保证金，或者提前收回贷款并要求开发商承担代偿义务。因此，开发商虽然完成了房屋建设开发的使命，但房屋售出后，购房人能否按时偿还银行的月供款让开发商忐忑不安。而购房人的不还款情形多种多样，有的是经济预期出问题，如经济现状偏差、投资计划落空、错误估计还款实力等；有的是因为各种意外失去还款能力，如意外死亡、疾病、残疾、失踪等；有的是恶意不还款，如通过提供虚假信息骗取贷款、集体串通拒绝还款，对房屋质量或物业管理不满意等。

（二）开发商承担保证责任后追偿权实现的风险

开发商在承担连带保证责任，履行代偿义务后，按照法律规定，可以向购房人进行追偿，以确保自身权益不受损失。但实践中开发商的损失是否都能得到有效弥补则不尽然。

1. 开发商"回购"抵押房屋存在的法律障碍和风险。"回购"是开发商与银行就按揭的担保和欠款追偿创设的一种方式，其操作模式为：当银行按约定要求解除贷款合同时，开发商应将购房人抵押给银行的房屋予以"回购"，向银行支付购房人未还部分本息及相关费用，同时房屋归开发商所有，开发商应将扣除其承担保证责任后的剩余房款退还给购房人。表面上看来，这种方式很简单快捷地解决了按揭银行收回贷款、开发商承担担保责任后再向购房人追偿这个程序，具有可行性，但是，其在法律上并非能够一帆风顺。

《担保法》第40条规定："订立抵押合同时，抵押权人和抵押人在合同中不得约定在债务履行期届满抵押权人未受清偿时，抵押物的所有权转移为债权人所有。"《担保法司法解释》第57条进一步规定："当事人在抵押合同中约定，债务履行期限届满抵押权人未受清偿时，抵押物的所有权转移为债权人所有的内容无效。"上述规定的情形即是法律对"流质契约"的禁止。禁止"流质契约"，是为了保障债务人和债权人的合法利益，体现公平、等价有偿的原则；同时，也是基于抵押权的本质属性所要求的。抵押权是价值权，未经折价或者变价预先将抵押物转移于抵押权人所有，违背了抵押权的价值属性。因此，法律规定，债务履行期限届满后抵押权人未受清偿的，抵押权人可以与抵押人协议以该抵押物折价取得抵押物，也可以通过变卖和拍卖抵押物实现债权。"回购"这种模式尽管不是约定由抵押权人银行直接取得抵押房屋，但是约定了担保人开发商在代为清偿银行贷款本息后以债权人身份直接获得抵押房屋的所有权，与"流质契约"的本质是一样的，在没有经过折价、变卖或者拍卖的情况下开发商直接获得抵押房屋，有违公平和等价有偿的原则。

此外，《担保法》第50条规定："抵押权不得与债权分离而单独转让或者作为其他债权的担保。"按照此规定，抵押权是不能单独转让和让渡的，银行在协议中约定在开发商代购房人偿还本息后对该房屋的抵押权即转给开发商属于无效约定。

2. 开发商的权益缺乏保障措施。银行的借款可以通过购房人以所购房屋设立抵押进行担保，在抵押登记之前还可由开发商承担连带保证责任，整个贷款期间银行的债权都有合法保障。而开发商就不同了，在承担保证责任，代购房人提前归还全部贷款本息后，银行与购房人之间的借贷关系就终止了，基于该笔借款所设定的抵押权自然也就消灭了。开发商对购房人的追偿权，虽然也是债权，但仅是一个普通债权而无优先权。因此在购房人拒绝偿还开发商代偿的借款本息时，开发商虽然可以通过法院判决确认追偿权，但是在执行过程中就会遇到如下风险：

（1）存在多个债权。如购房人同时存在多个债权人且均通过法律途径要求对其房屋采取执行措施时，开发商就只能作为普通债权人参与债权分配，难以实现全部债权，所受损失可想而知。这当中还不排除购房人为逃避债务而与债权人串通甚至自己"制造"一个债权和债权人恶意损害开发商利益的行为，而开发商对这些行为很难辨明真假，也难以避免损失。

（2）房屋被预查封。依据最高人民法院、国土资源部、建设部于2004年2月10日发布的《关于依法规范人民法院执行和国土资源房地产管理部门协助执行若干问题的通知》[1]有关规定，被执行人购买的虽未进行房屋所有权登记，但办理了商品房预售合同登记备案手续或者商品房预告登记的房屋，人民法院可以进行预查封。土地、房屋权属在预查封期间登记在被执行人名下的，预查封登记自动转为查封登记。按照该规定，开发商在保证期间，如果购房人所购开发商的房屋因其他原因被预查封，且又拖欠银行贷款的，开发商在承担保证责任后收回已被法院预查封的房屋可能性很小，开发商容易变成最后的受害者。

二、开发商法律风险的防范措施

针对上述开发商在按揭中存在的法律风险，我们认为可以从以下几个方面采取措施进行防范和控制：

---

〔1〕《最高人民法院、国土资源部、建设部关于依法规范人民法院执行和国土资源房地产管理部门协助执行若干问题的通知》：2004年2月10日法发［2004］5号公布，自2004年3月1日起实施。

（一）由专业的担保公司取代开发商的保证地位

开发商的主要任务是建设商品房，并通过向社会出售获取利润。在按揭中，开发商除了承担商品房的建设责任外，还得为购房人向银行承担保证责任，使得开发商在商品房建成并售出后，在承担建筑物质量以及《商品房买卖合同》约定义务所产生风险外，还额外增加了保证责任的法律风险，分散了开发商的精力，亦有悖开发商的社会职能。如果能够解除开发商的连带保证责任，也就避免本节所述的开发商风险。而当前银行在办理抵押登记前会存在一个风险保障的“真空期”，这期间的风险是不可能由银行来承担的。因此，要彻底解决该问题，只能寻找第三方替代开发商的保证地位。试想，通过专业的担保公司介入也许可以解决上述问题。

由担保公司取代开发商的保证人地位不存在法律障碍，主要操作方式仍与按揭一样，只不过是由专业的担保公司向银行承担连带保证责任。担保公司可以为购房人的贷款全程提供连带责任保证，购房人则将所购房屋抵押给担保公司以提供反担保。一旦购房人逾期还款，银行可以从担保公司直接得到偿还，担保公司履行代偿义务后，可向购房人主张债权，并以购房人所购房屋的抵押作为保障。

当然，采取该方式需要有健全的担保市场规则，担保公司的规模和信誉都必须达到一定标准，切实能使银行的贷款偿还得到保障，才能为各银行所接受。如果可行并能推广，将能彻底解决开发商在按揭中承担连带保证责任所带来的法律风险的问题。

（二）赋予商品房预售抵押的效力

银行之所以要求开发商对预售商品房贷款提供阶段性保证，主要原因在于期房尚在建设过程中，没有取得产权证，无法办理房屋抵押登记手续，未登记则不发生法律效力。如果预售商品房的抵押能够进行登记并发生法律效力，自然也就无需开发商再提供保证担保了，开发商在按揭中所有风险也就迎刃而解。

目前我国法律已经为期房抵押提供了法律依据，《城市房地产抵押管理办法》第3条第4款、《担保法司法解释》第47条均赋予了期房抵押的合法性，而且于2007年10月1日生效的《物权法》亦规定了“不动产预告登记制度”，可见办理期房抵押已无法律障碍。

（三）与银行增加关于办理抵押登记的约定

开发商有必要在与银行的按揭合作协议中增加关于办理抵押登记的约定，如开发商在办理完毕购房人所购房屋产权证并向银行提供后多少个工作日内，银行应办理完毕抵押登记手续，逾期办理的，银行应对由此造成开发商增加的或然保证风险进行赔偿，具体赔偿方式为每逾期一日向开发商支付一定金额的违约金。如此，对于督促银行及时办理抵押登记手续能起到一定的积极作用。

（四）与购房人严格产权证的办理约定

在《商品房买卖合同》中，许多开发商都忽视了购房人对办理产权证的配合。由于开发商在按揭贷款中的风险，有必要在《商品房买卖合同》中严格约束购房人办理产权证的义务。包括提前约定在办证过程中应由购房人承担的费用（公共维修基金及契税），并就该费用的按时缴纳约定严格的违约责任条款。如：购房人所购房屋具备办理产权证条件后，购房人应在收到开发商书面通知之日起多少个工作日内向有关部门缴纳公共维修基金及契税，逾期缴纳的，每逾期一日应按总房款一定比例向开发商支付违约金。

（五）由银行直接起诉购房人和开发商

可以与贷款银行充分沟通，在开发商提供保证的情况下，银行暂不直接扣划保证金账户或者要求开发商立即代为偿还，而是直接起诉购房人及开发商，要求开发商承担连带保证责任。《担保法司法解释》第 42 条规定，人民法院判决保证人承担保证责任或者赔偿责任的，应当在判决书主文中明确保证人享有《担保法》第 31 条规定的权利。判决书中未予明确追偿权的，保证人只能按照承担责任的事实，另行提起诉讼。按照该规定，当法院在判决书中明确认定开发商的承担责任金额后，就可以预先将其享有的追偿权一并固定化，减少当事人的诉累，开发商可以直接凭该判决书进入执行阶段，由执行机构对购房人采取执行措施，实现债权。在诉讼过程中，由于银行对按揭房屋享有优先受偿的抵押权，即使有其他债权人出现也应当优先保障银行的债权，此时进入执行阶段后，在开发商向银行继续提供担保的情况下，由银行依据判决对按揭房屋进行折价、变卖或拍卖，所得价款用于清偿债权，并将开发商用于担保的保证金或者其他财产予以退还，确保银行和开发商均最大限度地保障自身合法利益。

第三十章　住房公积金贷款

诚如上一章节所述，个人购买住房办理贷款时，除了可以办理个人住房抵押商业贷款外，还可以选择办理个人住房抵押公积金贷款。但不同于个人住房抵押商业贷款的是，个人住房抵押公积金贷款针对的仅为缴存了住房公积金的个人购房者。因此，要了解住房公积金贷款，首先需要了解住房公积金制度。

第一节　住房公积金

一、住房公积金概述

依据国务院颁布的《住房公积金管理条例》[1]第2条的规定，住房公积金是指国家机关、国有企业、城镇集体企业、外商投资企业、城镇私营企业及其他城镇企业、事业单位、民办非企业单位、社会团体及其在职职工缴存的长期住房储金。

我国的住房公积金制度是城镇住房制度改革的产物。自1988年2月25日，国务院发布住房制度改革领导小组《关于在全国城镇分期分批推行住房制度改革的实施方案》之后，上海市借鉴新加坡中央公积金制度的成功经验，结合中国国情，于1991年5月率先推出了住房公积金制度。1994年7月，国务院出台的《关于深化城镇住房制度改革的决定》，明确提出了“全面推行住房公积金制度”，并对住房公积金的缴存、使用、列支办法、管理和监督等作了原则规定。同年11月，财政部、国务院住房制度改革领导小组和中国人民银行联合下发了《建立住房公积金制度的暂行规定》[2]，为住房公积金制度的全面启动提供了政策保证，住房公积金制度在全国迅速建立。

随着住房公积金归集额的迅速发展，各地纷纷制定了地方性法规，国务院也开始了住房公积金立法工作。1999年4月，国务院以国务院令第262号发布

---

〔1〕《住房公积金管理条例》：1999年4月3日国务院令第262号发布，自发布之日起施行；根据2002年3月24日《国务院关于修改〈住房公积金管理条例〉的决定》（国务院令第350号）修正。

〔2〕《建立住房公积金制度的暂行规定》：1994年11月23日［94］财综字第126号颁发，自发布之日起施行；已被2003年1月30日《财政部关于公布废止和失效的财政规章和规范性文件目录（第八批）的决定》（财政部令第16号）宣布失效。

了《住房公积金管理条例》，标志着我国住房公积金管理纳入了法制化管理轨道。此后，国家和地方又出台了一系列有关住房公积金的规范化文件，使住房公积金的管理进一步走向规范和完善。当前，住房公积金制度在经历了 20 多年的发展后也面临着新时代的挑战，学术界、实务界以及政府部门纷纷展开了关于住房公积金制度改革的探讨。

住房公积金制度改变了我国计划经济时代“住房由国家或单位所有，以实物形式分配、低租金甚至近乎无偿使用”的住房制度。1994 年的《关于深化城镇住房制度改革的决定》明确指出了实行住房公积金制度的意义：“有利于转变住房分配体制，有利于住房资金的积累、周转和政策性抵押贷款制度的建立，有利于提高职工购、建住房能力，促进住房建设。”目前住房公积金制度已经成为我国归集政策性住房资金、解决职工家庭住房问题的重要政策措施。

二、住房公积金的管理

（一）住房公积金的管理模式

在总结各地住房公积金实际运作经验的基础上，国务院办公厅于 1996 年 8 月 8 日转发的国务院住房制度改革领导小组的《关于加强住房公积金管理的意见》[1]首次提出了住房公积金的管理原则：“住房公积金不作财政预算资金，不纳入财政预算外资金管理，按照‘房委会决策、中心运作、银行专户、财政监督’的原则进行管理。”《住房公积金管理条例》对上述管理原则进行了完善：“住房公积金的管理实行住房公积金管理委员会决策、住房公积金管理中心运作、银行专户存储、财政监督的原则。”

1. 决策机构：住房公积金管理委员会。直辖市和省、自治区人民政府所在地的市以及其他设区的市（地、州、盟），应当设立住房公积金管理委员会，作为住房公积金管理的决策机构。住房公积金管理委员会的成员中，人民政府负责人和建设、财政、人民银行等有关部门负责人以及有关专家占 1/3，工会代表和职工代表占 1/3，单位代表占 1/3。住房公积金管理委员会主任应当由具有社会公信力的人士担任。

2. 运作机构：住房公积金管理中心。直辖市和省、自治区人民政府所在地的市以及其他设区的市（地、州、盟）应当按照精简、效能的原则，设立住房公积金管理中心，负责住房公积金的管理运作。县（市）不设立住房公积金管理中心。住房公积金管理中心可以在有条件的县（市）设立分支机构。

---

〔1〕《国务院办公厅转发国务院住房制度改革领导小组关于加强住房公积金管理意见的通知》：1996 年 8 月 8 日国办发［1996］35 号下发。

住房公积金管理中心与其分支机构应当实行统一的规章制度，进行统一核算。住房公积金管理中心是直属城市人民政府的不以营利为目的的独立的事业单位。

3. 存款、贷款利率决定机构：中国人民银行和国务院。住房公积金的存款、贷款利率由中国人民银行提出，征求国务院建设行政主管部门的意见后，报国务院批准。

4. 存储机构：受委托的商业银行。住房公积金管理委员会应当按照中国人民银行的有关规定，指定受委托办理住房公积金金融业务的商业银行；住房公积金管理中心应当委托受委托银行办理住房公积金贷款、结算等金融业务和住房公积金账户的设立、缴存、归还等手续。住房公积金管理中心应当与受委托银行签订委托合同。

（二）住房公积金的缴存

1. 缴存主体。《住房公积金管理条例》规定住房公积金的缴存主体为国家机关、国有企业、城镇集体企业、外商投资企业、城镇私营企业及其他城镇企业、事业单位、民办非企业单位、社会团体及其在职职工。建设部、财政部和中国人民银行于2005年1月10日联合发布的《关于住房公积金管理若干具体问题的指导意见》[1]将缴存主体扩大到包括城镇单位聘用进城务工人员、城镇个体工商户、自由职业人员。

2. 缴存方式。依据《住房公积金管理条例》的规定，住房公积金管理中心应当在受委托的商业银行设立住房公积金专户。单位在住房公积金管理中心办理住房公积金缴存登记，并经审核后，到受委托的商业银行为本单位职工办理住房公积金账户设立手续。每个职工只能有一个住房公积金账户。单位或单位职工有变动时，应及时到住房公积金管理中心办理变更登记或注销登记，经审核后，再到受委托的商业银行为本单位职工办理住房公积金账户的转移或者封存手续。

3. 缴存基数及比例。职工住房公积金账户内资金由职工个人缴存的和单位缴存的两部分资金组成。关于职工和单位缴存的基数及比例，《关于住房公积金管理若干具体问题的指导意见》在《住房公积金管理条例》的基础上作出了更明细的规定：职工和单位住房公积金的缴存比例均不应低于职工上一年度月平均工资的5%，原则上不高于12%。缴存住房公积金的月工资基数，原则上不应超过职工工作地所在设区城市统计部门公布的上一年度职工月平均工

---

〔1〕《建设部、财政部、中国人民银行关于住房公积金管理若干具体问题的指导意见》：2005年1月10日建金管［2005］5号发布，自发布之日起实施。

资的2倍或3倍。单位应当于每月发放职工工资之日起5日内将单位缴存的和为职工代缴的住房公积金汇缴到住房公积金专户内，由受委托的商业银行计入职工住房公积金账户。

（三）住房公积金的提取和使用

1. 住房公积金的提取。依据《住房公积金管理条例》的规定，职工有下列情形之一的，可以提取其住房公积金账户内的存储余额：①购买、建造、翻建、大修自住住房的；②离休、退休的；③完全丧失劳动能力，并与单位终止劳动关系的；④出境定居的；⑤偿还购房贷款本息的；⑥房租超出家庭工资收入的规定比例的。

2. 住房公积金的使用。目前，住房公积金的使用方向主要是发放个人住房消费贷款。依据《住房公积金管理条例》的规定，缴存住房公积金的职工，在购买、建造、翻建、大修自住住房时，可以向住房公积金管理中心申请住房公积金贷款。关于住房公积金贷款的相关问题将在下节进行详细阐述。

第二节　住房公积金贷款

一、住房公积金贷款概述

住房公积金贷款是指由各地住房公积金管理中心运用职工缴存的住房公积金，委托商业银行向缴存住房公积金的在职职工和在职期间缴存住房公积金的离退休职工发放的房屋抵押贷款。

住房公积金贷款是与住房制度改革相配套的一项政策性优惠住房贷款，由住房公积金管理中心运用归集的住房公积金存储余额，委托指定的商业银行，向住房公积金的缴存主体进行发放。凡是住房公积金的缴存主体，在符合一定条件的情况下，均有资格向管理中心申请该项贷款。

住房公积金贷款的主要贷款类型有：①购一手房住房公积金贷款：包括购买商品房、经济适用住房、集资合作建房等自住住房贷款；购买酒店式公寓、公寓式酒店等以投资为主要目的的房屋，住房公积金贷款不予受理。②购二手房住房公积金贷款：购买可上市交易的存量房（即二手房）贷款，房屋建成年限应在30年以内。所购住房必须为已办理《房屋所有权证》和《土地使用权证》的成套住房。③商业贷款转住房公积金贷款：住房公积金缴存职工将本人或配偶未结清的个人住房商业贷款转换为住房公积金管理中心审核发放的住房公积金贷款。所购房屋必需已办理《房屋所有权证》和《土地使用权证》。

与商业银行自主发放的个人住房抵押贷款相比，住房公积金贷款集中体现了住房公积金的互助性，并且住房公积金贷款还具有利率较低，还款方式灵活，首付比例低的优点，但缺点在于手续繁琐，审批时间长。

二、住房公积金贷款中的法律关系

（一）住房公积金管理委员会与住房公积金管理中心的法律关系

依据《住房公积金管理条例》，住房公积金管理委员会是决策机构，住房公积金管理中心是运作机构，两者之间是领导与被领导的关系。住房公积金管理委员会对住房公积金进行统一领导、统一管理、统一使用。住房公积金管理中心对住房公积金管理委员会负责，具体执行住房公积金管理中的一些日常事务。

（二）住房公积金管理中心与职工之间的法律关系

虽然职工和单位缴存的住房公积金，由住房公积金管理中心统一管理运作，但职工住房公积金账户内的资金由职工享有最终的所有权，只是在法定的条件下职工才能提取、使用和处分。因此，职工与住房公积金管理中心之间的法律关系可以定性为委托代理关系。但这种委托代理关系不是建立在双方合意的基础之上，而是由立法强制建立的。

（三）住房公积金管理中心与受委托的商业银行之间的法律关系

为了管理运作住房公积金，住房公积金管理中心应当按照中国人民银行的有关规定，委托商业银行办理住房公积金的贷款、结算等金融业务和住房公积金账户的设立、缴存、归还等手续。住房公积金管理中心应当与受委托的商业银行签订委托合同。因此，住房公积金管理中心与受委托的商业银行之间是委托代理关系。

（四）住房公积金管理中心与借款人之间的法律关系

住房公积金贷款属于委托性个人住房抵押贷款，虽然借款人申请的贷款是由银行发放，但实际上贷款的资金来源是职工和单位共同缴存的住房公积金。因此，住房公积金管理中心与住房公积金借款人之间是借贷关系，贷款人是住房公积金管理中心，而不是银行。因此《住房公积金管理条例》规定，住房公积金贷款的风险，由住房公积金管理中心承担，而不是由银行承担。

三、住房公积金贷款流程

（一）贷款条件

1. 主体资格。只有缴存住房公积金的职工才有权申请住房公积金贷款。此外各地根据需要还规定了一些其他资格条件，例如，武汉市人民代表大会常务委员会公布的《武汉住房公积金管理条例》[1]规定，申请住房公积金贷款的职工需

〔1〕《武汉住房公积金管理条例》：2009 年 12 月 31 日武汉市人民代表大会常务委员会公告第 11 号公布，自 2010 年 3 月 1 日起施行。

具备下列条件：①连续正常缴存住房公积金6个月以上；②有较稳定的经济收入，能按时偿还贷款本息，无还贷方面的不良信用记录；③无住房公积金还贷债务，并且无影响住房公积金贷款偿还的其他债务；④法律、法规规定的其他条件。

并且，配偶一方申请了住房公积金贷款，在其还清贷款本息之前，配偶双方均不能再获得住房公积金贷款。因为，住房公积金贷款是满足职工家庭住房基本需求时提供的金融支持，是一种“住房保障型”的金融支持。

2. 贷款用途。《住房公积金管理条例》将住房公积金贷款的用途限定为：购买、建造、翻建、大修自住住房。

3. 首期付款。关于住房公积金贷款申请人应承担的首期付款的比例，各地往往根据所在地区的情况并遵循国家对房地产的调控措施制定相应的比例。例如，住房和城乡建设部、财政部、中国人民银行、银监会于2010年11月2日联合发布的《关于规范住房公积金个人住房贷款政策有关问题的通知》〔1〕规定：使用住房公积金个人住房贷款购买首套普通自住房，套型建筑面积在90平方米（含）以下的，贷款首付款比例不得低于20%；套型建筑面积在90平方米以上的，贷款首付款比例不得低于30%。第二套住房公积金个人住房贷款首付款比例不得低于50%，贷款利率不得低于同期首套住房公积金个人住房贷款利率的1.1倍〔2〕。停止向购买第三套及以上住房的缴存职工家庭发放住房公积金个人住房贷款。

4. 贷款担保。《住房公积金管理条例》第27条规定，“申请人申请住房公积金贷款的，应当提供担保”。但该条例对担保的形式并没有限定。实践中，以住房抵押方式担保的，借款人要到房屋坐落地区的房屋产权管理部门办理房产抵押登记手续，抵押合同或协议由夫妻双方签字；以有价证券质押的，借款人将有价证券交住房公积金管理中心收押保管。

（二）提交资料

借款人申请住房公积金贷款的，需向住房公积金管理中心提出书面申请，并由住房公积金管理中心进行审批。借款人需填写住房公积金贷款申请表并如实提供下列资料：①申请人及配偶住房公积金缴存证明；②申请人及配偶身份

〔1〕《住房和城乡建设部、财政部、中国人民银行、中国银行业监督管理委员会关于规范住房公积金个人住房贷款政策有关问题的通知》：2010年11月2日建金［2010］179号发布。

〔2〕《国务院办公厅关于进一步做好房地产市场调控工作有关问题的通知》（2011年1月26日国办发［2011］1号发布）第4条的规定提高了第二套住房的首付比例：“对贷款购买第二套住房的家庭，首付款比例不低于60%，贷款利率不低于基准利率的1.1倍。”

证明（指居民身份证、常住户口簿或其他有效居留证件），婚姻状况证明文件；③家庭稳定经济收入证明及其他对还款能力有影响的债权债务证明；④其他住房公积金贷款（如有）的结清证明；⑤购买住房的合同、首期付款证明等或者建造、翻建、大修住房的有效证明文件等；⑥用于担保的抵押物或质物清单、权属证明以及有处置权人同意抵押或质押的证明，有关部门出具的抵押物估价证明；⑦住房公积金管理中心要求由第三方担保人做担保，并缴纳担保费用，由借款人、贷款人及第三方担保人共同签订三方合同；⑧住房公积金管理中心要求提供的其他资料。

（三）办理贷款

1. 贷款额度。《关于住房公积金管理若干具体问题的指导意见》第18条规定，各地要根据当地经济适用住房或者普通商品住房平均价格和居民家庭平均住房水平，拟订住房公积金贷款最高额度。职工个人贷款具体额度的确定，要综合考虑购建住房价格、借款人还款能力及其住房公积金账户存储余额等因素。例如武汉市规定：购首套房申请住房公积金贷款的，最高贷款额度为60万元；购二套房申请住房公积金贷款且符合武汉市职工家庭现有住房的建筑面积在140平方米以下规定的，最高贷款额度为60万元扣减首次已使用住房公积金贷款后的差额；商业贷款转住房公积金贷款额度不得超过剩余的商业贷款金额，同时不得超过关于一、二手房贷款额度与比例的规定；借款人具体的贷款额度=（借款人住房公积金月缴存额/单位和个人缴存比例之和+配偶住房公积金月缴存额/单位和个人缴存比例之和）×45%×12个月×贷款期限。

2. 贷款期限。最长贷款期限为30年。武汉市规定一手房住房公积金贷款期限最长为30年；二手房住房公积金贷款期限最长为20年；商业贷款转住房公积金贷款的期限不得超过商业贷款剩余年限，同时不得超过一、二手房最长贷款期限的规定；借款人年龄加贷款期限不得超过法定退休年龄，但对连续正常缴存住房公积金且具有稳定收入、无还贷方面的不良信用记录、有偿还贷款本息能力的借款人，其贷款期限可以超出法定退休年龄1~5年，但不得超过住房公积金贷款最长年限。

3. 贷款利率。依据《住房公积金管理条例》的规定，住房公积金的贷利率由中国人民银行提出，经征求国务院建设行政主管部门的意见后，报国务院批准。第二套房住房公积金贷款的利率，按同期住房公积金贷款利率的1.1倍执行。贷款期限内如遇国家调整利率，已发放的住房公积金贷款，其利率当年内不作调整，具体调整时间为下年度的元月1日。

4. 还款方式。住房公积金贷款的还款方式除了等额本金和等额本息两种方式外，有些地方还实行自由还款方式，即借款人申请住房公积金贷款时，住房公积金管理中心根据借款人的贷款金额和期限，给出一个每期的最低还款额度，借款人以后每月还款额不再一成不变，而是可以在还款金额不少于最低还款额的前提下，根据自身的收入情况，自由安排每月还款额的还款方式。

5. 贷款结清。借款人按借款合同约定，在还款至最后一个月时，应亲自到贷款银行并在银行柜面办理还贷结清手续；借款人还清全部贷款本息后，凭贷款银行出具的贷款结清证明和撤销房屋抵押证明到房产抵押登记部门办理抵押登记注销手续。

第九编　房地产市场管理

第三十一章　房地产市场的政策调控

始于20世纪80年代初期的住房制度改革和土地使用制度改革，开启了货币化、市场化、社会化和多层次的住房和土地供给体系，房地产价值逐渐显化，房地产市场初步形成。

住房制度和土地使用制度的改革，既释放了我国被压抑多年的商品住宅需求，也启动了房地产投资的高速增长。尤其是在1998年之后的十几年里，我国住宅投资平均年增速维持在25%以上，房地产成为经济增长的重要引擎。

房地产市场的繁荣一直夹杂着兴奋、担忧等争议，而只有房地产价格的日趋高涨是不争的事实。从政府层面，最初房地产业繁荣带来的GDP欢乐已被越来越多的社会问题所困扰，某些问题还直接影响到执政基础——民心；从国民层面，最初能拥有自己住房的梦想已经实现，但随之而来的是透支今后几十年的生活资本；从银行层面，一个不受经济形势干扰，需求宏大的信贷市场会一直存在，但随之而来的是坏账增多的恶性循环；某种程度上来看，房地产业“绑架”了中国的经济。

中国今天的房地产市场，在世界其他国家的发展过程中都能看见影子，这些国家都因为房地产业的盲目发展而经受了惨痛的教训。前事不忘，后事之师，越早将房地产业引入正常发展轨道，社会经济就越能健康快速地发展。自1993年起，我国针对房地产市场中存在的住房价格上涨过快、住房供应结构不合理等突出问题，开始对房地产市场进行密集性的调控。

第一节　房地产调控的历史

一、1993～1996年：我国首次对房地产进行调控

随着20世纪80年代住房制度和土地使用制度的改革和市场的放开，90年

代初期，我国首次出现房地产热，房地产开发公司急剧增加，房地产投资迅速增长，以炒地皮、炒钢材、炒项目为主的房地产市场异常活跃，尤其是海南、广西北海等地，出现了严重的房地产泡沫，经济出现了严重过热和通货膨胀。

1993 年 6 月，中共中央、国务院出台了《关于当前经济情况和加强宏观调控的意见》（简称“国十六条”）；1994 年又相继出台了《关于深化城镇住房制度改革的决定》、《城市房地产管理法》。随着各项政策的落实，房地产投资速度明显放缓，住房价格迅速回落，通货膨胀得到遏制。经过 3 年的努力，经济成功地软着陆，住房价格得到有效控制。此次调控给房地产业一记重创，“国十六条”一出，海南房地产热浪应声而落，大量开发商卷款逃离，留下遍地烂尾楼；而一海之隔的北海，烂尾楼面积还超过了三亚，被称为中国的“泡沫经济博物馆”。房地产泡沫破裂后，海南等地房地产市场元气大伤，进入持续数年的低谷期。

二、1998 ~2002 年：促进住宅业成为新的经济增长点

1997 年亚洲金融危机爆发后，我国出现了“通货紧缩”，房地产市场随之进入低潮。为了刺激消费、拉动内需，1998 年 7 月，国务院颁布《关于进一步深化城镇住房制度改革加快住房建设的通知》，明确提出“促进住宅业成为新的经济增长点”，并强调“停止住房实物分配，逐步实行住房分配货币化；建立和完善以经济适用住房为主的多层次城镇住房供应体系；发展住房金融，培育和规范住房交易市场”。

这一时期，在国家一系列鼓励住房消费政策的推动下，居民住房消费得到有效启动，激活了低迷数载的房地产市场，我国房地产业开始进入发展新时期。但是房地产投资增幅过大、土地供应过量、市场结构不尽合理、市场秩序混乱、价格增长过快等问题，为房地产业再次出现泡沫埋下了隐患。

三、2003 ~2004 年：确认房地产业为国民经济支柱产业

从 2003 年开始，我国房地产投资快速增长，再次出现经济过热迹象。2003 年 8 月，国务院出台《关于促进房地产市场持续健康发展的通知》，首次明确指出“房地产业关联度高，带动力强，已经成为国民经济的支柱产业”。该通知确立的“国民经济的支柱产业”是对 1998 年《关于进一步深化城镇住房制度改革加快住房建设的通知》确立的“新的经济增长点”的升级，也标志着新一轮房地产宏观调控正式开始。

2003 年的《关于促进房地产市场持续健康发展的通知》没有提出实质性的控制住房价格和投资过热的措施，倒是将 1998 年《关于进一步深化城镇住房制度改革加快住房建设的通知》中确立的“经济适用住房是住房供应体系的主体”改变为“经济适用房是具有保障性质的政策性商品住房”，意味着政府将“为占到城市居民家庭总数80%左右的中低收入家庭提供经济适用住房”的政策调整为“多数家庭购买或承租普通商品住房”。2003年的通知对经济适用住房的重新定性为后来个人、组织或群体利用住房制度改革政策寻租、非法获利埋下了隐患。

上述两份意见相左的文件相继出台，将政府既害怕房地产价格和投资增长过快又希望继续拉动经济增长的摇摆不定的矛盾心态展露无遗。而各级政府主导的“圈地热”、日渐增大的金融信贷风险等原先大量潜在的问题也随着楼市的火爆而集中暴露出来。

四、2005~2007年：调控以稳定住房价格为主要诉求

2005年，住房价格快速上涨，住房价格问题再次成为全社会的焦点。为了抑制投资过热、调整住房供应结构、稳定住房价格，中央政府打出了房地产调控“组合拳”。2005年3月，国务院办公厅下发《关于切实稳定住房价格的通知》[1]，提出抑制住房价格过快上涨的八项措施（简称“国八条”），建立政府负责制，将稳定住房价格提升到政治高度。同年5月，国务院办公厅转发由建设部等七部委联合制定的房地产调控操作层面的细化方案《关于做好稳定住房价格工作意见的通知》。2006年5月17日，国务院总理温家宝主持召开国务院常务会议，会议提出了促进房地产业健康发展的六项措施，业界称之为“国六条”。随后，国务院办公厅转发了建设部等九部委《关于调整住房供应结构稳定住房价格的意见》（简称“九部委十五条”）对“国六条”进行了细化。2007年，以稳定住房价格为诉求的房地产调控进一步深化。土地、信贷、税收等为房地产市场降温的措施密集出台，从土地管理、规范房地产市场秩序、抑制投机（尤其是抑制外商投资房地产）、调整住房结构等多方面出击。

这一阶段的调控还是促使房地产市场出现了一些积极变化：开发投资实现平稳增长，住房开发结构得到一定的改善；但是住房价格调控效果并没有立即显现出来，反而出现边调控边上涨的现象。2006年出台的“国六条”以及“九部委十五条”所提出的“规范发展经济适用住房”的方针，将门槛提高至城镇低收入阶层，试图构建一种“最低收入阶层靠廉租房，低收入阶层靠经济适用房，其他阶层靠房地产市场”的解决方案。这意味着自2003年以来，保障房惠及的人群范围进一步缩小，政府将更多人的住房问题扔给了市场，供需关系更加紧张，势必推动住房价格上涨。而加快城镇廉租住房制度建设和“限价商品房”方案的提出曾让人们看到希望，然而以后的住房价格走势却又屡屡让人们失望。

---

[1] 《国务院办公厅关于切实稳定住房价格的通知》：2005年3月26日国办发明电［2005］8号发布。

到2007年下半年，虽然住房价格增长速度有所放缓，但是依然不断上扬。

五、2008～2009年：房地产调控出现松动

2008年，在前期房地产调控政策和全球金融危机的影响之下，房地产投资迅速减少，国际投资纷纷撤出，房地产市场进入观望状态，成交量日减，住房价格也有所下降。在经济刺激计划和宽松货币政策背景下，房地产调控出现松动——2008年12月，国务院办公厅下发《关于促进房地产市场健康发展的若干意见》[1]以刺激房地产。在前期住房价格调控效果刚刚显现时，政策再次出现松动，最终导致前功尽弃。

2009年，房地产市场从年初的“试探性抄底”，到年中的“放量大涨”，再到年底预期政策出现改变而“恐慌性抢购”，短短一年间，我国楼市迅速地由低迷转变为亢奋，由萧条转变为繁荣。2009年，许多行业深受金融危机打击，但房地产业在政策的刺激下逐渐复苏，并且引来爆发式增长的一年。

为了遏制住房价格过快增长，2009年12月以来，中央连续释放房地产调控信号。2009年12月14日，国务院常务会议提出增加供给、抑制投机、加强监管、推进保障房建设等四大举措（简称“国四条”）结束了房地产刺激政策。从2009年末开始，房地产调控政策开始逐渐加强。

六、2010～2013年：房地产调控重拳出击

2010年第一季度，房地产市场神话继续上演，住房价格持续攀高。2010年4月，“史上最严厉的调控政策”出台——《国务院关于坚决遏制部分城市房价过快上涨的通知》[2]（简称“国十条”）。该通知标志着房地产业政策导向的转换——房地产的经济功能和民生功能被等量齐观。该通知第一条就开宗明义地指出“住房问题关系国计民生，既是经济问题，更是影响社会稳定的重要民生问题”。这是我国开启房地产调控以来第一次将房地产作为经济问题和民生问题而相提并论。更为重要的是，这也是2003年以来房地产调控政策文件第一次对房地产的所谓“支柱地位”避而不谈，只是笼统地将它说成一个“经济问题”。在此之后，国务院办公厅又下发了《关于进一步做好房地产市场调控工作有关问题的通知》[3]、《关于继续做好房地产市场调控工作的通

---

〔1〕《国务院办公厅关于促进房地产市场健康发展的若干意见》：2008年12月20日国办发［2008］131号发布。

〔2〕《国务院关于坚决遏制部分城市房价过快上涨的通知》：2010年4月17日国发［2010］10号发布。

〔3〕《国务院办公厅关于进一步做好房地产市场调控工作有关问题的通知》：2011年1月26国办发［2011］1号发布。

知》[1]等房地产调控文件以巩固和扩大调控成果。

由于各级部门落实问题和房地产市场的复杂性，“国十条”的威力并未完全释放，后续调整政策的效果也未尽人意。虽然中央领导人不断发言说“住房价格会下降”，但是由于前几次调控，政府摇摆不定，购房者对政策调控信心不足，以至于“国十条”出台后，房地产市场经过4个多月的僵持观望之后，又现回暖迹象，房地产迷局仍在变化之中。

七、2014年至今：房地产调控的“长效机制”

纵观2014年之前的房地产调控，国务院及地方政府几乎每年都有出台专门的房地产调控文件，但是我国的住房问题依然严峻。其中很重要的原因就是这些文件具有临时色彩，当房地产形势转变时，文件可能就不再执行或者变通执行。然而理性的人们完全能够对此形成正确的预期，从而认为这些调控文件不会有实际的效果，而一旦这样的预期形成，则调控效果就可能真的无法显现。

因此，作为关系国计民生的住房问题，其解决不能只靠调控文件，而是要有长期的战略性“基本国策”才行。2014年3月初，国务院总理李克强在两会上的政府工作报告中，“房地产调控”的表述压根就没有出现过；3月底，国务院法制办发布《城镇住房保障条例（征求意见稿）》，进行公开征求意见。这是本届中央政府房地产调控思路转变的具体体现。新一届政府明显更加希望建立“长效机制”来确保房地产行业的健康发展，并保障居民基本居住需求。

第二节　房地产调控的措施

纵观房地产调控历史，不难发现政府调控是以稳定房地产价格为主要诉求。而影响房地产价格的因素主要有房地产建筑安装成本、土地价格、银行信贷资金、房地产税费、房地产的供求关系以及房地产的投机行为等。因此政府的房地产调控政策基本上就是通过影响、调整上述这些因素，来达到稳定房地产价格的效果。目前，政府采用的调控措施主要有信贷政策、税收政策、土地政策。

一、信贷政策调控

房地产业作为资金密集型产业，其飞速发展离不开银行信贷资金的支持。可以说，房地产业的发展和银行信贷业务是休戚相关的。在我国房地产市场上，商业银行的信贷资金几乎介入了从土地储备和交易、房地产开发到房屋销售的整个过程，是我国房地产市场各种相关主体中最重要的资金提供者。

---

〔1〕《国务院办公厅关于继续做好房地产市场调控工作的通知》：2013年2月26日国办发［2013］17号发布。

房地产市场发展与国民经济发展一样，是一种非平稳态发展，在其发展过程中会因受到宏观经济环境、资源供给（含信贷资源供给）或市场需求的影响而出现扩张与收缩周期性交替的经济现象，由此形成房地产周期或房地产周期波动。[1]正是由于房地产业周期性波动的存在，凸显了国家利用信贷政策调控房地产业的必要性：中央银行放松信贷条件、降低利率将导致建筑投资的成本降低，刺激房地产业景气上升；相反，加强信贷管制、提高银行利率则会导致建筑投资成本上升，引致房地产业景气衰退。

1991 年我国房地产信贷业务开始起步，1995 年 8 月颁布的《商业银行自营住房贷款管理暂行规定》[2]标志着我国银行商业性房地产贷款走上正轨。至今，我国已出台了较多的房地产信贷政策调控房地产市场的发展，而且政策调控比较频繁。目前，房地产信贷政策已成为政府对市场调控的重要手段，对房地产业的健康发展起到了稳压剂的作用。

二、税收政策调控

房地产税收政策促进了房地产业的健康发展，保障了国家对房地产业宏观调控目标的实现。世界各国都非常注重运用房地产市场中的政府税收这只“有形之手”调控房地产市场。目前，我国房地产方面的税收主要有土地增值税、营业税、契税、房产税、城镇土地使用税等。

房地产税收调控政策主要分为两个层面：①对供给的掌控。以高额税率对房地产行业进行征税，有效抑制房地产市场的投机行为；征收高额的土地增值税，采用逐步升级的办法，用重税打击投机。单纯从供给方面调控，势必进一步加剧供求关系的扭曲，客观上增加需求方对价格上涨的预期，实际的结果便是房地产价格不但没压下来，反而与日俱增。②对需求的调控。主要是对房地产保有环节征收高税。现在多数国家主要致力于对需求的调控；而我国在房地产保有环节涉及税种相对较少，税负相对较轻，这就降低了房地产保有者的经济风险，在客观上增加了房地产投机者的需求。

三、土地政策调控

2001 年 4 月，国务院发布《关于加强国有土地资产管理的通知》，自此国家将土地政策纳入宏观调控手段，重点规范和发展房地产市场，防止土地的盲目开发以及房地产价格的过快增长。这是我国政府在建设市场经济过程中的一

---

〔1〕 杨正东：“我国房地产信贷调控对房地产周期的影响分析”，载《区域金融研究》2011 年第 11 期。

〔2〕《中国人民银行关于印发〈商业银行自营住房贷款管理暂行规定〉的通知》：1995 年 7 月 31 日银发［1995］220 号发布；已被 2000 年 8 月 17 日《中国人民银行关于公布第六批金融规章和规范性文件废止、失效目录的通知》（银发［2000］262 号）废止。

个创举，因为在发达的市场经济国家，房地产业的调节工具主要是信贷政策和税收政策。此后，伴随着房地产市场的起落，土地政策从各个方面进行抑制调控或救市暖市。

土地政策对房地产市场的影响主要通过两个途径：首先，土地价格对住房价格的影响。土地价格是住房价格的成本之一，土地价格的增加会引起房地产开发企业的成本增加，房地产开发企业的投资规模下降，房地产市场的供给减少，最终影响住房价格；相反，土地价格下降，供给增加，也会影响住房价格。其次，土地供应量对房地产价格的影响。土地供应量决定房地产开发企业可开发的土地量，影响房地产开发企业的投资规模，从而影响房地产市场的供给，最终影响房地产价格。

土地政策具有如下特点：①从供给源头影响房地产市场。我国土地资源的一级市场由政府控制，国家可通过土地供应政策，从房地产市场的源头——土地供给，作用于房地产市场的各个方面，监管于房地产市场土地利用的全过程，有其自身的优越性。但是土地政策只能对供给产生影响，无法对需求产生直接的影响，无法实现整体市场的稳定均衡。②对房地产市场调控的时滞性。土地因素对房地产价格的影响并不是同步的，在一定程度上存在着“时差性”，这是因为土地政策的制定、房地产开发都需要过程。土地调控政策的效应在一个房地产开发周期后方能显现。忽视土地政策时滞的存在，就无法清楚地把握调控的影响效应，对于市场的调控只能是较盲目的决策，达不到预期的效果。因此，土地调控政策的制定对前瞻性和预见性的要求较高。

土地政策参与房地产宏观调控是我国宏观经济调控政策实践中的新特征，由于土地政策调控具有一定的特殊性，其终究是作为信贷和税收等相关政策的辅助手段。土地政策产生效应离不开与信贷政策、税收政策等其他宏观调控政策之间的协调与作用，离不开各个政策之间的互相配合。

第三十二章　房地产价格管理

第一节　房地产价格管理概述

一、房地产价格概述

房地产价格是指房屋连同其占用土地的价格。房地产价格是一个复杂的经济范畴，既包括房屋的价格，又包括土地的价格，房与地是不可分割的统一体，房地产价格是这个统一体的价格。

房地产作为商品同任何商品一样，都是人类劳动的产品，其价格的基础仍然是价值。一般来说，商品的价值量是由生产该商品的社会必要劳动时间来决定的，但是房地产的价值却有其特殊性。因为，房地产的物质构成中包含土地，原始土地本身是非劳动产品，其价格是土地垄断引起的地租的资本化，虽然也反映了土地自然资源的价值，但却不是劳动价值的货币表现，只有为了开发利用土地而对原始土地进行改造加工投入的物化劳动和活劳动才能以社会必要劳动时间来计量，因此，房地产价值不完全是社会必要劳动时间决定的，其是房屋价值和土地自然资源价值及土地中投入劳动所形成的价值的统一。房地产价格就是这种综合性特殊价值的货币表现，由于房屋价值和土地中投入的劳动形成的价值占了主要部分，因此可以说房地产价格基本上是房地产价值的货币表现。

房地产由于其空间的固定性和不可移动性而产生的个体差异性以及不同的效用，也直接决定了不同的房地产之间的价格差异，并因此造就了房地产价格的个别性。此外，由于土地是稀缺资源，不能再生，市场需求的无限性和土地供给的有限性，必然拉动地价上涨，同时，城市基础设施建设的展开，加工在土地上的劳动积累也使土地不断增值，因此，地价的上升趋势必然使房地产价格也呈现出长期上升的趋势。

二、房地产价格的分类

（一）从房地产权益划分，房地产价格可分为：房地产所有权价格和房地产他项权利价格

房地产所有权价格，特指房地产市场上商品房买卖价格，包括新增商品房买卖价格和存量房买卖价格，这类价格在房地产市场上占主导地位。

房地产他项权利价格可细分为租赁权价格（通常称为“租金”）、抵押权价格等，它们都是从房地产所有权价格派生出来并与之有密切联系的价格。租赁权价格包括商品住房、工业厂房、商铺和办公楼等出租价格，租赁权价格的形成随行就市。抵押权价格则通常是由评估机构对用于抵押的房地产所评估的价格。

（二）按房地产物质实体形态划分，房地产价格可分为：土地价格、房屋价格、“连房带地”的房地产价格

土地价格包括土地所有权价格（特指对农村集体土地征收时的补偿价格）、土地使用权出让和转让价格。

单独的房屋价格只有在特定的情况下存在，例如按房改优惠政策出售公有住房价格、减免土地出让金的经济适用房价格等。

在一般情况下，商品房的出售价格都是“连房带地”的房地产价格。

（三）按计价单位划分，房地产价格可分为：总价和单价

总价是指一套房地产总价格，即每套价格。

单价是指一套房地产总价分摊到该套房地产面积上所得到的单位面积价格。

对于土地，有两种单价形式：一种是一宗土地的总面积分摊的单价，称为“土地单价”。另一种是按城市规划所规定的该宗土地可建筑的最大建筑面积来分摊的单价，称为“楼面地价”。楼面地价与土地单价的换算关系是：土地单价＝楼面地价×容积率。按楼面地价计算房地产开发中的土地成本较为准确。

（四）按价格形成方式划分，房地产价格可分为：理论价格、评估价格和实际成交价格

理论价格是指房地产内在价值的货币表现，也可称之为基础价格。

评估价格是指专业的房地产评估人员根据科学的方法对房地产的市场价值进行估算而得出的价格，可称之为参照价格。

实际成交价格是指房地产交易双方实际达成交易的价格，其中受到供求关系等因素的深刻影响，亦称之为市场价格。

（五）按价格形成角度划分，房地产价格可分为：自由市场价、政府指导价、政府定价

自由市场价是完全由市场自发调节并由企业自主确定的房地产价格，这是主体，商品房市场价格属于这种类型。

政府指导价是由政府物价部门规定基准价并允许在一定幅度内上下浮动的房地产价格，具有社会保障性质的经济适用房价格属于这种类型。

政府定价专指供应给城市最低收入住房困难家庭的廉租住房的租赁价格，尚未出售的公有住房租赁价格。

三、房地产价格管理

房地产价格管理是指政府主管部门依法运用价格政策手段，按照市场经济客观规律的要求，对流通领域的房屋买卖、租赁、交换、抵押和土地使用权出让、转让的价格发现、确定机制所实行的管理活动的总称。房地产价格管理是房地产市场管理的核心内容，它不仅涉及房地产交易双方的利益，而且涉及国家税收的征收及国家对房地产的宏观调控。

房地产市场是我国整个市场体系的重要组成部分，而房地产价格则处于房地产市场的中心地位。房地产价格是调节房屋生产和消费的有效经济杠杆，是房地产流通过程中各种经济利益的集中体现，是房地产市场运行机制中重要的构成因素，对整体社会经济、投资环境产生直接的影响。为了发展房地产经济，满足社会生产和人民生活不断增长的用房需求，国家和地方政府制定了一系列房地产价格政策，做好房地产价格管理有利于保证国家房地产价格法规政策的贯彻实施，保障国家和地方政府的利益不受损失，保护房地产生产者、经营者、消费者三者的经济利益，制止操纵房地产价格的违法活动，保持房地产市场价格的基本稳定和维护房地产交易各方的合法权益。

为了加强对房地产价格的管理，国家制定了一系列法律法规。1994 年出台的《城市房地产管理法》在“房地产交易”一章中奠定了房地产价格管理总的原则。1992 年 7 月国家物价局、建设部、财政部、中国人民建设银行联合发布了我国第一部有关商品房价格管理的规章——《商品住宅价格管理暂行办法》[1]。2011 年 3 月国家发展和改革委员会发布《商品房销售明码标价规定》[2]进一步规范商品房销售价格行为。2002 年 11 月国家发展计划委员会、建设部印发了《经济适用住房价格管理办法》[3]对经济适用住房的价格管理作了规定。

根据现行《城市房地产管理法》的规定，房地产价格管理的具体内容包括：①国家定期公布基准地价、标定地价和各类房屋的重置价格作为房地产基础价格；②国家实行房地产价格评估制度；③国家实行房地产成交价格申报制度。

---

〔1〕《商品住宅价格管理暂行办法》：1992 年 7 月 20 日价费字［1992］382 号发布，自 1992 年 8 月 10 日起施行；已被 2012 年 12 月 12 日《国家发展和改革委员会关于废止、宣布失效、修改部分规章和规范性文件的决定》（国家发展和改革委员会令第 18 号）废止。

〔2〕《国家发展和改革委员会关于发布〈商品房销售明码标价规定〉的通知》：2011 年 3 月 16 日发改价检［2011］548 号发布，自 2011 年 5 月 1 日起施行。

〔3〕《国家发展计划委员会、建设部关于印发经济适用住房价格管理办法的通知》：2002 年 11 月 17 日计价格［2002］2503 号发布，自 2003 年 1 月 1 日起施行。

第二节　房地产价格管理内容

一、房地产价格标准制定

现行《城市房地产管理法》第33条规定："基准地价、标定地价和各类房屋的重置价格应当定期确定并公布。"国家定期确定并公布的基准地价、标定地价和各类房屋的重置价格是房地产价格的标准，是房地产价格评估的准绳，是审核房地产成交价格的依据，是交易双方协定价格的基础。

(一) 基准地价

基准地价即土地初始价，是指在城镇规划区范围内，对现状利用条件下不同级别或不同均质地域的土地，按照商业、居住、工业等用途分别评估的法定最高出让年限下土地使用权区域平均价格。

基准地价以城市为单位进行评估，按照同一市场供需圈内，土地使用价值相同、等级一致的土地，具有同样的市场价格的原理进行确定。基准地价遵循"以土地分等定级和均质地域划分为基础，以土地收益和价格为依据"的原则，将城市土地按照影响土地使用价值的土地条件优劣和区位优劣，划分为土地条件均一或土地使用价值相等的区域或级别，在同一土地级别或类型区域中，从土地使用者利用土地的收益、土地交易中的地租和市场交易价入手，测算出不同行业用地在不同土地级别或土地条件均质区域上形成的土地收益或地价，评估出基准地价，并建立相应的因素修正体系。

基准地价不是具体的收费标准。土地使用权出让、转让、出租、抵押等宗地价格，是以基准地价为基础，根据土地使用年限、地块大小、形状、容积率、微观区位等因子，通过系统修正进行综合评估而确定。按照《城镇土地分等定级规程》(GB/T 18507－2001) 和《城镇土地估价规程》(GB/T 18508－2001)[1]的要求，城镇基准地价评估时间与分等时点相距不得超过3年，超过3年者应利用地价指数修正到分等时点的地价水平，无法修正处理的城镇应予以剔除。

基准地价因是平均价格，它的表现形式有级别价、区片价和路线价三种。基准地价的主要作用为：反映土地市场中地价总体水平和变化趋势；为国家征收土地税收提供依据。我国各地城镇从20世纪90年代初开始制定基准地价，

---

〔1〕《城镇土地分等定级规程》(GB/T 18507－2001) 和《城镇土地估价规程》(GB/T 18508－2001)：2002年6月19日《国土资源部关于严格按国家标准实施〈城镇土地分等定级规程〉和〈城镇土地估价规程〉的通知》(国土资发〔2002〕195号) 发布，于2002年7月1日起正式实施。

现已基本完成，各地已初步进入定期修正、调整基准地价阶段。

（二）标定地价

标定地价是政府根据管理需要，评估的某一宗土地在正常市场条件下于某一估价期日的土地使用权价格。标定地价实际上就是由评估机构评估、政府确认的宗地地价，是该类土地在该区域的标准指导价格。标定地价的评估可以以基准地价为依据，根据宗地的土地使用年限、形状、大小、容积率及其他微观区位条件通过系数修正进行，也可以按照市场交易资料，采用其他方法进行。标定地价是政府出让土地使用权时确定出让金额的依据；是清产核资中核定单位所占用的土地资产和股份制企业土地作价入股的标准；是核定土地增值税和管理地产市场的具体标准；是划拨土地使用权转让、出租、抵押时，确定补交出让金的标准。

为了更准确地理解标定地价，还需要了解一个概念，即土地使用权出让底价。土地使用权出让底价主要是根据土地出让年限、用途、地产市场行情、出让双方的心态和投机因素等确定的待出让宗地（含成片出让土地）的底价，即指土地使用权出让前政府控制的最低标价。标定地价与基准地价和土地使用权出让底价之间既有联系又有区别。它们之间的联系是：①它们都不是地产交易市场的成交地价，但都起着调控市场交易地价的作用；②基准地价是标定地价评估的基础，标定地价又是土地使用权出让底价评估的参考和依据。它们之间的区别是：①基准地价是大面积评估的区域平均地价，标定地价、土地使用权出让底价则是具体到宗地或地块的地价，亦称宗地地价；②基准地价以考虑宏观区域因素为主，标定地价和土地使用权出让底价则还考虑地价的微观区位因素，其地价更为接近市场交易地价；③标定地价是政府认定并公开的地价，而土地使用权出让底价则是不公开的地价。

（三）房屋的重置价格

房屋重置价格是指在当前的建筑技术、工艺水平、建筑材料价格、运输费用和人工费用等条件下，重新建造与原有房屋结构、式样、质量、功能基本相同的房屋所需的费用。也可以说是假设房屋在估价时点重新建造与旧有建筑物完全相同或具有同等效用的全新状态的建筑物时，所必要的建筑费、其他费用和正常的利税。

建立房屋重置价格体系，可以为评估机构和交易入市者提供一套明了的房价参考资料和简易快捷的评估方法，对建立健全规范有序的房地产市场起到推动作用。房屋重置价格的计算方法就其本质来，属于房地产评估方法中的成本法，但重置价格实际上还不是成本价格，只是成本价格的主要组成部分，并且重置价格也不完全等同于房价，房价包含了地价，重置价格不一定包含地价。

房地产的价格，由于其影响因素十分复杂，实际上是一宗一价，甚至一栋一价。为便于各宗房地产价格的评估，各地政府会根据调查测算，设置一套房屋的基准重置单价、主要因素的调整系数和调整幅度方案，房屋实际价格则按基准重置单价及各种因素进行修正。

二、房地产价格评估

（一）房地产价格评估的定义

现行《城市房地产管理法》第34条规定："国家实行房地产价格评估制度。房地产价格评估，应当遵循公正、公平、公开的原则，按照国家规定的技术标准和评估程序，以基准地价、标定地价和各类房屋的重置价格为基础，参照当地的市场价格进行评估。"房地产价格评估既是加强房地产价格管理的基本内容，又是实现房地产价格管理的重要手段。

房地产价格评估也称房地产估价，依据2014年2月1日起实施的《房地产估价基本术语标准》（GB/T 50899－2013）[1]，其是指房地产估价机构接受他人委托，选派注册房地产估价师对房地产的价值或价格进行分析、测算和判断，并提供相关专业意见的活动。房地产估价不是房地产估价师的个人定价，其实质上是模拟市场价格形成过程将房地产价格显现出来，它具有专业性、技术性、复杂性，是科学、艺术和经验三者的结合。房地产交易、租赁、抵押、担保以及商品房开发与销售等环节都离不开对房地产的估价。

（二）房地产价格评估的发展

房地产估价起初主要服务于房地产交易市场管理，防止隐价瞒租、偷漏税费。例如，1988年8月8日建设部、国家物价局、国家工商行政管理局联合印发的《关于加强房地产交易市场管理的通知》[2]要求"合理评估房地产的价值、价格，为房地产交易、抵押、仲裁、转让提供确定价值和价格的依据"；2001年8月15日修正的《城市房地产转让管理规定》规定"房地产权利人转让房地产，应当如实申报成交价格，不得瞒报或者作不实的申报。房地产转让应当以申报的房地产成交价格作为缴纳税费的依据。成交价格明显低于正常市场价格的，以评估价格作为缴纳税费的依据"。

随着社会经济发展，为满足社会需要，从估价目的、估价对象、价值类型

---

〔1〕《房地产估价基本术语标准》（GB/T 50899－2013）：2013年6月26日《住房和城乡建设部关于发布国家标准〈房地产估价基本术语标准〉的公告》（住房和城乡建设部公告第84号）公布，自2014年2月1日起实施。

〔2〕《建设部、国家物价局、国家工商行政管理局关于加强房地产交易市场管理的通知》：1988年8月8日建房［1988］170号发布；已被2011年1月26日《关于公布住房和城乡建设部规范性文件清理结果目录的公告》（住房和城乡建设部公告第894号）宣布失效或废止。

等方面，不断对房地产估价业务进行了深化和拓展，提供越来越精细化的估价服务，包括为了抵押、征收、税收、司法鉴定、损害赔偿、转让、企业改制、资产重组、上市、清算、资产处置的需要，对土地、房屋、构筑物、在建工程、以房地产为主的整体资产、整体资产中的房地产的市场价值、投资价值等进行评估。随着社会经济发展，房地产估价的内容还会越来越深化，服务领域还将越来越广阔，其作用也会越来越大。

（三）房地产价格评估的程序

房地产价格评估，必须遵守相关法律法规，严格执行价格标准和估价程序，实现现场评估、按质论价。根据《房地产估价基本术语标准》（GB/T50899－2013）的规定，房地产估价应当依照如下程序进行：

1. 估价委托。估价委托人向房地产估价机构出具估价委托书，委托其提供房地产估价服务。在估价委托人和房地产估价机构协商一致的基础上，双方应就估价服务事宜订立估价委托合同。

2. 估价作业方案设计。房地产估价机构接受委托后，应选派注册房地产估价师进行具体的估价工作：①明确估价基本事项，包括估价目的、价值时点、估价对象和价值类型等；②设定估价作业方案，即为完成特定估价项目而制定的用于指导未来估价工作的计划，包括工作的主要内容、质量要求、作业步骤、时间进度、人员安排等；③确定估价技术路线，即评估估价对象价值或价格所遵循的基本途径和指导整个估价过程的技术思路。

3. 实地勘测。注册房地产估价师应到估价对象或可比实例现场，观察、询问、检查、核对、记录估计对象或可比实例状况，并记载实地查勘的对象、内容、结果、人员和时间等内容。

4. 出具估价报告。注册房地产估价师应综合各种因素进行全面分析，提出估价结果，出具估价报告，包括估价结果报告、估价技术报告、鉴证性估价报告等。其中向估价委托人出具的起着价值证明作用的估价报告是鉴证性估计报告。

5. 估价档案整理。房地产估价机构和注册房地产估价师应收集、整理在估价活动中获得和形成的具有保存价值的文字、图表、声像等形式的资料。

三、房地产成交价格申报

现行《城市房地产管理法》第35条规定："国家实行房地产成交价格申报制度。房地产权利人转让房地产，应当向县级以上地方人民政府规定的部门如实申报成交价，不得瞒报或者作不实的申报。"实行房地产成交价格申报制度，是进行房地产价格管理的重要措施。

继1995年1月1日生效的《城市房地产管理法》对房地产成交价格申报

制度所作的原则性规定，建设部于 1995 年 8 月 7 日发布了《城市房地产转让管理规定》对该制度进行了细化："房地产转让当事人在房地产转让合同签订后 30 日[1]内持房地产权属证书、当事人的合法证明、转让合同等有关文件向房地产所在地的房地产管理部门提出申请，并申报成交价格"；"房地产管理部门核实申报的成交价格，并根据需要对转让的房地产进行现场查勘和评估"；"房地产转让应当以申报的房地产成交价格作为缴纳税费的依据。成交价格明显低于正常市场价格的，以评估价格作为缴纳税费的依据"。

房地产权利人转让房地产、房地产抵押权人依法拍卖房地产，应当向房地产所在地的房地产管理部门如实申报成交价格，由国家对成交价格实施登记审验后，再予办理产权转移手续，取得确定的法律效力。

房地产管理部门在接到价格申报后，如发现成交价格明显低于正常市场价格的，应当及时通知交易双方，按房地产管理部门确认的评估价格缴纳有关税费后，方予办理产权交易手续，核发权属证书。需要说明一下的是，房地产管理部门发现成交价格明显低于正常市场价格时，并不是要求交易双方更改成交价格，只是通知交易双方应当按评估价格缴纳有关税费。只要交易双方按照评估价格缴纳了税费，无论其合同价格为多少，都不影响办理房地产交易和权属登记的有关手续。如果交易双方对房地产管理部门确认的评估价格有异议，可以在接到补交税费通知后 15 日内向房地产管理部门申请复核，要求重新评估。重新评估一般应由交易双方和房地产管理部门共同认定的房地产估价机构来进行。如果评估的结果证明交易双方申报的成交价格明显低于正常市场价格，重新评估的费用将由交易双方支付；如果评估的结果证明交易双方申报的成交价格与正常市场价格基本相符，重新评估的费用将由房地产管理部门支付。交易双方对重新评估的价格仍有异议，可以按照法律程序，向人民法院提起诉讼。

这一规定改变了原来计划经济体制下价格由国家确定或审批的管理模式，变为由交易双方自愿成交定价，实行价格申报制度。该制度，一方面比原来的价格审批制度更符合市场经济规律和国际惯例，另一方面也能有效地防止交易双方瞒报成交价格，保证国家的税费不至于流失。通过对房地产成交价格申报的管理，既能使房地产价格不至于出现不正常的大起大落，又能防止交易双方为偷漏税费对交易价格作不实的申报。

---

[1] 2001 年 8 月 15 日《建设部关于修改〈城市房地产转让管理规定〉的决定》（建设部令第 96 号）第 2 条将"30 日"修改为"90 日"。

第三十三章　房地产税收管理

税是国家为了实现其职能，按照法律规定，以国家政权主体身份，向纳税义务人强制地无偿征收一定的货币或实物。房地产税是国家税收的重要组成部分，其是以房地产为对象而征收的税。按照征税对象的性质，我国房地产税收体系可划分为流转税、所得税、财产税、特定行为税。

第一节　流转税

流转税是以商品的流转额或者劳务收入为征税对象的一类税。房地产税中的流转税包括土地增值税、营业税、城市维护建设税与教育费附加。

一、土地增值税

土地增值税实际上是反房地产暴利税，是指以纳税义务人转让国有土地使用权、地上建筑物及其附着物（本节简称为“转让房地产”）所取得的增值额为征税对象，依照规定税率征收的一种税。1993 年 12 月 13 日国务院发布了《土地增值税暂行条例》，此后财政部又于 1995 年 1 月 27 日发布了《中华人民共和国土地增值税暂行条例实施细则》[1]（本书简称为《土地增值税暂行条例实施细则》）对土地增值税作了系统性的规范。

（一）纳税义务人

转让房地产并取得收入的单位和个人，为土地增值税的纳税义务人。此处所称单位，是指各类企业单位、事业单位、国家机关和社会团体及其他组织；此处所称个人，包括个体经营者。

（二）征税对象

纳税义务人转让房地产所取得的增值额为土地增值税的征税对象。这一概念所界定的征税范围有以下三层含义：①土地增值税只对以出售或者其他方式有偿转让房地产的行为征税，对以继承、赠与等方式无偿转让房地产的行为，则不予征税；②土地增值税只对转让国有土地使用权的行为征税，转让集体土地使用权（现被禁止）和出让国有土地使用权的行为均不征税；③土地增值税既

〔1〕《中华人民共和国土地增值税暂行条例实施细则》：1995 年 1 月 27 日财法字［1995］6 号发布，自发布之日起施行。

对转让国有土地使用权征税，也对转让地上建筑物和其他附着物的产权征税。

（三）计税依据

土地增值税的计税依据为纳税义务人转让房地产所取得的收入减除规定扣除项目金额后的余额，即增值额。

纳税人转让房地产所取得的收入，包括货币收入、实物收入和其他收入。计算增值额的扣除项目包括：①取得土地使用权所支付的金额；②开发土地的成本、费用；③新建房及配套设施的成本、费用，或者旧房及建筑物的评估价格；④与转让房地产有关的税金；⑤对从事房地产开发的纳税义务人可按取得土地使用权所支付的金额、开发土地和新建房及配套设施的成本计算的金额之和，加计20%的扣除。

（四）税率

土地增值税实行四级超率累进税率：①增值额未超过扣除项目金额50%的部分，税率为30%；②增值额超过扣除项目金额50%、未超过扣除项目金额100%的部分，税率为40%；③增值额超过扣除项目金额100%、未超过扣除项目金额200%的部分，税率为50%；④增值额超过扣除项目金额200%的部分，税率为60%。

（五）减免税

《土地增值税暂行条例》、《土地增值税暂行条例实施细则》规定了如下减免征收土地增值税的情形：①纳税义务人建造普通标准住宅出售，增值额未超过扣除项目金额20%的，免征土地增值税；②因国家建设需要依法征收、收回的房地产，免征土地增值税；③因城市实施规划、国家建设的需要而搬迁，由纳税义务人自行转让原房地产的，比照国家建设需要依法征收、收回的房地产规定免征土地增值税。

财政部、国家税务总局于1995年1月发布的《关于对一九九四年一月一日前签订开发及转让合同的房地产征免土地增值税的通知》[1]规定：1994年1月1日以前签订的房地产转让合同，不论其房地产在何时转让，均免征土地增值税。1994年1月1日以前已签订房地产开发合同或已立项，并已按规定投入资金进行开发，其在1994年1月1日以后5年内首次转让房地产的，免征

〔1〕《财政部、国家税务总局关于对一九九四年一月一日前签订开发及转让合同的房地产征免土地增值税的通知》：1995年1月27日财法字［1995］7号发布。但是该法规中关于“1994年前签订合同或立项的房地产项目首次免征土地增值税审批”的行政审批项目已被2014年1月28日《国务院关于取消和下放一批行政审批项目的决定》（国发［2014］5号）取消；已被2015年2月2日《财政部关于废止部分规章和规范性文件的决定》（财政部令第77号）废止。

土地增值税。签订合同日期以有偿受让土地合同签订之日为准。对于个别由政府审批同意进行成片开发、周期较长的房地产项目，其房地产在上述规定五年免税期以后首次转让的，经所在地财政、税务部门审核，并报财政部、国家税务总局核准，可以适当延长免税期限。

财政部、国家税务总局 1995 年 5 月发布《关于土地增值税一些具体问题规定的通知》作了如下一些减免税规定：①对于以房地产进行投资、联营的，投资、联营的一方以土地（房地产）作价入股进行投资或作为联营条件，将房地产转让到所投资、联营的企业中时，暂免征收土地增值税[1]。对投资、联营企业将上述房地产再转让的，应征收土地增值税。②对于一方出地、一方出资金，双方合作建房，建成后按比例分房自用的，暂免征收土地增值税；建成后转让的，应征收土地增值税。③在企业兼并中，对被兼并企业将房地产转让到兼并企业中的，暂免征收土地增值税。④对个人之间互换自有居住用房地产的，经当地税务机关核实，可以免征土地增值税。

财政部、国家税务总局 2008 年 10 月发布的《财政部、国家税务总局关于调整房地产交易环节税收政策的通知》[2]规定，自 2008 年 11 月 1 日起，个人销售住房暂免征收土地增值税。

二、营业税

1994 年 1 月 1 日起施行的《中华人民共和国营业税暂行条例》[3]正式将转让土地使用权、销售不动产纳入营业税的征收范围。房地产业是营业税的重点税源行业。在房地产业，营业税是国家向境内从事房地产开发经营的单位和个人征收的一种税。

---

〔1〕 2006 年 3 月 2 日起执行的《财政部、国家税务总局关于土地增值税若干问题的通知》（财税［2006］21 号）第 5 条规定，对于以土地（房地产）作价入股进行投资或联营的，凡所投资、联营的企业从事房地产开发的，或者房地产开发企业以其建造的商品房进行投资和联营的，均不适用《财政部、国家税务总局关于土地增值税一些具体问题规定的通知》（财税字［1995］048 号）第一条暂免征收土地增值税的规定。执行期限为 2015 年 1 月 1 日至 2017 年 12 月 31 日的《财政部、国家税务总局关于企业改制重组有关土地增值税政策的通知》第 8 条规定，《财政部、国家税务总局关于土地增值税若干问题的通知》（财税［2006］21 号）第 5 条同时废止。

〔2〕《财政部、国家税务总局关于调整房地产交易环节税收政策的通知》：2008 年 10 月 22 日财税［2008］137 号发布，自 2008 年 11 月 1 日起实施；该法规中的“第 1 条”已被 2010 年 9 月 29 日《财政部、国家税务总局、住房和城乡建设部关于调整房地产交易环节契税个人所得税优惠政策的通知》（财税［2010］94 号）废止。

〔3〕《中华人民共和国营业税暂行条例》：1993 年 12 月 13 日国务院令第 136 号发布，自 1994 年 1 月 1 日起施行。2008 年 11 月 10 国务院令第 540 号公布修订后的版本，自 2009 年 1 月 1 日起施行。

（一）纳税义务人

房地产业营业税的纳税义务人是我国境内从事房地产开发、房地产交易（包括房地产转让、房屋租赁），按规定应缴纳“转让无形资产—转让土地使用权”、“销售不动产”、“服务业—租赁业”等营业税的单位和个人。单位，是指企业、行政单位、事业单位、军事单位、社会团体及其他单位；个人，是指个体工商户和其他个人。

（二）征税对象

纳税义务人有偿转让土地使用权、有偿销售不动产、有偿出租不动产的营业额为房地产业营业税的征收对象。销售不动产，连同不动产所占的土地使用权一并转让，比照销售不动产征税。以转让有限产权或永久使用权的方式销售不动产，视同销售不动产。纳税义务人有下列情形之一的，视同作出应税行为：①单位或者个人将不动产或者土地使用权无偿赠送其他单位或者个人；②单位或者个人自己新建（以下简称“自建”）建筑物后销售，其所发生的自建行为。

（三）计税依据

营业税的计税依据为纳税义务人有偿转让或者出租土地使用权、有偿销售或者出租不动产收取的全部价款和价外费用，即营业额。

价外费用，包括收取的手续费、补贴、基金、集资费、返还利润、奖励费、违约金、滞纳金、延期付款利息、赔偿金、代收款项、代垫款项、罚息及其他各种性质的价外收费，但不包括同时符合以下条件的代为收取的政府性基金或者行政事业性收费：①由国务院或者财政部批准设立的政府性基金，由国务院或者省级人民政府及其财政、价格主管部门批准设立的行政事业性收费；②收取时开具省级以上财政部门印制的财政票据；③所收款项全额上缴财政。

纳税义务人营业额未达到国务院财政、税务主管部门规定的营业税起征点的，免征营业税；达到起征点的，应全额计算缴纳营业税。营业税起征点，是指纳税人营业额合计达到起征点。营业税起征点的适用范围限于个人。营业税起征点的幅度规定如下：①按期纳税的，为月营业额5000～20 000元；②按次纳税的，为每次（日）营业额300～500元。省、自治区、直辖市财政厅（局）、税务局应当在规定的幅度内，根据实际情况确定本地区适用的起征点，并报财政部、国家税务总局备案。

（四）税率

纳税义务人有偿转让不动产所有权的行为，适用“销售不动产”税目；纳税义务人有偿转让土地使用权的行为，适用“转让无形资产”税目；纳税义务人出租不动产和土地使用权的行为，适用“服务业”税目。销售不动产、转让无形资产、服务业的税率均为5%。

（五）减免税

2001年1月1日起执行的《财政部、国家税务总局关于调整住房租赁市场税收政策的通知》[1]规定：①对按政府规定价格出租的公有住房和廉租住房，包括企业和自收自支的事业单位向职工出租的单位自有住房；房管部门向居民出租的公有住房；落实私房政策中带户发还产权并以政府规定租金标准向居民出租的私有住房等，暂免征收营业税；②对个人按市场价格出租的居民住房，其应缴纳的营业税暂减，按3%的税率征收。

2003年1月1日起执行的《财政部、国家税务总局关于股权转让有关营业税问题的通知》规定：以无形资产、不动产投资入股，与接受投资方利润分配、共同承担投资风险的行为，不征收营业税。对股权转让不征收营业税。

2008年3月27日国家税务总局发布的《关于土地使用者将土地使用权归还给土地所有者行为营业税问题的通知》[2]规定：纳税义务人将土地使用权归还给土地所有者时，只要出具县级（含）以上地方人民政府收回土地使用权的正式文件，无论支付征地补偿费的资金来源是否为政府财政资金，该行为均属于土地使用者将土地使用权归还给土地所有者的行为，按照《国家税务总局关于印发〈营业税税目注释（试行稿）〉的通知》（国税发［1993］149号）规定，不征收营业税。

2015年3月31日起执行的《财政部、国家税务总局关于调整个人住房转让营业税政策的通知》[3]规定：个人将购买不足2年的住房对外销售的，全额征收营业税；个人将购买2年以上（含2年）的非普通住房对外销售的，按照其销售收入减去购买房屋的价款后的差额征收营业税；个人将购买2年以上（含2年）的普通住房对外销售的，免征营业税。

---

[1]《财政部、国家税务总局关于调整住房租赁市场税收政策的通知》：2000年12月7日财税［2000］125号发布，自2001年1月1日起执行。

[2]《国家税务总局关于土地使用者将土地使用权归还给土地所有者行为营业税问题的通知》：2008年3月27日国税函［2008］277号发布并执行。

[3]《财政部、国家税务总局关于调整个人住房转让营业税政策的通知》：2009年12月22日财税［2009］157号发布，自2010年1月1日起执行；已被2011年1月27日《财政部、国家税务总局关于调整个人住房转让营业税政策的通知》（财税［2011］12号）废止。2011年1月27日财税［2011］12号发布新版本，自发文次日起执行；已被2015年3月30日《财政部、国家税务总局关于调整个人住房转让营业税政策的通知》（财税［2015］39号）废止；2015年3月30日财税［2015］39号发布新版本，自2015年3月31日起执行。

三、城市维护建设税与教育费附加

依据《中华人民共和国城市维护建设税暂行条例》[1]、《征收教育费附加的暂行规定》[2]，从事房地产开发经营的还需要缴纳城市维护建设税与教育费附加。

（一）纳税义务人

凡缴纳消费税、增值税、营业税的单位和个人均为城市维护建设税与教育费附加的纳税义务人。

2010年12月1日之前，城市维护建设税与教育费附加的征税对象仅限于我国境内的单位和个人。2010年10月18日，国务院发布《关于统一内外资企业和个人城市维护建设税和教育费附加制度的通知》[3]，自2010年12月1日起，将纳税义务人扩大到了外商投资企业、外国企业及外籍个人。

（二）计税依据和税率

城市维护建设税与教育费附加，以纳税义务人实际缴纳的消费税、增值税、营业税税额为计税依据，分别与消费税、增值税、营业税同时缴纳。

城市维护建设税税率为：纳税义务人所在地在市区的，税率为7%；纳税义务人所在地在县城、镇的，税率为5%；纳税义务人所在地不在市区、县城或镇的，税率为1%。

教育费附加率为3%。

第二节　所得税

所得税是以纳税义务人的所得额或者收入额为征税对象的一类税，包括企业所得税与个人所得税。

一、企业所得税

2008年1月1日起施行的《中华人民共和国企业所得税法》[4]（本书简称

---

〔1〕《中华人民共和国城市维护建设税暂行条例》：1985年2月8日国发［1985］19号发布，自1985年度起施行；根据2011年1月8日《国务院关于废止和修改部分行政法规的决定》（国务院令第588号）修正。

〔2〕《征收教育费附加的暂行规定》：1986年4月28日国发［1986］50号发布，从1986年7月1日起施行；根据1990年6月7日《国务院关于修改〈征收教育费附加的暂行规定〉的决定》（国务院令第60号）第一次修正；根据2005年8月20日《国务院关于修改〈征收教育费附加的暂行规定〉的决定》（国务院令第448号）第二次修正；根据2011年1月8日《国务院关于废止和修改部分行政法规的决定》（国务院令第588号）第三次修正。

〔3〕《国务院关于统一内外资企业和个人城市维护建设税和教育费附加制度的通知》：2010年10月18日国发［2010］35号发布，自2010年12月1日起执行。

〔4〕《中华人民共和国企业所得税法》：2007年3月16日主席令第63号公布，自2008年1月1日起施行。

为《企业所得税法》）以及《中华人民共和国企业所得税法实施条例》[1]（本书简称为《企业所得税法实施条例》）对企业所得税进行了整合规范。对房地产业中的众多房地产开发经营企业来说，必然要遵守《企业所得税法》、《企业所得税法实施条例》及相关法律法规的规定。

（一）纳税义务人

我国境内的企业和其他取得收入的组织（本节统称“企业”）为企业所得税的纳税义务人。但个人独资企业和合伙企业不适用《企业所得税法》。

企业分为居民企业和非居民企业。居民企业，是指依法在我国境内成立，或者依照外国（地区）法律成立但实际管理机构在我国境内的企业。非居民企业，是指依照外国（地区）法律成立且实际管理机构不在我国境内，但在我国境内设立机构、场所的，或者在我国境内未设立机构、场所，但有来源于我国境内所得的企业。

（二）征税对象

对于居民企业来说，企业所得税的征税对象是其来源于我国境内、境外的所得；对于在我国境内设立机构、场所的非居民企业来说，企业所得税的征税对象是其所设机构、场所取得的来源于我国境内的所得，以及发生在我国境外但与其所设机构、场所有实际联系的所得；对于在我国境内未设立机构、场所的或者虽设立机构、场所但取得的所得与其所设机构、场所没有实际联系的非居民企业来说，企业所得税的征税对象是其来源于我国境内的所得。

（三）计税依据

企业所得税的计税依据为企业每一纳税年度的收入总额，减除不征税收入、免税收入、各项扣除以及允许弥补的以前年度亏损后的余额。

收入总额为企业以货币形式和非货币形式从各种来源取得的收入，包括销售货物收入、提供劳务收入、转让财产收入、股息红利等权益性投资收益、利息收入、租金收入、特许权使用费收入、接受捐赠收入以及其他收入。

（四）税率

企业所得税的税率为25%。但是对于在我国境内未设立机构、场所的或者虽设立机构、场所但取得的所得与其所设机构、场所没有实际联系的非居民企业来说，减按10%的税率征收企业所得税。

（五）房地产企业所得税的特殊规定

为了加强对房地产开发经营企业的企业所得税的征收管理，规范房地产开发

---

[1]《中华人民共和国企业所得税法实施条例》：2007年12月6日国务院令第512号公布，自2008年1月1日起施行。

经营企业的纳税行为，国家税务总局先后发布了《关于房地产开发有关企业所得税问题的通知》[1]、《关于房地产开发业务征收企业所得税问题的通知》[2]、《关于印发〈房地产开发经营业务企业所得税处理办法〉的通知》[3]。房地产开发经营企业的企业所得税征收应当优先适用这些规范性文件。

二、个人所得税

依据《中华人民共和国个人所得税法》[4]、《中华人民共和国个人所得税法实施条例》[5]及其相关法律法规，个人所得税的相关要素阐述如下。

（一）纳税义务人

个人所得税的纳税义务人有以下几种：①在我国境内有住所的个人，指因户籍、家庭、经济利益关系而在我国境内习惯性居住的个人。②在我国境内无住所而在境内居住满1年的个人，指在一个纳税年度中在我国境内居住满365日。临时离境的，不扣减日数。上述所说的临时离境，是指在一个纳税年度中一次不超过30日或者多次累计不超过90日的离境。③在我国境内无住所又不

---

〔1〕《国家税务总局关于房地产开发有关企业所得税问题的通知》：2003年7月9日国税发［2003］83号发布，自2003年7月1日起执行；已被2006年3月6日《国家税务总局关于房地产开发业务征收企业所得税问题的通知》（国税发［2006］31号）废止。

〔2〕《国家税务总局关于房地产开发业务征收企业所得税问题的通知》：2006年3月6日国税发［2006］31号发布，自2006年1月1日起执行；已被2011年1月4日《国家税务总局关于公布全文失效废止部分条款失效废止的税收规范性文件目录的公告》（国家税务总局公告2011年第2号）宣布失效废止。

〔3〕《国家税务总局关于印发〈房地产开发经营业务企业所得税处理办法〉的通知》：2009年3月6日国税发［2009］31号发布，自2008年1月1日起执行。

〔4〕《中华人民共和国个人所得税法》：1980年9月10日全国人民代表大会常务委员会委员长令第11号公布，自公布之日起施行；根据1993年10月31日《全国人民代表大会常务委员会关于修改〈中华人民共和国个人所得税法〉的决定》（主席令第12号）第一次修正；根据1999年8月30日《全国人民代表大会常务委员会关于修改〈中华人民共和国个人所得税法〉的决定》（主席令第22号）第二次修正；根据2005年10月27日《全国人民代表大会常务委员会关于修改〈中华人民共和国个人所得税法〉的决定》（主席令第44号）第三次修正；根据2007年6月29日《全国人民代表大会常务委员会关于修改〈中华人民共和国个人所得税法〉的决定》（主席令第66号）第四次修正；根据2007年12月29日《全国人民代表大会常务委员会关于修改〈中华人民共和国个人所得税法〉的决定》（主席令第85号）第五次修正；根据2011年6月30日《全国人民代表大会常务委员会关于修改〈中华人民共和国个人所得税法〉的决定》（主席令第48号）第六次修正。

〔5〕《中华人民共和国个人所得税法实施条例》：1994年1月28日国务院令第142号发布，自发布之日起施行；根据2005年12月19日《国务院关于修改〈中华人民共和国个人所得税法实施条例〉的决定》（国务院令第452号）第一次修订；根据2008年2月18日《国务院关于修改〈中华人民共和国个人所得税法实施条例〉的决定》（国务院令第519号）第二次修订；根据2011年7月19日《国务院关于修改〈中华人民共和国个人所得税法实施条例〉的决定》（国务院令第600号）第三次修订。

居住或者无住所而在境内居住不满 1 年的个人。

（二）征税对象

对于在我国境内有住所，或者在我国境内无住所而在境内居住满 1 年的个人来说，个人所得税的征税对象是其从我国境内和境外取得的所得；对于在我国境内无住所又不居住或者无住所而在境内居住不满 1 年的个人来说，个人所得税的征税对象是其从我国境内取得的所得。

应当缴纳个人所得税的所得项目包括：工资、薪金所得；个体工商户的生产、经营所得；对企事业单位的承包经营、承租经营所得；劳务报酬所得；稿酬所得；特许权使用费所得；利息、股息、红利所得；财产租赁所得；财产转让所得；偶然所得；经国务院财政部门确定征税的其他所得。

就房地产开发经营而言，应当缴纳个人所得税的所得项目为：利息、股息、红利所得；财产租赁所得；财产转让所得。

（三）计税依据及税率

纳税义务人所拥有债权、股权而取得的利息、股息、红利所得，其计税依据为每次的收入额。

对于纳税义务人的财产租赁所得来说，以一个月内取得的收入为一次，每次收入不超过 4000 元的，减除费用 800 元；4000 元以上的，减除 20% 的费用，其余额为计税依据。

对于纳税义务人的财产转让所得而言，以转让财产的收入额减除财产原值和合理费用后的余额为计税依据。值得注意的是，依据财政部、国家税务总局、建设部（后变更为住房和城乡建设部）先后于 1999 年和 2010 年发布的《关于个人出售住房所得征收个人所得税有关问题的通知》[1]、《关于调整房地产交易环节契税个人所得税优惠政策的通知》[2]：对个人转让自用 5 年以上、并且是家庭唯一生活用房取得的所得，免征个人所得税；对出售自有住房需缴纳个人所得税的纳税义务人，其在 1 年内重新购房的，不再减免个人所得税。

利息、股息、红利所得，财产租赁所得，财产转让所得，均适用比例税率，税率为 20%。但该税率也会随政策变动，例如 2000 年的《财政部、国家

---

〔1〕《财政部、国家税务总局、建设部关于个人出售住房所得征收个人所得税有关问题的通知》：1999 年 12 月 2 日财税字［1999］278 号发布；该法规中的“第 3 条”已被 2010 年 9 月 29 日《财政部、国家税务总局、住房和城乡建设部关于调整房地产交易环节契税个人所得税优惠政策的通知》（财税［2010］94 号）废止。

〔2〕《财政部、国家税务总局、住房和城乡建设部关于调整房地产交易环节契税个人所得税优惠政策的通知》：2010 年 9 月 29 日财税［2010］94 号发布，自 2010 年 10 月 1 日起执行。

税务总局关于调整住房租赁市场税收政策的通知》规定，对个人出租房屋取得的所得暂减按10%的税率征收个人所得税。

第三节 财产税

财产税是指对拥有法定应纳税财产的人所征收的一类税。房地产税中的财产税主要包括契税、房产税、城镇土地使用税、耕地占用税。

一、契税

契税是指在转移土地、房屋权属时，对承受的单位和个人征收的税种。目前对契税进行规制的法律主要有《中华人民共和国契税暂行条例》[1]（本书简称为《契税暂行条例》）、《中华人民共和国契税暂行条例细则》[2]（本书简称为《契税暂行条例细则》）。

（一）纳税义务人

在我国境内转移土地、房屋权属，承受的单位和个人为契税的纳税义务人。依据《契税暂行条例细则》的解释，单位是指企业单位、事业单位、国家机关、军事单位和社会团体以及其他组织；个人是指个体经营者及其他个人。

（二）征税对象

契税的征税对象是转移土地、房屋权属的行为。依据《契税暂行条例》第2条的规定，转移土地、房屋权属是指下列行为：①国有土地使用权出让；②土地使用权转让，包括国有土地使用权的出售、赠与和交换，但不包括农村集体土地承包经营权的转移；③房屋买卖；④房屋赠与；⑤房屋交换。

此外，《契税暂行条例细则》还增加了一些视同土地使用权转让、房屋买卖或者房屋赠与的行为：①以土地、房屋权属作价投资、入股；②以土地、房屋权属抵债；③以获奖方式承受土地、房屋权属；④以预购方式或者预付集资建房款方式承受土地、房屋权属。

（三）计税依据及税率

契税的计税依据是：①国有土地使用权出让、土地使用权出售、房屋买卖，为成交价格；②土地使用权赠与、房屋赠与，由征收机关参照土地使用权出售、房屋买卖的市场价格核定；③土地使用权交换、房屋交换，为所交换的

---

〔1〕《中华人民共和国契税暂行条例》：1997年7月7日国务院令第224号发布，自1997年10月1日起施行。

〔2〕《财政部关于印发〈中华人民共和国契税暂行条例细则〉的通知》：1997年10月28日财法字［1997］52号发布，自1997年10月1日起施行。

土地使用权、房屋的价格的差额。

上述成交价格明显低于市场价格并且无正当理由的，或者所交换土地使用权、房屋的价格的差额明显不合理并且无正当理由的，由征收机关参照市场价格核定。

契税税率为3%～5%。契税的适用税率，由省、自治区、直辖市人民政府在前款规定的幅度内按照本地区的实际情况确定，并报财政部和国家税务总局备案。

（四）减免税

《契税暂行条例》和《契税暂行条例细则》规定了众多减征或者免征契税的情形，并且规定经批准减征、免征契税的纳税义务人改变有关土地、房屋的用途，不再属于减征、免征契税范围的，应当补缴已经减征、免征的税款。

此外，国家还发布了众多政策性文件来规定契税的减免税情形。例如，2010年9月29日财政部、国家税务总局、住房和城乡建设部联合发布的《关于调整房地产交易环节契税个人所得税优惠政策的通知》规定，对个人购买普通住房，且该住房属于家庭唯一住房的，减半征收契税；对个人购买90平方米及以下普通住房，且该住房属于家庭唯一住房的，减按1%税率征收契税。

二、房产税

房产税是一个有五十余年历史的老税种，是我国房地产税的重要组成部分。早在1951年，原政务院公布了《中华人民共和国城市房地产税暂行条例》[1]（本书简称为《城市房地产税暂行条例》），规定对房产征收房产税；对土地征收地产税；对房价、地价不易划分的，征收房地产税。1986年国务院发布了《中华人民共和国房产税暂行条例》[2]（本书简称为《房产税暂行条例》）开征房产税。此后就形成了对内资企业和个人征收房产税，对外资企业和个人征收城市房地产税的局面。2008年12月31日，国务院发布546号令，宣布《城市房地产税暂行条例》自2009年1月1日起废止。故自2009年1月1日起，内资和外资的纳税义务人均依照《房产税暂行条例》缴纳房产税。

（一）纳税义务人及征收对象

房产税的纳税义务人为产权所有人。产权属于全民所有的，经营管理的单

〔1〕《中华人民共和国城市房地产税暂行条例》：1951年8月8日政务院发布并执行；已被2008年12月31日《废止〈城市房地产税暂行条例〉等》（国务院令第546号）废止。

〔2〕《中华人民共和国房产税暂行条例》：1986年9月15日国发［1986］90号发布，自1986年10月1日起施行；已被2011年1月8日《国务院关于废止和修改部分行政法规的决定》（国务院令第588号）修正。

位为纳税义务人；产权出典的，承典人为纳税义务人；产权所有人、承典人不在房产所在地的，或者产权未确定及租典纠纷未解决的，房产代管人或者使用人为纳税义务人。

房产税的征收对象是城市、县城、建制镇和工矿区范围内的房屋。

（二）计税依据

房产税的计税依据为房产原值一次减除10%～30%后的余值。具体减除幅度，由省、自治区、直辖市人民政府规定。没有房产原值作为依据的，由房产所在地税务机关参考同类房产核定。房产出租的，以房产租金收入为房产税的计税依据。

（三）税率

房产税的税率，依照房产余值计算缴纳的，税率为1.2%；依照房产租金收入计算缴纳的，税率为12%。

（四）减免税

下列房产免纳房产税：①国家机关、人民团体、军队自用的房产；②由国家财政部门拨付事业经费的单位自用的房产；③宗教寺庙、公园、名胜古迹自用的房产；④个人所有非营业用的房产；⑤经财政部批准免税的其他房产。除上述减免税项目外，纳税义务人纳税确有困难的，可由省、自治区、直辖市人民政府确定，定期减征或者免征房产税。

三、城镇土地使用税

为了合理利用城镇土地、调节土地级差收入、提高土地使用效益、加强土地管理，1988年9月国务院发布了《城镇土地使用税暂行条例》。

（一）纳税义务人及征收对象

在城市、县城、建制镇、工矿区范围内使用土地的单位和个人，为城镇土地使用税的纳税义务人。单位，包括国有企业、集体企业、私营企业、股份制企业、外商投资企业、外国企业以及其他企业和事业单位、社会团体、国家机关、军队以及其他单位；个人，包括个体工商户以及其他个人。

城镇土地使用税的征收对象是城市、县城、建制镇、工矿区范围内的土地。

《城镇国有土地使用权出让和转让暂行条例》第43条还规定，划拨土地使用者应当缴纳土地使用税。

（二）计税依据及税额

城镇土地使用税以纳税义务人实际占用的土地面积为计税依据。

城镇土地使用税每平方米年税额如下：①大城市1.5～30元；②中等城市1.2～24元；③小城市0.9～18元；④县城、建制镇、工矿区0.6～12元。

省、自治区、直辖市人民政府，应当在上述税额幅度内，根据市政建设状况、经济繁荣程度等条件，确定所辖地区适用的税额幅度。市、县人民政府应当根据实际情况，将本地区土地划分为若干等级，在省、自治区、直辖市人民政府确定的税额幅度内，制定相应的适用税额标准，报省、自治区、直辖市人民政府批准执行。

经省、自治区、直辖市人民政府批准，经济落后地区土地使用税的适用税额标准可以适当降低，但降低额不得超过上述最低税额的30%。经济发达地区土地使用税的适用税额标准可以适当提高，但须报经财政部批准。

（三）减免税

下列土地免缴城镇土地使用税：①国家机关、人民团体、军队自用的土地；②由国家财政部门拨付事业经费的单位自用的土地；③宗教寺庙、公园、名胜古迹自用的土地；④市政街道、广场、绿化地带等公共用地；⑤直接用于农、林、牧、渔业的生产用地；⑥经批准开山填海整治的土地和改造的废弃土地，从使用的月份起免缴土地使用税5~10年；⑦由财政部另行规定免税的能源、交通、水利设施用地和其他用地。

此外，纳税义务人缴纳城镇土地使用税确有困难需要定期减免的，由县以上地方税务机关批准。

四、耕地占用税

为了合理利用土地资源、加强土地管理、保护耕地，国务院发布了《中华人民共和国耕地占用税暂行条例》[1]，征收耕地占用税。

（一）纳税义务人

占用耕地建房或者从事非农业建设的单位或者个人，为耕地占用税的纳税义务人。单位，包括国有企业、集体企业、私营企业、股份制企业、外商投资企业、外国企业以及其他企业和事业单位、社会团体、国家机关、部队以及其他单位；个人，包括个体工商户以及其他个人。

（二）征税对象

耕地占用税的征税对象是耕地，即用于种植农作物的土地。占用园地建房或者从事非农业建设的，视同占用耕地征收耕地占用税。占用林地、牧草地、农田水利用地、养殖水面以及渔业水域滩涂等其他农用地建房或者从事非农业建设的，比照《耕地占用税暂行条例》的规定征收耕地占用税。

---

〔1〕《中华人民共和国耕地占用税暂行条例》：1987年4月1日国发［1987］27号发布，自发布之日起施行；已被2007年12月1日《中华人民共和国耕地占用税暂行条例》（国务院令第511号）废止。2007年12月1日国务院令第511号发布新版本，自2008年1月1日起施行。

（三）计税依据及税额

耕地占用税以纳税人实际占用的耕地面积为计税依据，按照规定的适用税额一次性征收。耕地占用税的税额规定如下：①人均耕地不超过1亩的地区，每平方米为10～50元；②人均耕地超过1亩但不超过2亩的地区，每平方米为8～40元；③人均耕地超过2亩但不超过3亩的地区，每平方米为6～30元；④人均耕地超过3亩的地区，每平方米为5～25元。

经济特区、经济技术开发区和经济发达且人均耕地特别少的地区，适用税额可以适当提高，但是提高的部分最高不得超过当地适用税额的50%。占用基本农田的，适用税额应当在当地适用税额的基础上提高50%。

（四）减免税

军事设施占用耕地以及学校、幼儿园、养老院、医院占用耕地免征耕地占用税。

铁路线路、公路线路、飞机场跑道、停机坪、港口、航道占用耕地，减按每平方米2元的税额征收耕地占用税。根据实际需要，国务院财政、税务主管部门商国务院有关部门并报国务院批准后，可对上述情形免征或者减征耕地占用税。

农村居民占用耕地新建住宅，按照当地适用税额减半征收耕地占用税。农村烈士家属、残疾军人、鳏寡孤独以及革命老根据地、少数民族聚居区和边远贫困山区生活困难的农村居民，在规定用地标准以内新建住宅缴纳耕地占用税确有困难的，经所在地乡（镇）人民政府审核，报经县级人民政府批准后，可以减征或者免征耕地占用税。

第四节　特定行为税

特定行为税是指对某种法定行为的实施所征收的一种税。房地产税中的特定行为税主要包括印花税、固定资产投资方向调节税。

一、固定资产投资方向调节税

为了配合国家投资计划管理、控制投资规模和调整投资结构，1983年国家开征建筑税，1991年废止建造税的同时开征固定资产投资方向调节税。固定资产投资方向调节税的开征，在调控国民经济、遏制投资膨胀等方面发挥了一定作用。亚洲金融危机发生后，为了鼓励社会投资、拉动经济增长、减轻金融危机的不利影响，国务院决定自2000年1月1日起暂停征收固定资产投资方向调节税。总体来看，固定资产投资方向调节税计划经济色彩较浓，政策效果往往滞后于经济形势发展，调控的力度和时限客观上难以准确把握，运用不当反而会对经济发展产生负面影响。因此，取消固定资产投资方向调节税是势在必行。2012 年 11 月 9 日国务院总理温家宝签发了第 628 号国务院令[1]，宣布自 2013 年 1 月 1 日起废止《中华人民共和国固定资产投资方向调节税暂行条例》[2]。此后，国家全面停止了征收固定资产投资方向调节税。

二、印花税

印花税是将特定行为与相关凭证相结合的一种课税。由于该税种是以在凭证上贴印花税票的方式缴纳，故称印花税。国务院于 1988 年 8 月发布了《中华人民共和国印花税暂行条例》[3]（本书简称为《印花税暂行条例》），规定了印花税，其中涉及房地产业的印花税基本内容包括以下几个方面：

（一）纳税义务人

在我国境内书立、领受《印花税暂行条例》所列举凭证的单位和个人，都是印花税的纳税义务人。具体而言，各类合同印花税的纳税义务人为立合同人，产权转移书据的纳税义务人为立据人，权利许可证照印花税的纳税义务人为领受人。

（二）应纳税额

纳税义务人根据应纳税凭证的性质，分别按比例税率或者按件定额计算应纳税额。房地产开发经营中的印花税计算方式为：

1. 购销合同，按购销金额 0.3‰缴纳；建设工程勘察设计合同，按收取费用 0.5‰缴纳；建筑安装工程承包合同，按承包金额 0.3‰缴纳；财产租赁合同，按租赁金额 1‰缴纳，税额不足 1 元的按 1 元缴纳；借款合同，按借款金额 0.05‰缴纳；技术合同，按所载金额 0.3‰缴纳。

2. 产权转移书据，包括土地使用权转让、商品房买卖等财产所有权转移书据，按所载金额 0.5‰缴纳印花税。

3. 权利、许可证照，包括政府部门发给的房屋产权证、土地使用证等，按每件 5 元缴纳印花税。

---

〔1〕《国务院关于修改和废止部分行政法规的决定》：2012 年 11 月 9 日国务院令第 628 号公布，自 2013 年 1 月 1 日起施行。

〔2〕《中华人民共和国固定资产投资方向调节税暂行条例》：1991 年 4 月 16 日国务院令 82 号发布，自 1991 年度起施行；根据 2011 年 1 月 8 日《国务院关于废止和修改部分行政法规的决定》（国务院令第 588 号）修正；已被 2012 年 11 月 9 日《国务院关于修改和废止部分行政法规的决定》（国务院令第 628 号）废止。

〔3〕《中华人民共和国印花税暂行条例》：1988 年 8 月 6 日国务院令第 11 号发布，自 1988 年 10 月 1 日起施行；根据 2011 年 1 月 8 日《国务院关于废止和修改部分行政法规的决定》（国务院令第 588 号）修正。

（三）减免税

《印花税暂行条例》规定下列凭证免纳印花税：①已缴纳印花税的凭证的副本或者抄本；②财产所有人将财产赠给政府、社会福利单位、学校所立的书据；③经财政部批准免税的其他凭证。

财政部、国家税务总局2008年发布的《关于调整房地产交易环节税收政策的通知》规定，自2008年11月1日起，对个人销售或购买住房暂免征收印花税。